Reinhold Messner

Die rote Rakete am Nanga Parbat

Reinhold Messner

Die rote Rakete am Nanga Parbat

Mit 221 Abbildungen

MALIK NATIONAL GEOGRAPHIC

Mehr über unsere Autoren und Bücher:
www.malik.de

»Die rote Rakete am Nanga Parbat. Drehbuch zu einem Film, der nie gedreht werden kann« wurde erstmals 1971 in der Nymphenburger Verlagshandlung GmbH, München, aufgelegt. Später sind Teile daraus in Reinhold Messners »Der nackte Berg. Bruder, Tod und Einsamkeit« eingeflossen.

Die vorliegende Ausgabe enthält den vollständigen ursprünglichen Text, ergänzt um 163 Fotos, zahlreiche Zitate sowie um ein neues Vorwort von Reinhold Messner. Sie folgt der alten Rechtschreibung.

Die in den Bildlegenden verwendete Abkürzung DHS bedeutet »Deutsche Himalaja-Stiftung im DAV«. Die restlichen Bilder sind dem Archiv von Reinhold Messner entnommen.

Bibliografische Information der Deutschen Nationalbibliothek
Die Deutsche Nationalbibliothek verzeichnet diese Publikation in der Deutschen Nationalbibliografie; detaillierte bibliografische Daten sind im Internet über http://dnb.d-nb.de abrufbar.

MALIK NATIONAL GEOGRAPHIC

Aktualisierte und erweiterte Taschenbuchausgabe
Oktober 2012

Umschlaggestaltung: Dorkenwald Grafik-Design, München
Umschlagfotos: Archiv Reinhold Messner
Satz: Kösel, Krugzell
Druck und Bindung: CPI – Clausen & Bosse, Leck
Printed in Germany ISBN 978-3-492-40453-2

Das Papier wurde aus chlorfrei gebleichtem Zellstoff hergestellt.

GÜNTHER,
MEINEM BERGKAMERADEN
UND BRUDER

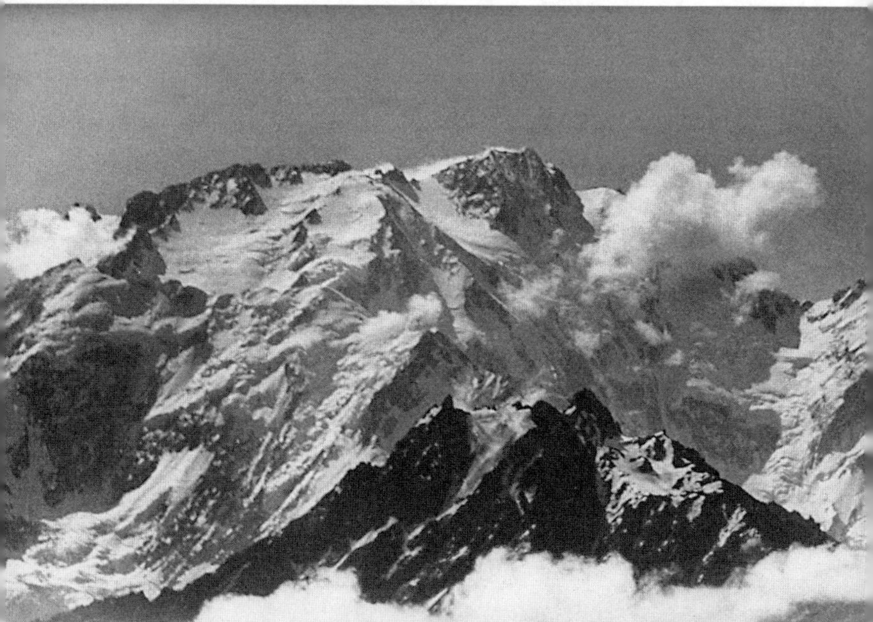

Der geheimnisumwitterte Nanga Parbat über dem Ganalo Peak.

»Dieses Buch schreibe ich mit Günther zusammen. Er sitzt im Zelt neben mir, wenn ich schreibe, oder steigt mit mir auf. Ich höre ihn sprechen, und seine Bewegungen sind gleich geblieben. Wir schreiben dieses Buch für unsere Eltern. Sie brauchen einen Trost. Wir schreiben dieses Buch für unsere Geschwister. Sie sollen unsere glücklichsten Tage kennen. Wir schreiben dieses Buch für unsere Freunde. Sie sollen die Wahrheit wissen.«

Reinhold Messner, 1970

Inhalt

Vorsatz
Nanga Parbat, Rupalwand. Die Gipfelwand (Schlüsselstelle) über den Nebeln. Von unten schlüsselt sich die Route trotzdem auf.

Nachsatz
Blick von oben ins Diamirtal: Von oben kommend ist alles Abgrund, Gefahr, Chaos.

Die Wahrheit ist kein Kompromiß

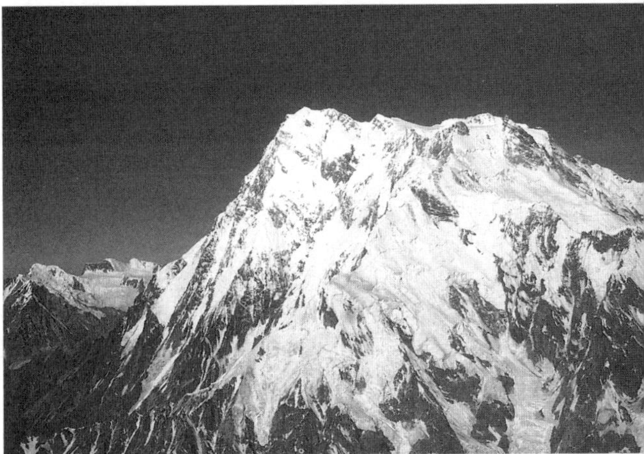

Der »Nanga« von Südosten gesehen, mit Buhl-Weg (am Grat) und Südwand (links).

»Manchmal schreibt man ja ein Buch in der Hoffnung, es könnte eine Menge Geld bringen oder der unscheinbaren Karriere Glanz verleihen. Manchmal will man ganz profan nur die Wahrheit aufdecken oder, etwas weniger profan, eine Lüge verewigen.«

Achim Zons, in: »Auf der anderen Seite der Wand«, Süddeutsche Zeitung, 24./25. Mai 2003.

»[…] als BUCH ist es so nicht möglich. Man würde dem Ruf des Autors und dem des Verlags schaden, wenn man es etwa so drucken würde, wie es jetzt vorliegt. Dagegen spricht – innerhalb der sogenannten alpinen Literatur nicht –, daß es vielleicht ein anderer Verlag sofort zu drucken bereit ist. Was das bedeutet, wissen Sie, sehen Sie aus dem, was man in den letzten Jahren als Schnellschüsse produziert hat: es ist keine Literatur. Schreiben ist nun mal schwer. Wer sich schämt, schreiben erst lernen zu müssen, darf nie schreiben. Schreiben ist immer eine Qual, eine Sache des stillen geduldigen Dabeibleibens, vor allem aber der geistigen Disziplin. Wer SCHREIBEN kann, ist bereits ein Mann.«

Walter Pause, Brief an Reinhold Messner, 9. Dezember 1970

»Vor ein paar Tagen habe ich Dein Nanga-Parbat-Buch bekommen. Ich habe es gleich in einem Zug gelesen, und es hat mir sehr gut gefallen. Ausgezeichnet hast Du die Stimmungen bei verschiedenen Gelegenheiten getroffen: Die Kameradschaft der Bergsteiger und Hunzas, die Stimmung in den Hochlagern, wo nicht nur gearbeitet und Schnee geschaufelt wurde, sondern wo die meisten von uns es auch sehr schön und sogar gemütlich gefunden haben, im Gegensatz dazu die gedrückte und unsichere Stimmung, sobald man unten etwas mit Herrligkoffer zu tun hatte.«

Dr. Hermann Kühn, Brief an Reinhold Messner, 10. März 1971

»Ich habe bereits ein Nanga-Parbat-Buch umgeschrieben.«

Walter Pause

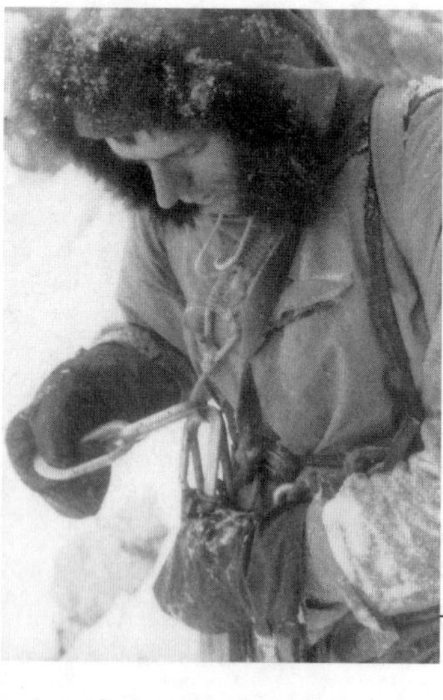

Günther Messner, 1970.

»Auf die alten Kameraden war aber Verlaß, von Kienlin und Saler schrieben ihre ›Gegenbücher‹ […]«

Jochen Hemmleb, in: »Alpinismus reloaded. Revisionismus in der Alpingeschichte«, Berge, Nr. 5/2007, S. 77

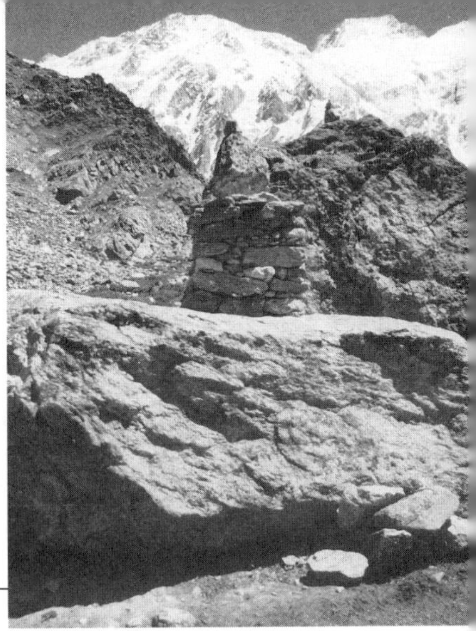

Gedenk-Tschörten für Günther Messner.

»›Bergauf-Bergab‹ stellt für mich auch eine Art Gegenentwurf zu Reinhold Messner dar.«

Michael Pause, in: »Pause am Berg«, Leonart – Das Kulturmagazin fürs Oberland, Oktober 2007, S. 40

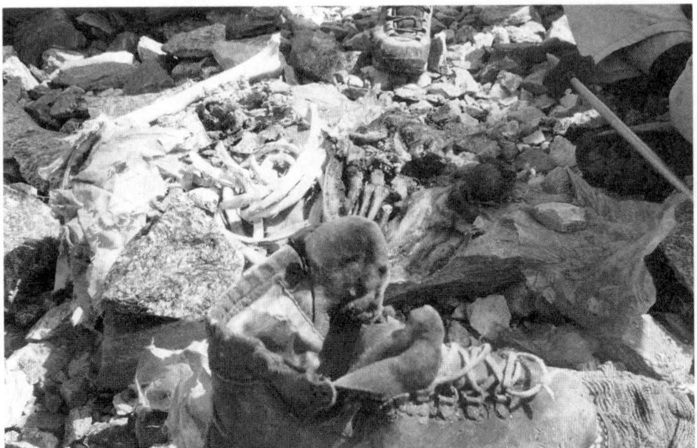

Überreste mit Schuh von Günther Messner (gefunden 2005).

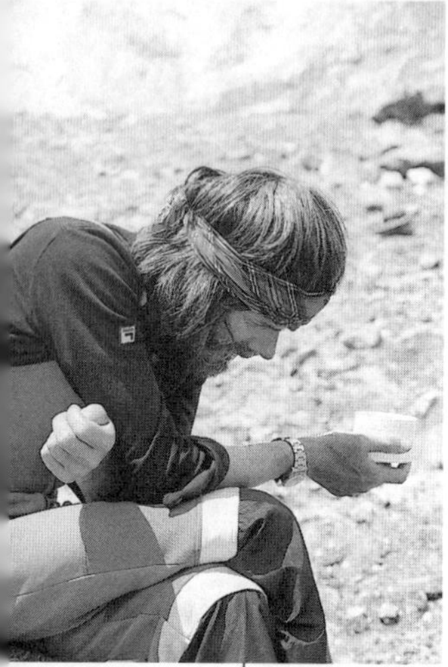

Reinhold Messner, 1978.

»Irrtümer sind zu verzeihen. Ob es auch die Täuschung ist – das ist eine Frage der menschlichen Größe auf der Seite derer, die getäuscht werden sollten.«

Jürgen Thorwald, in: »Krach um den Nanga Parbat«, Quick, Nr. 34, 23. August 1953, S. 12–34

»[…] wie wenig es dem Opfer des Gerüchts hilft, empört den Wahrheitsgehalt der Vorwürfe zu bezweifeln – weil das dazu führt, daß diese Vorwürfe immer und immer wieder wiederholt und dem Beschuldigten vorgehalten werden, und weil Medien sich dann mit noch größerer Intensität dem Milieu widmen, in dem sie das Opfer des Gerüchts wähnen.«

Heribert Prantl, in: »Rufmord leicht gemacht«, Süddeutsche Zeitung, 25. Juni 2003. S. 2

»Auch aus Steinen, die in den Weg gelegt werden, kann man Schönes bauen.«

Johann Wolfgang von Goethe

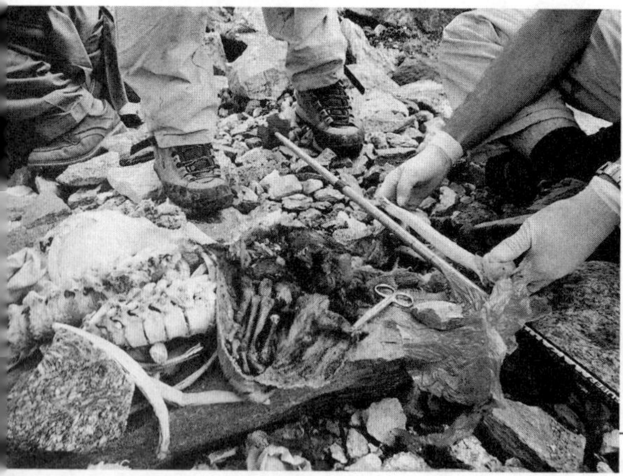

Dr. Rudolf Hipp nimmt Gewebeproben und prüft die Leichenteile.

Allein die vielen Unwahrheiten, die zur Nanga-Parbat-Expedition 1970 in die Welt gesetzt wurden, zwangen und zwingen mich, damals wie heute Stellung zu beziehen. Obwohl mir der Expeditionsvertrag dies ausdrücklich untersagte. Heute ist das nicht mehr der Fall.

Mit der zunehmenden Zahl von Menschen, die auf die höchsten Berge steigen, wächst auch die Legendenbildung darüber. Zum einen, weil logische Beweggründe für unsere freiwilligen Überlebensversuche in der Gefahr nicht nachvollziehbar sind, aber auch, weil der Gefahrenraum Berg – ebenso wie das Jenseitige – den allermeisten Menschen nicht zugänglich ist. Nicht wenige verschworene Gemeinschaften zelebrieren ihr Bergsteigen deshalb wie eine Religion. Und wie bei dieser lassen sich weder Mythen noch Kolportagen aus der Welt schaffen. Weil sie nicht nachprüfbar sind. Nicht daß diese Legenden unserem Tun Sinn verleihen würden, das Problem ist vielmehr, daß sie immer neue Legenden generieren.

Natürlich respektiere ich alle Bergsteiger und ihre erlebten Geschichten. Dazu gibt es die Meinungsfreiheit – aber nicht, auf daß hemmungslos Lügen und Irrtümer verbreitet werden.

Karl Maria Herrligkoffer, der Leiter und Organisator der Nanga-Parbat-Expedition 1970, war der jüngere Halbbruder von Willy Merkl, der 1934 die deutsche Nanga-Parbat-Expedition leitete und dabei am Berg umkam. Seither war für Herrligkoffer, der ausgebildeter Arzt war, dieser »Kampf um den Nanga Parbat«, zu dem er zwischen 1953 und 1975 acht Expeditionen führte, Erblast und Vermächtnis zugleich.

1953 ist er Leiter der Expedition, bei der Hermann Buhl in einem spektakulären Alleingang gegen das ausdrückliche Verbot von Herrligkoffer als erster Mensch den Gipfel erreicht. Herrligkoffer hat selbst nie einen der hohen Gipfel bestiegen. Da er jedoch äußerst geschickt war im Umgang mit Sponsoren und bei der Beschaffung finanzieller Mittel, war er in der Lage, die Teilnehmer an seinen Expeditionen Verträge unterschreiben zu lassen, die ihm die exklusiven Verwertungsrechte der jeweiligen Besteigungen sicherten, so daß keiner der Beteiligten seine eigene – abweichende – Sicht der Dinge veröffentlichen konnte. Auch ich hatte 1970 – wie alle Teilnehmer – einen derartigen Expeditionsvertrag unterschreiben müssen.

Als meinem Bruder Günther und mir dann die dritte Besteigung des »Nanga« gelungen war, glaubte Herrligkoffer die Geschichte wieder so drehen zu müssen, wie sie in sein Weltbild passte. Diesmal hatte er den Gipfelgang nicht verboten wie 1953, sondern einen Alleingang von mir ausdrücklich befürwortet. Trotzdem trug ich alle Verantwortung für dieses riskante Unternehmen selbst, war aber durch eine falsche Wetterinformation (die »rote Rakete«) und die Schwäche meines Bruders, der mir aus freien Stücken nachgestiegen war, gezwungen, Entscheidungen zu treffen, die uns zuletzt in eine ausweglose Situation brachten. Es ging nur noch ums Überleben. Wie wir dann durch Séraczonen, Lawinenhänge, über die Mummeryrippe bis hinab zum Wandfuß kamen – 3000 Höhenmeter Gefahr! –, grenzt an ein Wunder. Günther, für den ich dabei immerzu einen Weg aus Kälte und Höhe, Verzweiflung und Chaos gesucht hatte, folgte mir bis zuletzt. Bis er im Gletscherkessel am Wandfuß verschwand.

Der Rettungsversuch meines Bruders am Nanga Parbat – bis zum Beinahetod selbst gewollt, selbst erfahren, selbst erlitten – gehört zum Schwierigsten, was mir das Leben aufgebürdet hat: eine Verzweiflungstat, die ich nicht als Pflicht, sondern als Selbstverständlichkeit erfahren habe. Hätten Michl Anderl und Herrligkoffer ihren Irrtum beim Wettersignal und die Bedeutung der »roten Rakete« eingestanden und die Tragödie so beschrieben, wie sie geschehen ist, wäre der Streit nicht entstanden. Bald aber nachdem ich in der Zivilisation zurück war, erfand der Expeditionsleiter Herrligkoffer die Geschichte, ich hätte aus Ehrgeiz gehandelt, den toten Bruder an der Merklscharte zurückgelassen und sei – von Ruhmsucht getrieben – allein über die Diamir-Seite des Berges abgestiegen. Und nur diese Behauptung, ohne jeden Anhaltspunkt öffentlich gemacht und nie zurückgenommen, hat den Streit genährt, der seit vierzig Jahren schwelt.

Denn dieser ungeheuerlichen Unterstellung, wenn auch nur in die Welt gesetzt, um von der Tatsache abzulenken, daß niemand nach dem Verschwinden von Günther und mir im Diamirtal nach uns gesucht hatte, wollte und mußte ich widersprechen. Ich tat es, nachdem sich Herrligkoffer einer Schlichtung des Streits im Dezember 1970 verweigert hatte, in Gesprächen und mit einem Buchmanuskript – »Die rote Rakete am Nanga Parbat« –, in dem ich erzählte, was bei der Überschreitung des Nanga wirklich passiert war.

Wie Herrligkoffers Rückzugsbefehl 1953 an Hermann Buhl war auch die Ermunterung zum Blitzversuch 1970 nachvollziehbar. Beide Male hatte der Expeditionsleiter seine Gründe für seine Entscheidung, die zu respektieren sind. Beide Male aber gelang es Herrligkoffer, die Mannschaft zu spalten »in jene, die den Gipfelgang möglich gemacht, und jene, die ihn sich selbstsüchtig genommen haben«. Und seit damals hat die »Wahrheit vom Nanga« zu 1953 und 1970 zwei Gesichter. Als ob mit geteiltem Recht wenigstens das halbe Recht zu haben wäre, wurden mit Erklärungen vor Gericht und in den Medien die Tatsachen immer weiter verfälscht. Bis der Mannschaftserfolg dem Organisator Herrligkoffer allein gehörte und seine Moral triumphierte. Und damit hatten die Moralisten das Wort, die nicht mit Tatsachen, sondern mit der Keule ihrer Moral argumentieren. Denn schlimmer als die Moralisten selbst sind immer ihre moralischen Prinzipien.

Die Wahrheit aber liegt nicht in der Mitte. Sie stützt sich auf Fakten. Die Fälscher und ihre Fans, diejenigen also, die ihnen aufgesessen sind, trösten sich seit damals mit Rechthaberei. Es waren ja ganze Haufen, die sich dafür schlugen, ihrer Moral zum Erfolg zu verhelfen, indem sie mir unterstellten, den Bruder im Stich gelassen zu haben.

Auch die Behauptung – 30 Jahre später –, ich hätte »den Bruder dem Ehrgeiz geopfert«, basiert auf einer Fälschung. Denn das Tagebuch, das dazu abgedruckt wurde, gibt es im Original nicht, und die dazugefügte Seite, in der ich als Kronzeuge gegen mich selbst zitiert werde, ist eine Erfindung. Der Text ist frei erfunden, falsch datiert und in seiner Böswilligkeit unverzeihlich.

Meine Empörung in dieser Sache richtet sich weniger gegen die stil- und charakterlosen Kolporteure als vielmehr gegen die für die Veröffentlichung verantwortlichen Verleger und Redaktionen, die bei Prüfung der Unterlagen jede Sorgfaltspflicht vermissen ließen.

Hemmungslos wurde im Namen der Wahrheit gefälscht und Gefälschtes abgedruckt, anklägerisch die »Kameradschaft« beschworen, um einen »Kameraden« mit einer abgesprochenen Lügengeschichte zu diskreditieren. Daß zuletzt auch die Hauptleitung des Deutschen Alpenvereins (DAV), des größten Bergsteigervereins der Welt, das eigene Museum in München zur Verfügung stellte, um die auf Fälschung, Lüge und Rache aufgebaute Rufmordkampagne von höchster Bergsteigerkanzel herab absegnen zu lassen, ist der Höhepunkt einer Ausgrenzungsaktion, für die in der Bergsteigerszene nur wenige Vergleiche zu finden sind. Eine Distanzierung der Hauptleitung von der Kernaussage der Kolportage ist nie erfolgt, obwohl mit dem Leichenfund 2005 am Fuße der Diamirwand bewiesen ist, daß die beiden »guten Kameraden« gelogen haben.

Auf der Praterinsel in München, im DAV-Haus also, ist 2003 klar geworden, wie emotional die Angelegenheit

Nanga-Parbat-Überschreitung besetzt ist. Warum haben die »Nanga-Kameraden« ausgerechnet dort ihre Gesinnungsgenossen versammelt, vorwiegend AV-Mitglieder, auf die »Verlaß« ist, wie Jochen Hemmleb weiß. Es folgte, was bei Ausgrenzungen häufig zuerst kommt: das Unterteilen in »wir« und »der andere«. Das Gedächtnis dieser Gesinnungsgenossen sollte mein Erinnern ja als Lüge und das ihre als Wahrheit ausweisen. Ihre Version der Tragödie sollte aber nicht nur Selbstschutz sein, sie wurde als Waffe eingesetzt gegen die Lebenshaltung des Andersdenkenden. Ohne jeden Widerspruch. Obwohl die anwesenden Alpenvereinler wissen konnten, daß sie einer Rufmordkampagne aufsaßen – ich hatte die Leitung des Alpinen Museums und den Ersten Vorsitzenden des DAV gewarnt –, bestimmt die damals dort anwesende Schar aus Nanga-Kameraden, »Bergsteigern« und DAV-Funktionären – dazu ein paar Gaffer wie immer bei Säuberungen – seitdem die Diskussion. Seit damals belastet den DAV also das Problem, Komplize einer Rufmordkampagne geworden zu sein.

Natürlich ging es Hans Saler auch darum, endlich jene Aufmerksamkeit in der Öffentlichkeit zu bekommen, die er seit Jahrzehnten schon suchte. Ein Buch über seine »Heldentaten« zur See und am Berg, für das ich ihm wenige Jahre zuvor ein Vorwort geschrieben hatte, ist damals nicht veröffentlicht worden. Mit seiner »Enthüllungsstory« aber hörten ihm die Leute endlich zu. Und daß mit so wenig Einsatz so viel Aufmerksamkeit zu ernten war, verführte weiter zu Lug und Trug.

Jetzt, berühmt wie der, dem er die Ehre genommen hat, geblendet »vom Glanz des Katzengoldes«, wollte er seine Schuld nicht eingestehen. Bis heute nicht. Die Lügen aber, die sich Saler über den Abstieg vom Nanga Parbat, bei dem er nicht dabeigewesen ist, ausgedacht und als Tatsachen einer breiten Öffentlichkeit verkauft hat, sollte ich sogar nachsprechen: »Warum zeigst Du nicht einmal echte Größe und sprichst die Wahrheit. Das wäre Dein bisher noch unbekannter Neuntausendergipfel.« Der Held, der Helden vom Thron stürzt, der »gute Bergkamerad« und Rächer allen Übels, der so lange im Schatten gestanden hat, will die Verantwortung für seinen Rufmord ja nicht tragen.

Schlimmer noch: Um seinen gezielten Vorwürfen den Ruch der Kampagne zu nehmen, bemühte er sogar meine Eltern, die schon lange nicht mehr leben: »Nach der Expedition fragte ich mich oft, was Du Deinen Eltern und Geschwistern wohl erzählt haben mochtest. Ich war gelegentlich in Villnöss, habe es aber nie gewagt, Deine Eltern aufzusuchen. Welche Fragen hätten sie wohl gestellt? Ich hätte sie nicht belügen können.«

Verkehrte Welt: Die »guten Kameraden« geben vor, der Wahrheit zu dienen. Ihr Wunsch, ja ihr Ziel ist von allem Anfang an die Aufdeckung einer Lüge gewesen. Also wird zuerst eine Lüge in die Welt gesetzt, um sie anschließend aufdecken zu können. Um die Glaubwürdigkeit ihres Gegners endgültig zu brechen, dichten sie ihre Lügen ständig dem anderen an, um ihm zuletzt ihre »gute Kameradschaft« angedeihen zu lassen. Aufmerksamkeit heischend, bekommen sie zuletzt von den Claqueuren, die sich haben belügen lassen, Rückendeckung – wie stünde man sonst als Mitläufer da?

Anders der »Baron«. Nicht der Wunsch, den Aufstieg zu riskieren, die Sehnsucht, dabeizusein, hat Max von Kienlin 1970 zum Nanga Parbat gelockt. Ob ihn die Hoffnung, endlich als Bergsteiger zu gelten, 32 Jahre später zu jener widersprüchlichen Kolportage über unsere Nanga-Parbat-Überschreitung veranlaßt hat, die er weder kennt noch begreifen kann, ist nicht die Frage. Der Expeditionsgast, der alle Charaktere der Mannschaft über Monate kennengelernt hatte, wollte vielleicht nie sein wie wir Bergsteiger, zuletzt aber bei den Gipfelsiegern stehen. Wer immer sie auch sein mochten.

Vielleicht glaubt jemand, der sich im Charakter der anderen

spiegelt, diese anderen zu durchschauen, auch ohne ihre Sehnsüchte zu teilen. Max von Kienlin hat trotzdem unser aller Wohlwollen gehabt. Als Günther und ich für ihn augenscheinlich tot sein mußten, trauerte er mehr als unsere Rivalen, denen der Siegeskranz umgebunden wurde. Für Max von Kienlin, dem angeblich mißfällt, dass ich »gewisse ethische Prinzipien mit Füßen trete« und kein »Idealist« bin, ist »Kameradschaft eine schicksalhafte Gemeinschaft«. Damit übernimmt er ein äußerst attraktives Ideal der späten viktorianischen Zeit, die im Alpinismus ein charakterliches Weiterbildungspotential sah. Zumindest für die bergsteigende Mittelschicht. Daß ich aber das »Unmögliche« überlebt habe, konnte mir als Beweis dafür zum Vorwurf gemacht werden, ich hätte den Nanga Parbat nach einem klammheimlichen Plan überschritten. Eine willkommene Stütze für den Racheengel!

So verkehrt sich der »gute Kamerad« wie durch Teufelslist in einen idealistischen Rächer, der zuschlägt, weil er die Gesinnungsgenossen unter den Bergsteigern als Verbündete auf seiner Seite weiß.

Jürgen Winkler und Gerhard Baur haben den Tod meines Bruders ebenfalls nicht miterlebt, weil auch sie nicht dabei gewesen sind, halfen aber, die Lügengeschichte, die sich Hans Saler ausgedacht hat, auf die Bühne zu bringen. Max von Kienlin hat wohl, wie er selbst sagt, nur die »Drecksarbeit« am Nanga Parbat geleistet.

Dabei aber haben Ankläger wie Verbreiter der Anklage vergessen, daß die Leute zwar den Verrat lieben, auf Dauer aber nicht die Verräter. Kein Wunder also, daß sie immer neue Todesszenarien erfinden müssen, wenn der Applaus in Skepsis umschlägt. Sie wiederholen hysterisch und in immer neuen Varianten ihr Urteil: »den Bruder dem Ehrgeiz geopfert.« Als wäre Aufmerksamkeit auf Dauer nur garantiert, wenn der schlimmste aller Vorwürfe aufrechterhalten bliebe. Ob der Bruder – tot oder lebendig – an der Merklscharte zurückgelassen, in die Rupalwand zurückgeschickt wurde oder am Wandfuß allein geblieben war – es muß Vorsatz sein, den man mir unterstellt.

Auch ich kann mir die Leute nicht aussuchen, von denen ich mißverstanden werde. Wenn Ludwig Ott in einem Dokumentarfilm für die ARD aber den »bergverrückten« Max von Kienlin auftreten läßt und nicht merkt, daß der »Baron« die Geschichte von meinem Gipfelgang und Abstieg vom Nanga Parbat nur erfunden haben kann, weil er sie nicht erlebt hat, ist das naiv. Menschen lügen, Landschaften nicht. Auch Hans Saler kann nicht wissen, wie schwierig das Gelände in der Diamirwand des Nanga Parbat ist. Und damit sind wir bei der »großen Bergsteigerfamilie«, die meine Erfahrungen vom Nanga Parbat manipuliert. Von Anfang an.

Karl Maria Herrligkoffer hatte es verstanden, zusammen mit seinem ehemaligen Pressesprecher Walter Pause meiner Version der Geschichte habhaft zu werden, ehe sie erscheinen konnte. Walter Pause gehört als Bergsteiger – »Wir hatten in diesen Tagen unermüdlichen Kämpfens in den Bergen Treue und redliche Kameradschaft geführt« – und Autor – »Unser Hochgefühl steigert sich natürlich mit dem Ernst jeder Bergfahrt, so daß, wer das Schwerste wagt, auch triumphale Gipfel der Lebensfreude betritt« – jener Sekte von Idealisten und Schwärmern an, die weder unsere Geisteshaltung noch unser Bergsteigen nachempfinden, geschweige denn verstehen können. Pause, außerordentlich erfolgreicher Autor von Sachbüchern – »das Herz bestimmt den Pulsschlag des schreibenden Mannes« –, hat mit einem Brief vom 9. Dezember 1970 an mich und seinen Hausverlag zuerst angeboten, mein ihm vorliegendes Manuskript umzuschreiben. Um eine dem Expeditionsleiter genehme Geschichte zur Nanga-Parbat-Tragödie zu schaffen? Herrligkoffer war von Pause doch eingeweiht worden! Eine Kopie dieses Briefes befindet sich heute noch im Herrligkoffer-Archiv (DAV) auf der Praterinsel in München.

Ich bin damals nicht auf Pauses Vorschlag eingegangen. Auch weil ich bei Buhl vom »indischen Märchenerzähler« gelesen hatte, der in Herrligkoffers Auftrag Buhls Gipfelgang am Nanga Parbat so verfälscht hatte, dass Hermann Buhl wütend darüber sein mußte. Wie weit Herrligkoffer seinen Pressesprecher Pause damals benutzt hat, um im Nachhinein einen »Expeditionsverlauf« zu erfinden, wie er ihn sich wünschte, ist nicht nachprüfbar. Umgekehrt aber wissen wir, wieviel der Bergschriftsteller Pause zum »Nanga '53« dazudichtete, wie er Herrligkoffer heroisierte. Ob im Auftrag oder im guten Glauben, ein verantwortungsbewußter Journalist jedenfalls hätte den Schwindel nicht mitgemacht. Schlimmer noch: Da diese Lügengeschichte gern geglaubt wurde und sie damit das Bild der Expedition in der Öffentlichkeit nachhaltig bestimmte, tragen beide – Herrligkoffer, der das Informationsmonopol über die Expedition für sich beanspruchte, und Pause, sein Schönschreiber – Verantwortung für einen Streit, der das deutschsprachige Bergsteigen bis heute vergiftet.

Ich habe »Die rote Rakete am Nanga Parbat« damals trotz Herrligkoffers Verbot und Pauses Zensurversuch veröffentlicht. Auch trotz des Expeditionsvertrages, der es mir untersagte. Geschrieben als Drehbuch und auf zwei Ebenen. Als wäre ich am Nanga Parbat zeitweise neben mir gestanden. Pause empfand es als Sakrileg: »Als Buch ist es so nicht möglich.« Aber nicht Walter Pause – »wer schreiben kann, ist bereits ein Mann« –, sondern Herrligkoffer gelang es, mein Buch und damit den Tatsachenbericht vom Abstieg vom Gipfel des Nanga Parbat zu verbieten. Mit jenem Maulkorbvertrag, der uns Bergsteigern untersagte, ein eigenständiges Buch zur Nanga-Expedition zu schreiben, und mit einstweiligen Verfügungen, die zum Teil mit Aussagen willfähriger Kameraden untermauert waren. Es gibt dazu sonderbare Erklärungen von Kameraden, die das Gegenteil von dem behaupten, was sie jeweils dazu in ihrem Expeditionstagebuch vermerkt haben!

Von einer kurzen Pause abgesehen blieb mein Buch »Die rote Rakete am Nanga Parbat« vergriffen, ja verboten. Nicht etwa wegen meiner Verweigerung Pause gegenüber, sondern wegen Herrligkoffers Manie, ihm nicht genehme Tatsachen in der Öffentlichkeit zu unterschlagen. Oder sollte bei seinem Verbotsantrag auch mit hineingespielt haben, daß »Die rote Rakete am Nanga Parbat« bereits im Frühjahr 1971 herauskam, während Herrligkoffers Buch »Kampf und Sieg am Nanga Parbat« erst für den Herbst des gleichen Jahres geplant war, und er befürchtete, mein Titel könnte dem seinen den Rang ablaufen? Wenn es Herrligkoffer also gelungen ist, die Berichterstattung über seine Expeditionen mit Hilfe von Verträgen zu manipulieren, nachhaltig war sein Ansinnen nicht. Genausowenig wie Walter Pauses »Schreibkunst« ihren Platz in der Literatur gefunden hat.

Michael Pause nun, der Sohn von Walter Pause und Leiter der Bergsteigersendung »Bergauf – Bergab« beim Bayerischen Rundfunk, nutzte sein Fernsehfenster im Dezember 2005 erneut nicht zur Aufklärung des Falls. Offensichtlich geht es ihm darum, die harten Fakten mit neuen Legenden zu vernebeln. Oder um die Fortsetzung einer väterlichen Fehde? Es ehrt mich, wenn der Bayerische Rundfunk eine Fernsehsendung gegen mich und meine Lebenshaltung stellt. Obwohl ich eine solche Wichtigkeit gar nicht habe, hätte ich mir dafür aber wenigstens einen Journalisten von Format als Gegenspieler gewünscht: einen Moderator mit Charisma, mit dem ich mich gern streiten würde. Schließlich ist es doch gerade die Streitkultur, jene faire Auseinandersetzung, die die Szene immer wieder aufgerüttelt hat und die ich heute in Sachen Berg so vermisse: 1911 war es der »Mauerhakenstreit« in München, 1963 die »Direttissima« und 1996 die »Everest-Tragödie«.

Seit aber ein Dutzend Alpinjournalisten und Alpenvereinsfunktionäre ihr Intrigenspiel »treibeln«, ist in der kulturellen Auseinandersetzung zum Thema Berg Pause angesagt. Mag sein, dass »um Michael Pause, den Sohn des Bergbuchautoren Walter Pause, in der Bergsteigerszene keiner herumkommt«, nicht alle aber lassen sich von jenen ködern, die mit Medienpräsenz oder Mitgliederzahlen fuchteln. Erst an Widerständen wachsen gute Bergsteiger – an allzuviel Pause stagniert der Alpinismus.

Wenn Walter Pause den extremen Bergsteigern die Kunst des Schreibens absprach, heißt das nicht, daß er sie beherrschte: »Wer viel klettert, schreibt gut! Denken viele Bergsteiger. Aber das ist falsch. Die alpine Schreiberei ist als ›alpine Literatur‹ eben deshalb abgestürzt und zur Sektenliteratur verkümmert.«

»Bergschriftsteller«, so Pause, sei »beinahe ein Schimpfname«. Weshalb? »Kein schreibender Bergsteiger hat die ausreichende Distanz zum übermächtigen Pathos der Berglandschaft.« Ausgerechnet er aber nahm sich heraus, diese Distanz zum »Nanga«, zum Himalaja zu haben! Obwohl oder weil er selbst nie dort gewesen ist? Er, der »lebenslänglich alpin« aktiv gewesen sein will – als Wanderer und Schreiber –, hat nie wirklich verstanden, was uns »Grenzgänger« antreibt. Auch deshalb soll »Die rote Rakete« zum Film »Nanga Parbat« jetzt nochmals erscheinen. Mit jenem Vorwort, das Günter Oskar Dyhrenfurth 1971 dazu geschrieben hat, der als erfahrener Himalaja-Bergsteiger und Historiker sehr wohl beurteilen konnte, was die Rupalwand-Expedition 1970 bedeutet hat.

Ob eine Aussage wahr oder falsch ist, hängt einzig von den Tatsachen ab. Natürlich kann etwas wahr sein, ohne daß irgend jemand mit Tatsachen belegen kann, daß es wahr ist. Wenn eine Aussage aber nachweislich nicht mit den Tatsachen übereinstimmt, ist sie falsch. Zur Nanga-Parbat-Tragödie 1970 wurde von den »Kameraden« ausschließlich Vermutungswissen angeboten und zum Teil kritiklos übernommen.

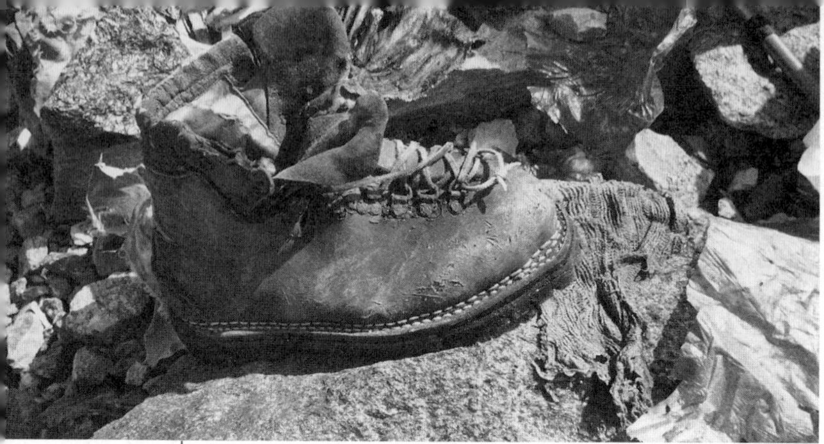

Allein der Schuh von Günther Messner, gefunden 2005 im Diamirgletscher, ist Beweis genug, daß Saler und von Kienlin gelogen haben.

Dadurch erst begann die Vernebelung. Als mit dem Fund der Überreste von Günther Messner meine Aussagen bestätigt waren, flüchteten sich all meine Widersacher in neue Hypothesen, nur um von ihrer Verantwortung für die Rufmordkampagne von früher abzulenken. Als ob man mit neuen Lügen die alten als Wahrheit beschwören könnte.

Daß aber ausgerechnet die »große Bergsteigerfamilie« immer wieder und im Chor ihre Kitsch-Kameradschaft beschwört, ist symptomatisch für eine Gesinnungsgemeinschaft, die nicht das Bergsteigen, sondern nur ihre Moral im Sinn hat.

2005 hält sich eine koreanische Expedition vier Monate lang an der Südseite des Nanga Parbat auf: vom 12. April bis Ende Juli. Zum wiederholten Mal geht es um die Wiederholung unserer Route in der zentralen Rupalwand. Vier Camps werden eingerichtet, das letzte 7150 Meter hoch. Alle schwierigen Passagen in der Wand werden mit einer Fixseilkette abgesichert, die Merklrinne bis in eine Höhe von 7550 Metern, wobei vereinzelt Haken und Seilreste von früheren Versuchen gefunden und benutzt werden können.

Der Gipfelaufstieg gelingt einer Seilschaft, die am Abend um 21.30 Uhr aufbricht und anderntags nach mehr als 24stündiger Kletterei um 23 Uhr ganz oben ankommt. Die Gipfelseilschaft wählt im letzten Teil die Kuen-Scholz-Variante und bevorzugt wegen der enormen klettertechnischen Schwierigkeiten in der Merklrinne den Abstieg über die gespurte Kinshofer-Route in der Diamirwand, wo eine Lagerkette steht. Die Gipfelsieger werden im Diamir-Basislager von ihren Kameraden empfangen, die inzwischen um den Berg herumgereist sind.

Dort treffen sie einen alten Mann – Mohammat Hayyat Moulvi. Er erzählt von jenem Bergsteiger, der 35 Jahre zuvor durch das obere Diamirtal gekrochen kam – entstellt, blutend, halb verhungert: »Er kam vom Nanga Parbat, wo er seinen Bruder am Wandfuß verloren hatte.«

Wenig später werden die Überreste von Günther Messner gefunden – am Diamirgletscher. Die Gesinnungsgenossen im Gesinnungsverein aber sind nicht fähig, ihre Position zu revidieren. Sie greifen zu der Waffe, mit der die »anderen« immer schon kleinzukriegen waren: definitive Ausgrenzung!

Reinhold Messner,
im September 2009

Mohammat Hayyat Moulvi, der erste Mensch, den ich 1970 beim Abstieg traf. 2005 war er ein Greis.

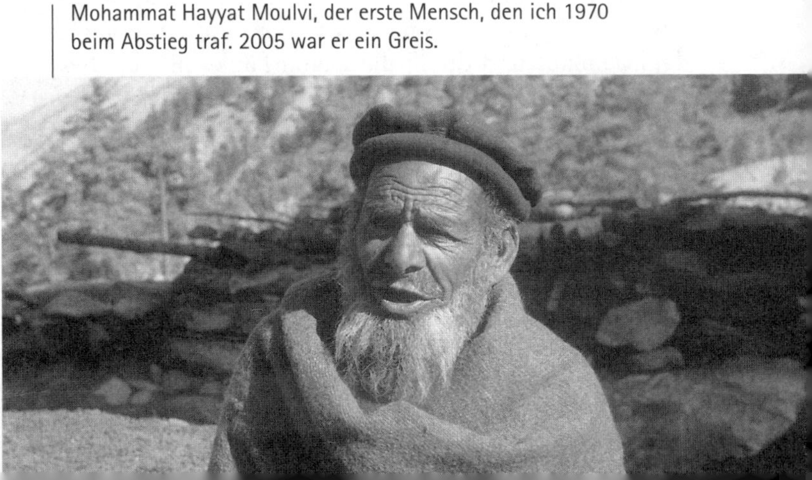

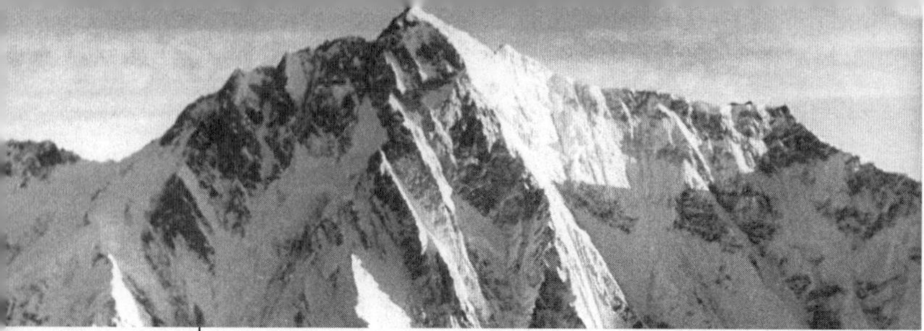

Die gewaltige Rupalflanke am Nanga Parbat. Links der Mitte, zwischen Licht und Schatten, die Messner-Route.

Vorwort

1907 wurde der *Trisul* (7120 m) als erster Siebentausender erstiegen. 1950 gelang die Eroberung des ersten Achttausenders: *Annapurna I* (8091 m). 1953 standen Edmund Hillary und Tenzing Norgay auf dem *Mount Everest* (8848 m). Für die Berge über 7000 m waren Aufstieg und Abstieg auf gleicher Route selbstverständlich, mit drei Ausnahmen: Bei dem Versuch, 1951 das *Nanda-Devi*-Massiv zu traversieren, blieb die starke französische Seilschaft Duplat/Vignes verschollen. 1963 gelang der Amerikanischen Mount-Everest-Expedition unter Norman G. Dyhrenfurth die erste Überschreitung des »Dritten Poles« (WNW – SE). 1970 machten die Brüder *Reinhold* und *Günther Messner* die Überschreitung des Nanga Parbat (8125 m) von S nach NW – die 4500 m hohe Rupalflanke hinauf und durch die Diamirflanke hinab. Diese Tat war ein würdiges Gegenstück zu *Hermann Buhl*, der 1953 den »Schicksalsberg der Deutschen« in einem weltberühmten Alleingang bezwang. Leider wurde die großartige Leistung der beiden Südtiroler durch den Lawinentod Günthers tragisch überschattet. Wie es zu alldem kam – ausgelöst durch die rote Rakete des Expeditionsleiters – werden viele mit Spannung und tiefer Anteilnahme lesen, weit über die bergsteigerischen Kreise hinaus.

Günter Oskar Dyhrenfurth

1 Eingeschneit im Lager III

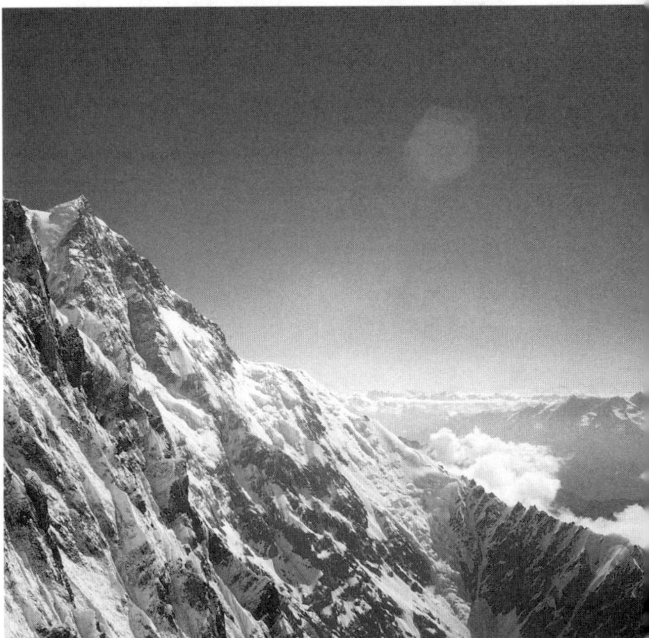

Blick aus der Rupalwand zum Rakhiot Peak

»Ein Nichtbergsteiger eignet sich nicht zur Leitung einer vorwiegend bergsteigerischen Himalaja-Expedition.«

Günter Oskar Dyhrenfurth: Das Buch vom Nanga Parbat. Die Geschichte seiner Besteigung 1895–1953. Nymphenburger, München 1954, S. 150

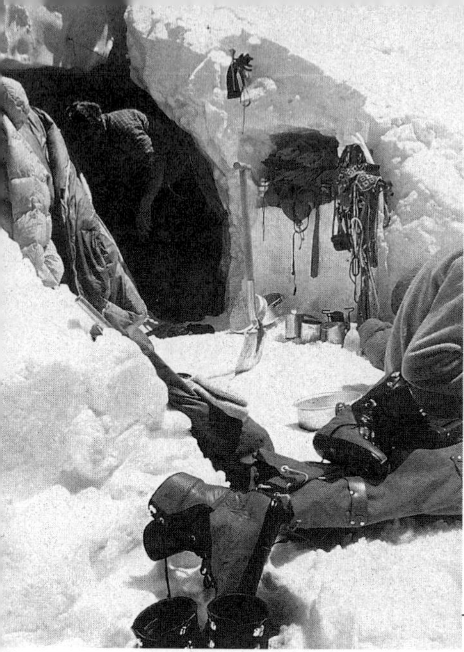

»Zuerst sollte ich ohne Günther zum Nanga Parbat. Wochen später legte ich ein Telegramm für ihn unter den Weihnachtsbaum. Darin stand: ›BIN MIT GÜNTHER EINVERSTANDEN. KARL.‹«

Reinhold Messner, 2009

Lager II.

»Um fünf Uhr morgens sind Felix, Peter, Günther und ich zu Lager IV aufgebrochen. Das Wetter war gut, und bald hatten wir die ersten 400 Meter hinter uns. Dann kam blankes Eis, steil wie die Ortler-Nordwand. Es begann zu schneien – dauernd kleine Schneerutsche. Die letzten 100 Meter zum Eiswulst mußten noch versichert werden. Am Nachmittag erreichten wir die Stelle vom Lager IV von 1968. Wir konnten uns kaum noch verständigen, der Schneesturm wurde von Minute zu Minute stärker. Einer grub ein Loch in den Schnee, Peter legte seinen Biwaksack hinein, darin begruben wir unsere Lasten.«

Reinhold Messner, 1970

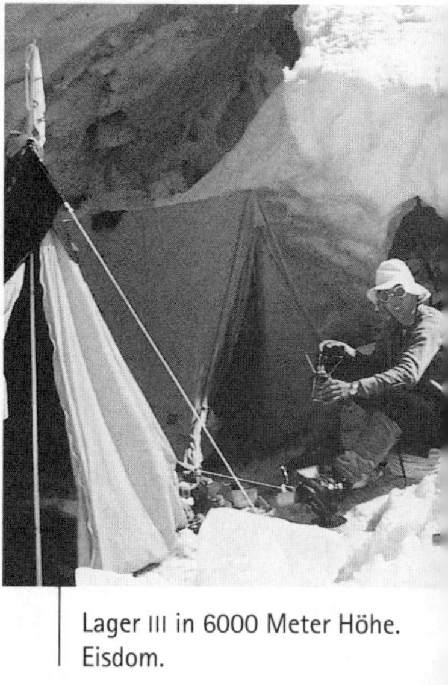

Lager III in 6000 Meter Höhe. Eisdom.

»Sofort stiegen wir wieder abwärts, an den fixen Seilen – mehr als 800 Meter schwieriges Gelände. Jeder kämpfte mit den vereisten Seilen. Am blanken Eis rutschten die Eisen. Abwärts. Um 17 Uhr waren wir alle zurück. Bisher unser härtester Tag am Nanga.«

Reinhold Messner, 1970

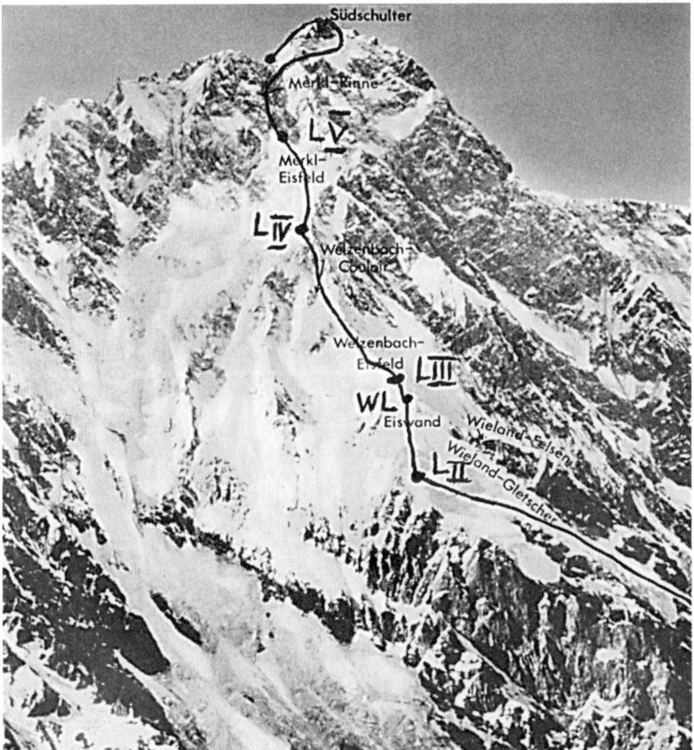

Die Rupalwand mit den Hochlagern und der Aufstiegsroute der Messner-Brüder.

»Reinhold und Günther Messner harren im Lager III aus.«

Felix Kuen

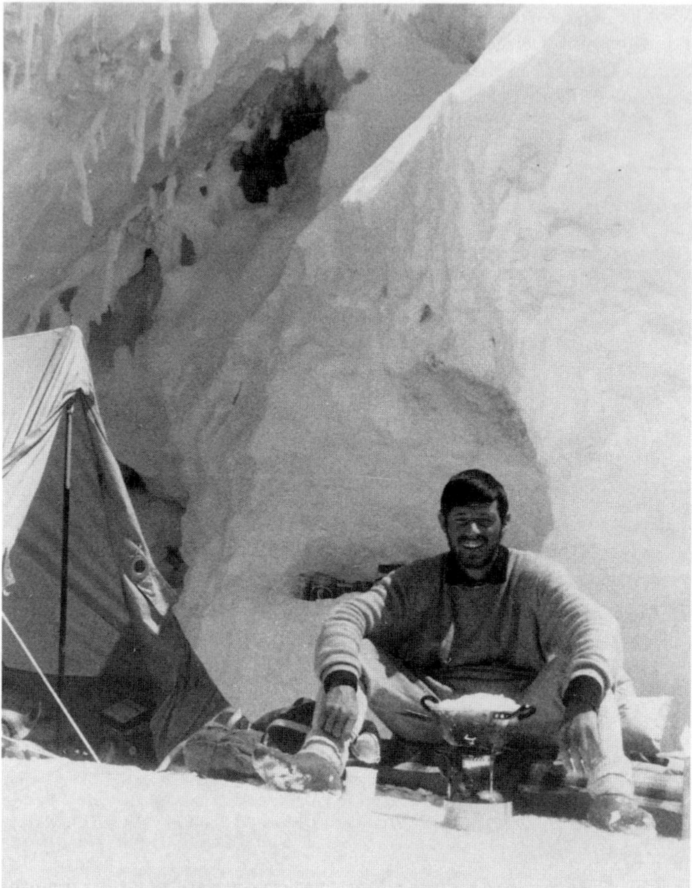

Günther Messner beim Schneeschmelzen in Lager III.

»Günther und ich waren eine eingespielte Seilschaft. Zum ›Nanga‹ wurde zuerst nur ich eingeladen. Vater drängte, ich solle mich für Günther stark machen. Mutter wollte, daß keiner fährt. Herrligkoffer wollte uns am Berg trennen. Wir aber blieben zusammen. Bis zuletzt.«

Reinhold Messner, 2009

Zwei Zelte in einer Eishöhle. Eiszapfen am Oberboden. Es schneit. Der Wind wirbelt Pulverschnee bis hinter die Zelte. Das linke Zelt. Es ist verschneit. Vor dem Eingang mehr als ein Meter Neuschnee. Man hört Stimmen. Geräusch eines Reißverschlusses, der geöffnet wird. Zelteingang. Ein Schaufelstiel, der dort lehnt. Zwei Hände schieben den Schnee beiseite.

Stimme im Zelt: Paß auf, daß nicht zu viel Schnee hereinkommt. Sonst ist morgen wieder alles naß.

Ein Kopf schiebt sich durch den Schlitz. Eine weiße Mütze. Das schmale Gesicht ist von der Sonne verbrannt, vom Wind zerfressen, die Lippen sind offen. Wie eine Schlange windet sich der Körper aus dem Zelt, und nun steht er zwischen Zelteingang und Schneemauer. Er zieht den Reißverschluß wieder zu, reißt die Schaufel heraus und beginnt, die Schneemassen vor dem Zelt wegzuräumen.

Stimme im Zelt: Günther, schneit es immer noch?

Günther: Stärker als gestern.

Vier Tage waren wir schon allein. Die Lager unter uns waren alle leer.

Günther ist ganz weiß. Der Platz vor dem Zelt ist freigeschaufelt. Er hackt Eis von der Wand und wirft die Stücke in eine Plastiktasche. Dann geht er zum Zelt, nimmt einige Dosen aus einem blauen Sack, der am Eingang liegt, öffnet den Zelteingang.

Stimme im Zelt: Bist du schon fertig?

Günther: Es nützt nichts.

Stimme im Zelt: Morgen steigen wir ab. Wir haben hier nichts mehr verloren.

Günther: Anderswo auch nicht.

Stimme im Zelt: Unten wär's warm. Wir könnten uns ordentlich waschen.

Günther: Früher haben andere so geschimpft. Wie du jetzt.

Er hält eine Dose in der Hand.

Günther: Magst du Hühnersuppe ... Hopp!

Er wirft die Dose ins Zelt.

Stimme im Zelt: Ist es die letzte?

Günther: Ja, es ist die letzte.

Er klopft sich den Schnee ab. Stellt den Eissack in das Zeltinnere und wirft noch eine große Dose hinein. Dann setzt er sich ins Zelt. Die Schuhe schauen noch heraus. Er zieht sie aus, schlägt sie gegeneinander und stellt sie hinein. Der Reißverschluß geht zu.

Zwei Zelte in einer Eishöhle. Eiszapfen am Oberboden. Es schneit. Der Wind wirbelt Pulverschnee bis hinter die Zelte. Draußen heult der Sturm. Nebelfetzen jagen vorbei.

Zeltinneres. Düsteres Licht. Die Zeltwände sind voll Reif. Günther steckt bis zur Brust im Schlafsack und ist dabei, den Kocher in Betrieb zu setzen. Er bückt sich über ihn, hebt ihn auf, untersucht ihn, stellt ihn behutsam wieder an seinen Platz und versucht ihn anzuzünden. Es gelingt nicht. Er gibt auf.

Reinhold: Willst du es nicht noch einmal versuchen?

Günther: Ich habe alles versucht. Gib mir in der kleinen Kaffeedose ein bißchen Benzin.

Er hebt den Kocher wieder auf.

Reinhold: Hab ich dir gesagt, daß das Wetter besser wird?

Günther: Wer sagt das?

Reinhold: Karl hat es gesagt. Ich habe vorhin gefunkt.

Er füllt Benzin in eine Kaffeedose und gibt sie Günther.

Günther: Dann hatten wir doch recht. Und trotzdem wollten einige nicht, daß wir hier bleiben.

Reinhold: Weil sie selbst lieber hinuntergegangen sind.

Günther: Man muß wohl ein bißchen Schneetreiben aushalten können, wenn man zum Gipfel gehen will. Wo kämen wir sonst hin?

Der Kocher brennt. Er stellt eine Pfanne darauf, legt einige Eisstücke hinein und legt sich hin. – Später:

Günther: Was haben wir gestern Besonderes getan?

Reinhold: Immer dasselbe. Schnee schaufeln. Eis holen. Du hast gekocht. Er nimmt ein rotes Heftchen aus der Seitentasche im Zelt.

Das war unser Tagebuch. Wir mußten es für Karl
schreiben, damit er später wußte, was oben war.

Reinhold: Jetzt fällt es mir wieder ein. Gestern nachmittag haben wir geschrieben. Das tun wir eigentlich fleißig hier heroben.

Er schlägt sein Tagebuch auf und liest:

Eisdom – Lager III, 8. Juni

Sechs Tage lang hält das Sauwetter nun an. Schneetreiben, Kälte, Lawinen.

Am Morgen 30 Minuten Sonne! Neue Hoffnung. – Jetzt ist es Abend, die Kälte ist beißender denn je. Schlechter Funkkontakt – das wäre ein gutes Wetterzeichen.

Eine Lawine verschüttet um 19.30 Uhr das Zelt total.

Er blättert um und beginnt zu schreiben. Halblaut:

Neun-ter-Ju-ni-Eis-dom-La-ger-drei-Im-mer-noch-hält-das-Schlecht-we-tter-an-Der-Mor-gen-ließ-ein-we-nig-Hoff-nung-auf-ei-ne-Bess-e-rung-auf-kom-men-Gün-ther-hat-frei-ge-schau-felt-Ich-war-vor-her-im-Win-den-la-ger-um-Pro-viant-zu-ho-len-Von-den-Zel-ten-war-kaum-noch-etwas-zu-se-hen-Zwei-Stun-den-ge-schau-felt-Auf-stieg-bis-zum-Bauch-wa-tend-Schnee-trei-ben-am-Nach-mi-ttag.

Dann mußte ich daran denken, wie alles angefangen hat.

Als meine Teilnahme an der »Sigi-Löw-Gedächtnisexpedition« zum Nanga Parbat feststand, begann ein reger Briefwechsel zwischen Dr. Karl Maria Herrligkoffer, dem Leiter der Expedition, und mir. Es ging um Ausrüstung, Teilnehmer, die ausfielen, Termine. In einem Brief vom 14. 12. 1969 teilte mir Dr. Herrligkoffer mit, daß sich mein Freund Sepp Mayerl für eine andere Expedition entschieden hat. Im Anhang hieß es: »Kannst Du einen Ersatzmann nennen, der...« Ich habe damals gleich an Günther gedacht, weil ich keinen besseren kannte. Günther war so begeistert, daß er an eine Einladung nicht glaubte.

Zwei Wochen später legte ich ein Telegramm für ihn unter den Weihnachtsbaum. Darin stand:

BIN MIT GÜNTHER EINVERSTANDEN KARL.

Wir haben im Winter viel über den Nanga Parbat gelesen. Wir haben uns immer wieder von ihm erzählt, über ihn nachgedacht und von ihm geträumt. Als die ersten Notizen in der Zeitung erschienen, klebten meine Schüler eine Zeichnung an die Wand. Darüber stand: Messner-Buben zum Nanga Parbat.

Im Winter schon habe ich mit dem Training begonnen, viel Laufen, Atmungsübungen, Rückbildung der Oberkörpermuskulatur zugunsten eines Trainings der Beine. Meine Buben in der Klasse hatten die hellste Freude daran, mit mir um die Wette zu laufen. So erfanden wir die »Nonstop-Stafette«, eine neue Leichtathletikdisziplin. Eine Turnstunde lang läuft dabei die gesamte Klasse, einer nach dem anderen, gegen den Lehrer, der nie abgelöst wird. Die Strecke dazu habe ich mir selbst ausgesucht. Gewonnen haben wir abwechselnd.

Auch mußte ich ihnen erklären, wie hoch der Nanga Parbat ist. Das kann man mit Zahlen nicht. Deshalb habe ich es mit Bergen versucht: Lager I wird in Montblanc-Höhe stehen, und fünf Lager sind vorgesehen. Die höchsten Berge bei uns in Südtirol reichen mit ihren Gipfeln knapp über das Basislager hinaus. Wenn man den Ortler zweimal nimmt und noch die kleine Zinne draufstellt, würde es vielleicht reichen bis zur Südschulter. Von dort zum Gipfel sind es keine hundert Höhenmeter mehr, aber dieser letzte Aufschwung ist anstrengender als ein Berglauf von Bozen nach Jenesien, weil da oben die Luft ganz dünn ist. Das ist auf allen hohen Bergen so, und der Nanga Parbat ist ein sehr hoher Berg.

Ein Arzt, hatten sie gelesen, wird dabeisein, der gleichzeitig die Expedition leitet, und nun wollten sie wissen, was ein Arzt dabei zu tun hat. Erste Hilfe zu leisten, gebrochene Beine zu schienen oder zu gipsen, Erfrierungen zu behandeln, die Wirkung des Pervitins zu erklären, sich mit den Kranken abzugeben. Ein Arzt ist sehr wichtig bei einer Expedition. Er sollte möglichst weit hinaufkommen.

Auch die großen Leute hatten viele Fragen, wir haben ihnen immer wieder erklären müssen, wie hoch der Berg ist und wie steil die Wand. Was das Unternehmen kostet, und für welchen Tag der Gipfelangriff geplant ist. Ich habe diese Zahlen der Reihe nach auswendig gelernt und hoffe, sie im Gewirr der Fragen nicht oft verwechselt zu haben. 8125 Meter, sehr steil – vielleicht der höchste Wandabbruch der Welt –, 130 000 DM und um die Sonnenwende zwischen dem zwanzigsten und dem zweiundzwanzigsten Juni. Das waren die Antworten, die ich immer bereit haben mußte und die ich in allen möglichen Kombinationen gab.

Ich gab sie auch einem alten Bekannten, der mir knapp vor der Abreise noch über den Weg lief. »Ich hätte nicht Zeit, einige Monate nur so herumzubummeln«, sagte er, weil er ins Krankenhaus mußte wegen Arterienverkalkung. Zu wenig Bewegung, sagten ihm die Ärzte. Wir werden etwa gleich lang aus sein, dachte ich. Er in irgendeiner Klinik und ich am Nanga Parbat. Aber der Nanga Parbat ist nicht irgendein Berg, und die Rupalwand ist nicht irgendeine Wand. Sie ist vielleicht durchsteigbar, deshalb so anziehend für uns.

Günther fuhr Anfang April ab, zusammen mit elf anderen Teilnehmern, in einem Lastwagenkonvoi mit acht Tonnen Gepäck. Hart war die abenteuerliche Fahrt über den Landweg, und doch erzählte er mir später begeistert von Teheran, vom dreckigen Kabul, vom Khaiberpaß.

Am 16. April kam Günthers erster Brief.

Ankara, 12.4.1970, 9 Uhr (OEZ)

An alle daheim!

Vor einer Stunde ungefähr sind wir in der Hauptstadt der Türkei angekommen. Ein endloses Lichtermeer, eine Millionenstadt. Unsere Lastwagen kommen sofort zur Generalinspektion. Wenn wir Glück haben, werden sie morgen fertig, und wir können Dienstag früh weiterfahren. So ergibt sich endlich die Gelegenheit, längere Zeit in einer Stadt zu bleiben. Unsere Lastwagen laufen übrigens herrlich, und wir konnten die fünfeinhalb Stunden Wartezeit an der bulgarisch-türkischen Grenze wieder aufholen. Heute schafften wir ca. 560 km (100 km vor Istanbul verbrachten wir die Nacht in einem »ziemlich ärmlichen« Hotel). In Istanbul nahmen wir einen Fachingenieur mit, der bis Ankara unsere LKWs auf eventuelle Fehler untersuchte (Kleinigkeiten sind inzwischen doch kaputtgegangen). Er lotste uns durch die Zwei-Millionen-Stadt (kurzer Aufenthalt am Hafen), und um halb neun Uhr setzten wir auf einer Fähre nach »Asien« über. Das Landschaftsbild an sich hat sich von Jugoslawien über Bulgarien bis zur Westküste der asiatischen Türkei kaum geändert. Dafür sieht man jetzt Esel statt Pferde, Schafe und Ziegen statt Schweine. Die Menschen tragen andere Kleider. Die großen Obstgärten in Küstennähe stehen in voller Blüte. Erst 200 km vor Ankara merkte ich deutlich den Übergang zur karst- und wüstenartigen Landschaft des Mittleren Orients. Unser Hotel hier in Ankara liegt an einer Hauptstraße, und der Lärm ist viel schlimmer als in einer italienischen Kneipe. Die vorbeifahrenden Autos hupen unentwegt. Die Geschäfte sind fast alle noch offen, und auf der Straße wird jetzt noch (!) geteert. Hoffentlich bekommen wir für morgen ein anderes Hotel.

Inzwischen herzlich
Günther

Daheim redeten die Leute mehr und mehr vom Nanga Parbat. Für die einen war er der Schicksalsberg der Deutschen, für andere ein großes Problem. Für wieder andere war er unmöglich. Für Karl war er sein Berg. Für uns, die wir ihn besteigen wollten, war er der schönste Berg der Welt.

Ob wir auch zum Gipfel gehen wollten, fragte man mich noch am Flughafen in München. Die Dame meinte meinen Bruder Günther und mich. Ich zuckte die Schultern. Auf so dumme Fragen konnte ich keine Antwort geben.

Diese Frage hatten meine Schüler nie gestellt, für sie war es selbstverständlich gewesen.

Am 26. April trafen wir in der pakistanischen Regierungsstadt Rawalpindi wieder zusammen.

Wir verloren dort wertvolle Tage, lernten einige nette Leute von der Deutschen Botschaft kennen, schlenderten durch die Basare.

Wir hatten uns an das aktive Warten im Schwimmbad schon lange gewöhnt, im Feilschen hatten wir Übung, und die Einladungen wurden häufiger, als es losging; zuerst nach Gilgit, dann weiter zum Nanga Parbat.

Aus Gilgit schrieben wir eine Karte.

7. Mai 1970

An alle daheim!

Heute endlich hat es mit dem Flug nach Gilgit geklappt. Das Gepäck allerdings liegt noch in Rawalpindi, wo wir 10 Tage Ferien hatten. Ich habe sie (trotz Ärger über unsere

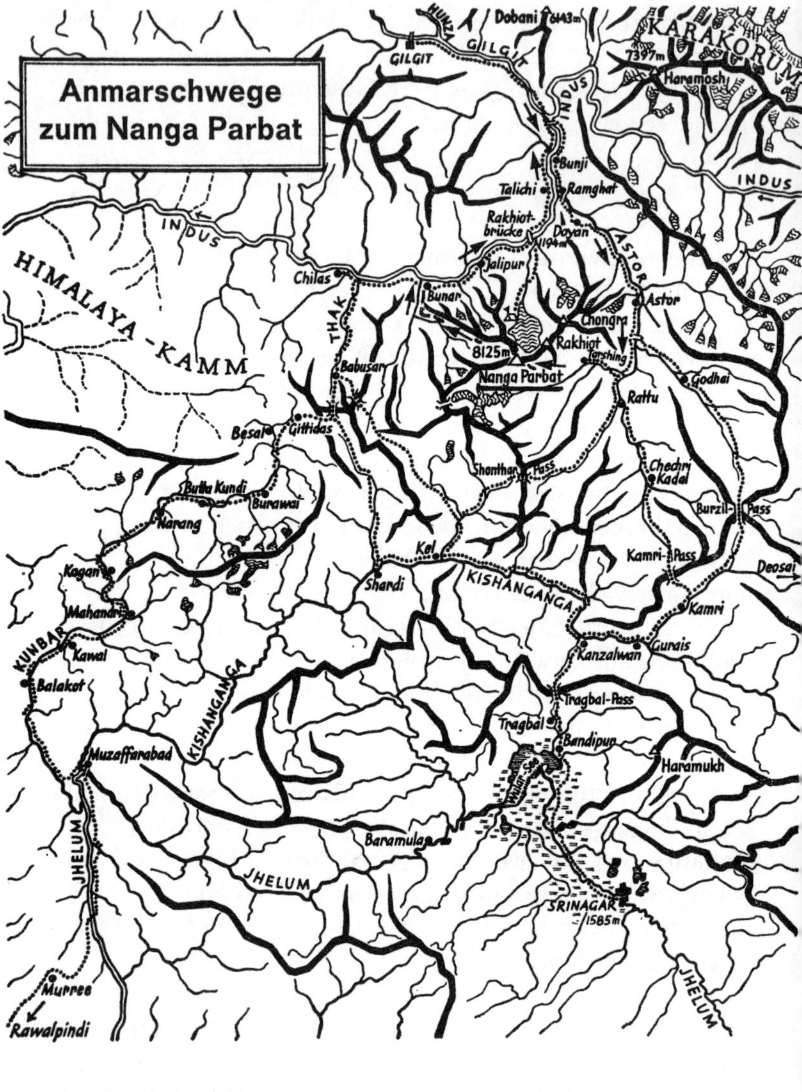

Von Gilgit, das wir in einem Militärflugzeug erreicht hatten, ging die Reise in Jeeps und Traktoren durch das Astortal und dann zu Fuß bis ins Basislager am Südfuß des Nanga Parbat.

miserable Leitung) genossen, bin braun wie nie zuvor im Leben und hatte Gelegenheit genug, das Leben im Orient kennenzulernen. Es gibt vieles zu erzählen.

Gruß Reinhold

Neben dem offiziellen Expeditionstagebuch führte Günther auch ein privates. Es beginnt mit unserer Abreise von Gilgit.

Dienstag, 12. Mai 1970

Abfahrt Gilgit, fünf Uhr, mit fünf Jeeps einschließlich persönlichem Gepäck. Abenteuerliche Fahrt den Gilgit-Fluß abwärts, ein großartiges Flußbett, sehr exponiert.

Nach Bunji geht's weiter über den Indus, Richtung Astorbrücke. Nach Indusüberquerung steht vor uns der Nanga von der Rakhiot-Seite; Märchenwiese, Rakhiot Peak, Mohrenkopf, Silbersattel, Silberplateau, Silberzacken, Gipfel, genauso wie man ihn abgebildet sieht. Die 8000 Meter kennt man ihm nicht an. Unser Berg, den wir von der Südseite aus besteigen wollen, die höchste Wand der Welt und eines der größten bergsteigerischen Probleme unserer Zeit.

Nach Ramghat holen wir die Traktoren, die mit unserem Expeditionsgepäck beladen sind, wieder ein. Schwierige Fahrt durch ein Flußbett ohne Straße. Ein Traktor fällt um. Einer der Träger verletzt sich leicht am Fuß. Weiter durch sagenhaftes Gelände bis vor die Astorbrücke. Dort wird das Gepäck auf Jeeps verladen. Reinhold und ich laufen voraus und treffen nach 2 km auf die ersten Träger, die unsere Lasten bis nach Astor bringen wollen.

Es wird spät, bis die meisten der Lasten verteilt sind. Teils helfen wir, teils liegen wir im wild schäumenden Astor-Fluß auf einem großen Stein in der Sonne. Am späten Nachmittag verläßt der Großteil der Teilnehmer den Ort der Lastenverteilung. Michael Anderl, Elmar Raab, Peter Scholz und ich bleiben, um die restlichen Lasten am nächsten Tag zu verteilen.

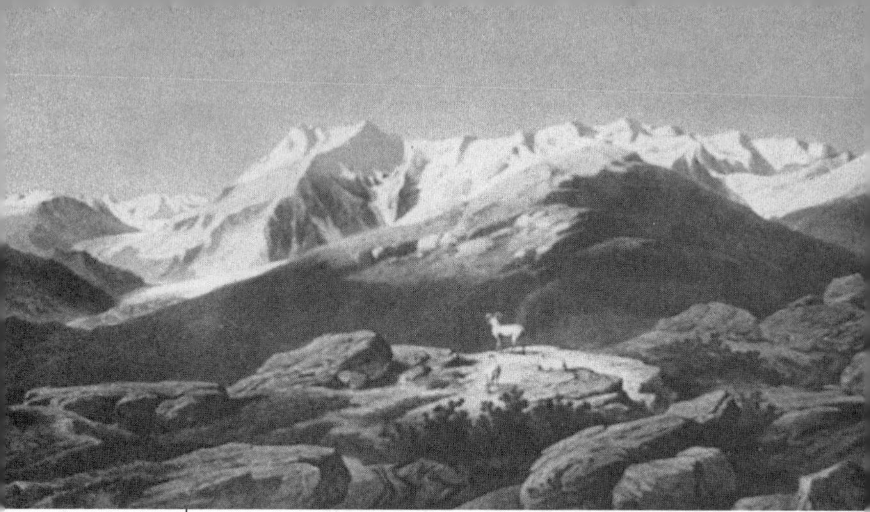

Das Nanga-Parbat-Massiv in einer Darstellung der Schlagintweits.

Kaltes Bad im schäumenden Astor-Fluß. Biwak neben der Straße im Freien; herrlicher Sternenhimmel, Sternschnuppen; die Träger, die mit ihren Eseln neben uns lagern.

Bis spät in die Nacht hinein dachte Günther an die Männer, die schon vor uns am Nanga Parbat gewesen waren.

Um die Mitte des vorigen Jahrhunderts wurde der Nanga Parbat, der 8125 Meter hohe westliche Eckpfeiler des Himalaja, für Europa entdeckt. Der Asienforscher Schlagintweit, ein Münchner, war als Reisender bis an den Fuß des Himalaja vorgedrungen. Wenig später wurde er in Kaschgar ermordet. Das Verhängnis am Nanga Parbat beginnt …

Vierzig Jahre später wurde der erste ernstliche Versuch einer Ersteigung unternommen.

Es klingt fast wie eine Sage. Bereits gegen Ende des vorigen Jahrhunderts griff am Nanga Parbat einer nach den Sternen: A. F. Mummery, einer der damals besten und unternehmungslustigsten englischen Alpinisten. 1895 (!) war er mit seinen Landsleuten Collie und Hastings und zwei Gurkhasoldaten vom Rupaltal kommend in das innere Diamirtal eingedrungen und hatte seine Zelte am Gletscherrand aufgeschlagen. Gegenüber, in der breiten Flanke, stach ihm die aufsteigende Reihe von Felsrippen, die später nach ihm benannt wurde, in die Augen. Ein naturgegebener und durchaus möglicher Anstieg, dünkte ihm. Tatsächlich gelingt es ihm auch gemeinsam mit dem Gurkha Ragobir als Träger und einem eingeborenen Jäger, sich über den mittleren Felssporn und an der großen Rippe hinaufzuarbeiten. In Nagelschuhen und mit Grödeln, ohne Sicherungs- und Abseilhaken, geschweige denn Bohrstifte. Ein Zelt wird auf dem zweiten Felsriff verankert und mit Proviant versehen. (Lager I, 5400 m). Lastentransport, Schlechtwettereinbruch, Stürme, Rückzug – Wiederaufstieg. Proviantdepots in 6100 Metern. Als er mit Ragobir über die Schneide der gratartigen, obersten Rippe hinaufklettert, löst sich ein Zyklopenblock aus den Eisbalkonen über ihnen. Sie werden von einer brodelnden, weißen Wolke überquollen. Collie sieht durch das Fernglas die beiden darunter verschwinden. Aus! Der Schneestaub verflüchtigt sich. Die zwei Punkte tauchen wieder auf, bewegen sich weiter. Es ist ihnen nichts geschehen! Die herabschießende, zermalmende Eismasse muß durch die Felsrippe wie durch einen Schutzdamm seitlich abgelenkt worden sein und hat sie daher nicht überschwemmt ... Der kühle Angelsachse jedenfalls bleibt völlig unbeeindruckt von diesem nicht ganz harmlosen Vorfall, fühlt sich auf dem Felsrücken sicher und steigt an ihm mit seinem Gurkha unbeirrbar höher. Hinein in das anschließende Eisfeld, bis knapp unter den letzten Eissperriegel. Er steht jetzt vor dem Tor zum Gipfel. Es ist offen. Da erkrankt Ragobir. Der Gipfel ist schon in greifbarer Nähe. Aber der faire britische Gentleman, obwohl immer noch von ungebrochenem Angriffsgeist, bringt erst seinen kranken Trägerkameraden hinunter. Das geht für ihn allem anderen vor. Er meinte, wenn er noch weiter hätte steigen und noch eine Nacht in einem Behelfslager (in 7000 Metern, in der Bazhinmulde) hätte biwakieren können, würde er am darauffolgenden Tag die Spitze des Nanga erreicht haben!

Dauernde Schneefälle machten Mummery einen weiteren Diamirangriff über seine Gratrippe unmöglich. So entschloß er sich, statt dessen die Diamascharte (6200 m) im hintersten Talwinkel mit seinen beiden Gurkhas zu überschreiten und »drüben« noch die Rakhiot-Seite zu untersuchen. Dort wollte er Collie und Hastings treffen, die mit dem Gros der Expedition ohne Risiko auf der Chilas-Seite über drei kleine Pässe ins Rakhiot-Tal hinübergegangen sind. Er kam nicht an. Hastings und Collie eilten zurück in das Diamirtal. Die englischen Behörden boten die Eingeborenen der umliegenden Täler auf, um nach Mummery zu suchen! Sie fanden ihn nicht mehr, und es wird für immer ungeklärt bleiben, wie dieser Meteor am Bergsteigerhimmel unterging. Wahrscheinlich ist er von einer Lawine verschüttet worden. Aber wohlgemerkt, nicht an der Mummeryrippe!

Erst 1932 zog eine neue Bergsteigergruppe zum Nanga Parbat. Die Deutsch-Amerikanische Expedition unter der Leitung von Willy Merkl erkundete den Zugang aus dem Rakhiottal. Die Mannschaft kehrte ohne Verluste zurück. Auf der Heimreise stürzte der Amerikaner Rand Herron – nachdem er den Lawinen, den Gefahren des Nanga entgangen war – in Ägypten an der Chephrenpyramide tödlich ab: Hohn des Schicksals, der »Dämon« des Nanga hatte nach ihm gegriffen.

1934 war es wieder Willy Merkl, der an der Spitze einer ausgezeichneten Mannschaft zum Nanga Parbat zog. Ein Lager am Silbersattel wurde errichtet. Aschenbrenner und Schneider waren bis knapp unter die Nordschulter vorgedrungen. Da schlägt das Wetter um. Aschenbrenner und Schneider spuren auftragsgemäß voraus, abwärts, lassen die obersten Lager frei für die nachfolgenden Kameraden. – Diese aber kommen nicht mehr zurück. Mehrere Tage noch konnte man Hilferufe vernehmen. Doch alle Rettungsversuche erstickten in den ungeheuren Neuschneemassen. 4 Sahibs (Drexel, Wieland, Welzenbach, Merkl) und 6 Sherpaträger fanden dabei den Tod. Drexel starb an Lungenentzündung, Wieland und Welzenbach unterm Silbersattel, Merkl am Mohrenkopf; sein Träger Gaylay blieb bei ihm, obwohl er sich hätte herabretten können – Trägertreue bis in den Tod?

1937 ist Dr. Karl Wien der Leiter. Die Mannschaft ist gut, auch an Erfahrung fehlt es nicht. Ihr Lager IV auf einem flachen Plateau in ca. 6300 m hatten sie, nachdem ihnen der zunächst ausgesuchte Platz nicht ganz geheuer schien, an einer anscheinend völlig sicheren Stelle aufgebaut. In der Nacht vom 14. auf 15. Juni, in der fast die gesamte Mannschaft mit Trägern in diesem Lager versammelt war, weil man am nächsten Tag Lager V aufbauen wollte, fuhr eine Lawine wie ein Zug über die Zelte hin, verschüttete sie und blieb stehen. Sie löschte das Leben von 7 Sahibs und 9 Trägern aus. Der frühere, »weniger sichere« Lagerplatz war von der Lawine nicht berührt worden! Wieder schien eine dämonische Hand Regie geführt zu haben.

Paul Bauer, Vorstand der »Deutschen Himalaja-Stiftung«, eilt aus München mit Bechtold und Dr. von Kraus per Flugzeug herbei, obwohl keine Aussicht auf Rettung mehr besteht – gräbt ohne Höhengewöhnung, unter äußersten Anstrengungen seine toten Freunde und Kameraden vom Kantsch unter den Eismassen heraus, kann noch ihre Foto- und Filmaufnahmen, ihre Tagebücher retten. Sie selbst liegen in ihren Zelten, »ohne jedes Anzeichen eines plötzlichen Schreckens«, zugedeckt im Schlaf von den tödlichen Eismassen.

Paul Bauer, der damals erfahrenste und umsichtigste deutsche Expeditionsleiter, fuhr ein Jahr später erneut zum Nanga. Er leitete das Unternehmen nicht per Funkgerät vom Hauptlager aus, sondern war meist mit an der Spitze. Er hatte die schlechtesten Wetterverhältnisse seit Menschengedenken, Neuschnee, Lawinen. Rebitsch und Ruths drangen trotz

Sturm bis knapp unter den Silbersattel vor. Das Unternehmen war überschattet und belastet durch die vorangegangenen Katastrophen 1934 und 1937, sie durften sich auf keinen Fall wiederholen, Bauer mußte äußerst vorsichtig handeln. Alle Teilnehmer kehrten wohlbehalten zurück. Aber auch dieses Unternehmen hatte seinen dramatischen Akzent – sie fanden am Mohrenkopf in 7000 m Höhe die Leichen von Willy Merkl und seinem Träger Gaylay, die vor vier Jahren dort gestorben waren. Die Träger erfaßte daraufhin Panikstimmung. Sie weigerten sich, weiter aufzusteigen. So brach auch der vierte Angriff trotz größter Anstrengungen zusammen.

Eine Expedition, die der Erkundung der Diamir-Seite galt, leitete 1939 Peter Aufschnaiter. Zunächst versuchte man, über die Mummeryrippe aufzusteigen, doch erwies sich diese Route, die fast in der Fallinie des Hauptgipfels zur oberen Gletscherterrasse hinaufzieht, als höchst lawinengefährlich. Die Lawinengefahr ließ auch den Anstieg über den Diamirgletscher zum Nordgipfel unverantwortlich erscheinen. So versuchte man es noch über die Felsrippen nordöstlich der Mummery-Route. – Bei dieser Expedition forderte der Berg zwar keine Opfer, aber der beginnende Krieg machte den deutschen Sahibs die Heimkehr unmöglich. Die Flucht von Harrer und Aufschnaiter aus dem indischen Internierungslager nach Tibet zum Dalai Lama ist weltbekannt geworden. Alle sechs Vorkriegsexpeditionen waren vom Nanga Parbat abgewiesen worden; trotz erfahrenster Leiter und bester Bergsteiger. Ein dunkles Verhängnis schien über den Unternehmungen am »Nackten Berg« zu schweben – kein anderer Himalajariese hatte so viele Opfer gefordert. Vierzehn Jahre lang wurde es dann still im Ringen um den »Diamir« – den »König der Berge« –, wie er auch noch genannt wird. Erst 1953 belagerte ihn wieder eine deutsche Mannschaft an seiner Rakhiotflanke unter Führung von Dr. Herrligkoffer. Mit Peter Aschenbrenner, Hermann Buhl und Kuno

Rainer als Tiroler Vertretung. Auch diesmal schienen Wetterunbilden den Erfolg zu vereiteln, es war schon zum Rückzug geblasen worden. Da griff Buhl im Alleingang nach dem Gipfel. Von einem kleinen, vereisten Zelt in 7000 Metern aus. Es war der Gang eines von einer Idee Besessenen in das fast sicher scheinende Verderben. Ein ungeheuerliches Unterfangen gegen jede »bergsteigerische Vernunft« und Wahrscheinlichkeit des Gelingens. Es spottete jeglicher Himalajaerfahrung. Und dennoch stand er als erster Mensch auf der Spitze des so hart umkämpften Nanga Parbat. Ein eigenwilliger und überlegener Könner hatte damit etwas getan, was vor ihm noch keiner wagte. Der Erfolg hatte Hermann recht gegeben. Er vollbrachte damals eine Leistung, die nicht mehr überbietbar schien.

Nach einem erfolglosen Versuch im Jahre 1961 steht 1962 das Basislager einer neuen Herrligkoffer-Expedition an der Westseite des Nanga, unter der Diamirflanke, am Rande des Gletschers gleichen Namens. Es gelingt ihr, sich einen klettertechnisch ungewöhnlich schwierigen und nur verhältnismäßig sicheren Anstieg – auch er ist von Steinschlag und Lawinen bestrichen! – über den Steilabbruch im Talhintergrund in die Bazhinmulde hinein zu erzwingen. Nach dem Gipfelsieg und einem Freilager in 8000 Meter Höhe – ohne Biwakausrüstung – stapfen Kinshofer, Mannhardt und Löw durch eine unschwierige, trittsichere Schneerinne unangeseilt herab. Löw, als letzter, bleibt immer weiter über ihnen zurück. Sie verständigen sich durch Zurufe. Er gibt unklare Antworten. Doch es besteht keine Gefahr mehr. Sie befinden sich bereits knapp oberhalb der sanft auslaufenden Bazhin-Schneewanne. Da stürzt Löw rücklings die »harmlose« Rinne herab und schlägt so unglücklich mit dem Kopf in der Mulde auf, daß er an den Verletzungen stirbt. Wieder einmal hatte der »Dämon« des Nackten Berges »heimtückisch zugeschlagen«.

Eine Kundfahrt 1963 entdeckte zwei mögliche Anstiegsrouten durch die Rupalwand, den »Toni-Kinshofer-Weg«

links hinauf zum Westsattel und eine Direttissima in Fallinie der Südschulter, die an Eleganz und Steilheit ihresgleichen im Himalaja sucht. Diese Führe wurde im Winter 1964 das erste Mal ernstlich versucht.

1968 erreichte eine ausgezeichnete Mannschaft das Merkl-Eisfeld. Diese Expedition hat die Voraussetzung für den Erfolg der Expedition 1970 geschaffen.

Am nächsten Abend schrieb Günther ins Tagebuch:

Mittwoch, 13. Mai 1970

Morgens weckt mich Michl und schickt mich zu den anderen, um nach den verschwundenen Benzinkanistern zu forschen. Mit einem kleinen Rucksack verlasse ich die Verteilungsstelle Richtung Astor um fünf Uhr morgens. Um halb neun Uhr stoße ich auf die Mannschaft in Hardschir, ca. 10 Meilen vor Astor. Die Straße dorthin ist kilometerlang unterbrochen und für Jeeps unmöglich passierbar. Erst von Hardschir geht ein Jeep. Die meisten fahren von hier nach Astor. Ich laufe weiter und bin um 12 Uhr in Astor (2600 m). Reinhold ist schon seit morgens hier.

In der Schule von Astor logieren wir. Im Laufe des Nachmittags treffen die restlichen Mitglieder ein und auch ein Großteil der Lasten. Spaziergang durch Astor; frisches Bad in einem Nanga-Fluß; filmen, fotografieren. – Einladung vom Doktor von Astor. Es wachsen noch Aprikosen und Nüsse.

Donnerstag, 14. Mai 1970

Um sieben Uhr brechen wir auf zu einer verwegenen Jeep-Fahrt nach Rampur (ca. 24 km). Reinhold verläßt uns zu Fuß um sechs Uhr und erreicht fast gleichzeitig das Rasthaus in Rampur. Kurze Rast und Jause.

Weiter geht's zu Fuß nach Tarshing (2900 m). Reinhold und ich gehen voraus, verlaufen uns, verlieren Zeit; die Mannschaft ist uns voraus. Reinhold holt sie ein. Ich treffe auf Max, der auch den Großteil der Strecke zu Fuß ging, und erreiche mit ihm und Peter Vogler nachmittags Tarshing bei strömendem Regen. Logieren in der Schule, bei offenem Feuer trocknen die Kleider. In rauchdurchqualmten Räumen sitzen wir bei Tee, Eiern, Milchreis und Chapatis. Sepp, der vielbewährte Hochträger auf 11 Expeditionen, sorgt für uns wie eine Mutter. Sonst kümmert sich niemand um uns, und jeder von uns muß sich auf seine Weise »durchschlagen«.

Auch hier treffen die Lasten nur schleppend ein und werden am folgenden Tag neu vergeben.

Freitag, 15. Mai 1970

Der Tag beginnt herrlich und wolkenlos. Zum erstenmal sehe ich den Nanga und den Chongra Peak von Süden. Überwältigender Eindruck. Riesige Hängegletscher, beängstigende Wandfluchten, durch Lawinen zerfurcht, und links der Gipfel des Nanga. Fragen, auf die keiner Antwort weiß, die in der Zukunft liegen. Aufbruch nach Rupal in Gruppe. Reinhold und ich sind etwas schneller und gehen voraus. Das Bergdorf Rupal hinter uns lassend, begegnen wir Bauern, die nach uralter Weise roden, neuen Boden gewinnen. Leider ist der Nanga im Nebel und reißt nur ab und zu auf. Unheimlich hohe und steile Eis-/Felsflanken: die höchste Wand der Welt! Überqueren eines riesigen Gletscherflusses. Dann taucht die Tap-Alpe auf, auf der unser Basislager stehen wird.

Wir suchen herum und rätseln um den Standort. Der Nanga ist immer noch verhüllt. Wir gehen weiter bis zum »Rupalsee«. Dann kommt Max, später Karl, und es dauert nicht lange, dann steht ein kleines Zeltdorf unter der Rupalflanke, der höchsten Wand der Welt.

Basislager, Samstag, 16. Mai 1970

Erster Tag im Basislager.

Reinhold, Gert Mändl, Hans Saler, zwei Träger und ich brechen um halb vier Uhr vom Basislager auf, um die Rinne zum Lager I zu versichern. Bringen 200 m Seil bis ans obere Ende der Rinne. Reinhold, Sepp und ich gehen weiter bis zum Lager I von 1968. Acht Uhr. Machen einen neuen Platz für unser heuriges Lager I aus. Hans Saler und Gert Mändl kommen nach. Auf dem Rückweg versichern wir die Rinne von oben nach unten. Um elf Uhr wieder im Hauptlager.

Nachmittag Gepäcksortierung. Einpacken persönlicher Ausrüstung für Lager I.

Lager I (4700 m), Sonntag, 17. Mai 1970

Um zwei Uhr morgens brechen Werner Haim, Peter Scholz, Reinhold und ich auf, um Lager I aufzubauen. Jeder von uns trägt sein persönliches Gepäck (ca. 25 kg). Später folgen uns drei Träger mit Zelten und Verpflegung. Wir entscheiden uns für einen neuen Lagerplatz, nicht für den der Expedition 1968, und sind uns alle einig, daß es sich um einen idealen, sicheren Lagerplatz I handelt. Mit viel Eifer und Begeisterung wechseln wir uns ab im Ausschaufeln eines ausreichenden Platzes für vier Zelte (zwei für vier Sahibs, zwei für sechs Träger) und Küche. Ordnen neuer Lasten für Lager II. Im Lauf des Vormittags erreichen Saler und Mändl mit kleinen Lasten und weitere Träger Lager I. Erst um elf Uhr erreicht die Sonne unsere Zelte, und es wird unerträglich heiß. Von Arbeiten keine Rede mehr. Auch schlafen kann ich nicht. Der Körper ist schlaff, und der Schnupfen, den ich seit Gilgit habe, hindert mich am Atmen auf Montblanc-Höhe. Die Höhe spüre ich noch nicht. Zwölf Uhr und sechs Uhr abends sind vorläufig unsere Funkzeiten mit dem Basislager.

Früh gehen wir zu Bett. Herrliches Wetter.

Lager I (4700 m), Pfingstmontag, 18. Mai 1970

Heute ist mein Geburtstag, 24 Jahre werde ich alt. Ich darf ihn auf Lager I der Rupalflanke, der höchsten Wand der Welt, am Nanga, dem deutschen Schicksalsberg, feiern. Ich liege im

Zelt. Die Hitze ist untertags mörderisch, und das Wasser rinnt von den überhängenden Steinen auf die Zelte.

Um zwölf Uhr nachts waren wir aufgebrochen, um die Wielandfelsen zu versichern: Peter Scholz, Werner Haim, Reinhold und ich. Drahtseil, Karabiner, Haken und 400 m Seil hatten wir mitgebracht. Sepp geht als einziger Träger mit. Reinhold und Peter Scholz geht es nicht besonders gut, schon länger haben sie nichts Warmes gegessen. Von oben beginnen wir die Versicherung. Bei Sonnenaufgang sind wir wieder im Lager I. Max ist eingetroffen (mit Hans Saler hat er nachts den Weg zu Lager I verfehlt und mußte Umwege machen). Später kommen der Leader und Felix, Michael und Hansi und die erste große Trägerkolonne. Max bleibt bei uns und verwöhnt uns.

Solange die Sonne nicht erbarmungslos scheint, bauen wir Lager I aus, stellen ein Trägerzelt auf, sortieren Nahrung und Material, befestigen ein Überzeltdach und richten eine Küche ein.

Um fünf Uhr geht die Sonne unter im Lager I, und wir sind befreit von der Hitze. Für den nächsten Tag richten wir Lasten her für das Errichten von Lager II.

Ich schrieb am gleichen Mittag in mein Tagebuch:

Lager I (4700 m), Montag, 18. Mai

Ich liege im Zelt. Mittag. Die Hitze ist mörderisch. Wie Quecksilber läuft das Wasser, das von den Überhängen heruntertropft, über das Zeltdach und zeichnet Eidechsen in den Himmel.

Draußen ist es noch wärmer. Kaum ein Schatten. Im Osten nur steht eine schmale Wolkenbank.

Um Mitternacht sind wir heute aufgebrochen. Peter, Werner, Günther und ich. Jeder hatte seinen Teil zu schleppen: 400 m Seil, 200 m Drahtseil, Haken, Kletterseile, Karabiner. Sepp hat uns als einziger Träger begleitet.

Am Wielandgletscher haben wir mit der Verseilung begonnen: Von oben nach unten. Peter und ich sind nicht, wie wir sein möchten. Wir haben seit zwei Tagen nichts Warmes gegessen.

Seit Sonnenaufgang sind wir wieder im Lager I. Max ist da. Später kommen der Leader, Michl, Felix und die übliche Trägerkolonne. Endlich ein Kocher. Max verwöhnt uns.

Bis um elf Uhr haben wir am Lager gebaut: Ein neues Trägerzelt, ein Überdach, die Verpflegung haben wir sortiert und eine bescheidene Küche eingerichtet. Das Lager I ist ein Traumlager. Ich bin gerne da. In der Sonne ist das Arbeiten unmöglich. Deshalb haben wir uns ins Zelt gelegt.

Um fünf wird die Sonne für uns untergehen. Dann kracht es in den Eisbrüchen meistens irgendwo. Wir werden noch die Lasten herrichten und dann schlafen.

Günther schrieb am nächsten Tag:

Lager II, Dienstag, 19. Mai 1970

Unter einer ca. 30 m hohen senkrechten Eiswand erstellen wir Lager II. Vorerst ein Hedga-Drei-Mann-Zelt für Werner, Reinhold und mich.

Bei strahlendem Wetter haben wir morgens zwischen sechs und sieben Uhr zusammen mit drei Trägern den neuen Lagerplatz erreicht. Eine neue Rundsicht, herrlich. Berge in der Nähe und weit am Horizont. Im Osten: Broad Peak (H. Buhl), K2 (Lacedelli) und viele andere, deren Namen ich nicht kenne. Im Westen, ganz nahe, schöne unbestiegene Fünf- und Sechstausender, den inneren Rupalkessel beherrschend, unbestiegen!?

Das Lager II ist ebenso wie Lager I in lawinensicherer Lage: Eventuell abdonnernde Schneemassen spalten sich und gehen links und rechts vorbei.

Hier im Lager II geht die Sonne schon um zwei Uhr unter, und wir können ruhig schlafen, ohne zu braten.

Am Beginn des Wielandgletschers ist einer der Hochträger zurückgeblieben und wieder abgestiegen.

Wielandfelsen und -gletscher sind nun mit fixen Seilen verbunden. Reinhold hat sich seit gestern wieder erholt und ist in ausgezeichneter Verfassung. Peter Scholz ist ins Basislager abgestiegen.

Leider haben wir keinen Kocher dabei, und unseren Hunger stillen wir mit Konserven.

Wir lagen im Lager III und lasen.
Draußen heulte immer noch der Sturm. Günther kochte – im Eisdom hatten wir ja einen Kocher –, ich blätterte in meinem Tagebuch zurück.

Lager II, Mittwoch, 20. Mai 1970

Draußen stürmt es. In regelmäßigen Abständen rinnt der Schnee über das Zeltdach. Wir malen uns die nächsten Tage im Schneesturm aus. Noch machen wir uns lustig über den ersten Wettersturz. Galgenhumor?

Immer noch sind wir zu dritt hier im Lager II: Werner, Günther und ich. Heute früh haben Günther und ich Seile und Haken am unteren Ende des Wielandgletschers geholt. Vier Träger, Gert, Hansi und Gerhard kamen herauf, sie stiegen sofort wieder ab.

Gegen Mittag setzte das Schneetreiben ein. Jetzt zerrt der Wind am Zelt. Draußen, sagt Werner, hat es schon 15 cm Neuschnee. Ich werde nun lesen (russische Erzähler), Tee kochen und viel schlafen.

Wenn es morgen noch schneit, werden unsere Nahrungsmittel knapp.

Lager II, Donnerstag, 21. Mai 1970

Heute haben wir sogar einen Koch dabei. Gert kocht für uns. Das tut gut.

Die Stimmen von Hansi, Gerhard und Gert haben uns heute um vier Uhr geweckt. Bald darauf sind wir aufgebrochen, um die Eiswand zu versichern. Die Randkluft war schwer und brüchig. Bis zu den Felsen hin habe ich alles versichert. Gerhard hat gefilmt.

Vier Träger waren da. Als Günther, Werner und ich zurückkamen, war Peter aus dem Hauptlager da. So sind wir nun zu sechst.

Es ist ein Uhr. Eben ist die Sonne hinter einem riesigen Eiswulst verschwunden. Nun wird es angenehm in den Zelten. Schlafen, träumen, die Gedanken kreisen um Dinge, die es hier gar nicht gibt.

Morgen früh wollen wir drei ins Basislager absteigen und einen Waschtag einlegen.

Basislager (3600 m), Freitag, 22. Mai 1970

Abstieg von Lager II ins Basislager in 50 Minuten. Der Muskelkater läßt mich diese Jagd bereuen.

Bei den Trägern gibt es Tee und Chapatis. Im Hauptlager schläft alles noch!

Waschen, waschen, waschen – am Vormittag, am Nachmittag.

Am nächsten Tag schrieb Günther einen Brief an unsere Mutter.

Basislager, 23.5.1970

Liebe Mama!

Gestern vormittag sind Reinhold und ich von Lager II zu einem Rast- und Waschtag ins Basislager zurückgekehrt.

Am 15. Mai sind wir endlich, nach scheinbar unüberwindlichen Schwierigkeiten, hier auf der Tap-Alpe, 3560 m, unserem Basislagerplatz, eingetroffen. Die Rupalflanke, die Südwand des Nanga, ist gewaltiger und eindrucksvoller, als ich sie mir vorgestellt habe. Die 4500 Höhenmeter vom Basislager zum Gipfel sind ungeheuerlich, und die Steilheit und Wildheit ist mit keiner Westalpenwand zu vergleichen. Die Ortler-Nordwand, zum Beispiel, ist ein Witz dagegen. Dazu kommt die Höhe. Basislager (3560 m), Lager I (4700 m) – fast so hoch wie der Montblanc!! – Lager II (5500 m). Bisher haben Reinhold und ich zusammen mit Werner Haim sämtliche Versicherungen (Anbringen von fixen Seilen) zwischen dem Basislager und dem Lager III (ca. 1000 m) angebracht und Lager I und Lager II mit Hilfe von ausgezeichneten Hunza-Hochträgern aufgebaut. Wir sind schon einigermaßen akklimatisiert. Leider habe ich noch etwas Schnupfen, und das erschwert mir das Atmen in der Höhe. Ich hoffe, daß er hier im Basislager wieder verschwindet. Es ist ein herrliches Gefühl, bisher fast alles selbständig, ohne Einwände unserer zum Teil miserablen Führung, aufgebaut zu haben. Morgen oder übermorgen werden wir wieder zum Lager II aufbrechen (fast 2000 Höhenmeter) und Lager III (6000 m) aufbauen. Das Wetter war herrlich bis jetzt und untertags ist es derart heiß, daß vom Arbeiten in der Wand keine Rede sein kann. Auch schlafen kann man nicht, nur warten auf Schatten und Kühle. In der Nacht hat es 10–20° minus, die einzige Zeit, wo gearbeitet werden kann. Wir sind körperlich gut in Form, und die Hochträger bewundern uns in Stille. Die Kameraden arbeiten nach unseren Vorschlägen.

(Ich mußte schnell schreiben, weil gerade der Postläufer eingetroffen ist und wieder zurückläuft!)

Viele Grüße aus dem Himalaja
Günther und Reinhold

Ich schrieb damals an meinen Bruder Hubert einige Zeilen.

Wir sind verdreckt, verbrannt von der Sonne, aber bester Laune. Zwei Lager haben wir aufgebaut und den Weg zum Lager III mit fixen Seilen versehen. Wir waren schon auf 6000 m!

Vorläufig sind andere vorne. Morgen um ein Uhr nachts werden wir wieder ins Lager II aufsteigen (5500 m) und von dort das Lager III einrichten. Dann beginnen die ganz großen Schwierigkeiten. Bis in drei Wochen muß es klappen, oder es geht nicht.

Wenn man hier sitzt, kommen die 4500 m gar nicht zur Geltung. Die Wand ist so steil wie die steilsten Westalpenwände und zum Teil sauschwer.

Bald ist bei Euch die Schule aus. Dann kommt auch in Europa der Sommer.

Erst drei Tage später sind wir wieder in die Wand eingestiegen. Felix und Peter waren schon oben. Sie haben in der Zwischenzeit die Seilwinde von 1968 ausgegraben und einsatzbereit gemacht.

Lager II, Dienstag, 26. Mai 1970

In dreieinhalb Stunden bin ich aufgestiegen: vom Basislager bis hier. Zudem mußte ich den oberen Teil des Wielandgletschers spuren, weil die Träger noch im Aufstieg waren. Günther kam wenig später nach. Er ist großartig in Form.

Am Mittwoch machten wir Rasttag.

Windenlager (5900 m), Donnerstag, 28. Mai 1970

Heute ist der Lastenaufzug zwischen Lager II und Lager III erstmals in Funktion. Ich steige mit den Lasten auf. Immer wieder bleiben sie hängen. Befreien, Aufstieg, Abstieg, Schinderei.

Gegen Mittag sind wir oben: zwei Lasten und ich. Ich richte meinen Lagerplatz her. Der Kurs wird weiter nach links verlegt. Dort werden die Tonnen besser laufen, hoffen wir.

Windenlager, Freitag, 29. Mai 1970

Drei Tonnen aufgezogen: Sklavenarbeit.

Günther kommt zu uns ins Windenlager. Am Nachmittag Erkundungsvorstoß (mit Günther) zu Lager III.

Meinem Sucherdrang war diesmal der Zufall behilflich. Das Lager I habe ich gewählt, weil der Platz ins Auge stach. Es gibt dort keinen besseren. Das Lager II fand ich nach stundenlangem Suchen. Es hatte viele Vorteile und gefiel mir gut. Das Lager III fand ich heute, durch Zufall. Bis zum alten Lagerplatz III hatte ich ein fixes Seil verlegt, war dabei müde geworden und suchte, da mir die Stelle nicht gefiel, in der Gegend herum. Zufällig brach ich in eine Spalte ein, hackte ein Loch heraus und entdeckte dabei den idealen Lagerplatz. Eine Eishöhle – 6 m tief, ein Gewölbe, wir nennen sie Eisdom!

Eisdom (5900 m), 30. Mai 1970

Noch steht kein Zelt hier. Felix und ich schaufeln den Platz frei. Eine Küche wird eingerichtet. Der Platz gefällt mir!

Am Morgen haben wir wieder drei Tonnen hochgehievt. Geisttötende Arbeit. Morgen endlich wollen wir in den Eisdom (Lager III) umsiedeln. Der Aufzug ist perfekt. Nur noch eine Nacht in den kleinen, nassen Zelten am Windenlager.

Am Morgen kamen Nebel auf. Jetzt, am Abend, ist es wieder klar, Schatten liegen in den Tälern. Peter spielt auf der Mundharmonika. Für einige Stunden habe ich vergessen, daß ich an der Rupalflanke bin.

Wir lebten nicht mehr nach bestimmten Wochentagen. Morgen und Abend, dazwischen lag ein Tag oder eine Nacht.

Eisdom, 1. Juni 1970

Heute ist es spät geworden. Im Kerzenschein schreibe ich die letzten Notizen.

Peter und Felix haben die Felsen am Welzenbach-Eisfeld versichert. Günther und ich haben dann aufgeschlossen und die Verseilung des Eisfeldes und der Welzenbach-Eisrinne vorgenommen. 50 m unterm geplanten Lager IV wurde es zu spät. Wir seilten ab: 700 m Gelände wie in der Ortler- und Matterhorn-Nordwand.

Eisdom, 2. Juni 1970

Rasttag. Zufriedenes Sitzen, Warten, Atmen. Eigentlich wollten wir aufbrechen und Lager IV suchen. Dann ließen wir uns vom Vergnügen am Zelt zurückhalten.

Wie wenig bleibt bei diesem »hohen Bergsteigen« von Zerstreuung, Vergnügen, Unterhaltung. Das Bergsteigen ist in dieser Höhe und in dieser Umgebung eine harte Sache, die sehr viel verlangt: Man denke nur an die Kälte, die dünne Luft, das Leben in der Enge der Zelte, Gefahren, Müdigkeit.

Und trotzdem wollen wir morgen wieder aufbrechen, niemand zwingt uns dazu, wir wollen nur.

Eisdom, 3. Juni 1970

Um fünf Uhr morgens sind Felix, Peter, Günther und ich zu Lager IV aufgebrochen. Das Wetter war gut, und bald hatten wir die ersten 400 m hinter uns. Dann kam blankes Eis, steil wie die Ortler-Nordwand. Es begann zu schneien – dauernd kleine Schneerutsche. Die letzten 100 m zum Eiswulst mußten noch versichert werden.

Am Nachmittag erreichten wir die Stelle vom Lager IV von 1968. Wir konnten uns kaum noch verständigen, der Schneesturm wurde von Minute zu Minute stärker. Einer grub ein Loch in den Schnee, Peter legte seinen Biwaksack hinein, dann begruben wir unsere Lasten.

Sofort stiegen wir wieder abwärts, an den fixen Seilen – mehr als 800 m schwieriges Gelände. Jeder kämpfte mit den vereisten Seilen. Am blanken Eis rutschten die Eisen. Abwärts. Um 17 Uhr waren wir alle zurück. Das war bisher unser härtester Tag am Nanga.

Eisdom, 4. Juni 1970

Es hat die ganze Nacht geschneit. Jetzt weht es Schnee in unsere Höhle – metertief. Höher als unsere Zelte steht er draußen.

Stundenlang hat Felix nach der Schaufel gesucht. Jetzt hat er sie. Er und Günther schaufeln abwechselnd Schnee aus der Höhle. Es schneit mehr, als sie schaufeln können. Sie wollen wenigstens die Eingänge freihalten. Dann wollen wir abwechseln.

Unser Zelt ist eingeknickt. Schwer hängen die Seitenwände durch. Sie drücken auf unsere Schlafsäcke. Die Daunenjacke habe ich dazwischengeschoben. Trostlose Lage. Wenn es nicht aufhört, müssen wir uns einschneien lassen. Essen haben wir für einige Tage. Einen Kocher haben wir zum Glück im Zelt.

Mit Gerhard habe ich heute über Bergfilme diskutiert. Was es da alles zu machen gäbe! Ideen – Vorschläge – Pläne.

Es schneit immer noch. Die draußen schaufeln.

Ganz unten auf dieser Tagebuchseite stehen noch drei Zeilen.

Im Schnee begraben
Die Nacht ist verschneit
und der Tag zugeweht

Eisdom, 5. Juni 1970, 19 Uhr

Ein ganzer Tag im Zelt. Draußen ist wieder mehr als ein Meter Neuschnee.

Es ist erstaunlich, wie schnell ich die Geschäftigkeit und die Gewohnheiten meiner Alltagspersönlichkeit abschüttle, wenn ich länger im Gebirge unterwegs bin. Was mir vor einem Monat noch wichtig war, ist mir nun völlig gleichgültig.

Ruhig liege ich im Zelt, lass' es draußen schneien. Ich bin einfach da – in einem Loch in 6000 m Höhe –, das Zeltdach ist voller Eiskristalle, sie glitzern im Kerzenlicht.

Seltsames Nirwana.

Eisdom, 6. Juni 1970

Es schneit immer noch. Am Mittag gehen Peter und Felix hinunter ins Basislager. Günther und ich wollen hierbleiben, um das Lager intakt zu halten. Wir hoffen auf besseres Wetter.

Lesen – diskutieren – immer wieder kochen.

Eisdom, 7. Juni 1970

Wieder schneit es. Auch ist es kälter geworden. Sonst ist alles beim alten: kochen, Schnee schaufeln, alle drei Stunden Funkkontakt mit dem Basislager.

Noch haben wir zu essen. Auch das Benzin wird reichen.

In Lager III schrieben wir viele Briefe.

Rupalwand – Lager III: Eisdom, 8.6.1970

An alle daheim!

Das Briefpapier ist ausgegangen. Die Blätter vom Tagebuch tun es auch.

Günther und ich liegen nebeneinander in einem Drei-Mann-Zelt und schreiben Briefe. Seit fünf Tagen sind wir hier eingeschlossen. Ununterbrochen stürmt und schneit es. Am 3. 6. haben wir beide zusammen mit Peter Scholz und Felix Kuen Lager IV errichten wollen. Ein starker Schneesturm hat uns in 6600 m Höhe zum Rückzug gezwungen. Die Kameraden sind dann ins Basislager abgestiegen. Wir wollen das Lager III halten, bis das Wetter sich bessert. Die Zelte würden sonst vom Schnee eingedrückt. Täglich fast ein Meter Neuschnee – Sturm, bis zu 20° unter Null. Für drei Tage haben wir noch zu essen. Alle Lager unter uns sind leer. Heute mittag gab es Schweinefleisch. Das tut gut bei dieser Kälte. Für den Abend haben wir noch eine Dose Preiselbeeren. Sonst trinken wir viel Tee, Kaffee ... stundenlang dampft der Phöbus-Kocher im Zelt. Zum Glück haben wir reichlich Benzin im Lager.

Unser Zelt steht in einer Höhle. Das ist gut, sonst hätte es der Sturm schon lange zerfetzt. Trotzdem weht es Schnee herein. Am Morgen müssen wir oft ganz oben beim Eingang hinauskriechen und freischaufeln.

Alle sechs Stunden haben wir Funkkontakt mit dem Basislager. So wissen die unten wenigstens, daß wir noch leben.

Dieses Schlechtwetter hat unserem Vorwärtsdrängen einen schweren Schlag versetzt. Bisher ging alles reibungslos. Innerhalb von zwei Wochen haben wir 3000 Höhenmeter und 4000 Klettermeter geschafft und großteils versichert. Das Gelände (zwischen Lager III und IV sowie die Eiswand) ist zum Teil so schwer wie die Ortler- oder Matterhorn-Nordwand. Und das zwischen 5500 und 7000 m!

Jetzt müssen alle Lager neu besetzt und die Fixseile (an die 2000 m) kontrolliert werden. Die Lawinen könnten sie beschädigt haben.

Aber noch ist das Wetter nicht gut. Draußen tanzen die Flocken. Wir liegen in den Schlafsäcken. Abwechselnd wärmen wir die Finger, dann schreiben wir wieder. Ich hoffe, daß daheim alle wohlauf sind. Wir hier schlafen bis zu 16 Stunden am Tag, und so kann ich nachholen, was ich im Winter an Schlaf versäumt habe.

Wann dieser Brief abgeht, wissen wir nicht. Erst wenn alles wieder normal läuft, können wir ihn nach unten schicken. Ein Postläufer bringt ihn dann nach Gilgit. Wir sind immer froh, von daheim zu hören.

Grüße Reinhold und Günther

Ein Bild, wie es wirklich war, kann sich daraus niemand machen.

Am nächsten Tag sah alles ganz anders aus.

Strahlender Morgen. Im Osten ist es klar. Im Westen steht eine Wolkenbank. Die Eishöhle. Der Platz davor ist freigeschaufelt.

Günther sitzt neben Reinhold auf einer Luftmatratze vor den Zelten und kocht. Sie genießen die Wärme und schauen dem Spiel der Nebel zu.

Günther: Meinst du, es hält?

Reinhold (schaut in die Luft): Mir gefällt das nicht.

Nebel. Sie bilden sich aus dem Nichts, verformen sich, greifen ineinander, die Sonne färbt sie in den Regenbogenfarben, sie lösen sich auf.

Günther: Morgen kommen die anderen.

Reinhold (skeptisch): Wenn das Wetter hält.

Günther: Der Wetterbericht ist gut, hast du gestern gesagt.

Reinhold (lachend): Das heißt nicht, daß morgen das Wetter gut ist.

Der nächste Tag war noch schöner. Die anderen stiegen auf. Am Mittag schon kam Felix bei uns im Lager III an. Als erster, wie immer.

Felix sitzt auf einer Luftmatratze und trinkt Tee.

Felix: Peter und Gerhard sind im Lager II geblieben. Sie kommen später nach.

Er sucht in seinem Rucksack, zieht einen Nylonsack mit Briefen heraus.

Felix: Da ist Post für euch und der Angriffsplan von Karl.

Reinhold liest die Absender. Ein Brief von daheim ist dabei, einer von den Kameraden der Hochgebirgsgruppe Bozen, ein Brief für Günther und der Angriffsplan von Karl. – Er liest:

Rahmenplan

1. Tag (11.6.70)

Reinhold Messner + Günther Messner sind L3
Kuen + Scholz + Baur HL L3
WL beziehen Saler + Mändl + Haim + Vogler
HL → L2 Kühn + Kroh
L1 Raab + 9 HT L1 → L2 → *L1*

2. Tag (12.6.70)

L3 Rasttag und Ausbau des Lagers
2 HT (Sepp + Ibadat) L1 → L3, geführt von Kroh (Kroh → L2)
2 HT übersiedeln HL → L1 (9 HT). Winkler HL → L2

3. Tag (13.6.70)

R.M. + G.M. + Kuen + Scholz → L4
2 HT (Sepp + Ibadat) Rasttag in L3
2 HT (Arab Khan + Ali Madad) mit Kroh L1 → L3
Anderl + W. Bitterling HL → L1
L2 Kühn + Winkler
L1 Raab mit 9 HT L1 → L2 → *L1*
2 HT aus HL bleiben in L1 (somit wieder 9) → Isa + Valayat

4. Tag (14.6.70)

R.M. + G.M. + Ku. + Sch. Ausbau *L4* u. evtl. Rekognoszierung → L5
L3 → L4 → *L3* Saler + Mändl + Haim + 4 HT
L3 → L4 Baur
WL beziehen Kühn + Vogler + Winkler
L1 → L2 Anderl + Raab + 2 HT (Isa + Valayat)
L1 W. Bi. → HL → *L1* 2 HT, Aufstocken auf 9 HT in L1

5. Tag (15.6.70)

R.M. + G.M. + Ku. + Sch. L4 → L5, festlegen u. aufbauen
L3 → L4 → *L3* Kroh mit 4 HT
L3 → L4 Mändl + Saler + Haim
WL noch Kühn, Vogler, Winkler – einer davon holt die 2 HT aus L2 herauf!
L2 Anderl + Raab

10.6.70

Lieber Reinhold!

Wir haben während dieser Tage im HL beiliegenden Rahmenplan für die nächsten entscheidenden Tage gesamt besprochen u. festgelegt – u. ich hoffe, daß er auch Deine Zustimmung finden möge.

Hinsichtlich der Spitze der Exp möchte ich auch nationale Gesichtspunkte berücksichtigen (wie Du leicht erkennen kannst) u. ich bitte Dich auch darum um Dein Verständnis

Ansonsten wäre wünschenswert,

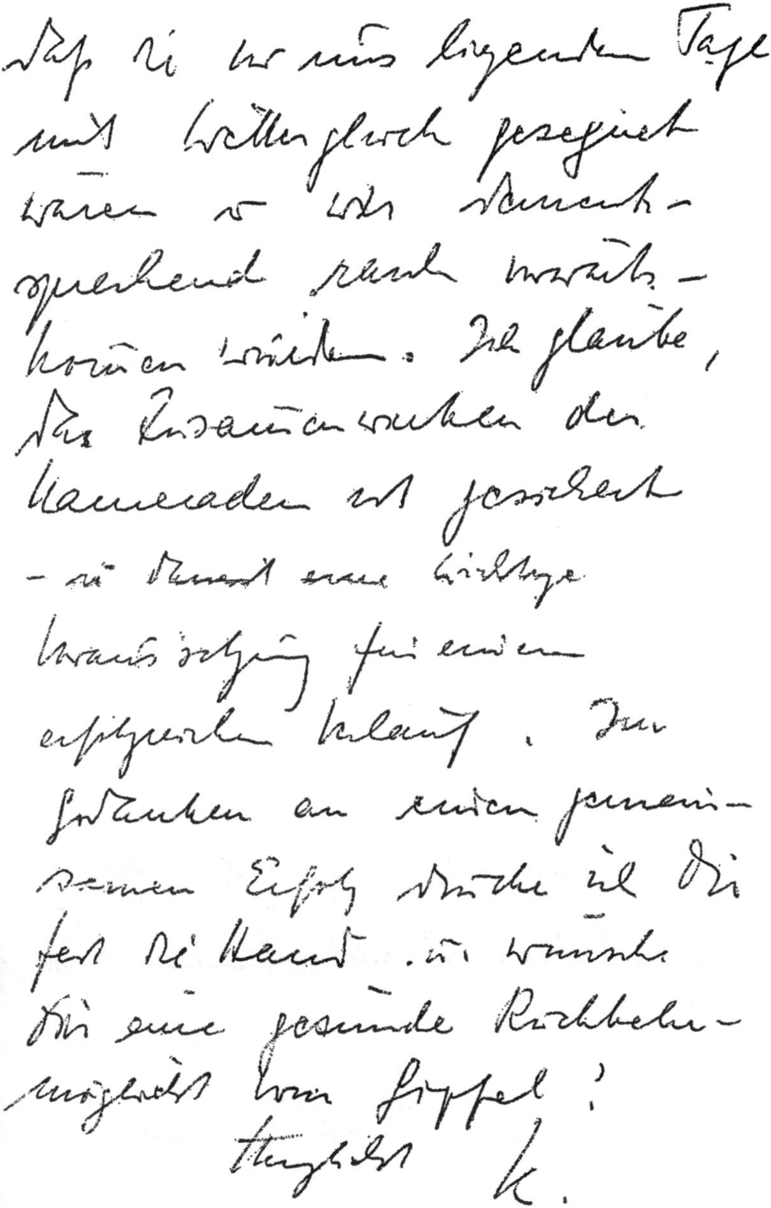
Daß die vor uns liegenden Tage
mit Wetterglück gesegnet
wären u. wir dement-
sprechend rasch vorwärts-
kommen würden. Ich glaube,
das Zusammenwirken der
Kameraden ist gesichert
– u. damit eine wichtige
Voraussetzung für einen
erfolgreichen Verlauf. Im
Gedanken an einen gemein-
samen Erfolg drücke ich Dir
fest die Hand u. wünsche
Dir eine gesunde Rückkehr –
möglichst vom Gipfel!
Herzlichst
K.

Herrligkoffer-Brief

L1 W. Bi.

6. Tag (16.6.70)

L4 Rasttag für R.M. + Ku. + Sch. + Mändl + Baur

Haim + G.M. + Saler versichern M.-R. 1. Teil von L5 aus

L3 → L4 → *L3* 4 HT mit Kühn oder Kroh

WL 2 HT + Vogler

L2 Anderl + Raab

L1 W. Bi.

7. Tag (17. 6. 70)

L5 Haim + G.M. + Saler versichern 2. Teil M.-R., evtl. unterstützt von einigen Leuten aus L4 (R.M., Sch., Ku., Mä., Baur?)

L3 → L4 → *L3* 4 HT mit Kroh oder Kühn oder Vogler.

8. Tag (18. 6. 70)

L5 Haim + G.M. + Saler versichern 3. Teil M.-R. und steigen abends ab nach *L4*

L4 → L5 R.M. + Ku. + Sch. + Mä. + Baur, schlafen dort bis Mitternacht unter O_2 und steigen 1 Uhr (19. Juni Vollmond) in 2 Seilschaften unmittelbar hintereinander zum Gipfel auf.

1. Seilschaft: Reinhold Messner + P. Scholz
2. Seilschaft: Kuen + Mändl + Baur (Kamera)

Ersatzleute für Kuen: Haim
für Mändl: Saler oder G.M.
für Baur: Winkler

Nach erfolgter Gipfelbesteigung durch die beiden Seilschaften können weitere Seilschaften folgen, soweit kein Wetterrisiko besteht und die von oben gekommene Mannschaft nicht die Hilfe der anderen Kameraden zum Abstieg benötigt!

L = Lager
HL = Hauptlager
WL = Windenlager
HT = Hochträger
M.-R. = Merklrinne
Die Fremdnamen bezeichnen die Hochträger

Früher einmal hatte ich gelesen, daß Karl nicht viel vom Führerprinzip hält. Und dann dieser Plan, den ich noch dazu gutheißen sollte. Nach diesem Plan hätten Peter Scholz und ich als erste Seilschaft zum Gipfel gehen sollen. Felix Kuen, Gert Mändl und Gerhard Baur als zweite Seilschaft. Mein Bruder Günther und Hans Saler sollten zusammen mit Werner Haim an drei aufeinanderfolgenden Tagen die Merklrinne versichern. Das bedeutet härteste Arbeit in der Todeszone.

Günther: Darf ich den Angriffsplan sehen?

Er hat seinen Brief fertiggelesen.

Reinhold (gibt ihm das Blatt, beschwichtigend): Man darf von niemandem Unmögliches verlangen. Ein Angriffsplan muß vernünftig sein. Wenn er befiehlt, daß du dich in der Merklrinne aufarbeitest, versagt er dir von vornherein den Gipfel. Es ist viel leichter, zum Gipfel zu gehen, als drei Tage hintereinander zwischen 7200 m und 7800 m auf- und abzusteigen.

Günther (lesend): Karl hat sicher nur mit einem Teil der Mannschaft gesprochen. Nun hält er darauf, daß du seinen Angriffsplan gutheißt. Mich fragt er gar nicht. Er liebt es nicht, wenn sich jemand in seine Pläne einmischt.

Reinhold: Wenn ein Expeditionsleiter befiehlt, daß einer drei Tage hintereinander die Merklrinne versichern soll, damit das ausgerastete Gipfelteam über die angebrachten Fixseile zum Gipfel gehen kann, und dieser einfach vorher zum Gipfel geht, kann ihm niemand einen Vorwurf machen. Wer unvernünftige Befehle gibt, hat nicht das Recht, im Recht zu sein. Und wer selbst nicht in diesen Höhen war, kann keine vernünftigen Befehle für einen Gipfelangriff geben.

Günther: Der da unten denkt ein bißchen wie ein Feldherr vor der Schlacht.

Reinhold: Gut, da unser Feldherr aber krank ist, entstand ein kranker Angriffsplan.

Das Wetter hat damals keine zwei Tage gehalten. Mit dem neuerlichen Wetterumbruch fiel der Angriff und der Plan ins Wasser oder besser in den Schnee. Per Funk bestellten wir Preiselbeeren, Eierlikör, Bier, Trockenobst aus dem Basislager. Aber im ganzen Lager war nichts mehr von all dem aufzutreiben, oder man wollte nichts abtreten. Ich weiß es nicht. Viel später erst fanden wir diese Spezialitäten in den »Leader-Zelten« im Lager I und im Basislager, soweit sie übriggeblieben waren. Wir wollten uns damals lediglich für eine längere Schlechtwetterperiode eindecken. Auch wir wußten inzwischen, was oben noch schmeckte, wenn es stürmt, wenn man tagelang in großer Höhe haust, wenn man um ein Uhr nachts aufbricht.

Felix steht am Rand des Lagerplatzes, eine Schaufel in der Hand. Er schimpft vor sich hin, weil es schneit.

Im Innern eines Zeltes. Günther, Gerhard und Reinhold liegen ganz eng nebeneinander. Sie lachen.

Wieder Felix vor den Zelten. Fleißig schaufelt er Schnee beiseite.

Günther (im Schlafsack): Dieses Schneien geht mir auf die Nerven.

Reinhold: Mir auch.

Günther: Neuschnee, Sturm, immer dasselbe. Die Schlafsäcke sind naß. Das kann einem das Lagerleben verekeln.

Reinhold: Steigen wir ab.

Günther: Es ist vielleicht besser, wir warten noch.

Reinhold: Das geht jetzt schon seit mehr als zehn Tagen so. (Laut) Felix, willst du absteigen?

Felix: Bei diesem Wetter ist es ein Unsinn, hier zu bleiben.

2 Abstieg ins Basislager

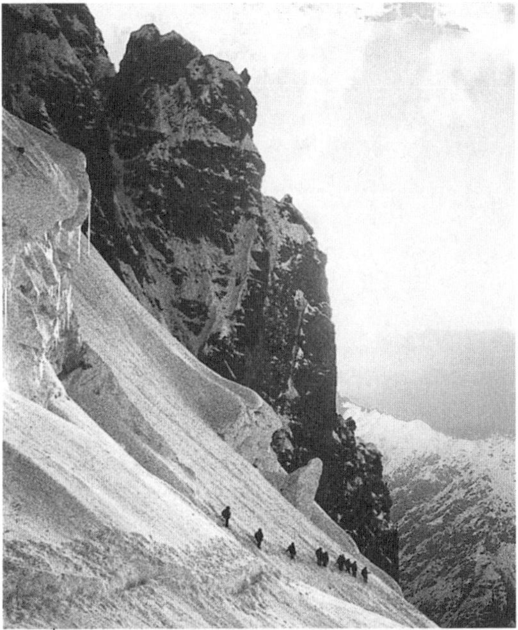

Trägerkolonne im Abstieg zwischen Lager II und Lager I.

»Es scheint den Menschen das Los beschieden zu sein, ihren Mut, ihre Kraft und ihren Willen an den höchsten Bergen der Welt zu messen, um immer wieder zu erfahren, daß jeder einzelne ein Sisyphos bleibt, dem der schwer gewälzte Felsblock nahe dem Gipfel entgleitet.«

Schweizerische Stiftung für Alpine Forschung, nach dem Mißlingen der ersten Schweizer Mount-Everest-Expedition 1952, zitiert nach Spiegel, »Expedition Himalaja. Mordlustig und drohend«, 10. Dezember 1952

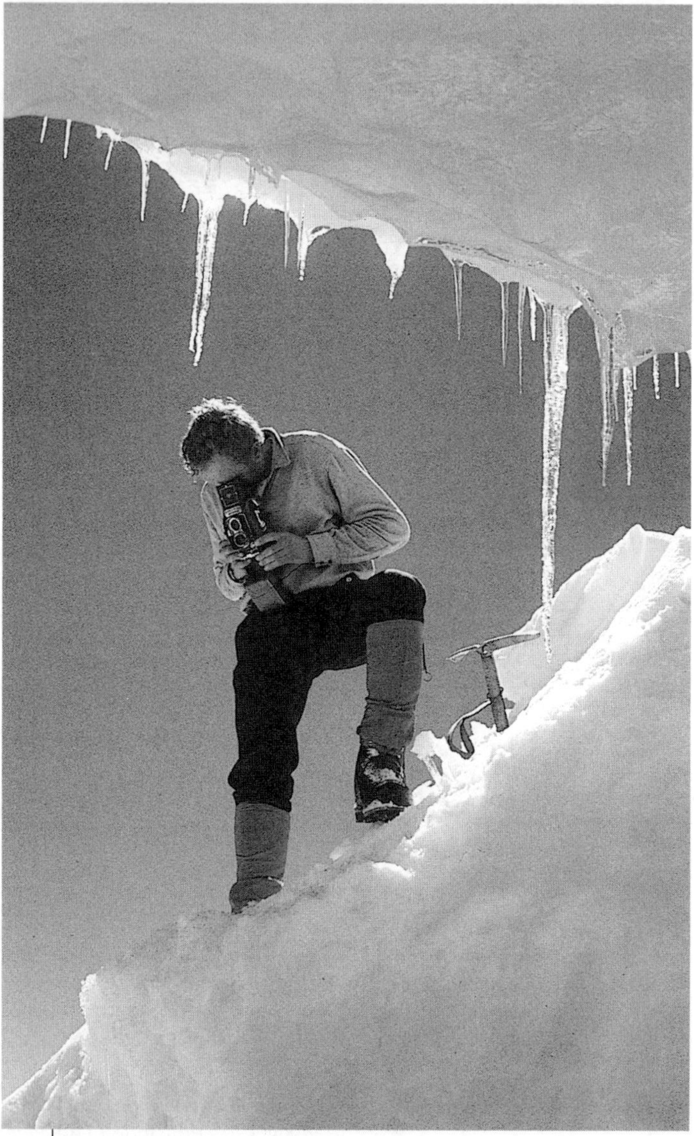

Jürgen Winkler, der Expeditionsfotograf bei der Arbeit.

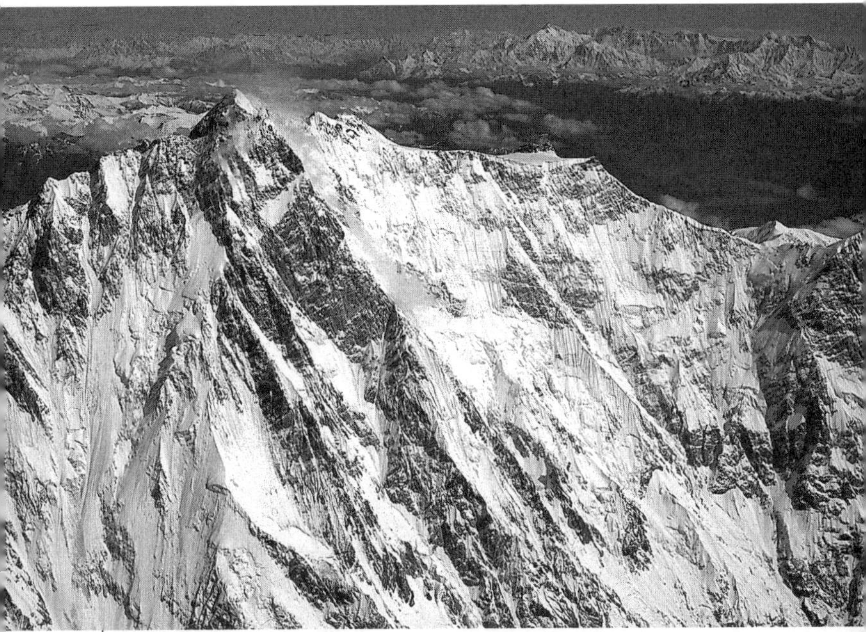

Das Trapez der oberen Rupalwand (linke Bildhälfte).

»Günther und ich waren damals Kletterer. Unsere Leidenschaft galt den schwierigsten Felstouren in den Alpen, auch den großen Eiswänden. Die Achttausender im Himalaja interessierten uns wenig. Die Rupalwand aber, seit Jahrzehnten als die höchste Wand der Welt geführt, war die größtmögliche Herausforderung im damaligen Bergsteigen. Hatte sie doch Hermann Buhl als unmöglich erklärt und waren doch die führenden Alpinisten der sechziger Jahre an ihr gescheitert. Wir sahen darin die Möglichkeit und den Ansporn, unsere Art Bergsteigen in neue Dimensionen zu tragen.«

Reinhold Messner, 2009

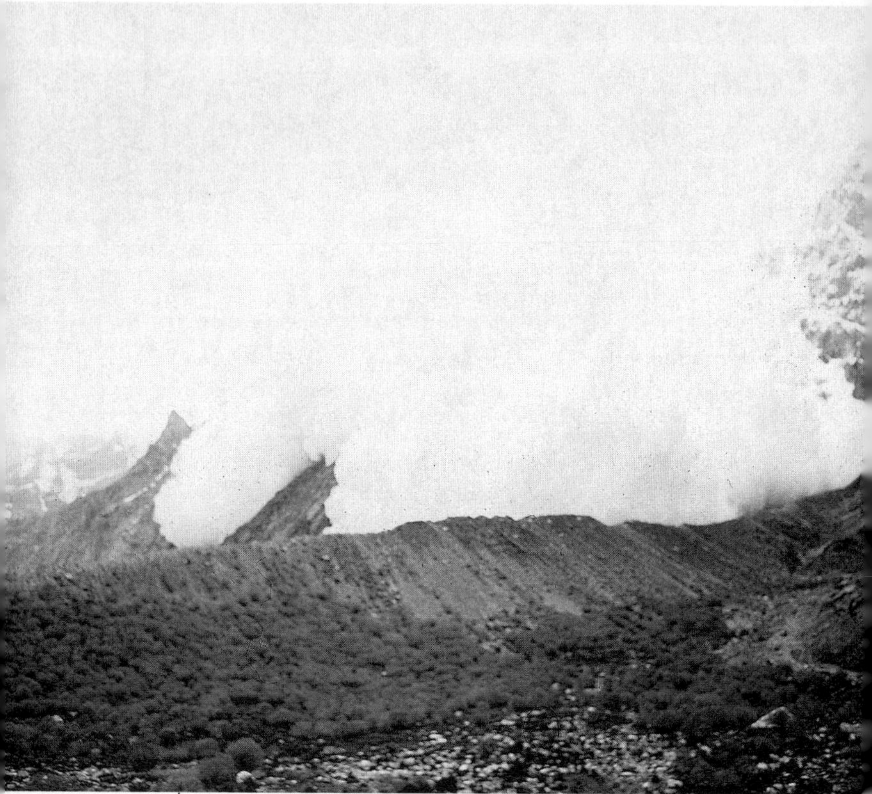

Lawinenabgang in der Rupalwand.

»Es sind vor allem die Dimensionen – Wandhöhe, Lawinen, Gefahren –, die das Bergsteigen an den Achttausendern anders machen als in den Alpen. Dazu kommt der geringe Sauerstoffpartialdruck, der alle Probleme potenziert.«

Reinhold Messner, 2009

Wir sind abgestiegen. Nur Peter und Gerhard blieben im Lager III zurück. Im Windenlager bekamen wir Tee. Auch Werner und Gert, die es besetzt hielten, überlegten den Abstieg. Einen Tag lang wollten sie noch warten. Am nächsten Tag bekamen sie von unten den Befehl, oben zu bleiben und aufzuwinden, obwohl es ununterbrochen stürmte und schneite. Trotzdem stiegen sie ab, trotz Befehl, oben zu bleiben.

Lager II. Jürgen räumt Schnee beiseite. Kühn schaut aus dem Zelt. Man sieht nur den Kopf, seine lebhaften Augen, seinen dunklen Bart. Felix, Günther und Reinhold sind eben eingetroffen. Hermann gibt ihnen Tee aus seiner Thermosflasche.

Hermann war immer hilfsbereit, zuvorkommend.
Wir hatten ihn alle sehr gern.

Nach einer kurzen Rast brechen die drei auf. Der erste gräbt eine Wühlspur in die Schneefläche. Zwei folgen in gleichen Abständen. Es schneit. Die Fixseile verschwinden im Schnee.

Manchmal war es unmöglich, sie herauszureißen. So tief waren sie drin im Schnee.

Zwei Beine graben sich durch das weiße Pulver. Drei Gestalten schwanken abwärts, wie Besoffene. Der viele Schnee macht ihnen zu schaffen.

Im Lager I war Elmar. Er hat uns bewirtet wie immer. Felix, Günther und ich sind dann weiter abgestiegen ins Basislager. Die anderen sind am nächsten Tag nachgekommen. Die Tage dort haben uns allen sehr gut getan. Sie waren ausgefüllt mit Waschen, Schreiben, mit langen, angeregten Diskussionen.

Günther schreibt Briefe. Etwas oberhalb vom Basislager sitzt er, an einem Stein, schaut ab und zu in die Luft, den Schreibblock auf den Knien.

Er liest den Brief noch einmal durch.

Rupaltal, Tap-Alpe, 15.6.1970

Liebe Eltern, liebe Geschwister,

heute ist es genau ein Monat, daß wir am Berg sind. Am 15.5. haben wir hier auf der Tap-Alpe unser Hauptlager erstellt. Inzwischen hat sich vieles ereignet und verändert. Der Schnee ist weit hinauf geschmolzen, und die Tap-Alpe ist grün geworden. Sie steht voller Blumen, teilweise ähnelt sie einem englischen Garten. Halbwilde Jakherden tummeln sich im kesselartigen, wildromantischen Hochtal. Abgemagerte Pferde erholen sich hier vom strengen Winter.

Ich sitze jetzt ziemlich über dem Basislager und übersehe den ganzen Talkessel: Die Alpe selbst ist ein fast tischebener Weideplatz. In der Mitte steht Wald. Gewitter und Lawinen haben ihre Spuren hinterlassen. Jeder zweite Baum ist kahl, verdorrt. Abends bringen uns die Träger oft fünf bis sechs solcher verdorrter Bäume, die ein riesiges Lagerfeuer geben. (Unsere Bergfeuer sind ein Witz dagegen!)

Im Norden, gerade über uns, steht die Rupalflanke. 4500 Höhenmeter sind es bis zum Gipfel, unglaublich beeindrukkend. Zwei riesige Moränen grenzen die Alpe im Osten und Westen ab. Im Süden beherrscht der Rupal Peak das Tal. Er ist ein begehrtes Ziel unserer »Amateurbergsteiger«; bisher jedoch haben sie den Gipfel nicht erreicht! In der Nordwest-Ecke etwa liegt unser Basislager, daneben zwei Quellen. Sie sind fünf Minuten entfernt. Unsere Zeltstadt besteht aus etwa fünfzehn Zelten, einschließlich Trägerzelten, Küche, Eßzelt, Leaderzelt. Alles ist fein eingezäunt, und mitten im Kreis steht ein Stamm mit der deutschen und der pakistanischen Flagge. Jeder hat sein Zelt, in dem er notfalls (wenn es regnet oder schneit) schreibt, liest, schläft, wo er seine persönlichen Sachen aufbewahren und auch wiederfinden kann. Reinhold und ich haben zusammen ein Drei-Mann-Zelt. Wir haben's recht bequem. Luftmatratze und Schlafsack haben wir natürlich auch, und es schreibt uns niemand vor, wie wir unser Zelt einzurichten haben.

Das war kurz ein Einblick ins Basislager, das Mutterlager aller unserer exponierten und vorgeschobenen Hochlager. Warum ich Euch heute einen Brief, einen Lagebericht, aus dem Hauptlager schreibe, während der Brief vom Lager III noch gar nicht abgegangen ist? Seit gut zehn Tagen ist hier die Hölle los, nicht unter der Mannschaft, die hat sich kameradschaftlich vorbildlich zusammengearbeitet, nein, das Wetter ist große Scheiße; seit 3.6. schneit und stürmt es praktisch ununterbrochen. In den Hochlagern gibt es täglich große Mengen Neuschnee (ein Meter und mehr!). Die Lawinen donnern die endlose Steilflanke herunter. Nur gut, zu gut, daß ich weiß, daß Reinhold und ich bisher jeden Lagerplatz ausfindig gemacht haben und die Lage besonders auf Lawinen- und Steinschlaggefahr geprüft haben. Dann erst haben wir die Zelte aufgebaut. Lager I unter einem großen Felsvorsprung, Lager II unter einem etwa 20 m hohen senkrechten Sérac-Abbruch, der oben einen Grat bildet, der die Lawinen teilt und links und rechts hinunterdonnern läßt. Lager III ist unser berühmter Eisdom, dem die Lawinen ebenfalls nichts anhaben können. Lager IV wurde bisher nicht bezogen (erreicht am 3. 6. 70 – Rückzug wegen Schneetreiben).

Die Wand ist bei Neuschnee ungemein gefährlich und heimtückisch. Wenn Lawinengefahr besteht, wird auch bei schönem Wetter nicht gegangen und getragen. Innerhalb von zwölf Tagen wurden alle Hochlager geräumt, und die ganze Mannschaft ist ins Basislager zurückgekehrt. Nur das erste Mal, wie Ihr aus einem anderen Brief entnehmen könnt, sind Reinhold und ich zehn volle Tage bei Schneesturm im Lager III geblieben und haben auf schöneres Wetter gewartet. Wir sind auch deshalb oben geblieben, weil ein Abstieg später doch zu riskant gewesen wäre.

Am 10.6. war dann wieder ein einigermaßen sonniger, windstiller Tag, und der viele Schnee ist entweder abgegangen oder er hat sich gesetzt, und die übrige Mannschaft, die seit dem 5.6. im Basislager war, stieg im Lauf des Tages wieder in die Lager auf. Neue Hoffnung und viel Auftrieb schienen einen neuen Abschnitt im Expeditionsgeschehen einzuleiten. Am 11.6. wollten Reinhold und ich zum Lager IV aufsteigen, um endlich einen guten Platz am unteren Rand des Merkl-Eisfelds ausfindig zu machen und ein Zelt einzurichten. Für zwei bis drei Tage hätten die Lebensmittel, die wir bereits am 3.6. hochgeschleppt hatten, gereicht, dann wären die anderen mit Nachschub gekommen. Doch morgens empfing uns ein Graupeln, und eine schwarze Wolke umschloß wie ein Ring den Nanga. Schnell verkrochen wir uns wieder ins Zelt. Um acht Uhr war dann die Hölle wieder los. Wir waren sauer. Erstens waren wir bald volle 14 Tage auf Lager III in 6000 m Höhe, zweitens fühlten wir, daß wir Bewegung unbedingt nötig hatten, deshalb beschlossen wir am 12.6., spätestens am 13.6., falls das Wetter wirklich nicht schön würde, abzusteigen. Dank der guten Akklimatisation sind wir dann am 13.6. nachmittags in wenigen Stunden bis ins Basislager abgestiegen.

Der Wetterbericht aus Peschawar war immer noch schlecht, so daß auch die übrige Mannschaft (9 Mann) am 14.6. die Hochlager wieder räumte (die Lebensmittel waren inzwischen auch knapp geworden, weil der Transport mit den Hochträgern praktisch seit 3.6. nicht mehr läuft). Heute, 15.6., sind wir alle (18 Sahibs, 15 Hochträger und der fünfundzwanzigjährige Begleitoffizier) hier im Basislager versammelt. Der Nebel hängt herunter bis zur Tap-Alpe, und oft regnet es leise. Oben in der Rupalflanke donnern die Lawinen. Ihr könnt Euch denken, daß die Stimmung etwas gedrückt ist, auch wenn man es nicht jedem ansieht. Die Hoffnung auf den

Gipfel ist durch dieses Sauwetter viel kleiner geworden, und manche sagen, es hätte gar keinen Sinn mehr.

Einige von uns wollen auf keinen Fall aufgeben und sagen sich, es ist billiger, länger hier zu bleiben, als noch einmal zu kommen. Im extremen Fall möchten wir bis zum 15.7. bleiben, weil mit der Monsunzeit erfahrungsgemäß eine Schönwetterperiode eintrifft! Leider wird es mit den Lebensmitteln knapp werden. Wir besprechen schon jetzt eine Rationierung hier im Basislager. Heute haben wir zum Beispiel einen jungen Jak gekauft (200 Rupien = ca. 156,– DM), den wir im Lauf der nächsten Schlechtwettertage verzehren werden. Außerdem wollen wir Eier, Mehl, Kartoffeln, Reis bei den Bauern kaufen und uns hier im Basislager »rupalisch« ernähren und die wertvollen Lebensmittel für die Hochlager aufsparen. So können wir ein plötzliches Ausgehen der Lebensmittel vermeiden. Gemüsedosen haben wir noch im Überfluß, und Rhabarber gibt es hier auch in rauhen Mengen.

Gerade fangen unsere Träger zusammen mit einigen einheimischen Bauern den jungen Ochsen, den wir in den nächsten Tagen am Spieß braten werden. Wie die Steinzeitmenschen sind sie hinter dem halbwilden Vieh her!

Alles ist gesund. Nur unser jüngster, Peter Vogler, ist schwer erkrankt, er hat sich unter unendlichen Qualen vom Windenlager ins Basislager geschleppt. Rippenfellentzündung ist die Diagnose. Reinhold und mir geht es gut, obwohl wir abgenommen haben oder gerade deswegen. Unsere Nasen häuten sich schon wieder.

Alle vier oder fünf Tage kommt der Postläufer, ein flinker, kleiner Bauer aus Tarshing, und bringt Post und Eier. Er reitet oder fährt mit dem Jeep am jeweils übernächsten Tag wieder nach Gilgit, wohin inzwischen die Straße wieder in Ordnung sein soll. Beim Anmarsch war sie kaputt, und deshalb gingen wir zu Fuß. Morgen also wird er mit ca. 20 Briefen von uns, von denen wir die meisten im Lager III während des

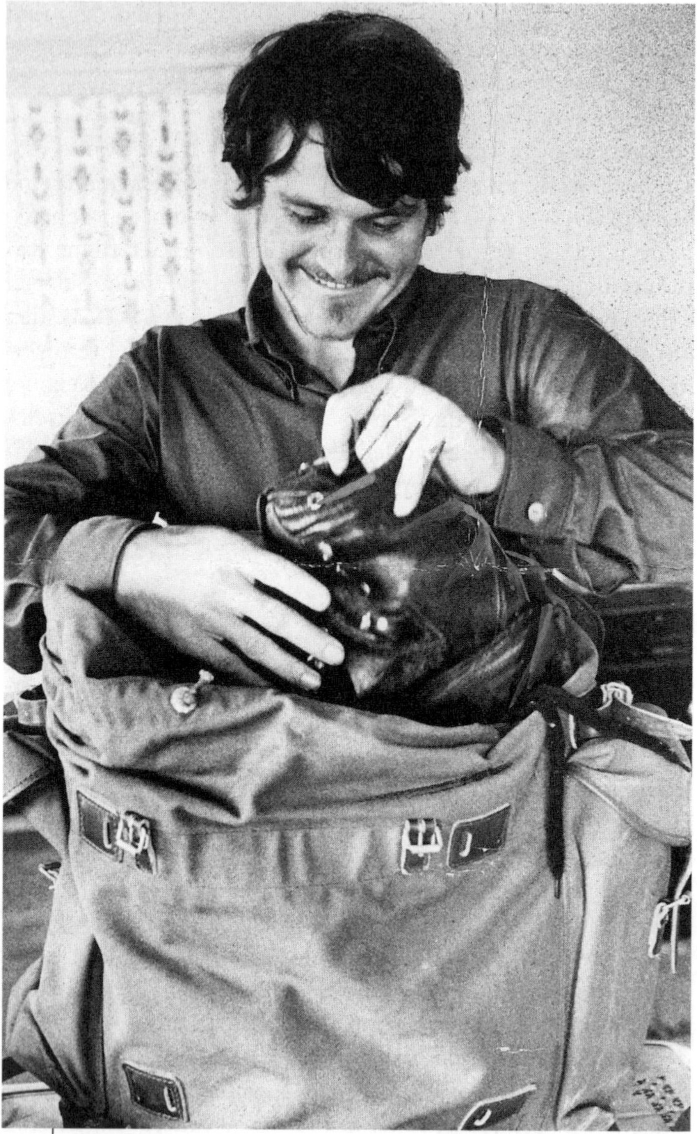

Peter Vogler

zitierten Dauersturms geschrieben haben, und mit anderer Post wieder nach Gilgit reiten.

Inzwischen ist bei Euch die Schule aus, und wir sind neugierig, wo Ihr alle seid, wenn wir heimkommen. Haben Helmuth, Erich, Waltraud unsere Briefe erhalten? Die Post ist schwerfällig, und ich glaube, daß manche Briefe verlorengehen.

Der Ochs ist geschlachtet, und wir freuen uns auf Leber, Lunge und auf das Fleisch am Spieß mit viel Gemüse.

Bis Ende Juni könnt Ihr uns noch schreiben, weil wir die Post auch in Gilgit erhalten, notfalls in Rawalpindi. Wie lang die Rückreise dauert, hängt vom Wetter ab. Auf jeden Fall sechs Tage ab Basislager.

Auf ein Wiedersehen freuen sich
Günther und Reinhold

Nacht. Zelte im Hauptlager. Weiter weg ein Feuer. Einige Leute stehen herum und reden miteinander. Funken in der Luft. Ein Gesicht im Schein der glühenden Holzstücke. Nachdenklich.

Das war Hansi, einer der besten Bergsteiger der Gruppe. Er hat den kranken Peter vom Windenlager ins Basislager gebracht. Er hat einem der Hochträger das Leben gerettet, als er im Aufstieg zum Lager II ausglitt. Hansi spricht nicht viel, er schreibt Gedichte und Erzählungen. Sonst ist er viel unterwegs in aller Welt.

Das Feuer, Glut, verkohlte Baumstämme.

Eine Stimme: Genau einen Monat sind wir nun schon hier.

Eine zweite Stimme: Wir haben uns ganz gut daran gewöhnt und wir finden immer wieder etwas, um uns einreden zu können, daß es geht.

Erste Stimme: Denkst du, daß es auch Karl schon aufgegeben hat? (Nach einer Pause, da niemand antwortet.) Wenn wir doch wüßten, was er denkt.

Ein Fuß schiebt ein Holzstück in die Glut. Funken fliegen.

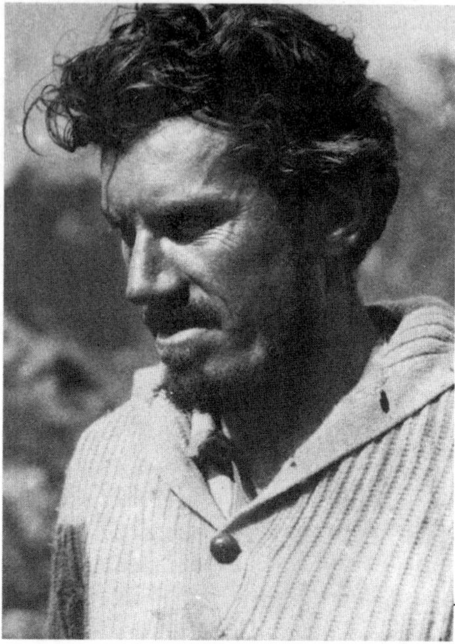

Karl Maria Herrligkoffer, der Leader, »ein Mann, der erbittert mit dem Nanga Parbat rang«.

Dritte Stimme: Es gibt Leiter, die jeden Tag mit ihrer Mannschaft reden, die selbst hinaufsteigen, mit an der Spitze klettern, die die besten Sachen mit der Mannschaft teilen. Denn sie gehören zur Mannschaft. Diese Leiter machen sich nützlich während der Expedition. Aber Karl nützt uns nur aus.

Zweite Stimme: Wir halten den Kopf hin, alles übrige besorgt er für uns, für sich. Nicht einmal erzählen dürfen wir über unser Abenteuer.

Erste Stimme: Warum nicht?

Dritte Stimme: Wir haben doch einen Vertrag. Und den Vertrag haben wir, weil ein Teilnehmer, der erzählt, die Wahrheit erzählen könnte, und weil die Wahrheit für Karl vielleicht nicht angenehm wäre.

Das Lagerfeuer aus einiger Entfernung. Einige Personen stehen herum.

Oft saßen wir abends am Feuer und diskutierten miteinander. Dabei wurde es manchmal sehr spät. Am Morgen schliefen wir dementsprechend lange. Wir hatten nichts zu versäumen, wenigstens vorläufig nicht.

Zeltplatz in der Sonne. Günther steht vor einem gelben Zelt und schaut auf die Uhr. Es ist 9.15 Uhr.

Günther: Ich gehe mich waschen.

Blick zur Rupalwand. Nebel. Er wirft das Handtuch über die Schulter.

Stimme aus dem Zelt: Warte, ich komme mit.

Reinhold schlüpft aus dem Zelt, reibt sich die Augen, schaut zur Rupalwand hinauf. Beide verlassen den Hauptlagerplatz. An der Kochstelle der Träger bleiben sie stehen. Die Träger mögen sie gern. Ihr Lächeln beweist es. Sie bieten den beiden Chapatis und Tee an. Die Brüder sehen dem Koch zu, während sie ein Stück vom Fladenbrot essen.

Günther: Very good.

Reinhold: Unglaublich, wie sie das machen, nur mit Mehl und Wasser.

Beide bedanken sich und schlendern über einen schmalen Steig zur Wasserstelle, etwa zweihundert Meter vom Hauptlagerplatz entfernt. Stimmen, Lachen.

Reinhold: Die scheinen die Diskussion von gestern abend fortzuführen.

Beide gehen zur Quelle, ziehen sich aus und waschen sich.

Stimme: Der einzelne, sagt er, bleibt mehr oder weniger anonym.

Andere Stimme: Nur er nicht. Jetzt erst verstehe ich viele Absätze unseres Vertrags. Er könnte zum Beispiel sagen, er sei am Gipfel gewesen. Und in der Tat meint man im deutschen Sprachraum, er sei ein großer Bergsteiger. Nicht einmal die Wahrheit dürften wir sagen, wenn er sie verschweigen würde.

Reinhold: Guten Morgen. (Belustigt) Darauf wäre ich gar nicht gekommen.

Lautes Gelächter. Das kalte Wasser zwingt ihn zu raschen Waschbewegungen.

An der Quelle haben wir oft und viel gescherzt. Stundenlang haben wir uns gewaschen.

Blick zur Rupalwand. Nebel. Basislager. Reinhold geht in sein Zelt. Man hört schleifende Schritte. Eben geht draußen jemand vorbei. Es ist Karl. Er sieht müde aus. Tiefe Falten, weiße Haare, die kleinen Augen haben einen tragischen Ausdruck. Unruhig geht er auf dem Zeltplatz herum, wie ein Mann, der die Nase voll hat. Ohne Schwung nimmt er die Kurven.

Wenn wir uns zufällig begegneten, zeigten wir uns ein verlegenes Lächeln. Für mehr reichte es selten.

Schlapp geht Karl zu seinem Zelt zurück. Die schlaffe Haltung läßt an abgebrochene Expeditionen denken, Zeitungsangriffe, peinliche Fragen, wie sie Journalisten nachher gerne stellen, und an mißlungene Ausreden.

Aber an manchem Abend lebte er auf, wenn er sich zu uns auf eine Kiste ins Küchenzelt setzte, eine Dose Bier aufmachte, um Karten zu spielen. Dabei ging er manchmal aus sich heraus, erzählte von früher, und immer, wenn er mich dabei ansah, fühlte ich etwas Seltsames: Mitleid mit seiner Krankheit und Achtung. Die geheime Wut machte einem Verständnis Platz: Vielleicht ist er nicht so, wie er sich zeigt, vielleicht kann er nicht anders. Oft schien er etwas Wichtiges sagen zu wollen, aber unerwartet versickerte dann das Gespräch, und plötzlich war er verschwunden. Wieder wußte ich nicht, wieweit wir sein Vertrauen hatten, und ob es richtig war, daß wir ihm das unsere schenkten. Wohl deshalb kam es zu Spannungen zwischen ihm und der Mannschaft. Immer, wenn wir »sehr laut« miteinander redeten, sagte ich unwillkürlich »Sie« zu ihm.

3 Ausflug zum Heran Peak

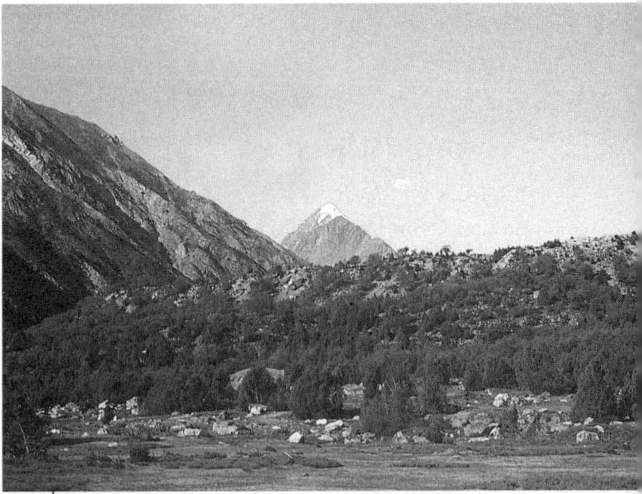

Heran (oder Shaigiri) Peak im hinteren Rupaltal.

»Herumsitzen war unsere Sache nie gewesen. Deshalb füllten Günther und ich die Tage des Abwartens am Wandfuß des Nanga Parbat mit der Besteigung des Heran Peak. Uns trieb Begeisterung an, auch Neugierde. Vor allem vertrauten wir einander.«

Reinhold Messner, 2009

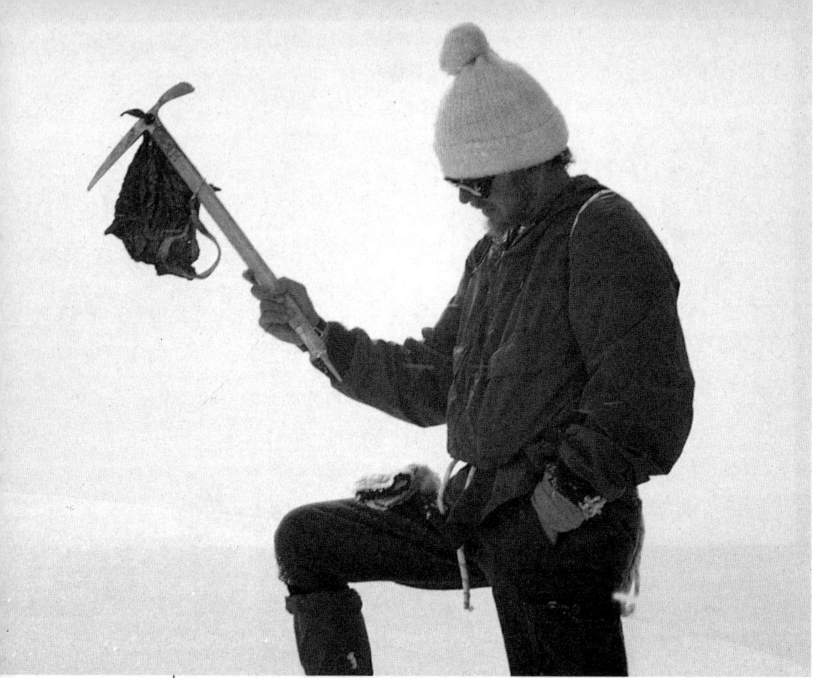

Reinhold Messner mit Gipfelfahne (Taschentuch) am Heran Peak.

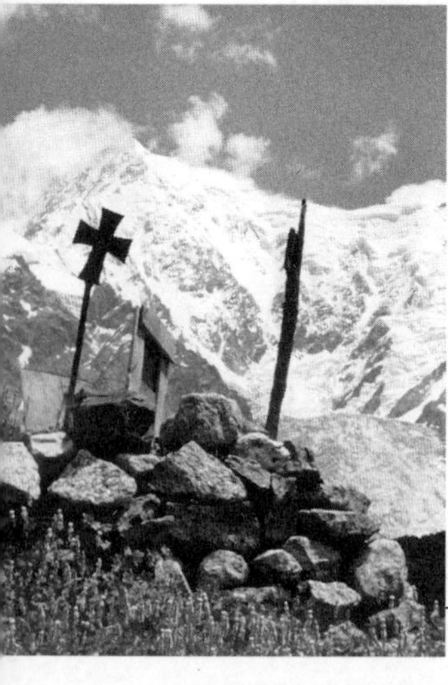

»Max von Kienlin, 1934 geboren, wollte am Nanga Parbat 1970 nur dabeisein! Er war und ist kein Bergsteiger. Nicht für Günther, für seinen Bergführer hat er eine zweite Beteiligungsgebühr bezahlt. Den ›Schicksalsberg‹, an dem in seinem Geburtsjahr die große Tragödie passiert war, wenigstens zu sehen war sein Ziel.«

Reinhold Messner, 2009

Gedenkstätte für die Toten von 1934 am Fuße der Rakhiot-Seite des Nanga Parbat.

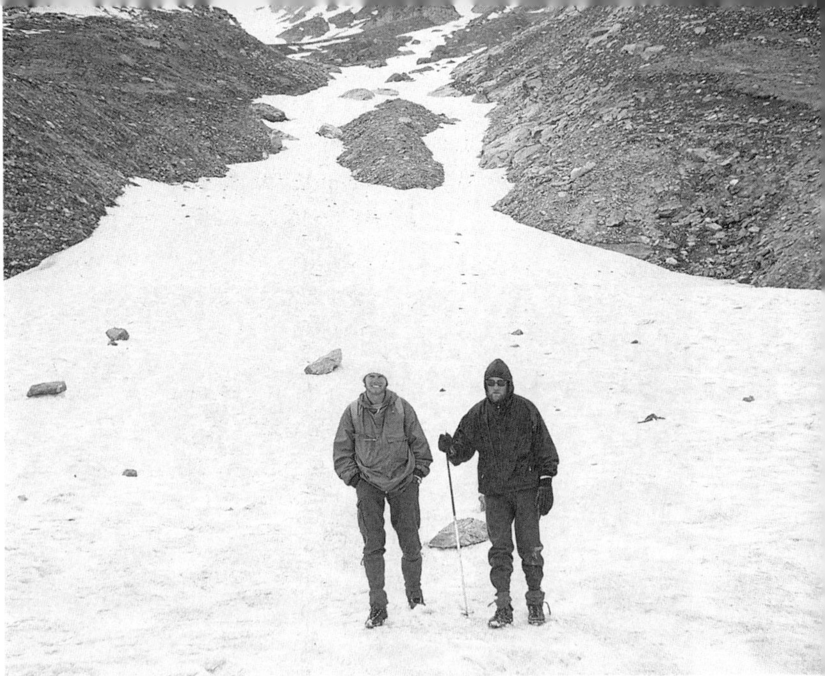

Reinhold Messner mit Max von Kienlin beim Ausflug zum Heran Peak.

»[…] Max überraschte mich damit, daß er auch für mich einen Gastplatz bei besagter Expedition kaufen will. Heute denke ich, er wollte seinen Hofnarren als privaten Kuli und Kuhstallphilosophen dabeihaben. Nach anfänglicher Zusage hat es aber dann wegen fehlender Impfungen zeitlich nicht mehr geklappt. Darum war Max alleiniger Gast bei der später sehr umstrittenen Geschichte.«

Heinrich Besler, Bergführer aus dem Allgäu

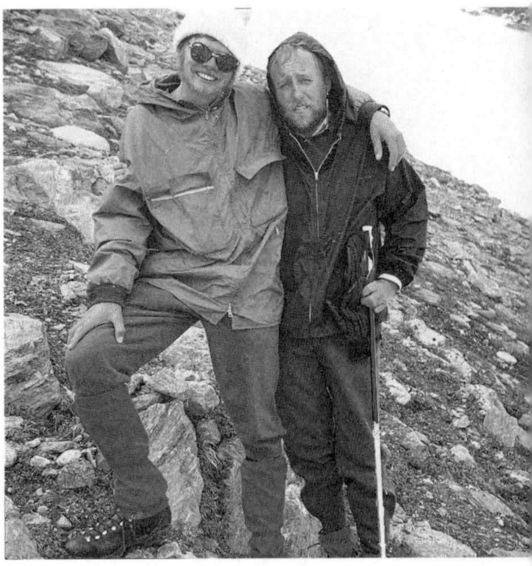

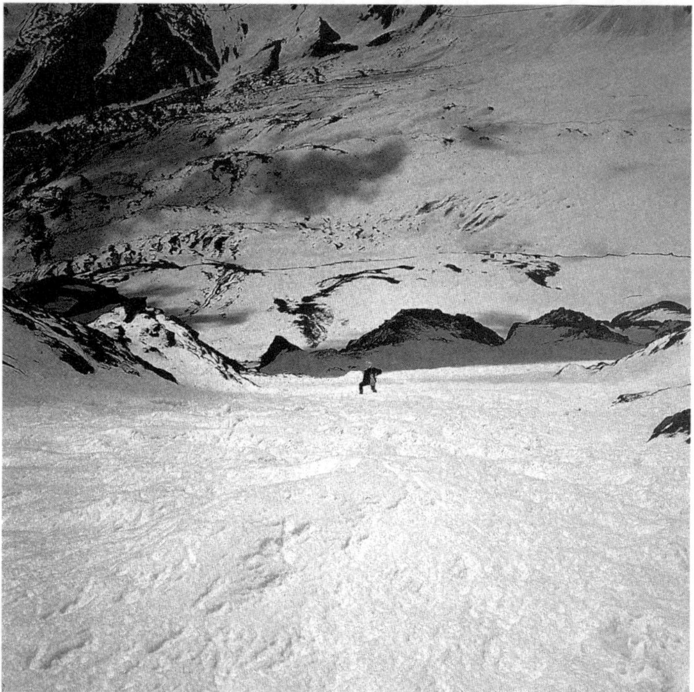

Reinhold Messner im Abstieg (Tiefblick) vom Heran Peak.

»Max von Kienlin bat Günther und mich, am Fuße des Berges abwarten zu dürfen, während wir den Hauptgipfel bestiegen.«

Reinhold Messner, 2009

Während wir auf besseres Wetter am Nanga Parbat warteten, bestiegen wir den Heran Peak.

Peter liegt in seinem Zelt. Er hat sich wieder erholt von seiner Rippenfellentzündung. Noch muß er sich gut zudecken und ruhen. In wenigen Tagen aber wird er wieder am Berg sein. Das sagen seine Augen.

Günther sitzt auf einer Kiste neben ihm und erzählt von der Erstbegehung des Heran Peak.

Günther: Vom Lager III aus, wenn es nicht gerade geschneit hat, in den letzten Wochen, haben wir ihn oft gesehen, den Heran Peak. Wir fanden ihn reizvoll, nicht allzu schwierig; nur den Namen kannten wir nicht und seine Höhe. Es stand fest, daß er noch unbestiegen war, damals, ein knapper Sechstausender, ganz hinten im Rupaltal. Vereinbart war, einmal im Basislager, einen Schönwettertag auszunützen, ganz unauffällig, der Captain durfte nichts davon wissen, ihn zu erkunden und eventuell zu besteigen.

Gestern gingen wir los, am Nachmittag, so gegen vier Uhr. Elmar kam uns nach, gleich hier hinten. Er hatte aber nur Turnschuhe an. Leider, so niedere, wie wir sie für das Leben hier im Basislager haben. Er ging mit bis hinter die Brücke, etwa zwei Stunden von hier. Als es zu regnen anfing, sagte einer, bleiben wir hier, unter einem Felsen, für einige Zeit wenigstens, bis es vorbei ist.

In einem abgebrannten Weiler fanden wir eine Hütte, die letzte, die noch übriggeblieben war, verschont durch Zufall, niedrig, aber ein festes Dach, voll Kuhmist, sagt einer, nicht ungemütlich.

Reinhold räumte die Hütte aus, wir schleppten Holz herbei,

auch angekohltes, geredet wurde nicht viel. Drinnen bauten wir Bänke, eine Feuerstelle, es wurde gerade Nacht, als wir uns ums Feuer setzten. Wir aßen, was wir hatten, Käse und Brot, eine Dose Obst; gelacht wurde viel.

Als später der Regen aufhörte, so gegen neun Uhr, ging Elmar zurück, ein bißchen wehmütig, aber er hatte nicht die richtigen Schuhe dabei. Wir hätten ihn gerne dabeigehabt, er ist ja so hilfsbereit, fröhlich; du weißt, wie sehr wir ihn alle mögen. Zwischen zehn und elf muß er hier angekommen sein.

Peter: Wir dachten zuerst, er ginge mit euch.

Günther: Wir gingen weiter, im Mondlicht, langsam, aber mit Ausdauer, der Weg war nicht immer leicht zu finden. Später bogen wir in ein Seitental ab. Zuerst nützten wir die Randmoräne aus, aber dann wurde sie unbegehbar – auch weil der Mond sich hinter dem Rupal Peak versteckte. Der Widerschein von der Rupalwand und vom Mazenokamm her war zuwenig. Deshalb stiegen wir zum Gletscher ab, ein Meer von Steinen und Mulden. Reinhold ging voraus, um einen günstigen Weg zu finden zwischen den Spalten. Max und ich folgten in einigen hundert Metern Abstand; er ging weiter, ohne auf unsere Rufe zu achten. Ab und zu ließ er die Taschenlampe aufblitzen, um uns den Weg anzuzeigen. Auf der anderen Seite ging es dann besser, zuerst über Steine, dann über Lawinenkegel und zum Schluß wieder über den Gletscher. Wenn wir einbrachen, ganz selten nur, suchten wir nach besserem Schnee, um Kräfte zu sparen.

Unter einer Rinne überlegten wir lange; Reinhold stieg dann aufwärts, ohne viele Worte zu verlieren. Es war noch nicht einmal Mitternacht. Wir mußten ihn gehen lassen. Weiter oben, unter einer Steilstufe, hat er auf uns gewartet. Max war sehr müde und wollte rasten. Auch fror er an den Zehen. Reinhold ließ ihm seinen Rucksack und die Biwakhülle, er sollte sich einwickeln, bis die Sonne käme, um sich dann wieder aufzuwärmen. Die Firnhänge, die wir aufwärts stapften, die letzten, die zum Grat hinaufführen, waren steil, zum Teil sehr hart. Wir spurten abwechselnd, nahe am Grat; fotografiert wurde viel, in alle möglichen Richtungen, wobei einmal sogar der Nanga Parbat frei war, wenigstens der Gipfel. Sonst war alles im Nebel, nur bei uns verzog er sich manchmal.

Gegen sieben Uhr standen wir auf einem Gipfel, den wir zuerst für den richtigen hielten, später riß es auf, und wir sahen einen noch höheren. Wir gingen weiter; der Nebel wurde immer dichter. Die Kletterei war anregend, aber nicht leicht; wir stiegen langsam, verschneite Felstürme, steile Grataufschwünge, wobei wir uns immer wieder sicherten. Jetzt müßten wir bald oben sein, sagte Reinhold noch, weil es flacher wurde. Wir waren am Gipfel, aber eigentlich bemerkten wir es erst, als es für einen Augenblick aufriß. Wir machten es kurz, Handschlag, zwei Gipfelfotos, weil es zu schneien begann. Als wir auf die Uhr schauten, war es zu spät, länger zu warten. Der Höhenmesser zeigte 6022 m an. Eigentlich hatten wir vor, über die Aufstiegsroute wieder abzusteigen, möglichst rasch, weil das Schneetreiben immer stärker wurde und weil Max irgendwo auf uns warten mußte. Es war ein Zufall, daß uns auf dem Weg zurück zum Vorgipfel eine breite Rinne auffiel. Ich weiß nicht wieso, aber es riß auf, wenn auch nur für kurze Zeit, und wir waren uns darüber einig, daß es dort besser ginge. Kaum waren wir in die Rinne eingestiegen, eigentlich froh, daß wir nur mehr abzusteigen brauchten, dachten wir an Max, der doch unten auf uns warten würde. Wir querten deshalb weiter unten nach rechts, hin zu dem Punkt, wo wir uns von Max getrennt hatten.

Aber Max war nicht mehr da. Er mußte aufgebrochen sein, kurz nachdem die Sonne gekommen war; der Rucksack lag auf einem Stein, ebenso der Biwaksack, im Schnee stand zu lesen: Bin euch nachgestiegen. Wir haben gerufen, Reinhold ist ein Stück aufgestiegen, die Spuren waren tiefer. Plötzlich kam er daher, müde, auf die Skistöcke gestützt, wankend, als würde er jeden Augenblick zusammenbrechen. Als er bei uns war, erzählte er begeistert. Er war oben, am Mittelgipfel, allein, er hatte Angst, weil wir nicht zurückkamen, wir hatten Angst, weil er nicht da war. Das ist eine enorme Leistung für Max.

Peter (nickt): Zweitausendvierhundert Höhenmeter in weniger als fünfzehn Stunden, großartig.

Günther: Und das Gelände war nicht ganz leicht, der Grat zum Beispiel und einige steile Hänge. Wir haben eine schöne Erstbesteigung gemacht, jetzt sind wir stolz darauf. Für mich ist eine Erstbesteigung nicht ein Stück Erinnerung oder ein bestimmter Gipfel – man kann es Selbstbestätigung nennen, ein bleibender Besitz, scheint es, und manchmal habe ich den Eindruck, ein anderer beneide mich um diesen Besitz.

Durch Regen und Schnee marschierten wir zurück, kurz nach vier Uhr nachmittags kamen wir hier an, vierundzwanzig Stunden nachdem wir aufgebrochen waren.

Der Empfang war kühl: Wir kommen zurück, gehen in unsere Zelte und sind wieder da. Karl hat bis jetzt noch nicht gefragt, wo wir gewesen sind. Er hat angeblich sogar geschimpft, weil wir weggegangen waren, obwohl er es gestern erlaubt hatte. Andere, die ihn jetzt fragten, ob sie morgen gleich die Zweitbegehung machen dürften, hat er abgewiesen. Das sei doch Unsinn, nicht der Mühe wert und so. Vernünftig allein scheint ihm das Herumlungern hier im Basislager. Seit Tagen wissen wir nicht, was er denkt, was er plant.

Peter: Karl ist halt so.

4 Das Leben im Basislager

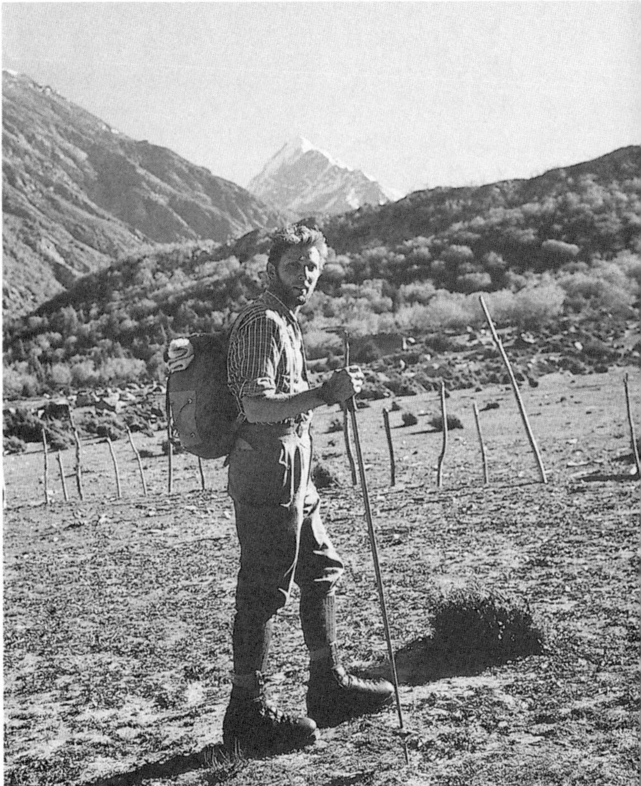

Felix Kuen in der Nähe des Basislagers.

»19. Juni 1970. Freitag. Wir machen nun den letzten Versuch, die Wand doch noch zu besteigen.«

Felix Kuen

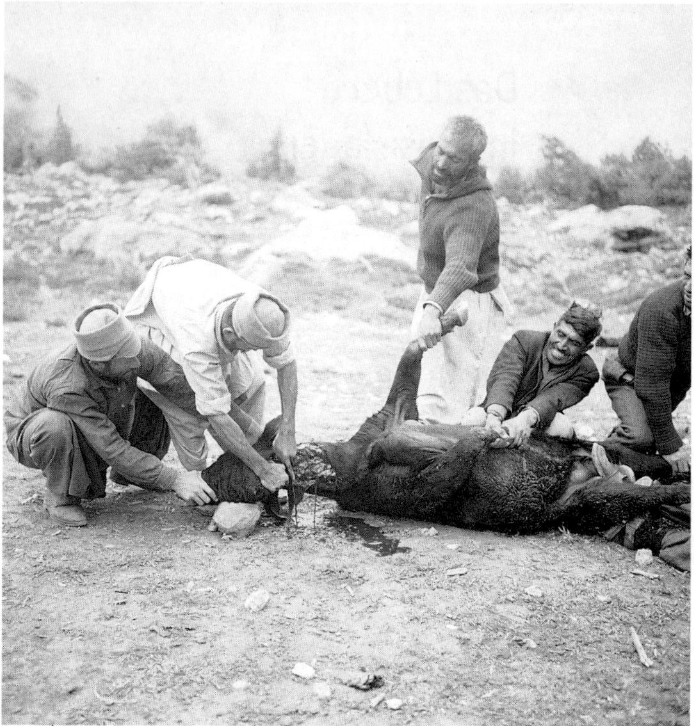

Hunza-Bauern (Hochträger) beim Schächten eines Yaks.

»Auch der in taktischen Fragen Unerfahrene weiß, daß der Leiter einer Mannschaft sich den Überblick über die gesamte Situation des Unternehmens bewahren muß.«

Karl Maria Herrligkoffer, in: Die Presse, Wien, 22./23. August 1970

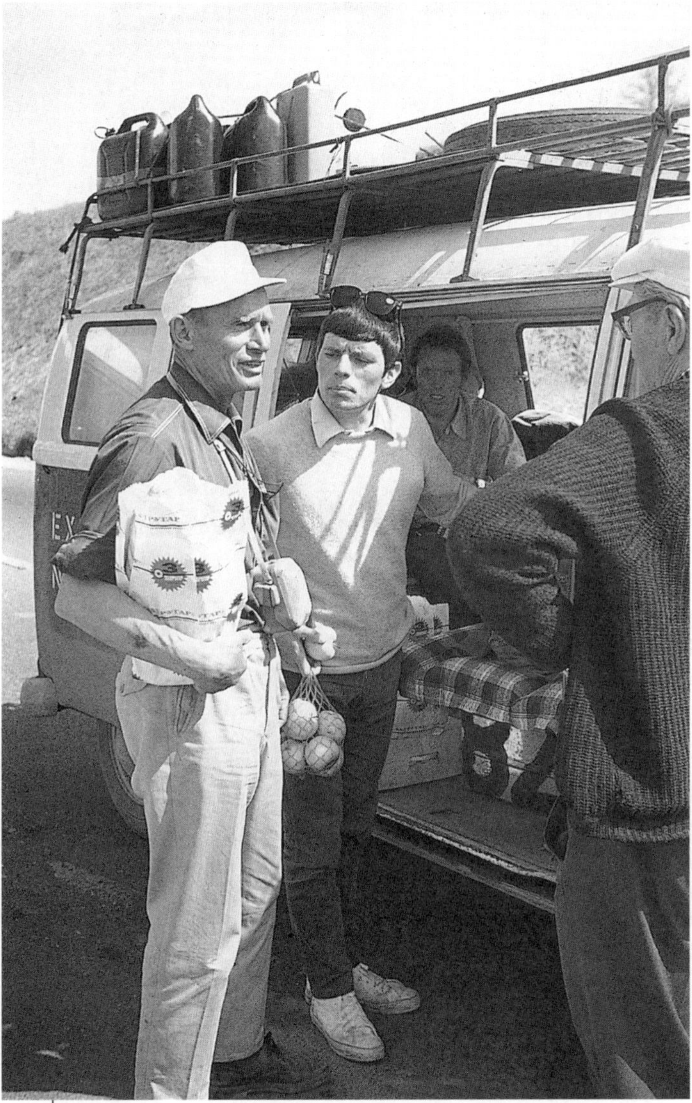

Michl Anderl (bergsteigerischer Leiter), Günther Messner
und Albert Bitterling bei der Anreise nach Pakistan.

»Überhaupt Herrligkoffer! Ihn hast Du sehr gut beobachtet: Wenn er z. B. ansetzte, ›etwas Wichtiges‹ erzählen zu wollen, und das Gespräch dann plötzlich versackte, das war ganz typisch.«

Dr. Hermann Kühn, Brief an Reinhold Messner, 10. März 1971

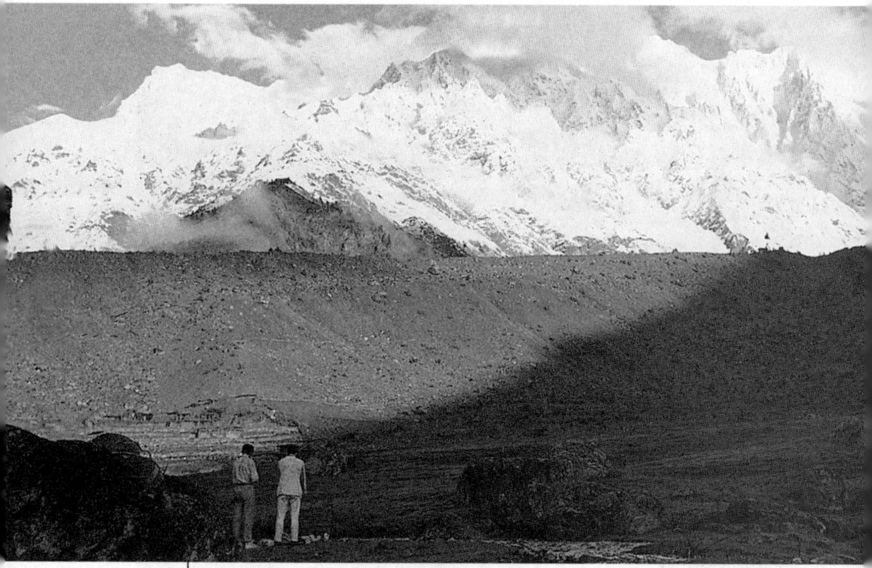

Das Nanga-Parbat-Massiv von Tarshing.

»Wir standen anfangs ganz kleinmütig vor dem großen Berg. Von der Expeditionsleitung aber kamen weder Anleitung noch Know-how. Als fehlten Herrligkoffer und Anderl Übersicht und Identifikation mit dem Ziel. Leider wurden die besten Seilschaften vom Leader getrennt!«

Reinhold Messner, 2009

Günther kommt aus Peters Zelt. Er schlendert zum Eingang seines Zelts und verschwindet darin. Zeltinneres: Eine Kerze brennt. Günther und Reinhold liegen in ihren Schlafsäcken und schreiben in den Tagebüchern.

Günther: Wir sollten jetzt schlafen. Wenn das Wetter besser wird, müssen wir morgen aufsteigen.

Lange Pause.

Reinhold: Das war heute ein Tag!

Günther: Mein erster Sechstausender.

Reinhold: Du bist großartig in Form.

Man hört eine Stimme von draußen.

Stimme vor dem Zelt: Der Gipfel ist ja nur fünftausend-neunhundertundacht Meter hoch.

Günther lacht.

Reinhold: Als ob das an unserer Erstbesteigung etwas ändern würde.

Jemand steht vor dem Zelt der Messner-Buben und spricht über die Höhe des Heran Peak. Er redet so laut, daß man es am ganzen Lagerplatz hören kann.

Die genaue Höhe wußte natürlich niemand, weil nur Karl eine Nanga-Parbat-Karte hatte und sie uns nicht gerne zeigte.

In dieser Nacht sind Felix, Peter, Gert und Hermann zum Rupal Peak gegangen, ein Fünftausender, dem Nanga unmittelbar gegenüber. Am Mittag des nächsten Tages kamen sie zurück. Jürgen war gerade dabei, Werbeaufnahmen für Apfelmus zu machen.

Vor dem Küchenzelt. Jürgen ist dabei, einige Aufnahmen von einer Apfelmusdose zu machen. Werbeaufnahmen, versteht sich. Auf einer Tonne steht ein Karton mit der Aufschrift:

SIGI-LÖW-GEDÄCHTNIS-EXPEDITION 8
MÜNCHEN 25, WEST GERMANY
LEITER: DR. HERRLIGKOFFER

Auf diesem Karton steht eine Dose mit Apfelmus. – Jürgen, ausgestattet mit Fotoapparat und Stativ, umringt von einer Gruppe von Teilnehmern, die Apfelmus aus der Dose essen. Jürgen ist ernst, der einzige, der arbeitet, der nicht ißt. Er sagt nicht, daß man jetzt essen soll, nein, nur so tun soll man als ob. Er prüft, verstellt, manchmal bleibt er stehen, schaut und wischt sich den Schweiß von der Stirn. Man sieht, Jürgen ist ein ausgezeichneter Fotograf, er knipst, ohne daß die anderen es merken. Jürgen ißt nicht, die anderen essen, er knipst.

Er sollte vierhundert Werbeaufnahmen machen.

Die anderen haben die Dose leergegessen, Jürgen stellt seine Fotoausrüstung ins Zelt und setzt sich zu denen, die jetzt vor dem Leaderzelt sitzen, um Nachrichten zu hören. Man hört die Stimme des Ansagers, gestört, aber laut.

Felix kommt jetzt vom Rupal Peak zurück. Er erzählt, daß er lange vor den anderen am Gipfel war.

Stimme im Leaderzelt: Die bringst du mir aber zurück! Alex bringt eine Packung Trockenobst, stellt sie Jürgen zum Fotografieren hin.

Es war die einzige, die ich bei der Expedition gesehen habe, und Jürgen verstand: Er sollte sie zurückbringen, zuerst aber eine Werbeaufnahme machen.

Jürgen ist nicht verwundert, es ist nicht das erste Mal. Stimme im Leaderzelt: Zurückbringen!? Ja, der kommt nicht einmal mit einer Dose Apfelmus aus, um eine Werbeaufnahme zu machen, geschweige denn …

Jürgen sitzt hilflos da, seine Augen werden lebendig. Die Tatsache, daß nicht er, sondern die anderen das Apfelmus gegessen haben, macht ihn betroffen. Plötzlich steht er auf, nimmt den Sack mit den getrockneten Pflaumen und Aprikosen, geht zum Eingang von Karls Zelt, macht es auf und gibt dem Leader den vollen Sack zurück.

Jürgen (mit zitternder Stimme): Das vorhin war die letzte Werbeaufnahme, die ich gemacht habe.

Er kommt zurück und geht zu seinem Zelt. Man klopft ihm auf die Schulter.

Gerhard: Das war richtig!

Es kam selten vor, daß ein Teilnehmer sich aufregte, und wenn es vorkam, war dieser ein Flegel, ein Hochstapler oder einer mit Starallüren, je nachdem.

Basislager. Gedrückte Stimmung. Das Wetter ist immer noch schlecht.

Das ging schon seit drei Wochen so, und einige hatten den großen Traum, den vom Nanga Parbat, bereits aufgegeben. Unser Mißerfolg auf Grund des schlechten Wetters hatte ihnen den Mut genommen.

Reinhold wird ins Leaderzelt gerufen. Er wird dort gebeten, sich zu setzen.

Heute noch verstehe ich nicht, wie ich mir diese Ehre verdient habe.

Karl ist wie immer. Die Geschichte mit den Aprikosen, die Jürgen so gereizt hat, hat ihn kaum berührt.

Karl: Was denkst du über unsere Lage?

Reinhold: Nicht hoffnungslos.

Karl: Und was wäre zu tun?

Reinhold: Ich schlage vor, trotz des schlechten Wetters in die Wand einzusteigen. Wir steigen auf bis zum Lager III. Wenn das Wetter dann besser wird, steigen wir weiter. Wenn es schlecht bleibt, bauen wir ab. Warten dürfen wir nicht mehr. Ins Lager III müßte sowieso jemand aufsteigen, um die Fotoapparate, die Filmkamera, das Funkgerät zu holen.

Karl: Einverstanden.

Reinhold: Wie lange haben wir noch Zeit?

Karl: Am siebten Juli läuft die Genehmigung ab.

Reinhold: Und wenn wir knapp davor unter der Merklrinne sind und das Wetter gut ist?

Karl: Dann will ich sie verlängern. Wann wollt ihr aufsteigen?

Reinhold: Heute abend noch.

Karl: Und wer?

Reinhold: Wer will. Die, die eben erst vom Rupal Peak gekommen sind, werden müde sein. Sie sollen sich zuerst ausrasten. Ich werde fragen, wer mit mir aufsteigen will. Günther hat sicher Lust. Auch Werner, soviel ich weiß. Und Elmar. Er kennt sich im Lager I gut aus und soll dann dort bleiben.

Karl: Gut. Und wie viele Träger?

Reinhold: So viele als möglich. Wir müssen endlich die Sachen vom Lager I auf II bringen.

Karl: Zwölf, wird das reichen?

Reinhold: Einverstanden, ich werde noch mit den anderen darüber reden.

Karl: Sag mir nachher Bescheid.

Reinhold: Ja.

Im Eßzelt. Alle Kisten sind besetzt. Man lacht, redet, hänselt sich. Alles ist Bewegung, Leben. Einer gießt heißes Wasser in einen Becher.

Es ist dabei geblieben, Werner, Elmar, Günther und ich sollten vorerst aufsteigen. Die anderen wollten stufenweise nachkommen.

Günther und Reinhold im Zelt. Einer packt, einer schreibt.

Zusammen schrieben wir einen letzten Brief vom Basislager. Günther begann.

Rupaltal, Basislager, 18. Juni 1970

Das untätige Herumsitzen zwischen Fünf- und Sechstausendern ist uns unerträglich geworden. Der Nanga ist immer noch verhüllt. Um fünf Uhr abends brechen Reinhold, unser

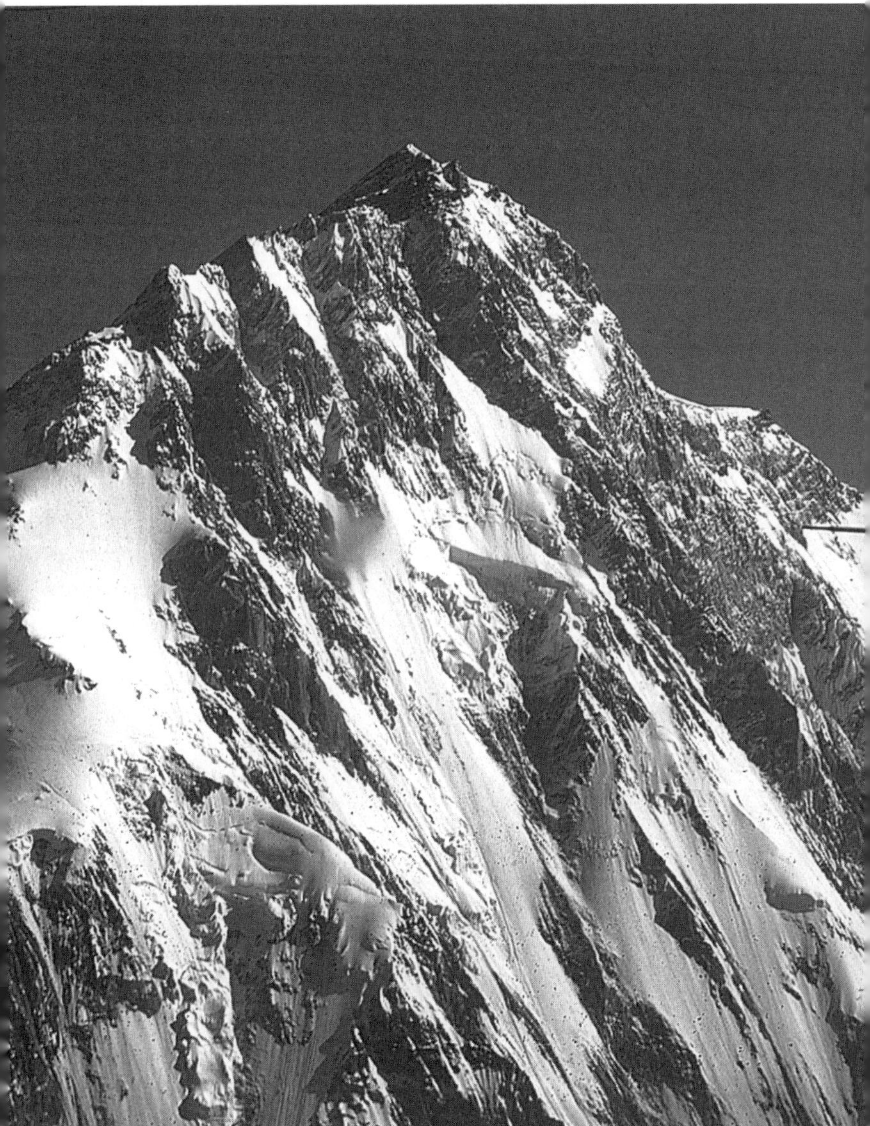

Blick vom Heran Peak auf die Rupalwand.

Expeditionsgast Max von Kienlin und ich auf ins hintere Rupaltal. In einer Hirtenhöhle warten wir ein kurzes Gewitter ab, um neun Uhr abends stolpern wir weiter, den Mond ausnützend, in ein links abzweigendes, unerforschtes, wildes Gletschertal, wo wir eine gewaltige Moräne überqueren.

Dann schrieb ich.

Günther muß sich nun umziehen; sein Rucksack ist auch noch nicht gepackt.

Dann wieder Günther.

Gegen Mitternacht stehen wir unter einer steilen Rinne, ich überlege, steige ein – und der Zufall hat es so gewollt, daß es der leichteste Aufstieg zum Heran Peak ist. Max gibt um vier Uhr (bei 5000 m) auf. Wir steigen weiter, erreichen den Grat und gegen sieben Uhr den Mittelgipfel (5800 m). Gewaltige Wächten, einmalige Ausblicke (auch zum Nanga)!

Der Grat zum Hauptgipfel ist sehr schwierig. Das Seil kommt aus dem Rucksack. Um neun Uhr sind wir dort. Nebel, Schneetreiben, aber Freude über unsere Erstbesteigung im Karakorum. Der Höhenmesser zeigt 6022 m.

Max ist inzwischen zum Mittelgipfel aufgestiegen. Seine Freude ist ohne Grenzen …

5 Der letzte Angriff

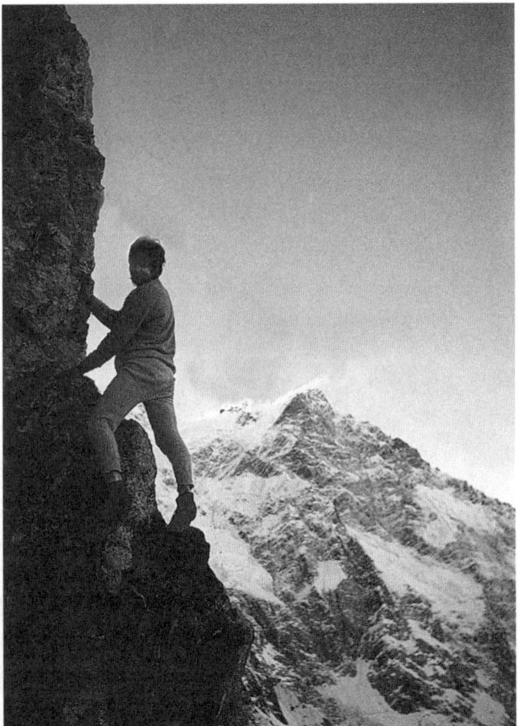

»Bouldern« oberhalb von Lager I. Hinten der Rakhiot Peak.

»28. Mai 1970. Donnerstag. Wir setzten zum ersten Mal den Aufzug in Bewegung und brachten Lasten ins Lager III. Reinhold begleitete die Lasten, weil sie 3mal hängen blieben.«

Felix Kuen, Tagebuch

»Dann kamen die entscheidenden Tage am Berg. Ich selbst lag zwar an Lungenentzündung erkrankt im Hauptlager, aber wir hatten ja die Teleportgeräte, unseren Sprechfunk, mittels dessen alle Lager miteinander verbunden waren. Zwei- bis dreimal sprachen wir täglich miteinander.«

Karl M. Herrligkoffer,
in: Bunte, 28. Juli 1970

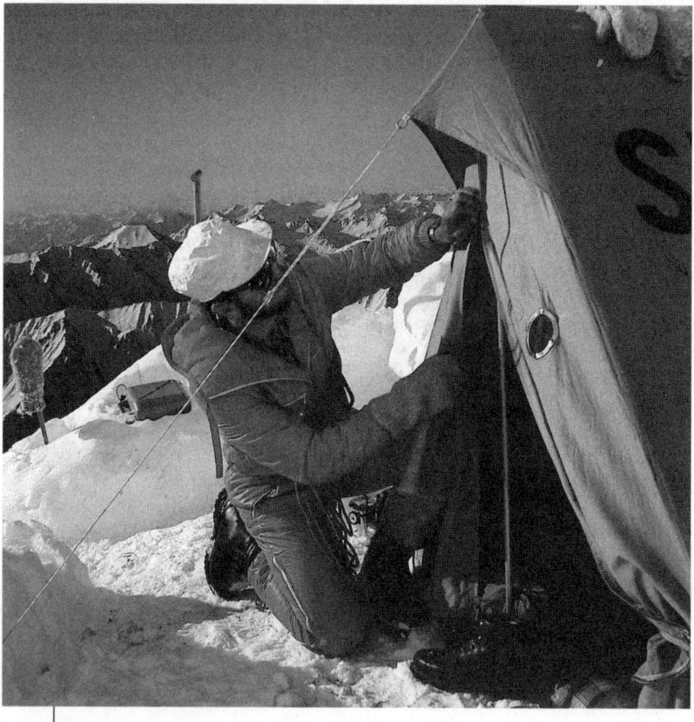

Werner Heim im Lager II.

»Sobald die Messners ihr Zelt fertig hatten, legten sie sich hinein.«

Felix Kuen

»Reinhold [...] befestigte die Leiter. [...] Ich habe mich völlig übernommen, so daß ich auch am darauffolgenden Tag fast keine Kraft hatte, unser Lager auf die neue Position zu bringen. Reinhold und Günther halfen uns nicht beim Suchen, sie bauten gleich ihr Zelt am neuen vorgesehenen Platz IV auf.«

Felix Kuen, Tagebuch, 23. Juni 1970

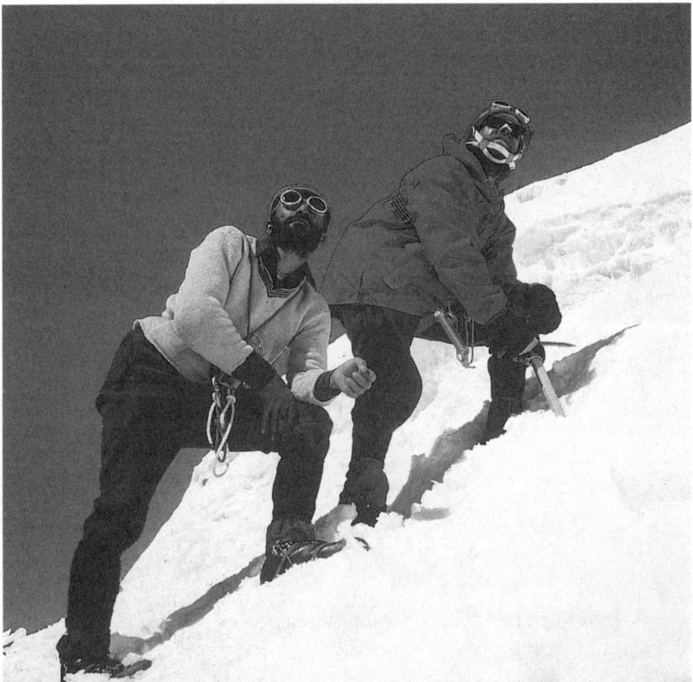

Max von Kienlin mit Hunza-Träger.

»Reinhold hilft uns diesmal sogar beim Ausschaufeln vom Zeltplatz.«

Felix Kuen, 24. Juni 1970

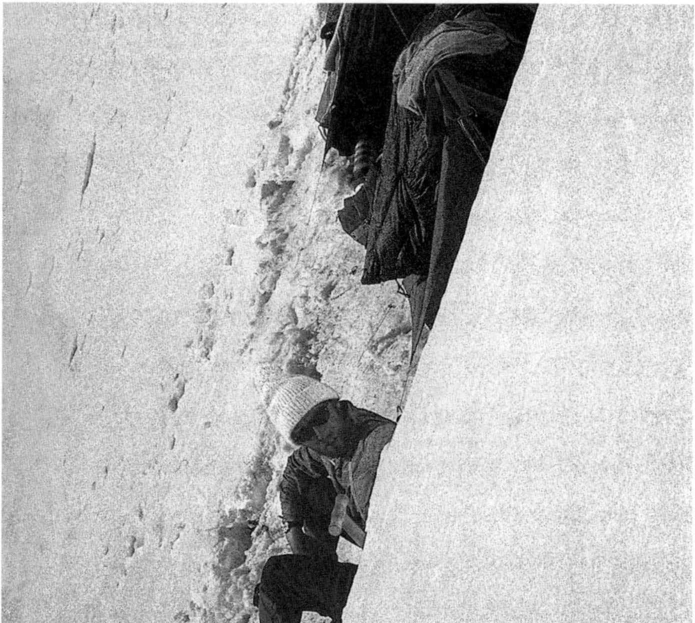

Felix Kuen im Lager IV, von oben gesehen.

»Was im Himalaja entscheidet, ist das Zusammenwirken gleichgesinnter Charaktere, ist die Gemeinschaftsarbeit, die nicht dem persönlichen Ehrgeiz, sondern einzig dem großen Ziele dient.«

Willy Merkl, in: Karl Maria Herrligkoffer: Willi Merkl. Ein Weg zum Nanga Parbat. Bergverlag Rudolf Rother, München 1936. Zitiert nach: Tim-Oliver Süsser: Nanga Parbat 1953. Wissenschaftliche Hausarbeit zum Thema: Alpinismus und Film – am Beispiel der Nanga-Parbat-Expedition von 1953. Im Rahmen der 1. Staatsprüfung zum Lehramt erstellt. Justus-Liebig-Universität Gießen, 2005, S. 52f.

Elmar und Werner verabschieden sich im Basislager.

Sie sind vor uns aufgebrochen.

Günther und Reinhold packen noch an ihren Rucksäcken herum.

Wir wollten nichts Wichtiges vergessen.

Teilnehmer, gruppenweise und einzeln, sie werfen ab und zu den Aufbrechenden einen Blick zu.

Es waren nur noch wenige, die an einen Erfolg glaubten.

Günther und Reinhold gehen ins Eßzelt.

Es war unsere letzte Mahlzeit im Basislager.

Nach einiger Zeit kommen sie zurück, nehmen ihre Rucksäcke auf, grüßen die Kameraden. Irgendwo lacht einer, ganz laut.

Einige standen diesem Aufbruch sehr skeptisch gegenüber.

Reinhold wirft einen Blick ins Leaderzelt. Karl ist da. Er ist freundlich.

Ich wollte nur sagen, daß wir es noch einmal versuchen wollen, ich wollte nur sagen, daß wir jetzt gehen.

Günther steigt über den Zaun vom Basislager, Reinhold läuft ihm nach. Ein Blick zurück. Das Lager liegt ruhig da, bunt, im Licht des frühen Abends. Ein Mann kommt, winkt, sie sollen warten.

Das war Max. Er kam immer nach, wenn jemand nach oben ging. Er war ursprünglich als Hauptlagerverwalter vorgesehen und sollte sich zwischen den Lagern freizügig bewegen können. Wir hingen alle an ihm.

Drei Träger kommen noch.

Hochträger. Die haben es immer schon gut mit uns gemeint.

Händeschütteln, Abschied.

Günther und Reinhold gehen los. Sie steigen zügig aufwärts. Sträucher, dazwischen ein kaum erkennbarer Steig, sie finden ihn ohne Schwierigkeiten, sie sind ihn schon oft gegangen.

Keiner von uns ahnte, daß wir diesen Weg zum letztenmal gingen.

Man sieht sie noch eine Weile von hinten: Ab und zu bleiben sie stehen, reden miteinander, schauen hinauf in die Wand.

Nach einer halben Stunde waren wir oben im großen Kessel, am Fuß der Rupalwand.

Günther: Schau!

Er zeigt hinüber zum Rupal Peak. Er steht im Abendrot. Günther fotografiert.

Wieder ein Blick hinauf in die Wand. Sie hat immer noch Nebel. Dann reißt es auf, plötzlich. Der Gipfel wird für kurze Zeit frei.

Das hatte ich nicht erwartet, ganz offen: Ich hatte es vermutet, aber nicht so schnell.

Lawinenkegel am Fuß der Wand. Zwei Punkte, die darüber aufsteigen. Näher: schmutziger, zerrissener Schnee, unregelmäßige Fußstapfen, Schuhe, die aufsteigen. Jeder Tritt sitzt. Günther: ruhig, er blickt auf den Boden. Das Knirschen der Schritte im Schnee. Ab und zu bleiben sie stehen. Ein stummes Nicken. So muntern sie sich gegenseitig auf.

Es wurde gerade dunkel, als wir im Lager I ankamen. Elmar, Werner und zwölf Träger waren schon da.

Elmar richtet die Lasten für den nächsten Morgen. Reinhold hilft ihm beim Wiegen. Hochträger stehen herum. Die Nacht ist sternenklar.

Um ein Uhr nachts sind Werner, Günther, zwölf Träger und ich im Lager I aufgebrochen. Einer der Träger gab bald auf.

Eine aufsteigende Kolonne im ersten Morgenlicht. Über einen Lawinenkegel erreicht sie die Wielandfelsen. Sie quert jetzt sehr steile Hänge schräg links aufwärts.

Dort kamen wir in grundlosen Pulverschnee. Ein weiterer Aufstieg war zu gefährlich. Deshalb kehrten wir um. Die Rucksäcke ließen wir an den Fixseilen hängen. Am Morgen schon waren wir zurück im Lager I.

Ein Blick in ein Trägerzelt. Sie liegen eng beieinander, in Schlafsäcke und Decken gehüllt.

Am nächsten Morgen ließen wir die Träger vor uns aufsteigen.

Werner, Günther und Reinhold stapfen die steilen Hänge zu den Wielandfelsen hinauf. Die Spuren vom Vortag sind hart. Die drei gehen flott. Das Steigen macht ihnen anscheinend keine Mühe. Knapp vor den Wielandfelsen kommen einige Träger zurück.

Ein Träger: No Rucksack.

Reinhold macht ihnen klar, daß sie weiter aufsteigen sollen, bis dorthin, wo sie die Rucksäcke am Tag vorher zurückgelassen haben.

Als wir dort waren, verstand ich, warum sie zurückgekommen waren. Drei Rucksäcke fehlten. Eine Lawine muß sie über Nacht mitgerissen haben.

Die Rucksäcke am Stahlseil. Sie sind voll Schnee, hängen zwei Meter tiefer als am Tag vorher. Die Träger zeigen Reinhold die Ringe, die am Seil hängen geblieben sind. Die Sahibs verteilen die Rucksäcke. Drei Träger bleiben ohne Last. Sie müssen beim Spuren helfen. Zwei Beine stampfen einen Graben in den Bruchharsch. Zwei Beine folgen, noch zwei, noch zwei …

Man sieht die Trägerkolonne längs der Wielandfelsen aufsteigen, voraus die Sahibs. Sie reißen das Seil aus dem Schnee und treten die Spur.

Günther: Laß mich jetzt spuren.

Reinhold: Weiter oben dann.

Am Wielandgletscher schickte ich die drei leeren Träger zurück. Sie sollten nach den abgestürzten Rucksäcken suchen.

Die Kolonne nähert sich dem Lager II. Von den Zelten ist nichts mehr zu sehen. Eine einzige Spitze, so lang wie ein Finger, ragt noch aus dem Schnee. Alle machen sich an die Arbeit.

Es sah schlimm aus, aber nicht hoffnungslos.

Werner und Günther beim Schneeschaufeln. Immer wieder fördern sie etwas zutage: Seile, Konserven, Kochtöpfe. Die Zelte sind zerrissen, die Stangen geknickt. Reinhold hängt sie mit Klebebändern wieder zusammen.

Nach Stunden harter Arbeit war Lager II wieder bewohnbar. Auch die Depots waren freigelegt. Das Wetter schien sich zu bessern. Am nächsten Morgen sind wir ins Lager III aufgestiegen. Felix und Peter stiegen nach uns auf.

Reinhold an steiler Eiswand. Er prüft die fixen Seile, die von den ersten Versuchen her hier hängen. Lawinen könnten sie abgerissen haben.

Die Verhältnisse in der Eiswand waren gut. An den flachen Stellen war es anstrengend zu spuren. Vom Windenlager war nichts mehr zu sehen. Auch die Zelte im Lager III waren vollkommen zugeschneit. Das unsere war mehrfach eingerissen. Um ein Uhr stand es wieder.

Peter und Felix schaufeln immer noch Schnee aus der Höhle. Auch ihr Zelt liegt am Boden. Sie ziehen dann die Luftmatratzen heraus und legen sie in die Sonne. Später ist der Himmel wieder bewölkt.

Noch hoffte ich auf einen guten Wetterbericht.

Peter und Felix, beide haben eine Schaufel in der Hand. Sie arbeiten.

Leicht war es nicht, immer wieder von vorne anzufangen. Sicher, wir waren gut an die Höhe gewöhnt, aber was nützt all das, wenn man seine Kräfte tagelang nur zum Schneeschaufeln braucht.

Es ist der 22. Juni. Das Wetter ist zweifelhaft. Schneetreiben.

Erst am Abend riß es wieder auf.

Man hört Leben im Lager III. Noch ist es dunkel draußen. Einer zündet eine Kerze an, die mit einem Lederriemen an der Zeltstange befestigt ist. Die Bewegungen sind ungeschickt und langsam. Gerhard, Günther und Reinhold liegen in ihren Schlafsäcken, eng beieinander.

Wir hatten keine Lust aufzustehen.

Günther setzt den Kocher in Betrieb. Er wärmt eine Obstdose. Der Kocher brennt. Die drei liegen wieder in ihren Schlafsäcken. Die Öffnungen sind voll Reif. Einer öffnet den Reißverschluß am Schlafsack, setzt sich auf, massiert seine Beine und beginnt sich anzuziehen. Vor den Zelten steht Felix. Er zieht die Steigeisen an.

Es kostete viel Überwindung, aus dem warmen Schlafsack zu kriechen.

Günther: Das Kompott ist warm.

Die Dose geht von Hand zu Hand.

Alle drei ziehen sich an. Günther und Reinhold rollen den Schlafsack zusammen und binden ihn auf den vollen Rucksack, der am Zelteingang liegt.

Wir hatten ihn bereits am Abend vorher gepackt. Der leichte französische Millet-Rucksack war gestopft voll, und er wog allerhand.

Günther, Gerhard und Reinhold kriechen aus dem Zelt. Einer nach dem anderen. Felix ist schon fertig, er geht am Platz vor den Zelten auf und ab. Peter und die drei anderen ziehen die Steigeisen an. Jeder in einem anderen Winkel. Geredet wird wenig. Der Mond steht am Himmel. Es ist sehr kalt.

Felix klettert los. Er quert nach links, hängt seine Steigklemme ins Fixseil und beginnt daran hochzusteigen. Das Spuren ist sehr anstrengend.

Nun ist auch Reinhold fertig. Er steigt in den Spuren von Felix nach. Nach knapp hundert Metern löst er ihn in der harten Spurarbeit ab. Die Wand ist hier flach, und die Seile sind unter der Neuschneedecke begraben. Weiter unten kommen Günther, Peter und Gerhard nach. Auch Günther geht an Felix vorbei.

Sie queren von einem Schneerücken nach links in die Felsen.

Die Fixseile, die Peter und Felix vor Wochen in diesem Teilstück angebracht hatten, waren noch gut; auch die Verankerungen waren alle einwandfrei.

Blankes Eis. Die Schuhe von unten. Nur die vordersten Spitzen der Frontalzacken greifen. Hart stoßen die Eisen ins Blankeis.

Weiter oben mußte ich die Fixseile erneuern. Eine Lawine hatte sie mitgerissen.

Reinhold klettert an einer blanken, sehr steilen Eiswand schräg links aufwärts. Ungeheuerlich bricht die Wand weiter unten ab.

Am großen senkrechten Sérac-Abbruch kam ich nicht mehr weiter. Der Wind hatte die Strickleiter weggetragen.

Reinhold wartet. Günther kommt bald, später Felix. Alle drei scheinen unschlüssig zu sein.

Peter hat diese Eiswand das erste Mal überklettert. Wir wollten ihm auch das zweite Mal den Vortritt lassen.

Peter und Gerhard sind noch nicht da.

Felix: Jetzt könnten sie schon bald kommen.

Reinhold: Die haben ganz andere Rucksäcke.

Reinhold klettert am senkrechten Eiswulst. Man hört ihn atmen.

Extremste Eiskletterei in 6600 m Höhe. Es war sehr anstrengend.

Peter und Felix bauen unter einem kleinen Abbruch das leichte Hiebeler-Zelt auf.

Sie blieben knapp überm Eiswulst, dort wo 1968 das Lager IV gestanden hatte.

Günther und Reinhold im Aufstieg – mit schweren Rucksäcken. Nebel, weicher Schnee, die zwei Gestalten, die sich vorwärtsplagen.

Wir gingen weiter hinauf. In eine Randspalte bauten wir unser Zelt ein. So war es wenigstens vor der Sonne geschützt. Ein paar Tage blieben wir in diesem Zelt. Ich schrieb damals fleißig in mein Tagebuch.

Lager IV (6600 m), 23. Juni 1970

Seit einer Stunde liegen wir beide im Zelt in einer Schneehöhle. Peter und Felix sind noch weiter unten beim alten Lager IV und graben nach den Zelten von früher.

Rasch kamen wir am Morgen bis zum großen Sérac-Abbruch. Um sieben Uhr schon war ich dort. Die Leiter fehlte. Wieder freies Aufhanteln an den Seilen. Die vergrabenen Sachen haben wir gefunden, dann sind Günther und ich aufgestiegen gegen die erste Randspalte im Merkl-Eisfeld.

Nebel und Schneetreiben haben das Suchen nach einem idealen Lagerplatz vereitelt. In der Randspalte haben wir ein Loch gegraben und liegen nun dort. Kalt ist es. Ob Peter und Felix noch kommen?

Kalt wird diese Nacht werden.

Lager IV, 24. Juni 1970

Um sieben Uhr schon haben uns Werner, Hansi und Gert geweckt. Die Nacht war kalt, und wir haben beide nur gedöst.

Im Laufe des Vormittags kamen Peter und Felix. Beratung über den günstigsten Lagerplatz. Die Zelte werden beide in die Randspalte gestellt. Sie ist der sicherste Platz der näheren Umgebung.

Wenn morgen eine Plane nachkommt, wird der Platz von Lager IV auch angenehm.

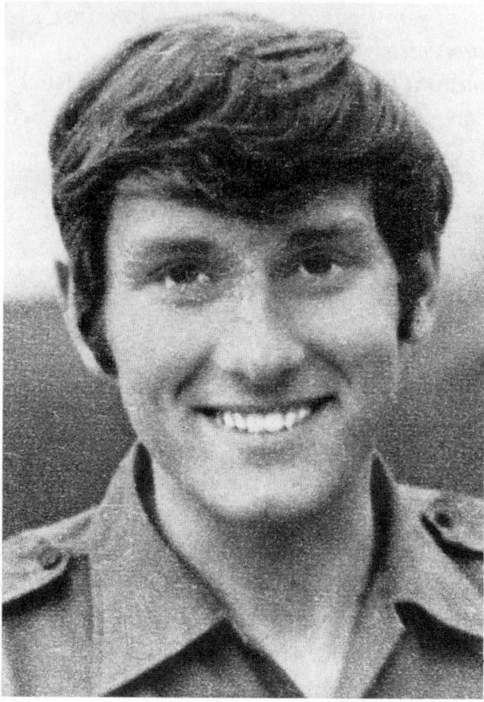

»Hochträger« Gert Mändl. Den Nachschub zu bewerkstelligen war ebensowichtig wie die Spur zu legen und sichere Lagerplätze zu finden.

Bisher habe ich alle Lagerstellen gefunden, geplant und wenigstens teilweise die Zelte dort aufgestellt. Das Lagersuchen freut mich immer mehr.

Sicherheit kommt vor Bequemlichkeit, und mit ein bißchen Ausdauer läßt sich überall ein nettes »Haus« bauen.

6 Vorstoß in die Todeszone

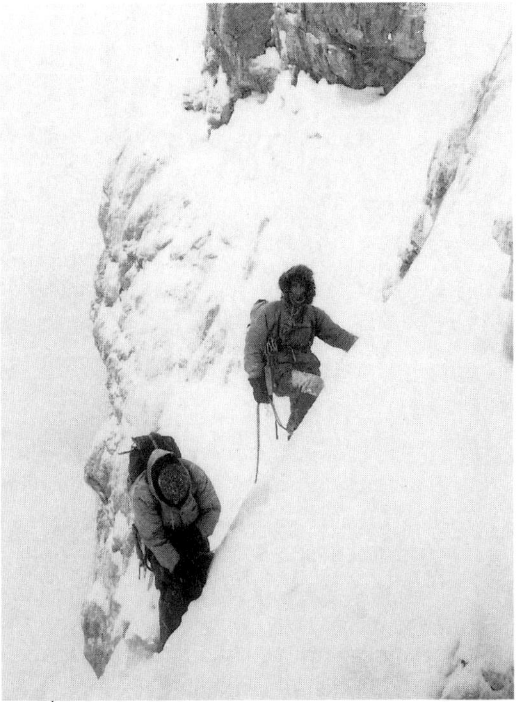

Günther und Reinhold Messner, als Seilschaft tausendfach bewährt, blieben gegen Herrligkoffers Intrigenspiel zusammen.

»Donnerstag. G. und R. Messner machen eine Spur auf das Lager V am Beginn der Merklrinne. Wir, Peter und ich, machen Ruhetag.«

Felix Kuen, 25. Juni 1970

»Gegen 11 Uhr 30 haben Kuen und Scholz es geschafft. Ein kleines rotes Klepperzelt bildet in 7350 Meter Höhe den letzten Stützpunkt vor dem Gipfel – eher ein Biwak als ein Lager.«

Karl Maria Herrligkoffer

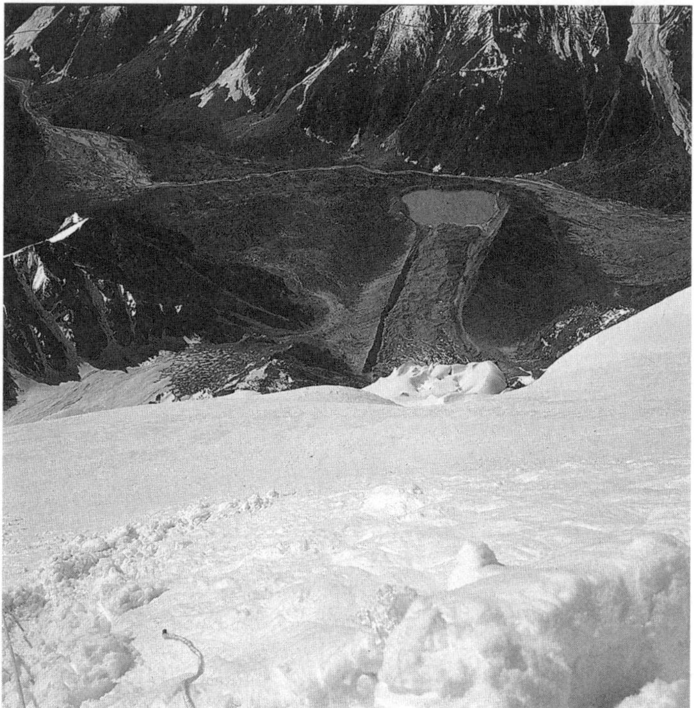

Tiefblick aus der Rupalwand ins Basislager.

»Am Nachmittag des 26. Juni meldet sich Reinhold Messner am Teleport aus Lager IV. Noch heute abend will er mit seinem Bruder und Gerd Baur zum Lager V aufsteigen, das Felix Kuen und Peter Scholz am Morgen errichtet haben.«

Karl Maria Herrligkoffer

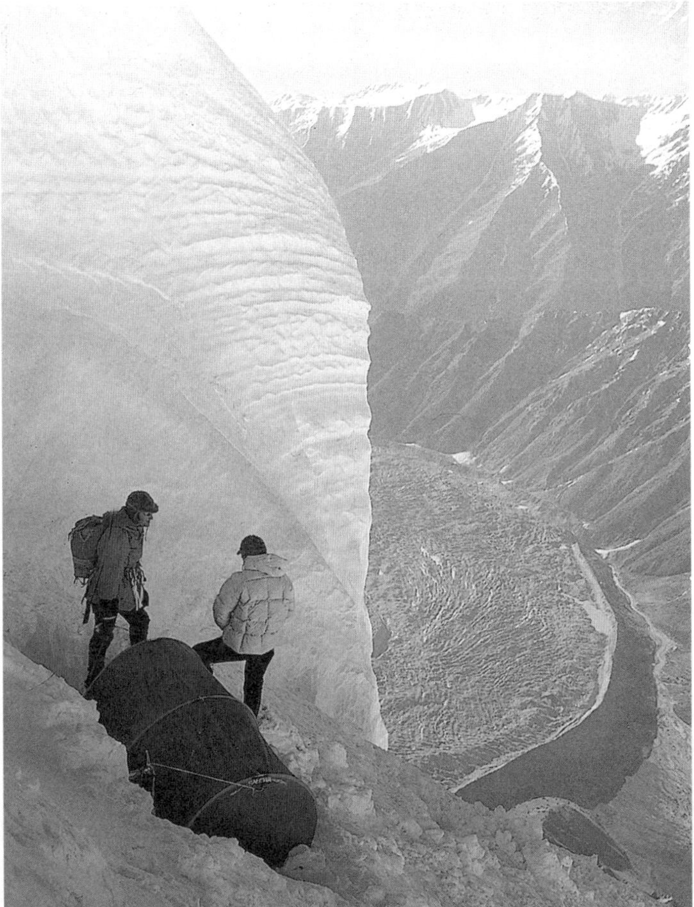

Vorläufiges Lager IV, in dem Peter Scholz und
Felix Kuen eine Nacht verbrachten.

»Gewirtschaftet wird als wie bei den Nomaden. Abends steigen Messner G. sowie R. und Baur auf ins Lager V, um am anderen Tag die Rinne zu versichern.«

Felix Kuen, Tagebuch

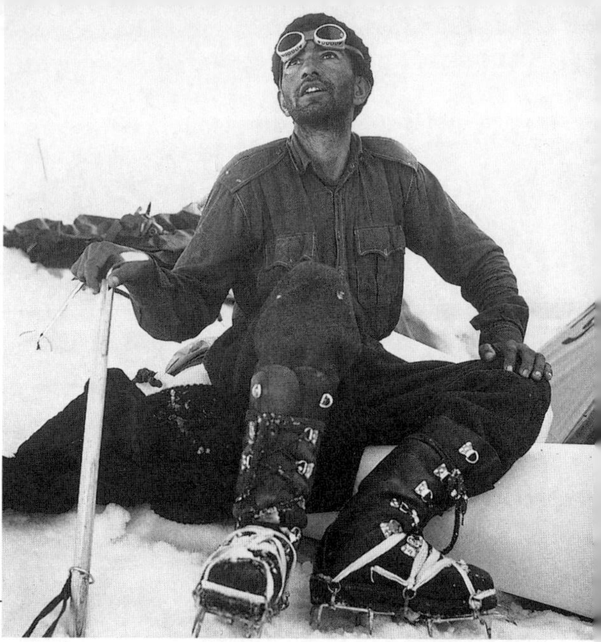

Hunza-Träger »Sepp«.

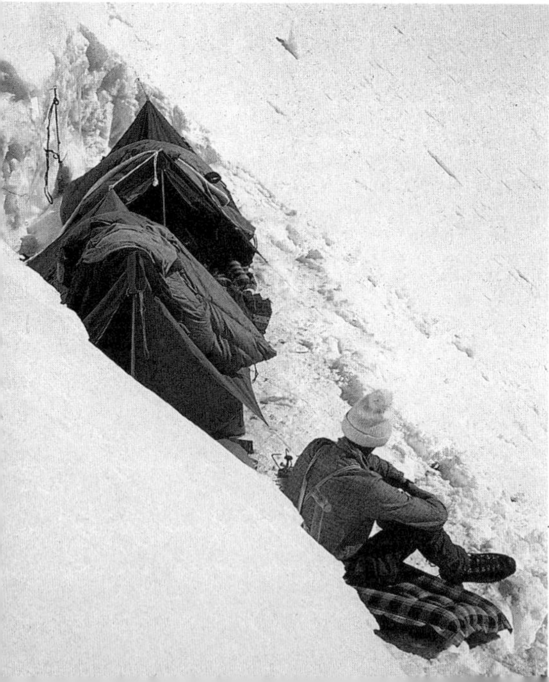

»Erstmals bestand Hoffnung, den Gipfel zu erreichen. Trotzdem zögerten alle anderen, den entscheidenden letzten Schritt zu tun. Der Respekt vor der Merklrinne war groß.«

Reinhold Messner, 1971

Felix Kuen neben Lager IV.

Noch ist es Nacht. Man sieht eine Spur, die unter einem Eisabbruch vorbeiführt, sie verliert sich in einer Eislawine, kommt drüben wieder heraus, zieht im steilen Zickzack über einen Hang nach oben, biegt zwischen Eistrümmern nach rechts und geht dann schnurgerade über eine Wand hinauf.

Das war die Spur zum Lager V. Günther und ich haben sie am 25. Juni gelegt.

Günther und Reinhold knapp unter der Merklrinne. Sie hacken unter einem vorspringenden Felspfeiler eine kleine Plattform heraus.

Der Platz für Lager V.

Reinhold steigt noch ein Stück aufwärts, quert hinein an den Beginn der Merklrinne und schaut hinauf. Den Kopf weit zurückgelegt, die Sonnenbrille in der Hand, so steht er da und schaut.

Die Rinne, sie ist von Felsen durchsetzt, eng, weit oben erst legt sie sich zurück.

Die geht frei, dachte ich, ohne viel künstliche Hilfsmittel.

Günther und Reinhold im Abstieg. Die Sonne ist da und weicht den Schnee auf. Das Steigen ist anstrengend, auch das Abwärtssteigen.

Erst knapp vor Mittag kamen wir ins Lager IV zurück. Hans, Gert und Werner waren inzwischen dagewesen. Sie hatten schwere Lasten vom Lager III heraufgetragen, eine enorme Leistung bei diesem Höhenunterschied und diesen Schwierigkeiten: Seile, Proviant … auch Post war dabei, einige Briefe für uns.

Günther öffnet einen Brief, zieht ein Zeitungsblatt heraus, überfliegt die Titel. – Der Blick fällt auf ein Gedicht.

Es war von unserem Bruder:

Expedition

Mit Euch sein
Möchte man …

Auf dem Weg
Zu Hochlagern
In meterhohem Schnee
Mit Trägern
An Seilen
Über Eisbrüchen

In ausdörrender Sonne
Schneller atmen
Unter der Last
Der Höhe

Für eine Zeit erschöpft sein
Bei heißem Tee
Sich selbst genügen;
Im Zelt
Brennend
Auf morgen warten
In der unendlichen Weite
Aus Schnee und Eis
Man möchte

Mit Euch sein.

Erich Messner

Ein Blick hinunter in die Rupalflanke. Man sieht zwei Gestalten aufsteigen. Trotz der starken Hitze steigen sie herauf. Sie tragen große Rucksäcke. Die Spur gibt immer wieder nach. Ihr Gesicht verrät letzte Willensanstrengung.

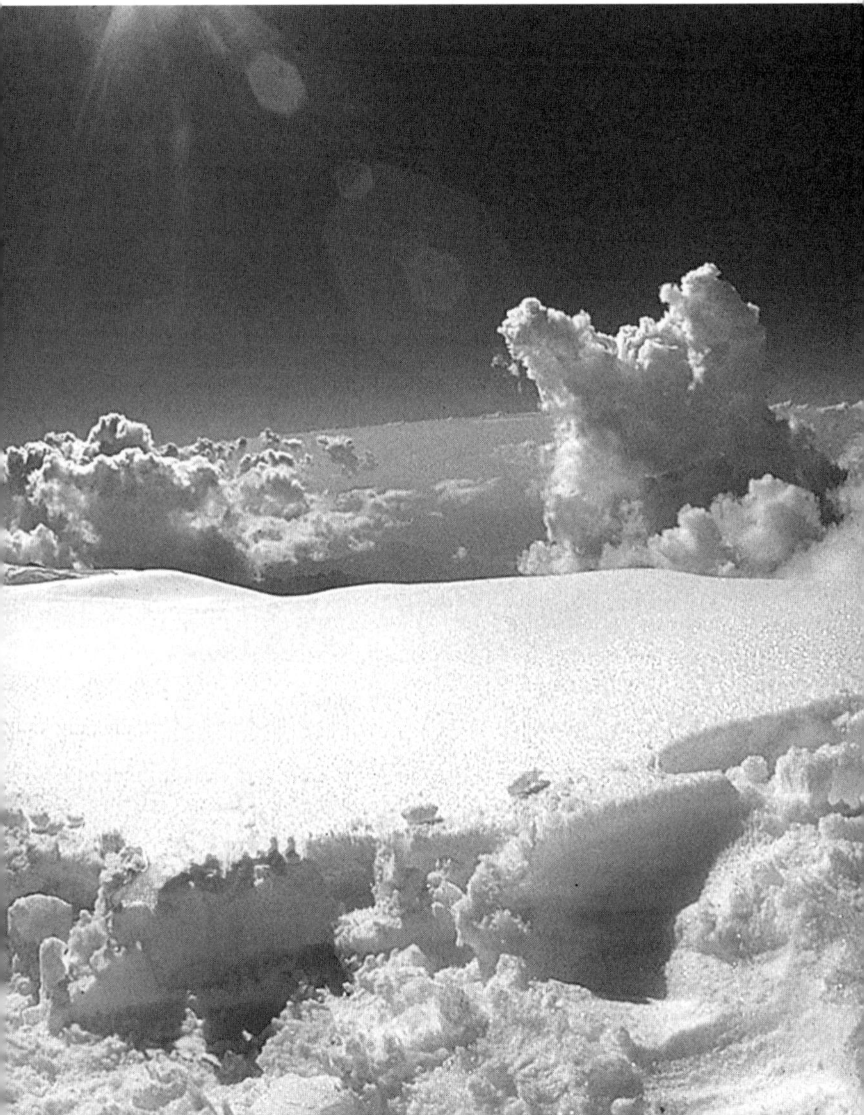

Blick aus der Wand: Schlechtwetter?

Es waren Hermann und Gerhard.

Hermann steigt wieder ab. Gerhard baut ein Zelt für sich auf. Er bleibt im obersten Lager.

Alle Lager waren besetzt. Jeder gab sein Bestes, um die Besteigung zu einem erfolgreichen Abschluß zu bringen. Sogar Peter, der lange krank gewesen war, stieg wieder in die Wand ein, um mitzuhelfen.

Nur die Leute im Basislager führten ein Leben voll Müßiggang und Langeweile. Sie funkten dreimal am Tag, und einmal ließ uns Michl, der bergsteigerische Leiter, dabei wissen, daß sie nicht nur Karten spielten.

Drei Zelte stehen nun auf schmaler Leiste unter der Randspalte des Merkl-Eisfeldes. Eines für Gerhard, eines für Peter und Felix, eines für die Messner-Buben.

Im Süden und Osten ballen sich schon die Monsunwolken.

Wir sind früh schlafen gegangen. Peter und Felix haben am nächsten Morgen ein Zelt nach Lager V gebracht und aufgeschlagen. Durstig kamen sie zurück. Auch Hansi und Gert waren wieder gekommen, mit Lasten von unten. Sie kletterten gleich wieder ab. Sie wollten nicht in die Hitze kommen.

7 Die rote Rakete

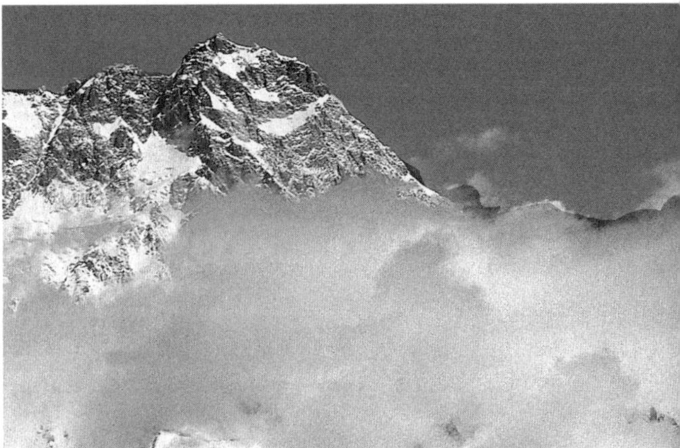

Die Rupalwand, nebelverhangen.

»Wir stehen wegen herannahender Wolkenbänke unter gewaltigem Zeitdruck. Es herrscht große Aufregung. Reinhold Messner will vielleicht schon morgen den Gipfel bezwingen, der ursprüngliche Plan sieht die Besteigung durch eine Dreierseilschaft vor. Über das Teleport besprechen wir mit Dr. Herrligkoffer die Details des geplanten Angriffs. Die Brüder Messner und Baur wollen noch abends zum Lager V, um am nächsten Tag die Merklrinne zu versichern oder Reinhold einen Blitzangriff zu ermöglichen. Hierfür werden folgende Leuchtsignale vereinbart:
Blaue Rakete: Weiterhin gutes Wetter in Aussicht, daher weitere stufenweise Präparierung der Schwierigkeiten der Merklrinne und am darauffolgenden Tag Gipfelangriff.
Blaue/rote Rakete: Wetter mittelmäßig; die Entscheidung liegt bei der Spitzenmannschaft.
Rote Rakete: Schlechtwetter in Aussicht, daher Stopp oder Alleinangriff durch Reinhold Messner, von dem dieser Vorschlag stammt.«

Felix Kuen,
in: Der Bergsteiger, Nr. 11/1970

»Im Falle eines Schlechtwettereinbruchs bestand nur eine winzige Chance für den Erfolg: Alleingang ohne Ballast.«

Reinhold Messner, 1970

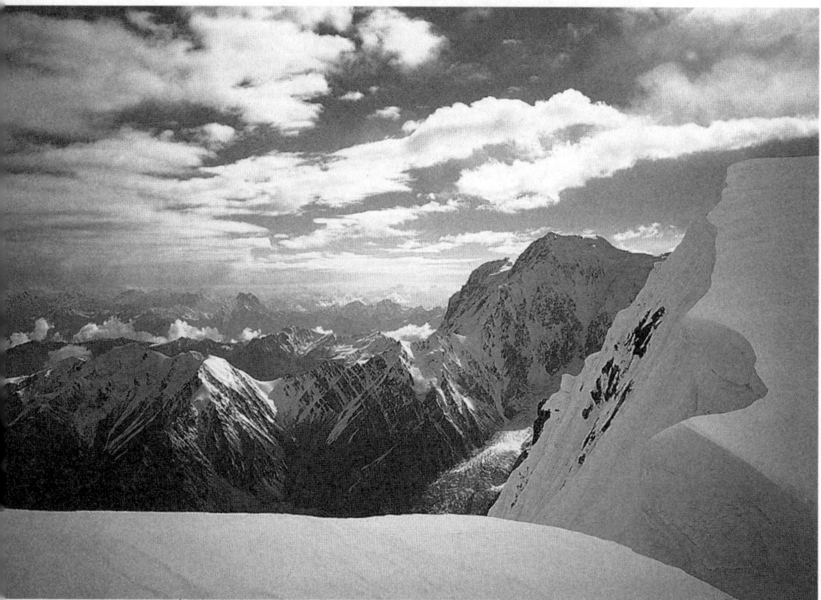

Wetterumschwung in letzter Minute?

»Bei schlechter Wetterprognose wollte Reinhold einen schnellstmöglichen Alleinversuch zur Durchsteigung der Restwand bis zum Gipfel versuchen, um der Expedition den Erfolg zu sichern. Herrligkoffer damals: ›Reinhold, du sprichst mir aus der Seele.‹ Dafür sollte abends eine rote Rakete gezündet werden.«

Max Engelhardt von Kienlin,
in: www.nanga-parbat.com/guenther.html, 2002

»Beim weiteren Teleportgespräch korrigiere ich die Farben von rot und grün auf rot und blau.«

Karl Maria Herrligkoffer

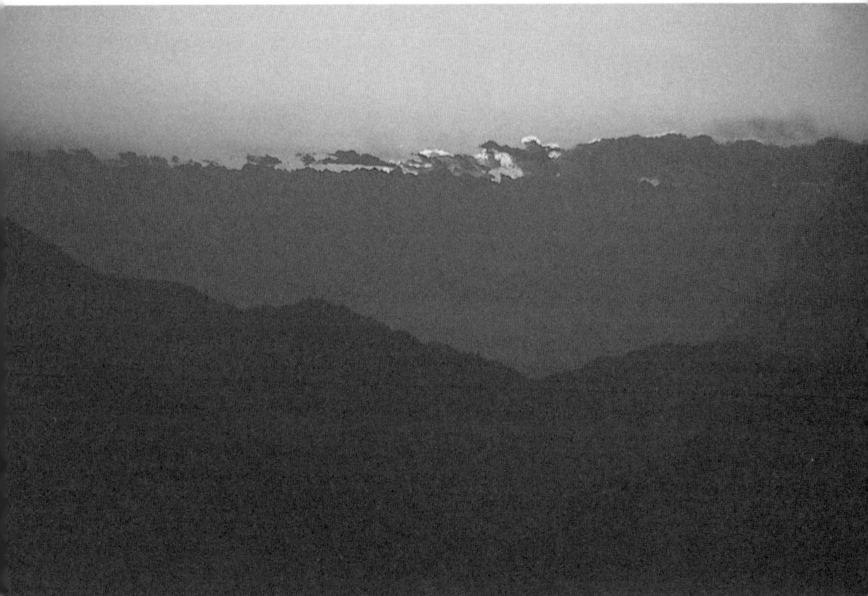

Wolkenbänke im Südwesten des Nanga Parbat.

»Schönes Wetter: blaue Rakete. – Die Besatzung von Lager V versichert am nächsten Morgen die Merklrinne mit der dort lagernden Reepschnur, um am 28. Juni, also am nächsten Tag, gemeinsam mit Felix Kuen und Peter Scholz zum Gipfel aufzubrechen.«

Karl Maria Herrligkoffer

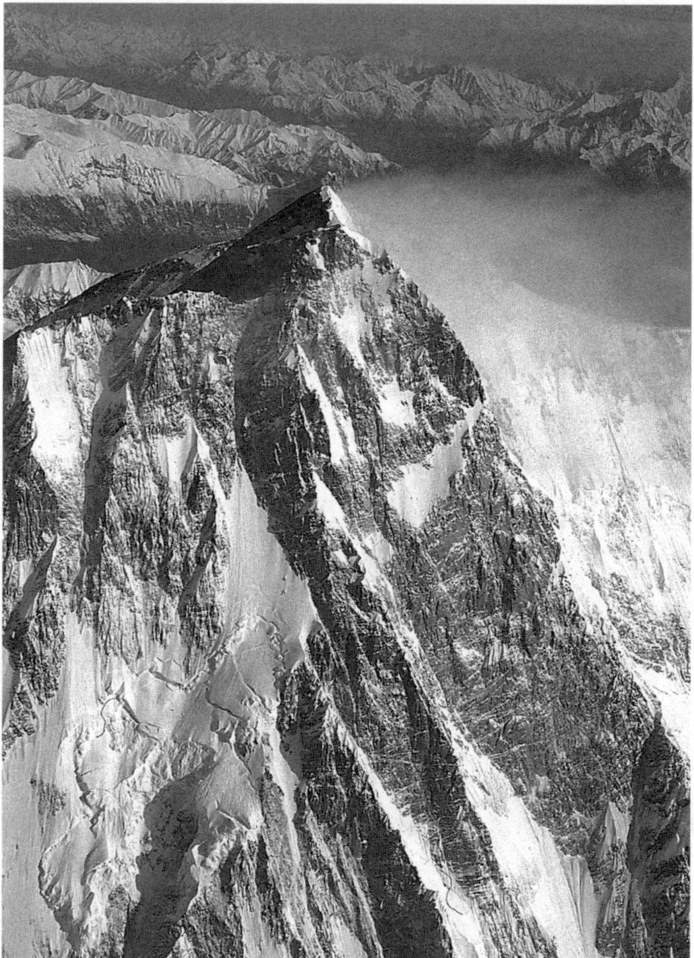

Die Rupalwand.

»Nicht eine Überschreitung des Berges, die Herausforderung Rupalwand war groß genug, alles zu wagen.«

Reinhold Messner, 2009

Es ist knapp vor 14 Uhr. Gerhard sitzt auf seiner Luftmatratze. Felix und Peter kochen. Günther ist im Zelt. Als er heraustritt, blinzelt er, so grell ist die Sonne. Reinhold nimmt das Teleportgerät und drückt eine Taste. Man hört ein Geräusch.

Reinhold: Hier Lager IV. Basislager bitte kommen.

Stimme: Hier Basislager. Wie geht's?

Man sieht Karl im Basislager, das Teleportgerät in der Hand.

Wir haben viel miteinander gesprochen: über Ausrüstung, die heraufzubringen war, über Sauerstoffflaschen und Proviant, über den geplanten Gipfelangriff und Arbeitsaufteilung. Dann kam das Gespräch auf das Wetter.

Reinhold: Meinst du, das Wetter hält noch? Im Westen und Osten steht eine breite Wolkenbank.

Karl: Ja, ich weiß, das ist der anrückende Monsun.

Reinhold: Die Wolken kommen stündlich näher. Wir müssen uns sehr beeilen.

Karl: Lange wird es nicht mehr halten.

Reinhold: Günther, Gerhard und ich wollen heute noch ins Lager V aufsteigen. Wir gehen hier weg, wenn die Sonne hinterm Westsattel verschwindet, so gegen fünf Uhr. Wenn der Wetterbericht gut ist, werden wir morgen die Merklrinne versichern, so weit wir kommen. Wenn der Wetterbericht schlecht ist, will ich versuchen, allein hinaufzugehen, so weit ich komme, eventuell auch bis zum Gipfel. Wir haben bei einem neuen Schlechtwettereinbruch sonst keine Chance mehr. Eine stufenweise Präparierung der Merklrinne wäre dann ausgeschlossen.

Karl: Reinhold, du sprichst mir aus der Seele.

Karl war sehr begeistert von meinem Vorschlag. Auch er wußte, daß bei einer Wetterverschlechterung allein ein Blitzversuch den Erfolg bringen konnte.

Reinhold: Kannst du uns den Wetterbericht abends um acht Uhr mit Raketen durchgeben? Rot bei schlechtem Wetter, grün bei gutem Wetter. Im Lager V haben wir kein Funkgerät mehr.

Karl: Das ist eine gute Idee. Ich gehe nachsehen, ob auch rote und grüne Raketen da sind.

Karl ließ das Funkgerät liegen und ging ins Lager.

Nach einigen Minuten kam er zurück an das Gerät.

Karl: Wir haben nur rote und blaue.

Reinhold: Also machen wir es so: Rot bedeutet schlechter Wetterbericht, ich werde es allein versuchen. Ich gehe, so weit ich komme, und will schauen, daß ich am Abend im Lager V zurück bin. Blau bedeutet guter Wetterbericht, wir werden zu dritt den untersten Teil der Merklrinne versichern und in den nächsten Tagen zu viert einen Gipfelvorstoß versuchen. Wenn der Wetterbericht zweifelhaft ist, schieß' bitte eine blaue und eine rote Rakete. Wir werden dann oben entscheiden, was wir machen. Je nachdem.

Karl: Einverstanden …

Er hat die Raketenzeichen und die Bedeutung noch öfter wiederholt. Es gab keinen Zweifel über unsere Vereinbarungen an diesem 26. Juni.

Die Sonne ist eben hinterm Westsattel verschwunden. Drei Rucksäcke liegen bereit. Günther, Gerhard und Reinhold kommen aus den Zelten, sie sind bereits angezogen.

Günther: Bis auf morgen.

Er nimmt den Pickel.

Felix: Hoffentlich hält das Wetter.

Reinhold: Diese Wolken gefallen mir nicht.

Er deutet nach Süden.

Wie Pilze wachsen Wolken aus dem Haufen im Süden

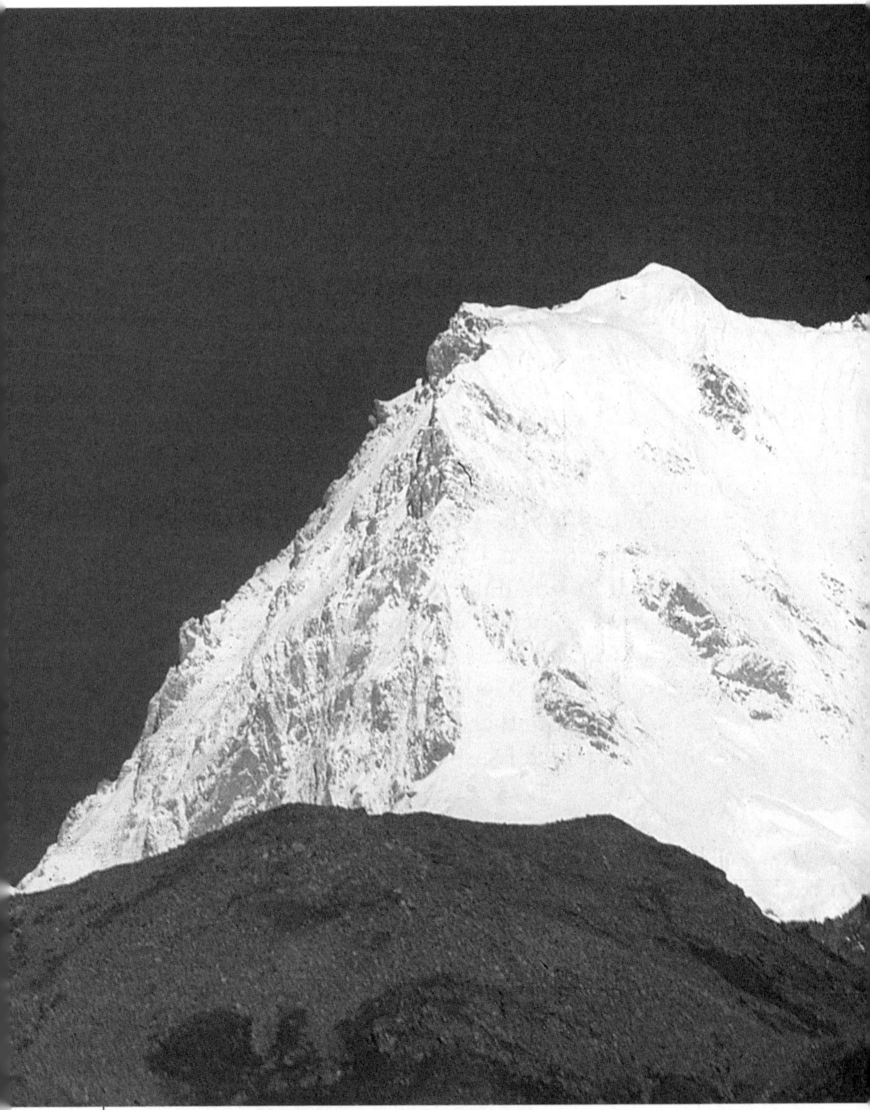

Der »Nanga« von Osten (Süd- und Hauptgipfel).
Die Schlüsselstelle liegt in den letzten 800 Höhenmetern.

herauf. Sie ziehen sich in die Länge, in die Breite, eine wie ein Hammer … Günther hustet.

Das kam nicht von einer Erkältung. Wir müssen gehen, wollte er sagen. Zu dritt stiegen wir über das Merkl-Eisfeld auf. Gegen acht Uhr abends blieben wir einige Minuten stehen. Es war schon dunkel. Gespannt schauten wir ins Basislager hinunter und warteten auf ein Raketenzeichen.

Punkt acht Uhr steigt eine rote Rakete in den Himmel.

Wir warteten auf eine zweite. Sie kam nicht.

Für einige Minuten habe ich gezweifelt. Dann stand es für uns fest. Ich sollte am nächsten Tag einen Gipfelangriff versuchen, so war es zwischen Karl und mir vereinbart.

Alle drei steigen weiter auf. Sie kriechen wenig später ins Sturmzelt unter der Merklrinne.

Reinhold: Ich gehe morgen, so weit ich komme. Ihr versichert den untersten Teil der Rinne.

Günther: Es sind nur zweihundert Meter Seil da.

Reinhold: Schneidet es auseinander und hängt es in die schwierigsten Stellen.

Gerhard: Einverstanden.

Zeltinneres. Günther und Reinhold liegen nebeneinander. Gerhard liegt quer. Es ist sehr eng. Alle drei dösen.

8 Aufstieg zum Gipfel

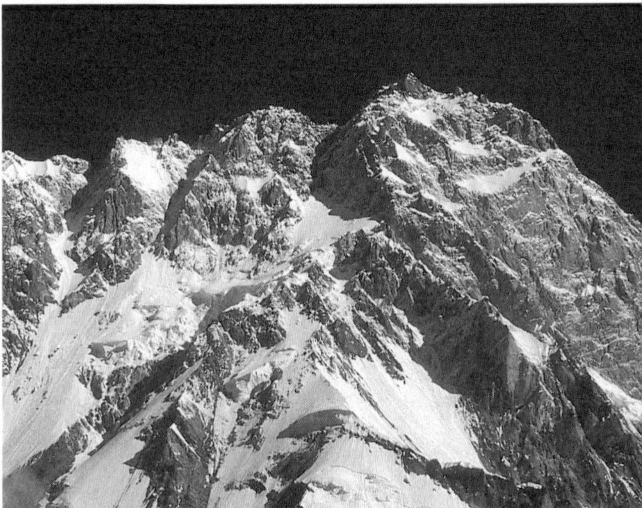

Die Gipfelwand mit Südgipfel. Die Merklrinne liegt im Schatten (Bildmitte oben).

»Ein Funkgerät würden sie nicht mit nach Lager V hinaufnehmen. Wir wollen deshalb den Spezialwetterbericht für unsere Expedition, den wir täglich gegen 18 Uhr aus Peschawar durch das Radio erhalten, mittels Raketensignal nach Lager V durchgeben. Zu diesem Lager haben wir ebenso wie zu den Lagern II und III Sichtverbindung.«

Karl Maria Herrligkoffer

»Gegenüber gibt es am Nachmittag eine faszinierende Wolkenbildung, und so stehen wir schon wegen dem Wetter unter gewaltigem Zeitdruck. Die Messners wollen morgen schon den Gipfel bezwingen.«

Felix Kuen

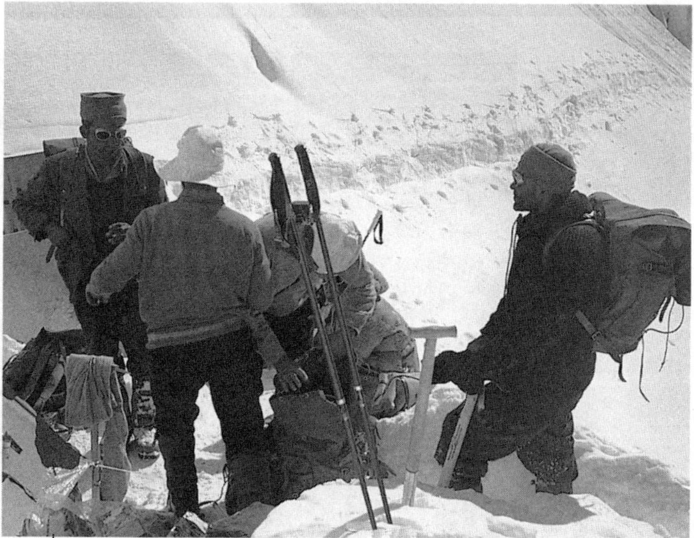

Alle Lager waren besetzt. Alle Teilnehmer und Träger gaben ihr Bestes.

»Das Risiko, allein durch die unbekannte Merklrinne, die große Querung unter dem Südgipfel (wie von Herrligkoffer vorgeschlagen) und den Südostgrat zum Gipfel zu steigen, war groß. Nur für den Fall von erneut angekündigtem Schlechtwetter war ich dazu bereit gewesen. Zu zweit war ein solcher Blitzvorstoß zu riskant oder zu langsam. Biwakausrüstung brauchte ich allein ebensowenig wie ein Seil, weil ich am gleichen Tag ins letzte Lager zurück mußte. Um ins Basislager absteigen zu können, ehe Lawinengefahr den Abstieg verunmöglichen würde.«

Reinhold Messner, 1970

»Michl Anderl schießt, dem Wetterbericht entsprechend, eine Rakete mit blauer Banderole ab. Wir sind nicht wenig schockiert, als eine rote Leuchtkugel in den Himmel steigt.«

Karl Maria Herrligkoffer

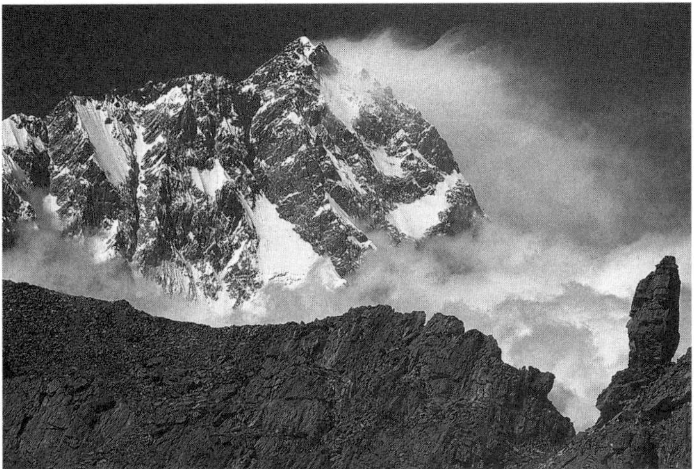

Wie ein Keil schiebt sich das Merkl-Eisfeld in die felsige Gipfelwand. Darüber die gleichnamige Rinne.

»Punkt acht Uhr steigt eine rote Rakete in den Himmel. Wir warteten auf eine zweite. Sie kam nicht.«

Reinhold Messner, 1970

»Wir waren sehr schockiert, als eine rote Leuchtkugel herauskam. Wir wollten sofort eine blaue Rakete nachschießen, aber wir fanden keine, und irgendeine Verständigung über die anderen Lager war nicht mehr möglich, da wir erst wieder am nächsten Morgen Sprechfunkverbindung vereinbart hatten. So hofften wir, daß die Belegschaft des obersten Lagers auf Grund ihrer Wettererfahrung als Bergsteiger trotz roter Rakete am nächsten Morgen eine Entscheidung treffen werde ... Wieso die rote Rakete für Reinhold Messner ›Aufstieg zum Gipfel‹ bedeuten sollte, wäre mir völlig unerklärlich, nachdem genau das Gegenteil vereinbart war.«

Karl Maria Herrligkoffer,
in: Stuttgarter Zeitung, 10 August 1970

»Falsch ist die Behauptung, die am Abend vor dem Gipfelsturm abgefeuerte rote Rakete hätte Alleingang Reinhold Messners zum Gipfel bedeutet. Richtig ist, daß ein alleiniger Gipfelangriff durch Reinhold Messner nicht vereinbart war und daß außerdem eine rote Rakete (= schlechtes Wetter) bedeuten sollte, daß kein Angriff durch die Gipfelmannschaft zu erfolgen hat.«

Karl Maria Herrligkoffer, 1971

»Wir waren schockiert, als wir um 20 Uhr eine rote Rakete sahen. Wir warteten lange auf eine zweite Rakete, die die erste wenigstens in der Bedeutung abgeschwächt hätte, aber es kam nichts mehr. Nun war es klar, daß Reinhold Messner dies als Zeichen für bevorstehendes Schlechtwetter deuten mußte und abredegemäß sicherlich einen Alleinversuch zum Gipfel machen würde.«

Max Engelhardt von Kienlin, Hermann Kühn,
Günther Kroh, Gerhard Baur, Elmar Raab, Peter Vogler, 1971

»In späteren Gesprächen waren sich die Mitglieder der Expedition stets einig darüber, daß die rote Rakete absprachegemäß den Aufbruch Reinholds zum Gipfel veranlaßt hatte. Bis zum Ende der Expedition in München hat auch Dr. Karl Herrligkoffer nie eine andere Version behauptet. Er hat sich auch nie erstaunt über Reinholds Aufbruch gezeigt.«

Max Engelhardt von Kienlin, Hermann Kühn,
Günther Kroh, Gerhard Baur, Elmar Raab, Peter Vogler, 1971

Um zwei Uhr morgens stand ich auf, den Wecker um Mitternacht hatte ich überhört. Ich war schon angezogen, fünf Schichten unten, sieben oben, ich brauchte lediglich Überhose, Schuhe und Anorak anzuziehen, in dem ich am Abend vorher das Wichtigste für den Gipfelsturm am 27. verstaut hatte.

Nacht. Mattes Licht dringt durch die Zeltwand vom Sturmlager in 7200 m Meereshöhe. Der Himmel ist sternenklar. Zeltinneres: Reinhold sitzt auf der Luftmatratze und zieht sich an. Günther und Gerhard schlafen noch. Reinhold nimmt Steigeisen, Pickel, steckt die Batterie für die Stirnlampe in die Brusttasche und geht vor das Zelt. Es steht im Schatten. In den tiefsten Winkel der Merklrinne fällt Mondlicht.

Ein Licht zuckt unruhig in der Nacht.

Reinhold ist dabei, die Steigeisen anzuziehen.

Ein Lichtstrahl, der sich hinein in die Merklrinne tastet. Reinhold überklettert einen Felsrücken. Feiner Pulverschnee rutscht über die steile, weiße Fläche. Schuhe stapfen einen steilen Schneehang hoch. Reinhold unter einer Steilstufe. Er zieht zwei Paar Handschuhe aus, steckt sie in die Anoraktaschen und beginnt zu klettern. Die Frontalzacken eines Steigeisens in einer kleinen Kerbe an der Wand, eine weiße Hand liegt platt am Fels auf. Der Pickel hängt am Handgelenk.

Für so schwierige Felsstufen habe ich mir Seidenhandschuhe mitgenommen. Ich fühlte mich ausgezeichnet, spürte die Höhe kaum. Eine tiefe Ruhe war über mich gekommen.

Man hört den metallenen Klang der Haue, wenn sie gegen den Fels schlägt. Die schweren Schuhe im Schnee. Gleichmäßig stapfen sie aufwärts. Plötzlich bleiben sie stehen.

Wieder stand ich unter einer sehr steilen Sperrstelle. Sie sah schwieriger aus, als sie in Wirklichkeit war, etwa vierter Schwierigkeitsgrad.

Weiße Finger, die einen Griff suchen. Gespreizte Beine in einer glatten Verschneidung. Langsam bewegt sich der ganze Körper, sicher schiebt er sich von Tritt zu Tritt. Die Rinne wird weniger steil.

Ich war in der Mitte der Merklrinne.

Die Rinne ist nun breiter. Die linke Begrenzungswand ist senkrecht. Rechts liegen steile Schneebänder an der Felswand. Reinhold steht eine Weile und steigt dann zügig aufwärts. Reinhold in der Rinne.

Ich fühlte mich sicher und war voller Zuversicht.

Reinhold unter einem verschneiten Überhang.

Inzwischen war der Mond weitergerückt und mein eigener Schatten stieg mit mir einen Schneehang aufwärts. Ich rastete wenig. Plötzlich stand ich unter einem überhängenden Abbruch. Kaminartig, vereist, der Ausstieg voller Pulverschnee. Unwillkürlich dachte ich an einige Sperrstellen in der Ausstiegsschlucht der Philipp/Flamm-Führe an der Civetta. Dort war ich auch allein gewesen. Aber hier – das war mir sofort klar – waren derartige Schwierigkeiten unmöglich.

Reinhold im Abstieg.

Ich war entschlossen, es weiter rechts zu versuchen.

Reinhold quert ein steiles Schneeband nach rechts. Kombiniertes Gelände, lockerer Pulverschnee.

Hinter der Kante hoffte ich, daß es geht.

Reinhold an der Kante. Er steht und schaut.

Auch dort ging es nicht.

Reinhold klettert das Schneeband zurück, zurück in die Rinne.

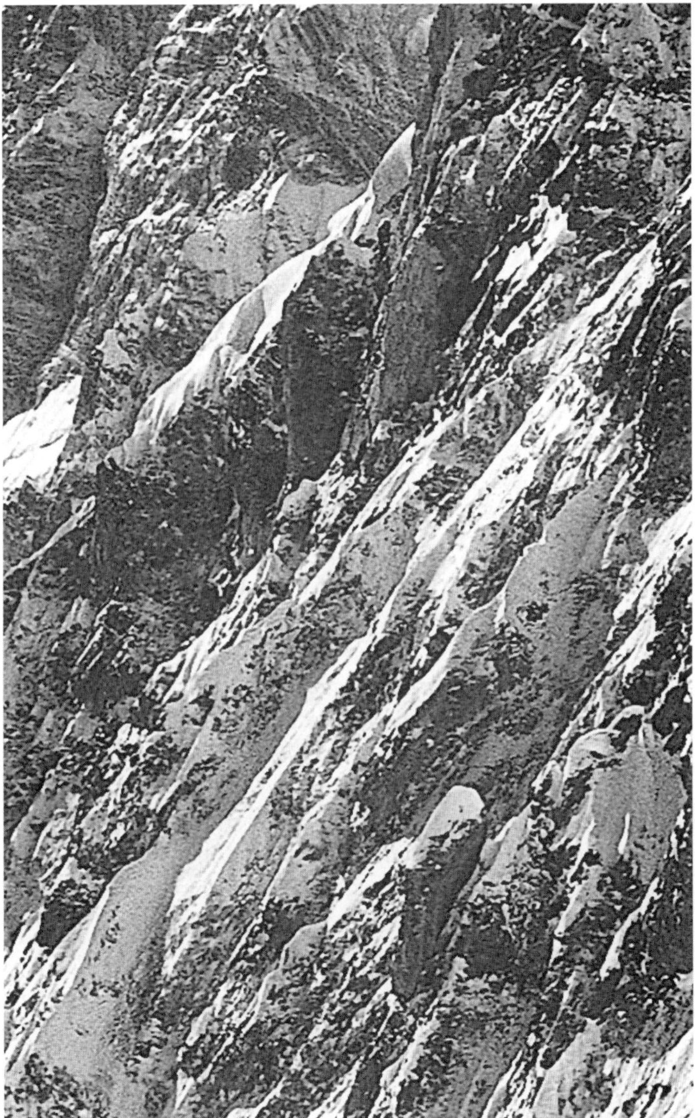

In der Gipfelwand.

Eigentlich wollte ich zurück ins Lager V!

Reinhold unter einer schwach ausgeprägten Rampe. Sie führt von rechts unten nach links oben, hinein in die Merklrinne.

Sie war eine neue Hoffnung für mich, eine letzte Möglichkeit.

Reinhold klettert über die Rampe aufwärts.

Sie war leichter als ich dachte, dritter Schwierigkeitsgrad vielleicht, der Fels war nur ein bißchen verschneit.

Reinhold klettert immer noch in der Rampe.

Sie war lang, wenigstens zwei Seillängen.

Er steigt aus der Rampe in die Rinne, die nun flacher wird. Die unmögliche Steilstufe hat er so umgangen.

Basislager. Es ist knapp nach sechs Uhr morgens. Karl steht vor dem Zelt und schaut hinauf in die Wand. Zwei Hände halten das Fernglas. Durch das Fernglas sieht man einen schwarzen Punkt im oberen Teil der Merklrinne. Er bewegt sich.

Ich war fast oben, am Ende der Merklrinne. Nur noch eine letzte Sperrstelle, ein letzter verschneiter Aufschwung, bevor ich die Rampe, die hinausführt auf die Südschulter, erreichte.

Eine Hand putzt Griffe. Ein steiler Felsrücken, an dem Reinhold langsam höhersteigt. Jede Bewegung ist ausgewogen, überlegt. Der Fels ist abwärts geschichtet. Zudem liegt Schnee auf den Platten.

Ich war fast sicher, daß es nun geht.

9 Günther kommt nach

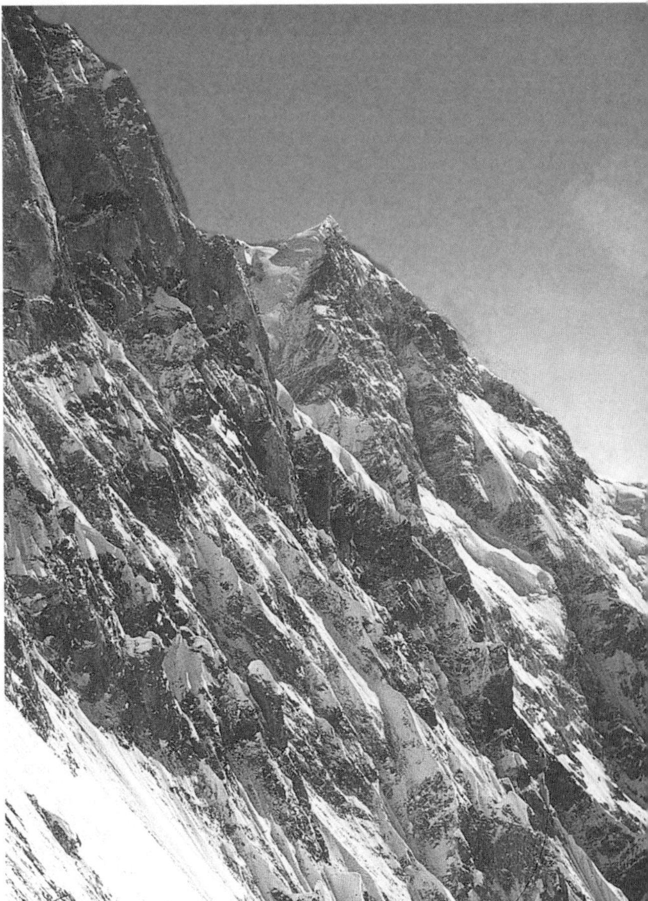

Der obere Teil der Rupalwand.

»Bis zum nächsten Morgen ist keine Nachrichtenübermittlung zu den Hochlagern möglich.«

Karl Maria Herrligkoffer

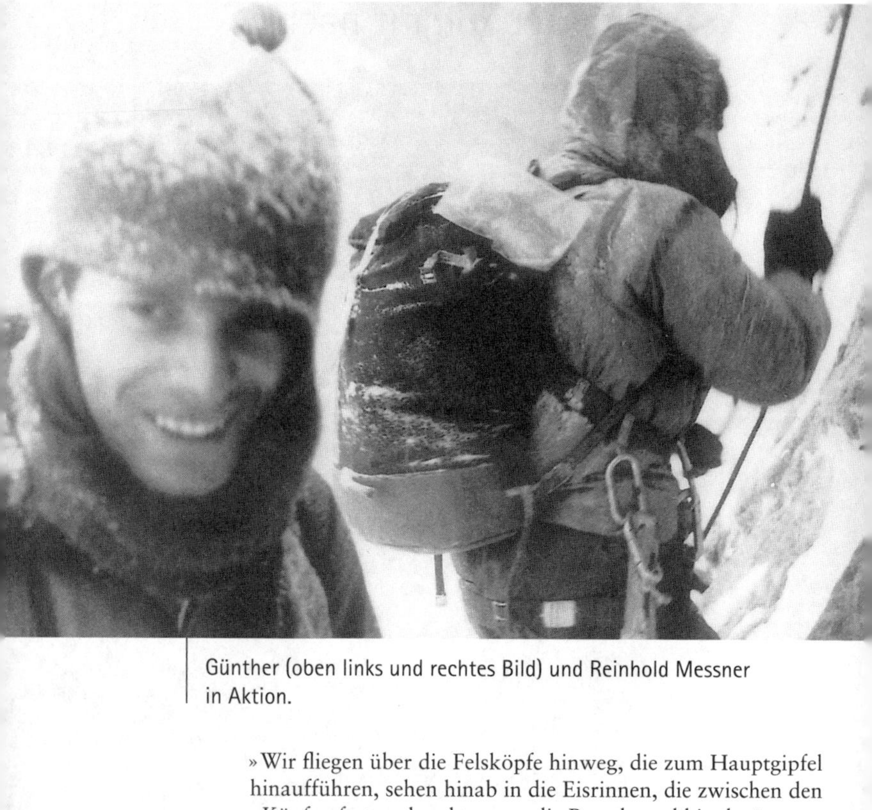

Günther (oben links und rechtes Bild) und Reinhold Messner in Aktion.

»Wir fliegen über die Felsköpfe hinweg, die zum Hauptgipfel hinaufführen, sehen hinab in die Eisrinnen, die zwischen den Köpfen fast senkrecht gegen die Rupalwand hinabstürzen – eine davon ist die Merklrinne.«

Karl Maria Herrligkoffer

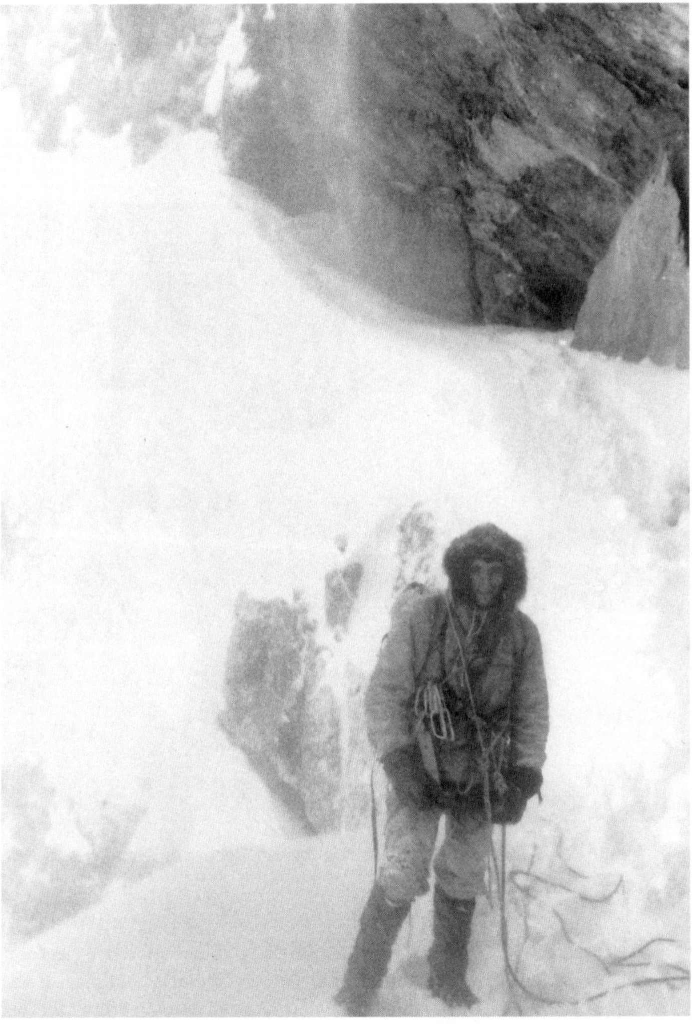

»Es stand für uns fest: Ich sollte am nächsten Tag durch diese Rinne einen Gipfelangriff versuchen. So war es zwischen Karl und mir vereinbart. Daß Günther nachsteigt, war nicht vorgesehen.«

Reinhold Messner, 1970

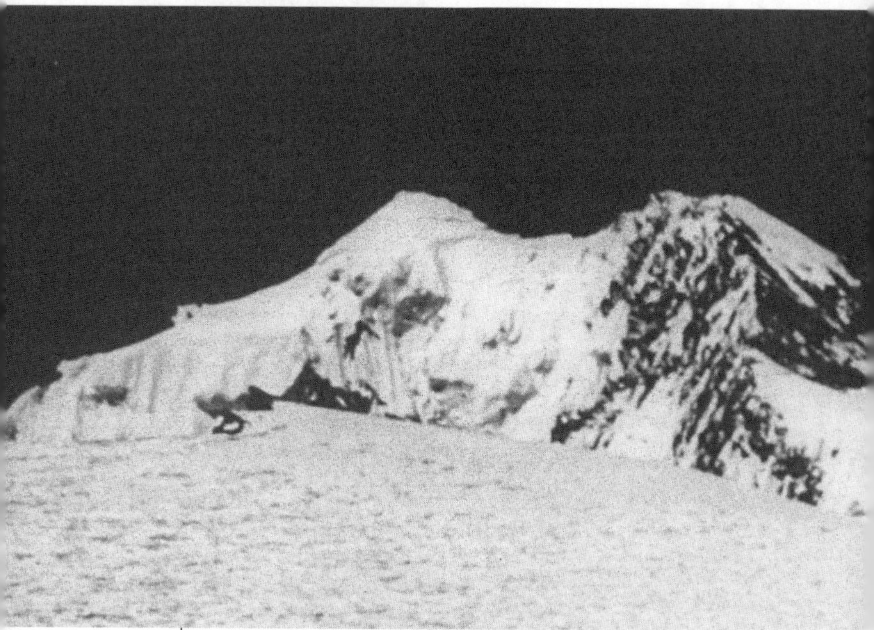

Süd- und Hauptgipfel des Nanga Parbat. Rechts die Schulter.

»Keiner aus unserer Mannschaft hatte voher einen der vierzehn Achttausendergipfel erreicht. Wir waren also alle Neulinge in der Todeszone. Das war auch der Grund, warum ich Herrligkoffer meinen Alleingang als letzte Erfolgshoffnung vorgeschlagen hatte. Ich wußte nach dem Studium der Merklrinne, daß ich auch die Schlüsselstellen ›free solo‹ schaffen würde. Wenn nicht, konnte ich an jeder erreichten Stelle wieder abklettern.«

Reinhold Messner, 2009

Reinhold steigt über eine Rampe schräg nach rechts aufwärts. Sein Tempo ist noch flott wie am Morgen. Das Spuren – man sieht es aus seinen Bewegungen – ist zwar mühevoll, aber nicht aufreibend. Reinhold bleibt stehen, um zu rasten. Dabei schaut er zurück – erstaunt. Ein Stück unter ihm steigt jemand auf. Es ist Günther. Er klettert sicher und sehr schnell.

In weniger als vier Stunden hat er die gesamte Merklrinne durchstiegen. Fast sechshundert Höhenmeter und in dieser Meereshöhe, eine unglaubliche Leistung. Peter und Felix werden einen Tag später mehr als zehn Stunden für dieselbe Strecke brauchen.

Reinhold wartet. Dann steht Günther neben ihm.

Wir sprachen nicht viel miteinander. Es gab keinen Zweifel darüber, daß wir zu zweit weitergehen würden.

Reinhold: Wie hast du den Weg gefunden?

Günther: Die Spur, und sonst ist es logisch.

Reinhold: Und an der Rampe?

Günther: Es gibt keine andere Möglichkeit dort.

Reinhold: Habt ihr versichert?

Günther: Nur angefangen.

Reinhold: Und Gerhard?

Günther: Der ist zurückgegangen, er hat Halsweh.

Dann begannen wir die große Querung, die nach rechts unter der Südschulter vorbei zum Grat führt.

Es ist früher Vormittag. Die beiden klettern langsam, einer hinter dem andern. Immer wieder überklettern sie verschneiten Fels. Oft bleiben sie stehen.

Wir mußten nach dem besten Weg suchen.

Die Sonne kommt durch. Nebel spielen unter ihnen. Ab und zu kann man bis ins Rupaltal, bis ins Basislager hinuntersehen. Von ganz weit: Zwischen ziehenden Nebeln zwei im Schnee verlorene Punkte, sie queren die Eis- und Schneefelder unter der Südschulter. Unter ihnen bricht die Wand mehr als viertausend Meter ab.

Das ist einmalig auf der ganzen Erde.

Sie wechseln den Platz, nach jeder Stunde sind sie weiter vorne, sie gehen weiter.

Wieder aus der Nähe: Günther und Reinhold in der großen Querung unter der Südschulter. Der Schnee ist aufgeweicht, und die Sonne brennt nun senkrecht in die Wand.

Sie machte uns mehr mürbe als die große Höhe.

Immer öfter bleiben sie stehen. Den Oberkörper auf den Pickel gestützt, gegen den Schlaf ankämpfend, ab und zu ein aufmunterndes Wort.

Wir verstanden uns so gut.

Sie queren jetzt absteigend nach rechts, steigen dann einen steilen Schneehang aufwärts, nähern sich einer Einsattelung am Grat. Günther fotografiert: zurück, hinauf, hinunter. Auch Reinhold knipst, steckt seine Minox-Kamera wieder in die Hosentasche. Sie sind länger als normal stehengeblieben. Günther hat es offenbar bemerkt, steigt an Reinhold vorbei und spurt das letzte Stück hinauf bis zum Grat.

Wieder zog ich die Minox heraus, spannte sie, drückte ab. Es ist dies das letzte Foto, das mir geblieben ist … Es zeigt Günther im Aufstieg, im Ausstieg aus der höchsten Fels- und Eiswand der Welt.

Am Grat bleibt Günther stehen. Begeistert winkt er hinunter zu Reinhold. Er ruft etwas, will etwas sagen.

Ich verstand es nicht.

Reinhold steigt über Günthers Spuren aufwärts. Als er bei Günther ist, ist dieser eben damit beschäftigt, einige Bilder vom Gipfel zu machen. Beide stehen nun oben am Grat, unter ihnen die Rupalwand, knapp über ihnen der Gipfel.

Der erste Eindruck am Ausstieg aus der Südwand war für mich der gewaltigste Augenblick am Nanga Parbat.

Man sieht unmittelbar gegenüber den Silbersattel, das Silberplateau – alles zum Greifen nah – den Rakhiot Peak, in der steilen Südflanke spielen die Nebel.

Wir sprachen von Buhl, gingen seinen Weg mit den Augen, hinauf und wieder zurück, von Aschenbrenner und Schneider war die Rede, von Rebitsch und vom großen Expeditionsleiter Paul Bauer, wir dachten an Merkl und Welzenbach.

Der Gipfel steht vor ihnen – ganz nah: eine Schneepyramide. Immer wenn eine Nebelfahne vorbeizieht, wird die Entfernung zu ihm größer. Links von ihm die Südschulter, ein verschneiter Felsrücken.

Langsam steigen Günther und Reinhold weiter. Pulverschnee, dann wieder harte, windverblasene Rücken. Das Gelände ist nun flach, aber holprig. Immer wieder Löcher, die man im diffusen Licht und im Nebel nicht eindeutig ausmachen kann.

Öfter tappten meine Füße ins Leere, unsicher suchten sie immer wieder die Schneefläche.

Günther steht auf einem Schneefeld. Reinhold steht neben ihm. Sie sprechen miteinander. Nebel jagen am Gipfel vorbei. Er ist ganz nah. Windgangeln, am Boden lauter kleine Mulden, Schnee, er jagt über die Buckel, vom Wind getragen.

Günther steht da, er hantiert an seiner Kamera, sein Pickel steckt im Schnee. Er zieht den Apparat auf, schaut durch. Blick durch den Sucher: Man sieht Reinhold zur Scharte an der Südschulter aufsteigen, man sieht, wie der Schnee über die Windgangeln weht. Man hört den Wind. Günther knipst, macht die Kamera zu, zieht die Handschuhe aus der Tasche, stößt dabei mit der Hand an den Pickel, aber der Pickel fällt nicht um. Umständlich zieht er die Handschuhe an, sie sind voll Schnee, vereist, starr. Günther nimmt mit der rechten Hand den Pickel, die Kamera hängt vorne an der Brust, er geht. Bei jedem Auftreten trägt der Wind lockeren Schneestaub davon. Reinhold im Aufstieg zur Scharte zwischen Süd- und Hauptgipfel, wo er rasten will, Reinhold in der gelben Überhose und im blauen Anorak, der im Wind flattert. Er geht aufwärts, die Arme schwingen mit, einer der geht und nichts sieht. Er atmet schnell, aber nicht stoßweise, er geht langsam, aber gleichmäßig.

Der Gipfelaufbau als Ganzes, zerrissen nur von den ziehenden Nebeln. Zwei schwarze Punkte, die aufwärts steigen, knapp unterm Gipfel.

Günther ist oft und öfter stehengeblieben, um zu fotografieren. Er hatte eine große Kamera und mehrere Farbfilme dabei.

Die Nebel sind verschwunden. Reinhold steht in der Nähe des Südgipfels. Man sieht ihn rechts von einer Einsattelung hochsteigen.

Ich hatte nur noch den Gipfelgrat vor mir. Wenige Minuten, dachte ich, so nahe kam mir alles vor.

Er geht nun schneller, vorbei an einem spitzen Felszacken, links vom Grat; noch eine Mulde, ein letzter Aufschwung.

Eine halbe Stunde war ich seit dem Sattel sicher schon gegangen.

10 Am Gipfel

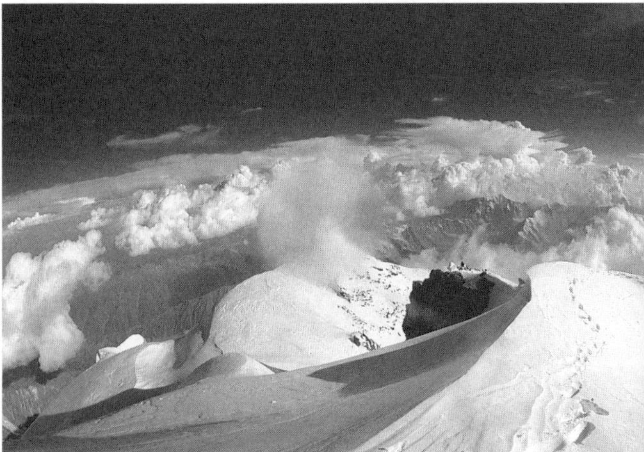

Die letzten Schritte zum Gipfel. Tiefblick zum Südgipfel (Bildmitte), der im Nebel steckt.

»Die ›Sache mit der roten Rakete‹ ist also – bei Licht betrachtet – kaum einer besonderen Beachtung wert, ob nun die eine oder andere Version stimmt. In keinem Fall konnte und sollte sie bedeuten, daß Günther Messner sich an einem Gipfelangriff beteiligt.«

Karl Maria Herrligkoffer,
in: Dolomiten (Tageszeitung, Bozen), 7. Oktober 1970

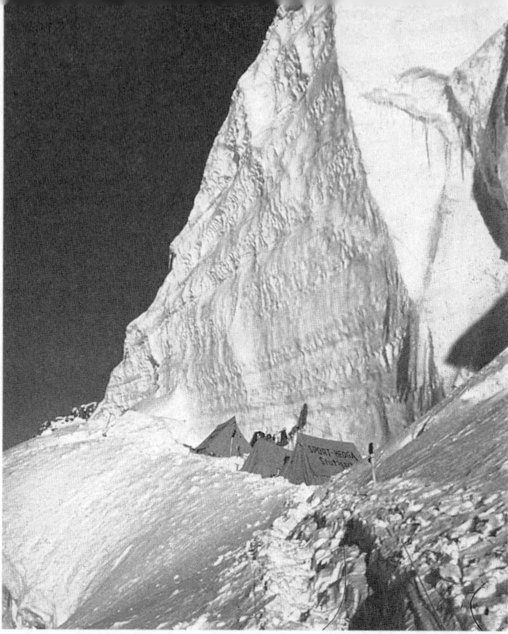

Lager II in der Rupalwand.

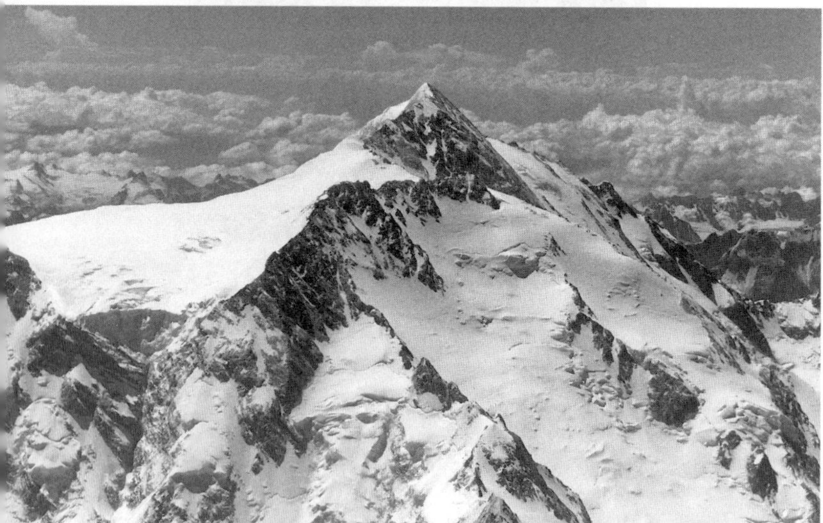

Blick von Norden auf den Nanga Parbat (links Silberplateau, rechts vom Gipfel Diamir- und im Vordergrund Nordflanke).

»Alle Lager waren besetzt. Jeder gab sein Bestes, um die Besteigung zu einem erfolgreichen Abschluß zu bringen. Sogar Peter Vogler, der lange krank gewesen war, stieg wieder in die Wand ein, um mitzuhelfen.«

Reinhold Messner, 2009

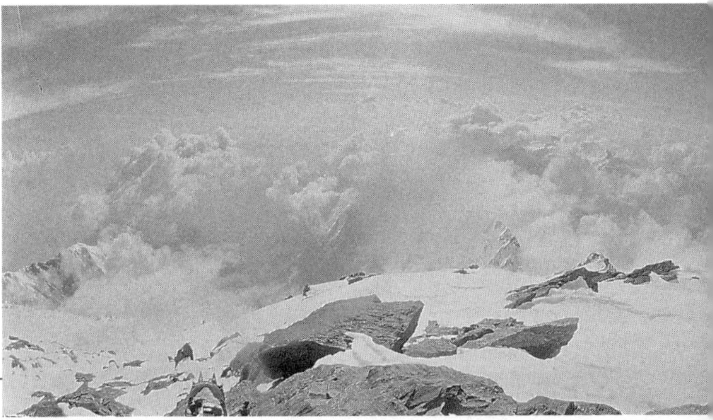

Gipfel des Nanga Parbat.

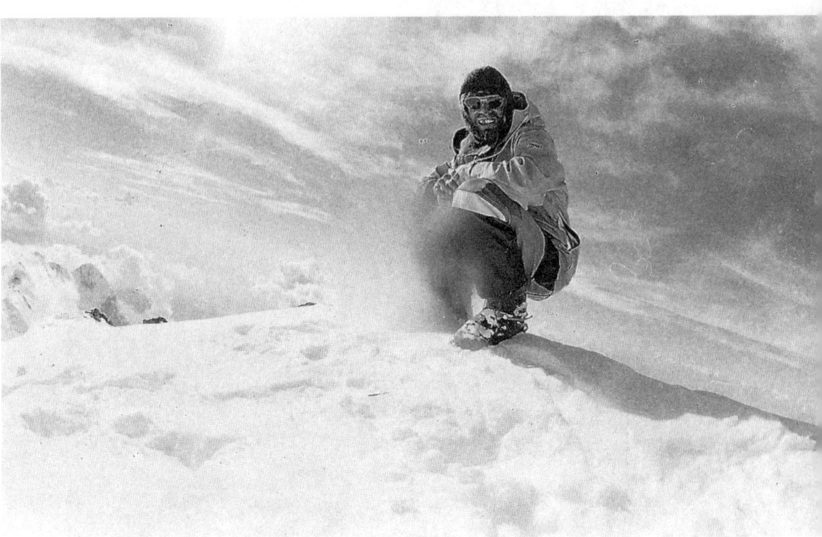

Acht Jahre später. Reinhold Messner allein auf dem Gipfel des Nanga Parbat.

»An Dr. Karl Maria Herrligkoffer wurde immer viel Kritik geübt, aber zu dessen Ehrenrettung möchte ich doch gern daran erinnern, daß gerade dieser beharrliche und eigensinnige Mann in Dutzenden von Jahren zahlreichen jungen, talentierten deutschsprachigen Bergsteigern die Chance gab, sich auf einem hohen Niveau zu bewähren. Daß es bei Herrligkoffers Expeditionen, bei denen es vorrangig ums Überleben ging, zu Zwischenfällen kam, war zu erwarten. Und ebenso auch, daß dabei unterschiedliche Charaktere aufeinanderprallten.«

Ruald Naar

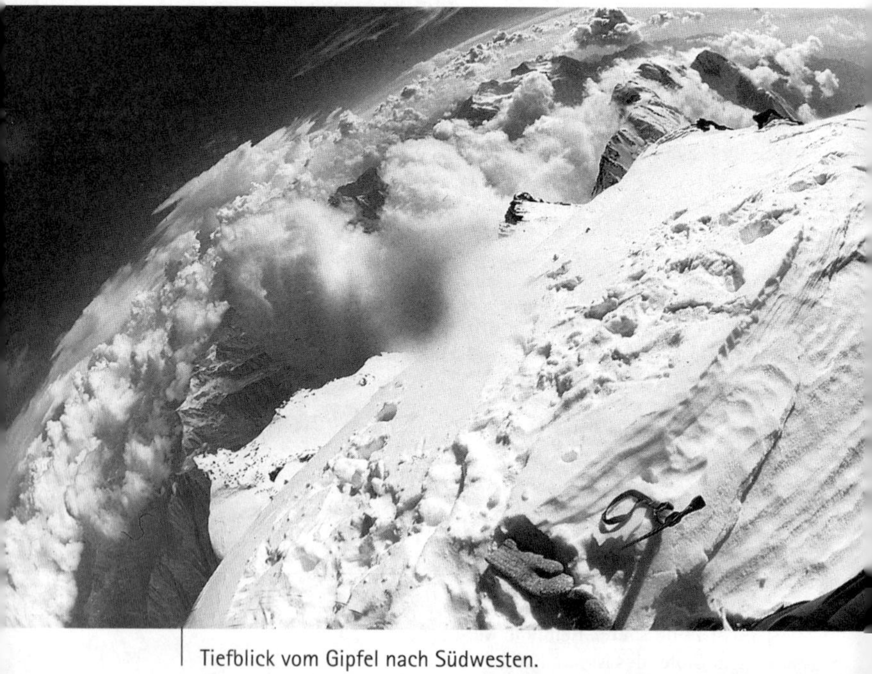

Tiefblick vom Gipfel nach Südwesten.

Und nun steht er oben auf einer Firnkuppe – am Gipfel des Nanga Parbat. Er schaut herum.

Günther sitzt weiter unten und fotografiert. Jetzt kommt er nach, Schritt für Schritt. Er ist oben, zieht alle seine Fäustlinge aus und streckt seinem Bruder die Hand hin. Beide auf der Schneekuppe. Man sieht die Nebel, hört nichts. – Das Gesicht von Günther. Es strahlt.

Es macht mir heute diese Gipfelstunde so schön.

Seine Augen sehe ich heute noch – wie damals. Ich weiß nicht, warum er auch die Brille abgenommen hatte.

Die beiden reden miteinander, zeigen hinunter zum Silbersattel.

Da wir nie auf einem Achttausender gewesen waren, machten wir das gleiche, was wir immer getan haben. Händedruck, schauen, und ich war überrascht, als mir Günther auf die Schulter klopfte.

Günther: Bravo.

Was ich zu ihm sagte, weiß ich heute nicht mehr genau.

Am Silbersattel ziehen wieder Nebel herauf, im Westen muß irgendwo die Sonne stehen. Die Farbe der Wolken verrät es.

Heute fragen mich die Leute immer wieder nach der genauen Zeit, wann wir am Gipfel standen. Ich sage so gegen fünf Uhr, und sie sind sehr entrüstet darüber, weil ich mir dessen nicht sicher bin. Man kann mit ihnen nicht über die Gipfelstunde reden, nicht über Nebel und leuchtende Augen ohne viele Daten. Schwierigkeitsgrade, Längen und Zeiten wollen sie wissen, vielleicht noch die Ausrüstung und das Fotomaterial.

Später bindet Reinhold den Wimpel der Hochgebirgsgruppe Bozen an seinen Pickel.

Wir fotografierten uns gegenseitig, schauten viel, blieben eine Stunde.

Als sie gehen wollen, versucht Reinhold die großen Norwegerhandschuhe wieder anzuziehen. Sie sind so hart gefroren, daß er sie nicht mehr über die beiden anderen Paare überstreifen kann. Da er ein Paar in Reserve dabei hat, legt er die beiden Klumpen auf die ersten Felsen westlich der Gipfelkuppe und schichtet Steine drauf.

Das war unser Steinmann am Gipfel des Nanga Parbat.

Günther lächelt über den Steinmann. Wozu, will er sagen. Der Sturm wird ihn bald umwerfen.

An diesem Abend wußte ich noch nicht, daß diese Fäustlinge der einzige Beweis unserer Gipfelbesteigung sein würden. Ich wußte nur, daß große Leute immer Beweise wollen, und deshalb haben wir viele Bilder geschossen.

Günther und Reinhold wenige Meter unterm Gipfel. Sie steigen ab. Noch einmal schauen sie zurück.

Felix und Peter haben einen Tag später meine Handschuhe gefunden, zufällig, ein Stück Filz, haben sie gedacht.

Und trotzdem hat es einige Leute gegeben, die an unserer Gipfelbesteigung gezweifelt haben, weil alle Bilder verlorengingen. Und wenn ich diesen Leuten sagen würde, der Beweis dafür, daß wir am Gipfel waren, besteht darin, daß wir uns die Hand gaben, daß wir uns auf die Schulter klopften und lachten, daß wir beim Abstieg nochmals zurückschauten, dann werden sie die Achseln zucken und Bilder davon verlangen. Wenn man diese Bilder im Kopf hat, ist das doch ein Beweis dafür, daß man oben war.

Und zudem, wenn einen Tag nachher jemand am Gipfel ein Stück Filz findet, Handschuhe von uns, ist das doch ein Beweis dafür, daß wir oben waren. Denn wenn sie am Gipfel ein Paar unserer Handschuhe gefunden haben, müssen wir am Gipfel ein Paar unserer Handschuhe

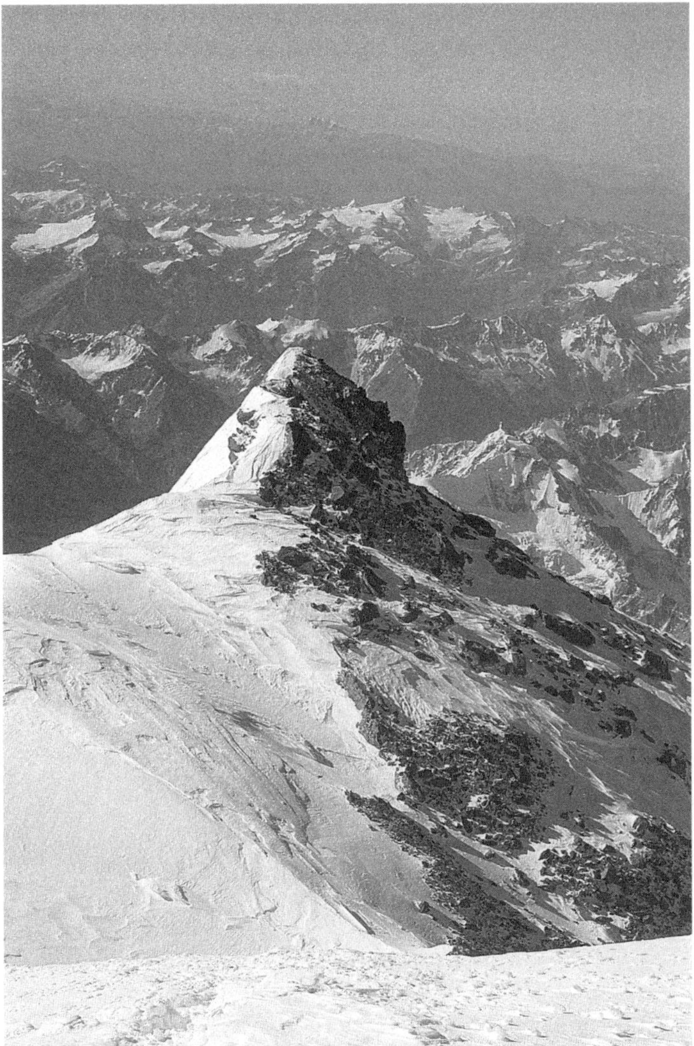

Wenig unterhalb des Gipfels, Blick zum Südgipfel. Darunter fällt die Rupalwand fast senkrecht ab. Rechts die ersten Hänge Richtung Diamir.

zurückgelassen haben, und wenn wir am Gipfel ein Paar unserer Handschuhe zurückgelassen haben, müssen wir am Gipfel gewesen sein. Diese Erklärung ist zu leicht. Sie ist nur für Kinder. Große Leute verstehen sie nicht. Die Handschuhe waren uns zugeordnet, durch den Fund sind die Handschuhe auch dem Gipfel zugeordnet, daraus folgt: Der Gipfel ist uns zugeordnet.
So haben wir es in der ersten Klasse Mittelschule gelernt. Aber auch so ist es für einige große Leute zu einfach.

11 Der Abstieg beginnt

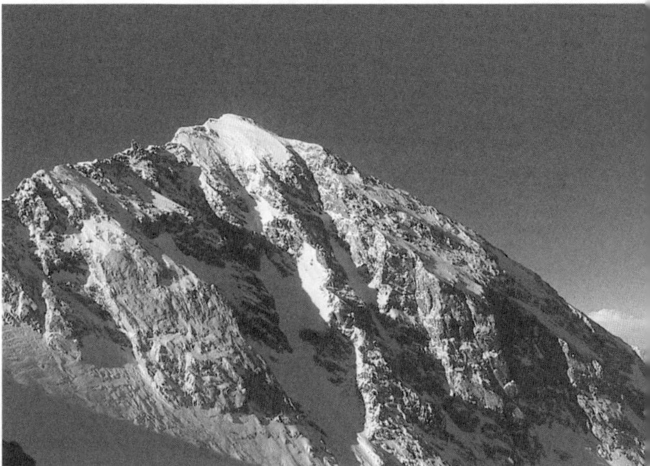

Nanga-Parbat-Schulter, von Nordwesten gesehen.

»Scholz und ich brechen um 16.30 Uhr auf und kommen um 20 Uhr im Lager V an. Das für uns bestimmte Lichtzeichen bedeutet: Wetter gut, ihr könnt den Gipfel besteigen. Bis 24 Uhr ruhen wir im Sturmzelt, und dann löst uns die Unterstützungsmannschaft ab. Beim Aufstieg war uns Baur begegnet, der wegen einer Halsentzündung aus dem Lager V zurückkehrte. Er berichtete uns folgendes: Reinhold Messner hat verschlafen und ist dann doch um 3 Uhr im Alleingang aufgebrochen. Baur und seinen Bruder Günther hatte er aufgetragen, die Merklrinne mit Seilen zu versehen, um sich so den Rückweg zu sichern. Sie begannen um 4 Uhr mit der Arbeit, wobei ein Seilsalat entstand.«

Felix Kuen, in: Der Bergsteiger, Nr. 11/1970

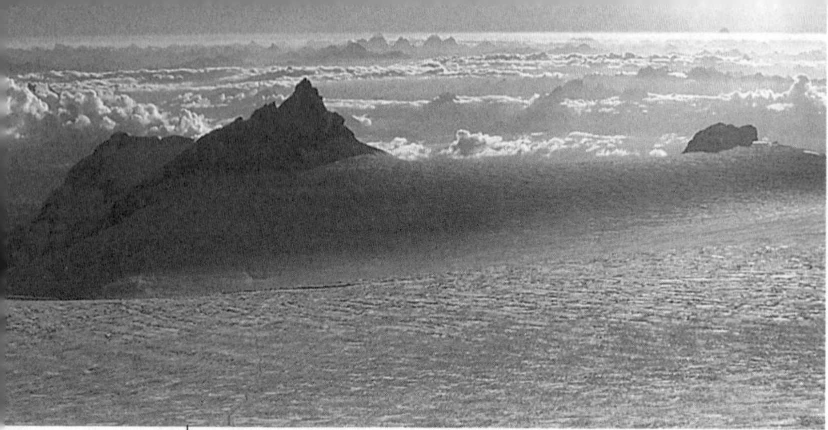

Silberplateau und Silberzacken.

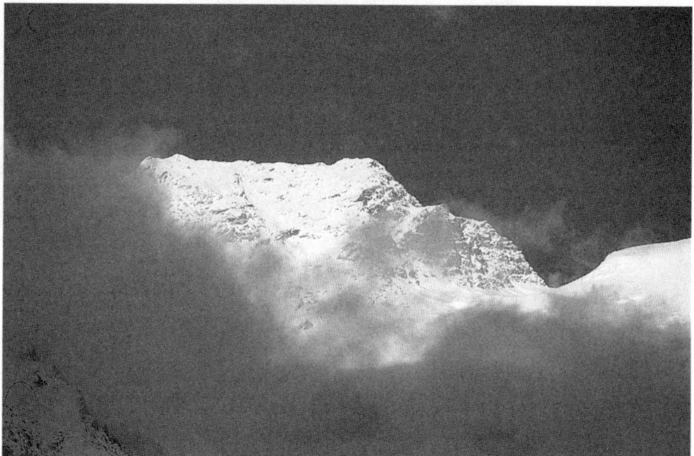

Das Gipfeltrapez. Knapp rechts vom Gipfel des Südgipfel, ganz rechts unten die Merklscharte. Das Wetter wird schlecht.

»Um 16.30 Uhr wollen Peter und ich aufbrechen ins Lager V und um ca. 24 Uhr den Gipfel angehen, wenn das Wetter noch einigermaßen hält.«

Felix Kuen

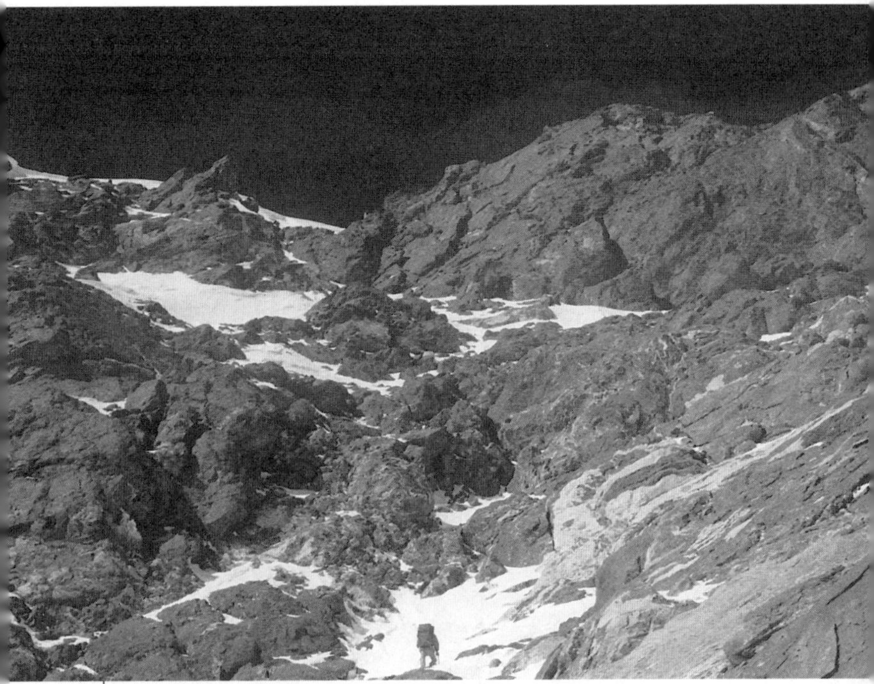

Abstiegsweg vom Südgipfel zum flachen Schneefeld unter der Merklscharte.

»Der Abstieg vom Gipfel westwärts ist leicht. Der Abstieg vom Südgipfel über die Rupalwand schwierig und exponiert. Jeder Fehltritt hätte den Absturz bedeutet. Und wir mußten heraus aus der Todeszone, hinab in sauerstoffreichere Luft. Daß eine Seilschaft folgen würde, war nach der ›roten Rakete‹ nicht denkbar. Vielleicht gab es aus der Merklscharte einen Weg zurück zum Aufstiegsweg in die Merklrinne. Jedenfalls ließ sich nur dort um Hilfe rufen.«

Reinhold Messner, 1970

»Seit unserer Rast schneit es ununterbrochen und auch sehr ergiebig.«

Felix Kuen

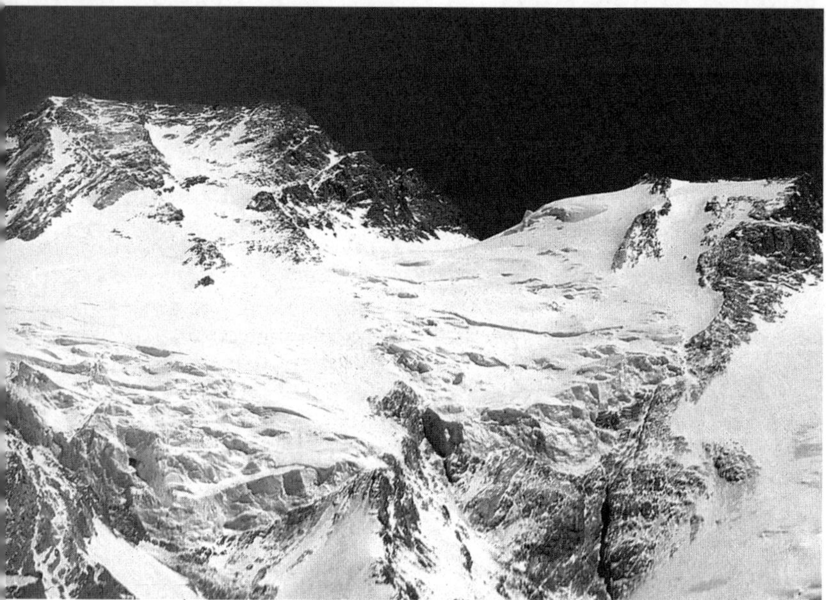

Die Gipfelregion des Nanga Parbat von Westen gesehen (Diamir-Seite).

»Unsere Probleme begannen erst nach dem Gipfelgang. Mit Günthers Schwäche und dem Wissen, daß wir ganz auf uns selbst gestellt bleiben würden. Die Merklrinne war nicht versichert, und keiner von uns hatte ein Seil dabei. Auch für eine Nacht im Freien waren wir nicht ausgerüstet. Für Korrekturen war es jetzt zu spät. Ich wollte ja am gleichen Abend im Lager V zurück sein, und Günther war mir aus freien Stücken gefolgt. Nur zu gut verständlich: wollte doch auch er am Gipfel stehen. Jetzt aber hockten wir in einer Falle.«

Reinhold Messner, 2009

Eine Wolkenbank im Westen. Abendrot. Günther und Reinhold steigen vom Gipfel ab. Ihr Gang ist nicht feierlich. Sie gehen, so gut sie eben gehen können. In den Aufstiegsspuren liegt frischer Schnee. Günther bleibt zurück.

Erst jetzt wurde mir klar, daß Günther sehr müde war. Seine Riesenleistung, der Aufstieg durch die Merklrinne in weniger als vier Stunden, kam mir erst später zum Bewußtsein, später, als ich mit anderen über dieses Abenteuer sprach.

An der Scharte zwischen Südschulter und dem Grat zum Gipfel bleibt Reinhold stehen. Er wartet. Günther kommt nach, und beide sprechen miteinander.

Günther (deutet nach Westen): Steigen wir hier ab.

Ich verstand nicht gleich.

Reinhold: Können wir nicht.

Günther: Hier ist es leichter.

Reinhold: Wir müssen hinunter, wo wir herauf sind.

Günther: Das ist zu schwer.

Reinhold: Du bist doch auch herauf.

Günther: Aber jetzt bin ich müde.

Reinhold: Wir müssen heute noch ein Stück absteigen, morgen werden wir noch müder sein.

Günther: Aber nicht, wo wir herauf sind. Wir müssen einen leichteren Weg finden.

Ich sagte nicht: »Du mußt.« Vielleicht hätte ich es sagen sollen. Ich dachte auch nicht, daß noch jemand aufsteigen würde. Sonst hätten wir gewartet. Ich wußte nur, daß wir absteigen mußten, und zwar irgendwohin, wo man uns von der Merklrinne aus sehen konnte. Auf Grund der

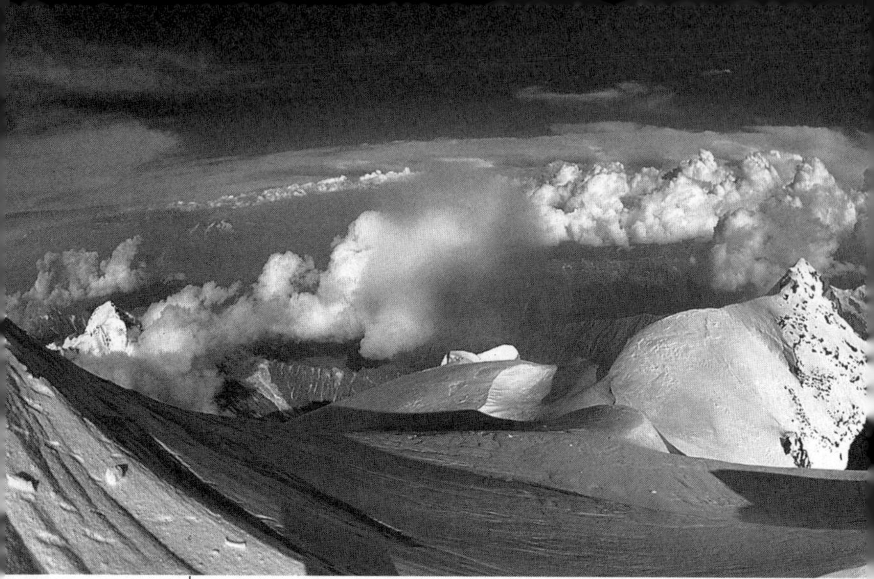

Grat der Entscheidung: rechts Diamir-, links Rupal-Seite.

roten Rakete erwartete ich schlechtes Wetter, wir mußten etwas tun. Es wäre zwar leicht, aber billig gewesen, einfach oben zu warten.

Reinhold: Hier gegen Westen ist es auch nicht ganz leicht.

Günther: Aber leichter.

Reinhold: Und morgen?

Günther: Vielleicht können wir unten an der Scharte hineinqueren. Sonst müssen wir um ein Seil rufen. Die anderen werden die Rinne versichern.

Reinhold nimmt ein Foto aus der Tasche. Beide schauen es an. Es ist das Farbbild von der Rupalflanke. Man sieht nur das Foto. Groß. Nach diesem Bild ist es möglich, von der Scharte in die Rinne hineinzuqueren.

Reinhold (zeigt nach Westen): Dann steigen wir da ab.

Im Augenblick, da ich es sagte, wußte ich nicht, warum ich es sagte. Wir gingen, wir taten es als das einzig Mögliche und ohne anderen Ausweg. Wir stiegen über die

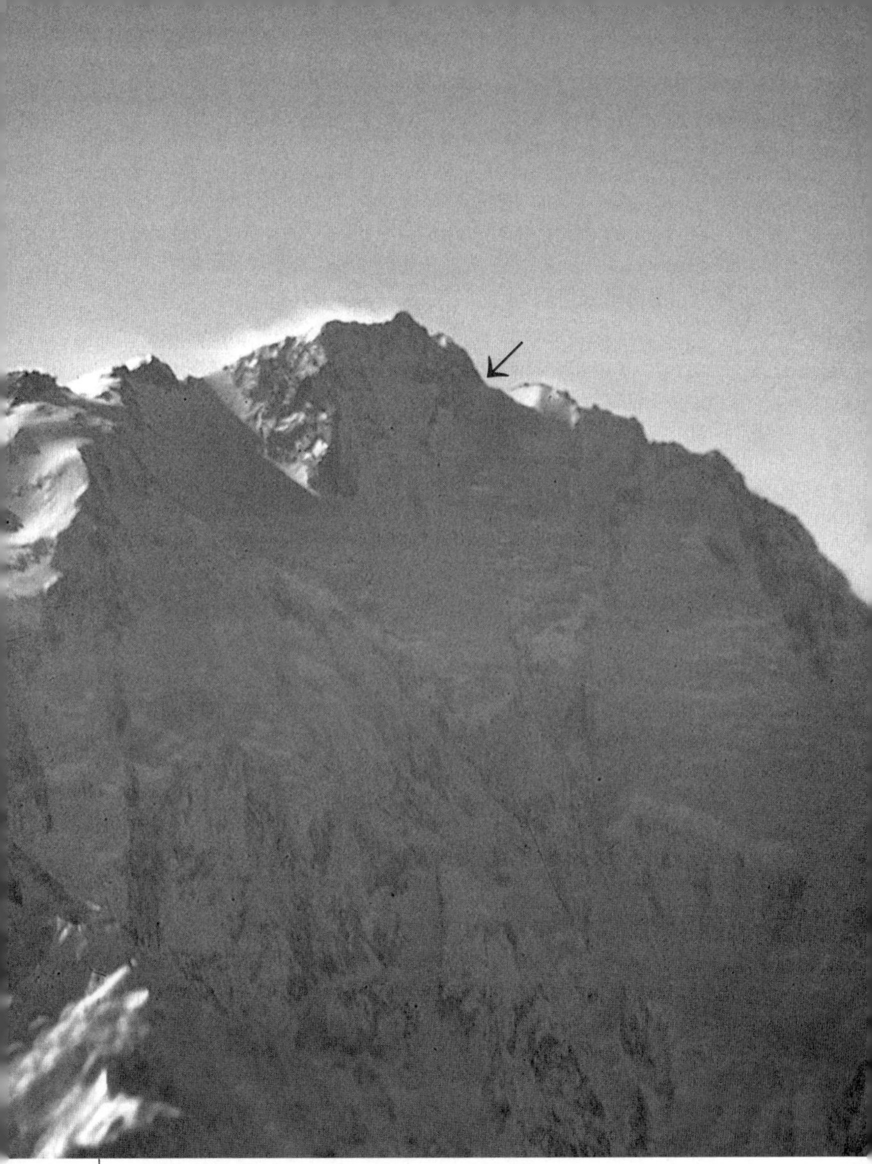

Die Diamir-Seite des Nanga Parbat. Von oben kommend ein einziger Abgrund. Wenn auch viel weniger steil als die Rupalwand (↙ = erster Biwakplatz).

leichtere Diamir-Seite zur Scharte am oberen Ende der Merklrinne ab, nachdem sich ein Abstieg über die Rupal-Seite als zu gefährlich herausgestellt hatte. Wir sagten nicht, daß sonst nichts in Frage käme. Es war so selbstverständlich für uns, daß wir einen dritten Abstiegsweg erst gar nicht mehr durchdiskutierten.

Reinhold geht voraus. Er sucht einen leichten Abstiegsweg.

Damit begann unser Abstieg über die Diamir-Seite. Er hat tragisch geendet. Was aber nicht besagt, daß er unvernünftig gewesen ist. Er war unter den gegebenen Bedingungen das einzig Mögliche.

Über eine schräge Rampe steigen die beiden ab. Es geht langsam. Schneerinnen, kurze, steilere Felsstufen. Sie klettern, dann gehen sie wieder aufrecht.

Nach mehr als einer Stunde erreichten wir eine flache Firnmulde am Fuß des Gipfelaufbaus.

Reinhold: Ich gehe voraus und suche an der Scharte oben einen guten Biwakplatz.

Günther: Ja, ich komme langsam nach.

Man sieht, wie Günther den harten Hang hinaufsteigt, Schritt für Schritt. Er ist nicht steil, so steil wie ein Skihang. Trotzdem bleibt er immer wieder stehen.

12 Biwak

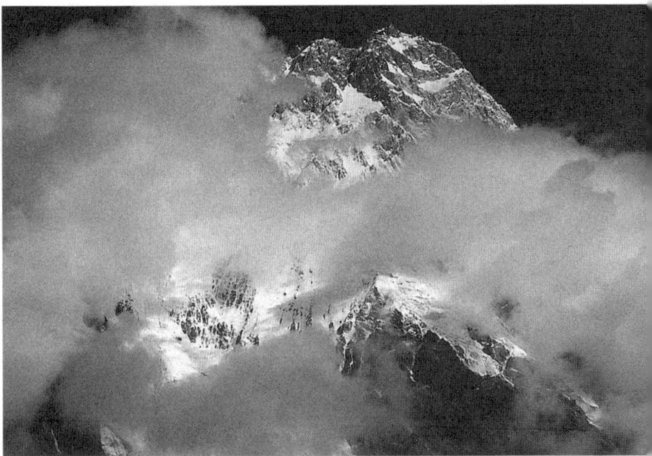

Die Rupalwand im Nebelreißen.

»Von oben kommend – an der Merklscharte (links vom höchsten Punkt) – traute Günther sich ohne Seil nicht in die Steilwand zurück.«

Reinhold Messner, 2009

»Die erste Biwaknacht – nach dem Abstieg über Schneefelder, ganz links im Bild, unter die Felsen gekauert – war füchterlich. Ein Wunder, daß Günther sie überlebte. Am Morgen rief ich aus der Merklscharte – ganz rechts – um Hilfe.«

Reinhold Messner, 2009

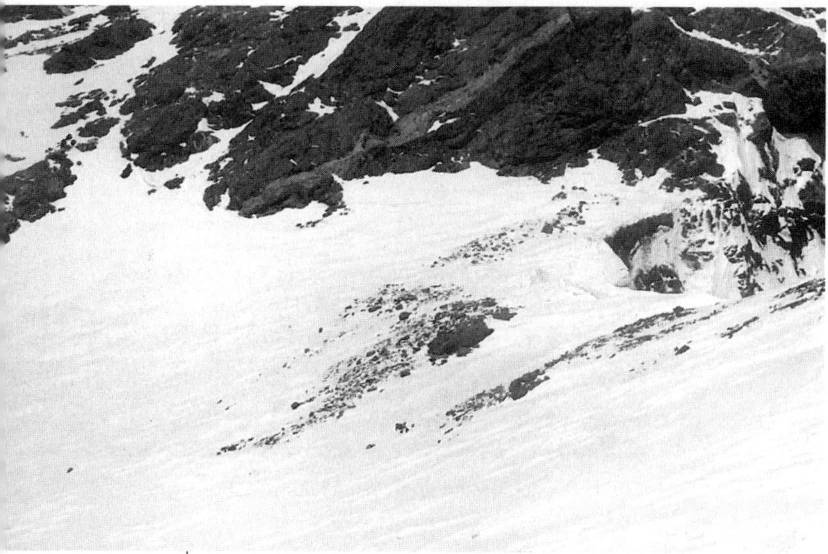

Merklscharte, zur Rupal-Seite hin überwechtet, vom Südwestgrat gesehen.

»Herrligkoffer hat am Vorabend das falsche Leuchtzeichen abgeschossen.«

Felix Kuen

»Die Kälte, der Wind, die Untätigkeit und vor allem unsere Angst zermürbten uns. Wir erwarteten ja Schlechtwetter. Noch aber gab es Hoffnung, die vage Möglichkeit, in die Aufstiegsroute zurückzufinden.«

Reinhold Messner, 2009

»Gegen 6 Uhr bilden wir uns ein, Rufe zu hören. Das mußten die Messners sein! Wir freuen uns schon auf die Begegnung. Die Freude bricht aber jäh ab, als Kuen Hilferufe zu hören glaubt. Was ist passiert?«

Peter Scholz, 1970

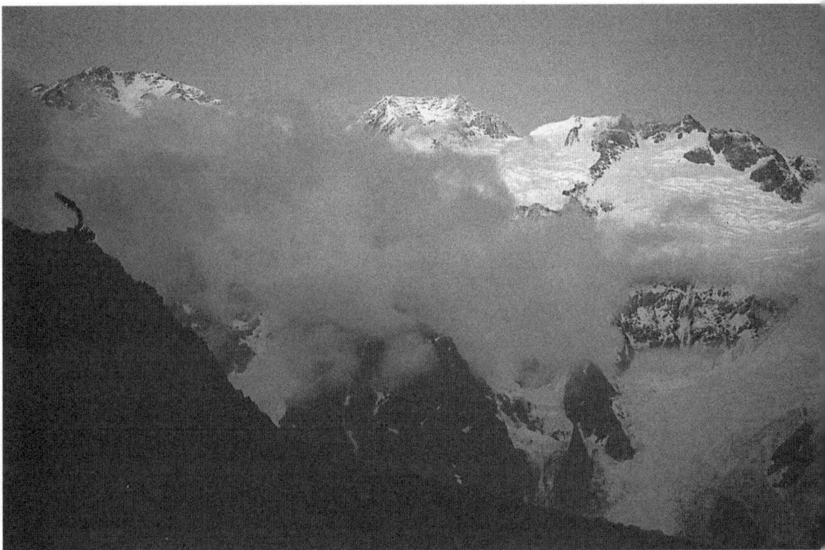

Diamirflanke. Der erste große Einschnitt rechts vom Gipfeltrapez ist die Merklscharte.

»Hätte es nur die geringste Möglichkeit gegeben, in die Merklrinne zurückzukehren, wir hätten einen Abstieg über die Diamirflanke niemals gewagt. Aber zurück zum Südgipfel war für Günther unmöglich, und ich konnte ihn nicht alleinlassen.«

Reinhold Messner, 2009

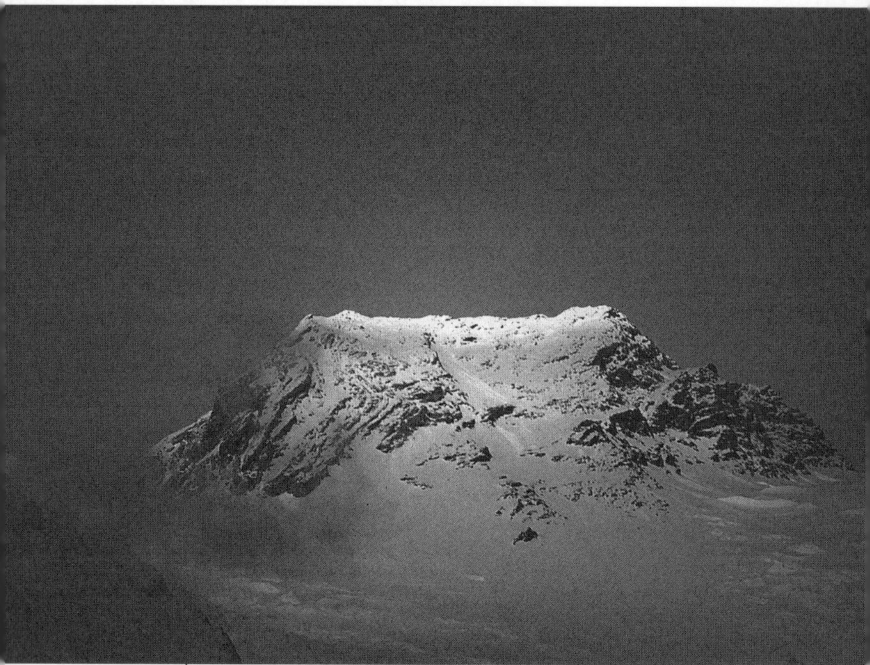

Nanga-Parbat-Gipfeltrapez, Ansicht von Westen.
Ganz rechts unten die Biwakstelle.

»Günther begann bereits im ersten Biwak zu halluzinieren. Hier oben hätte er eine zweite Nacht nicht überlebt. Würden die anderen anderntags trotz des angekündigten Schlechtwetters aufsteigen, um nach uns zu suchen, war meine Frage.«

Reinhold Messner, 2009

Reinhold hat inzwischen einen relativ guten Biwakplatz gefunden. Mit dem linken Bergschuh scharrt er den Schnee beiseite. Die Felsen darüber hängen leicht über. Er kniet sich dann hin und fingert an den Steigeisenriemen herum.

Es war sehr schwer, sie auszuziehen.

Inzwischen ist Günther da.

Reinhold: Komm, hier ist ein guter Platz.

Er zeigt ihm die Nische. Beide ziehen die Schuhe aus, wickeln Astronautenfolien um die Füße – dünne Aluminiumfolien, die die Körperwärme nach innen reflektieren – und stecken sie wieder in die Innen- und Mittelschuhe. Sie hocken sich auf die Außenschuhe und warten.

Immer wieder ermunterten wir uns gegenseitig, die Zehen zu bewegen.

Sie haben sich Astronautenfolien um den Körper geschlungen. Die Kälte ist mörderisch. Sturm. Zwei eng aneinandergedrückte Gestalten, die Gesichter apathisch.

Lange saßen wir nur so nebeneinander. Waren es drei, vier oder fünf Stunden? Ich weiß es nicht.

Günther und Reinhold schauen sich an.

Die Zeit bis Mitternacht war lang.

Günther: Gib mir die Decke.

Reinhold: Welche?

Günther: Die hier am Boden.

Reinhold: Da liegt keine Decke.

Günther greift nach etwas.

Günther: Gib mir die Decke.

Immer wieder dasselbe.

Reinhold: Du bist verrückt, hier liegt keine.

Günther: Was?

Er greift wieder zum Boden.

Reinhold: Später einmal werde ich dir alles erklären.

Nach einer Weile:

Reinhold: Hast du noch Gefühl in den Zehen?

Günther: Weiß nicht.

Reinhold: Du mußt sie bewegen.

Es war sehr kalt.

Man sieht die Sterne. Ihr Glanz ist hart. Der Wind pfeift.

Man hört den Schnee, wenn er um die Kanten fliegt.

Wir rückten noch näher zusammen.

Beide hocken eng beieinander in der Nische. Die Astronautenfolien haben sie um den Körper gewickelt. Innen halten sie sie irgendwie zusammen. Allein die Köpfe sind frei.

Wir saßen da und warteten auf den Morgen. Sonst taten wir nichts, sprachen nicht, dachten wenig. Wenn es so kalt ist, kann man nicht denken.

Reinhold nickt ein. Für einige Minuten nur. Die Kälte schüttelt ihn wieder wach.

Dreißig Grad, habe ich irgendwo gelesen, hat es gehabt, dreißig Grad unter Null. Das ist wohl übertrieben. Nach einem solchen Abenteuer kommt es vor, daß man ein bißchen aufschneidet. Ich war nicht ganz aufrichtig, als ich von mörderischer Kälte schrieb. Diejenigen, die von einem Achttausender keine Ahnung haben, müssen wissen, daß da oben die Kälte viel schlimmer ist, weil die Luft so dünn ist.

Es war kalt, von dreißig Grad keine Rede. Fortwährend bewegten wir unsere Zehen.

Günther steht auf und geht im Kreis herum. Er jammert. Es ist noch nicht Tag, aber schon hell.

Sein Zustand beunruhigte mich. Deshalb begann ich gegen sechs Uhr morgens von der Scharte aus um Hilfe zu rufen.

Reinhold etwa fünfzig Meter links der Biwakstelle. Er quert

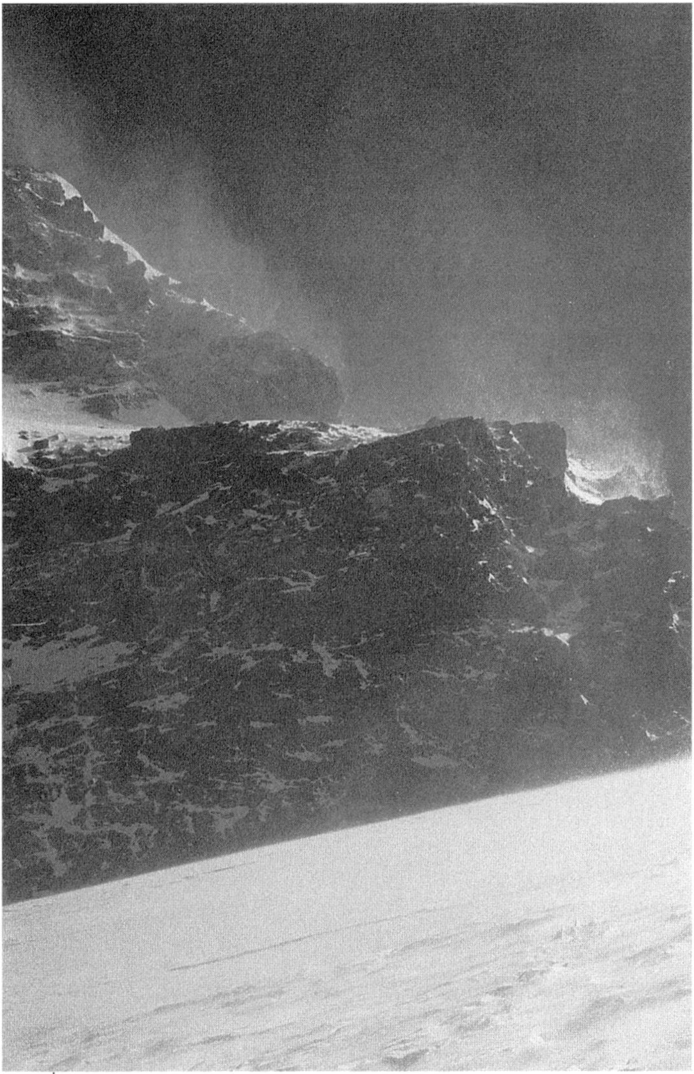

Der Nanga-Parbat-Gipfel ist im Westen eisfrei. Nur an der Südostseite kleben Eismassen. Im Schutz der Gipfelfelsen verbrachten die Messner-Brüder eine erste Biwaknacht.

ein kleines Stück in Richtung Merklrinne und schaut hinunter. Man sieht eine steile Wand. Hundert Meter weiter unten die Spur vom Vortag. Es ist sehr schwierig, von der Scharte zur Spur zu kommen. Lockerer Schnee an brüchigen Felsen. Für Günther in diesem Zustand viel zu gefährlich. Auch weiter oben ging es nicht.

13 Wir brauchen ein Seil

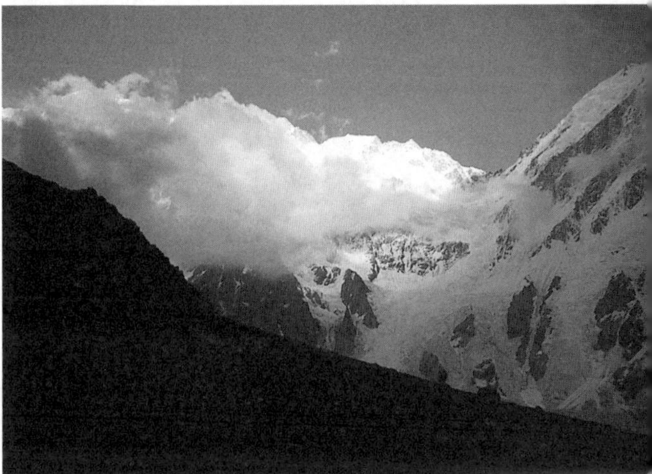

Schlechtwetterwolken in der Diamir-Seite des Nanga Parbat.

»In der Mitte der Rinne glaube ich Hilferufe zu vernehmen, aber Scholz beruhigt mich, ich hätte mich geirrt. Die Rinne ist mit Felsinseln durchsetzt und wird weiter oben sehr breit. Scholz verliert einige Male seine Steigeisen, was für uns einen kleinen Zeitverlust bedeutet. Die Kletterei über die Felszone ist mit der Eiger-Nordwand zu vergleichen. Ich komme in diesem Gelände gut zurecht und hole den Peter nach. Wir sichern mit einem 50 m langen Seil.«

Felix Kuen,
in: Der Bergsteiger, Nr. 11/1970

»Ich meinte, Hilferufe zu hören. […] Gegen 9.30 Uhr bemerke ich eine Gestalt am Grat, die zeitweise dort auftaucht. Wir winken uns zu. In 80 bis 100 Meter Entfernung kann ich Reinhold Messner erkennen.«

Felix Kuen

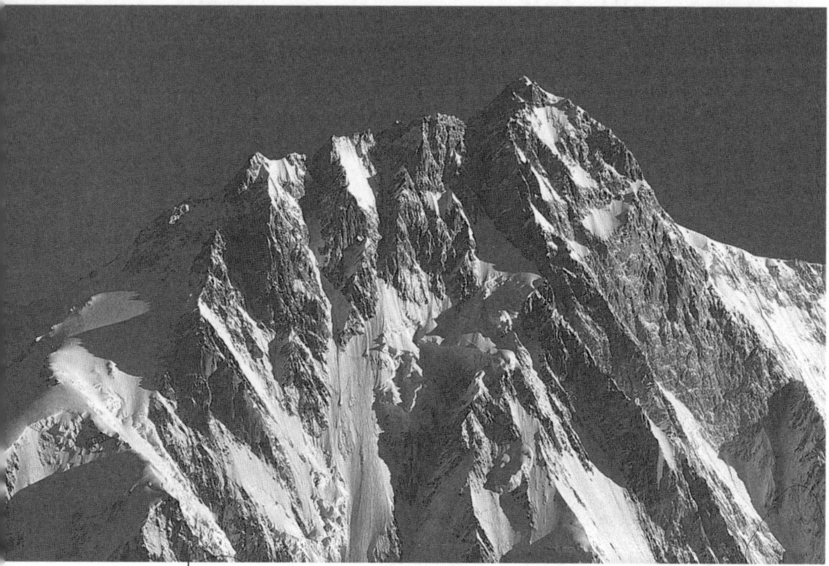

Im Trichter der Merklrinne waren meine Hilferufe weit zu hören.

»Ich horchte angespannt nach oben, fragte Peter, ob er auch die Rufe gehört hätte. Er verneinte.«

Felix Kuen

»Reinholds und Günthers Stimme konnten wir schon seit dem Morgengrauen hören.«

Felix Kuen

»Wir konnten ohne Seil nicht zu Felix und Peter abklettern. Sie konnten von unten nicht zu uns herauf. Wie Felix mir zurief! Also blieb uns keine andere Wahl als der Abstieg über die Diamir-Seite.«

Reinhold Messner, 2003

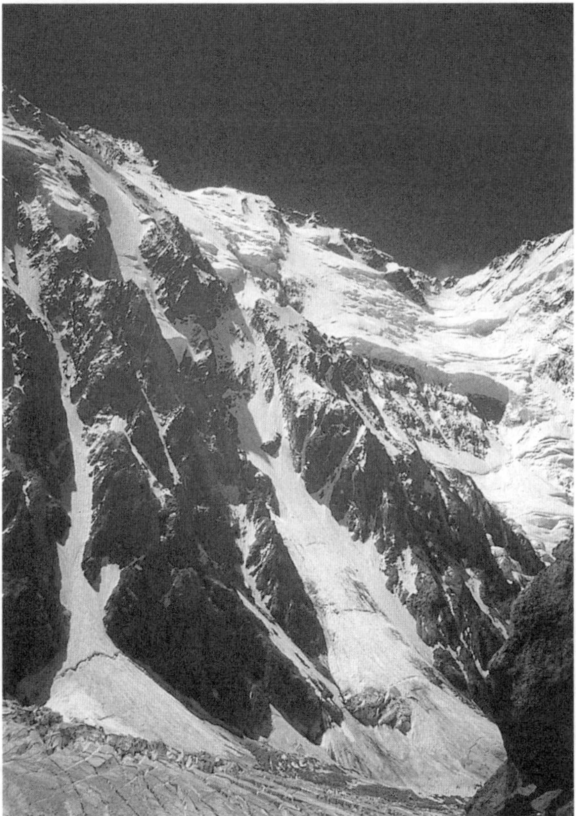

Von oben war die Diamirflanke unübersehbar.
Das oberste Stück aber ist Gehgelände.

»Später kommen wir in Rufnähe. Jetzt erfahren wir, dass die Messners am Gipfel waren und nun vorhaben, auf einem anderen Weg abzusteigen. Komisch!«

Peter Scholz

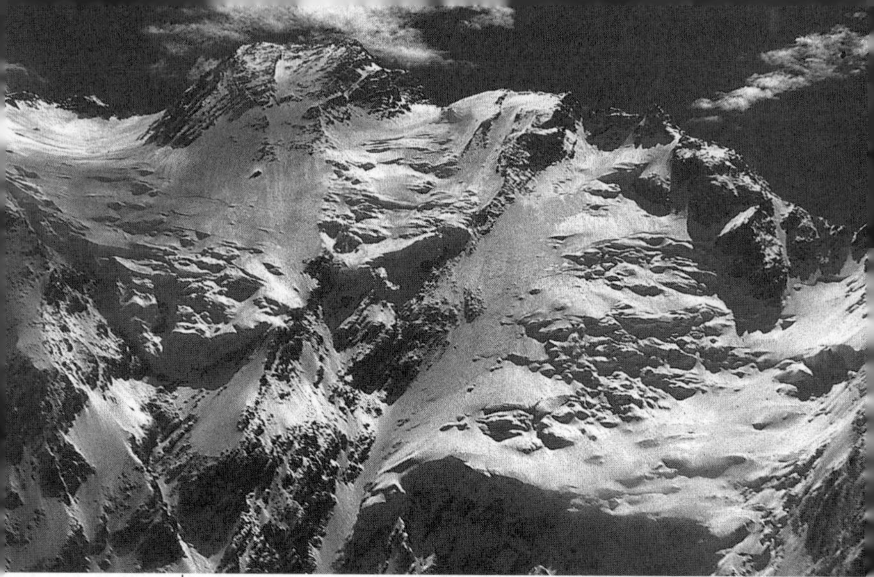

Die Geographie an der Merklscharte läßt für einen Höhenkranken – wenn kein Seil zur Verfügung steht – nur einen Ausweg: den Abstieg zur Mummeryrippe.

»Auf Grund der Geographie der Diamirflanke halte ich es immer noch für möglich, daß Günther bereits in der Gipfelregion verunglückt sein könnte.«

Hans Saler,
in: Alpin, Nr. 7/2004, Leserzuschrift per E-Mail

»Was Hans Saler, der die Merklscharte nicht kennt, für möglich hält oder nicht, zählt wohl weniger als die Realität, also das, was Günther und ich getan haben.«

Reinhold Messner, 2009

Reinhold: Hilfe! –

Er hält sich mit einer Hand am Fels fest und ruft in die Merklrinne hinunter.

Reinhold: Hilfe! – Wir brauchen ein Seil!

Zwei Stunden habe ich vergeblich gerufen. Immer wieder ging ich zu Günther zurück.

Reinhold: Ich sehe niemand. Aber sie müssen mich gehört haben.

Günther: Bei diesem Wind?

Viel mehr sagten wir nicht.

Reinhold geht wieder zur Stelle von vorher. Weit unten in der Merklrinne sieht man zwei kleine Gestalten.

Reinhold: Hilfe! – Wir brauchen ein Seil.

(Noch lauter) Hilfe!

Niemand antwortet. Die beiden steigen auf.

Reinhold: Hilfe!

Ich dachte, sie seien unsertwegen gekommen.

Günther und Reinhold am Biwakplatz.

Reinhold: Sie kommen.

Günther: Wo?

Reinhold: Mitten in der Merklrinne.

Günther: Wer?

Reinhold: Ich weiß nicht.

Günther: Wie viele?

Reinhold: Zwei.

Günther: Endlich.

Er steht auf.

Ich ging an die Stelle von vorher. Dort wartete ich, bis sie mich sehen konnten.

Es sind Felix und Peter. Sie haben ein Seil. Sie sichern. Peter steht knapp über der letzten Felsstelle und läßt das Seil über den Pickel laufen.

Reinhold: Hallo! –

Felix bleibt stehen und schaut herauf.

Sie müssen unsere Hilferufe gehört haben, dachte ich, sonst wären sie nicht gekommen.

Felix: Wart ihr am Gipfel?

Reinhold: Ja!

Wir haben noch länger hin und her gerufen. Den genauen Wortlaut weiß ich nicht mehr. Auch verstand ich nicht alles. Es war sehr stürmisch auf der Scharte.

Felix steigt über die Spuren der Brüder Messner, die an dieser Stelle noch deutlich zu erkennen sind, gegen die Scharte auf, in der Reinhold auf ihn wartet.

Damit kam er etwas näher. Ich war sehr froh darüber. Die Entfernung betrug aber immer noch 80 bis 100 Meter.

Reinhold steht auf der schmalen Leiste und knüpft mit klammen Fingern einige Reepschnurstücke aneinander ... Fünf oder sechs Meter werden es sein.

Damit wollte ich das Seil von Felix bis zu mir heraufziehen, um ihn in den letzten Metern sichern zu können, denn diese sahen sehr schwierig aus.

Plötzlich beginnt Felix weiter nach rechts zu queren.

Erst in diesem Augenblick wurde mir klar, daß er zum Gipfel wollte. Ich hatte damit nicht gerechnet.

Reinhold: Hallo. –

Felix bleibt stehen und schaut herauf.

Reinhold: Ihr könnt auch von uns aus zum Gipfel gehen, direkter, links um die Südschulter herum, dort wo wir abgestiegen sind. Das geht schneller.

Felix hat scheinbar verstanden.

Aber er hat es anders verstanden, wie sich später herausstellte. Er ging wohl links um die Südschulter herum, aber direkt, nicht über die Scharte, auf der ich stand.

Reinhold: Rechts um die Südschulter herum braucht ihr dreimal so lang.

Damit hoffte ich, das Seil zu bekommen. Wir hätten es nur zum Abstieg in die Merklrinne gebraucht. Wir hätten uns nur einmal abseilen müssen. Felix und Peter hätten von uns aus weiter zum Gipfel gehen können. So dachte ich oben.

Felix: Ist alles in Ordnung?

Reinhold: Ja! Alles in Ordnung.

Ich habe seine Frage so aufgefaßt, ob wir noch gesund seien, und bejahte. Ich hatte drei Stunden lang um Hilfe gerufen und habe angenommen, daß es Felix gehört hätte. Wir hätten nur ein Seil gebraucht. Im übrigen war alles in Ordnung. Vielleicht habe ich »sonst« dazugesagt. »Sonst ist alles in Ordnung.« Ich weiß es nicht mehr genau. Jedenfalls war es so gemeint.

Felix geht weiter. Reinhold scheint nicht zu begreifen.

Er muß mich falsch verstanden haben. Er war überzeugt, daß alles in Ordnung sei.

Felix schaut wieder herauf. Reinhold ruft nochmals und deutet mit der Hand nach Westen, nach der Diamir-Seite. Er steckt die Reepschnur in die Tasche, nimmt die Handschuhe auf und geht zur Scharte.

Was hätte ich sonst tun können? Felix ging zum Gipfel. Was hätte ich sonst tun können? Was …

Felix und Peter gehen zum Gipfel.

Felix geht weiter. Peter folgt.

Er hat mich wohl nicht richtig verstanden. Bei dieser Höhe, im Wind, über hundert Meter hinweg sind Mißverständnisse möglich, durchaus.

Später hat er mir erzählt, daß er erleichtert, weil überzeugt, daß alles in Ordnung sei, zum Gipfel weitergestiegen ist. Er hat ihn um vier Uhr erreicht. Peter kam nach. Um sechs sind sie wieder abgestiegen. Biwakiert haben sie bei 8000 m Höhe, und am nächsten Morgen sind sie durch die Merklrinne hinunter zum Lager V und weiter zum Lager IV. Dort hat man natürlich nach uns gefragt. Man verstand nicht, wo wir geblieben waren. Auch Felix wußte es nicht. Er hatte mich nicht verstanden.

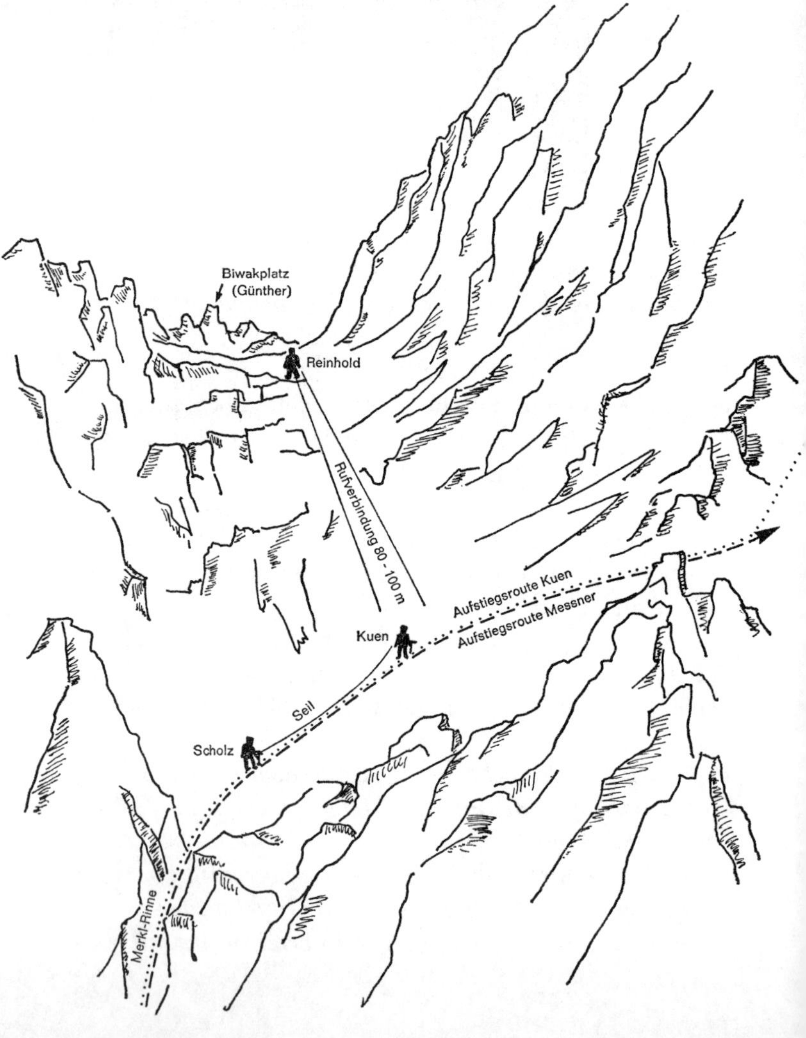

14 Verzweifelte Lage

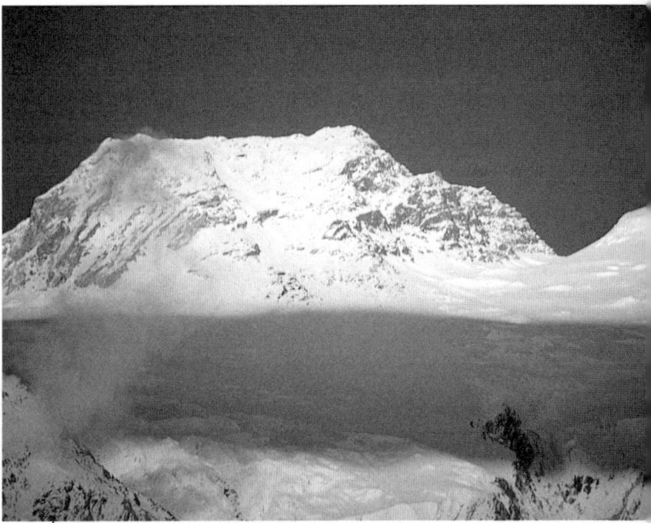

Schulter, Gipfel und Merklscharte.

»Hätten wir gewußt, daß Günther Messner auf dem Abstieg total erschöpft war, hätten wir ihm und seinem Bruder leicht Hilfe leisten können, allerdings vorher auf den Gipfel aufsteigen müssen. Wir hatten nämlich alles mit: Seile, genügend Proviant, Haken.«

Felix Kuen,
in: Tiroler Tageszeitung, 15. Juli 1970

»Hilfe hätten Kuen und Scholz allerdings erst am nächsten Morgen bringen können. Für Günther wäre sie in jedem Fall zu spät gekommen.«

Reinhold Messner, 1970

»Wir haben noch länger hin und her gerufen. Den genauen Wortlaut weiß ich nicht mehr. Auch verstand ich nicht alles. Es war sehr stürmisch auf der Scharte.«

Reinhold Messner, 1970

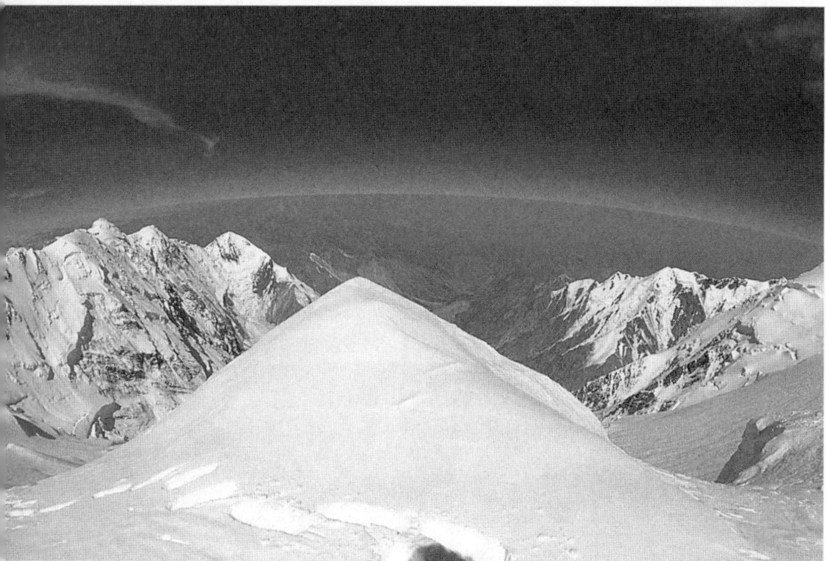

Blick von oben ins Diamirtal. Links Mazeno-, rechts Ganalokamm.

»Als mir klar wurde, daß Felix und Peter nicht zu uns klettern können, winkte ich ab. Ich konnte sie nicht im Ungewissen lassen. Sie sollten nicht auch noch ihr Leben aufs Spiel setzen, nachdem das unsere von ihnen nicht zu retten war.«

Reinhold Messner, 2009

»Er bückt sich, um etwas aufzuheben; seinen Bewegungen nach sieht es so aus, als wäre es ein schwerer Rucksack. Dann verschwindet Reinhold am Grat.«

Felix Kuen

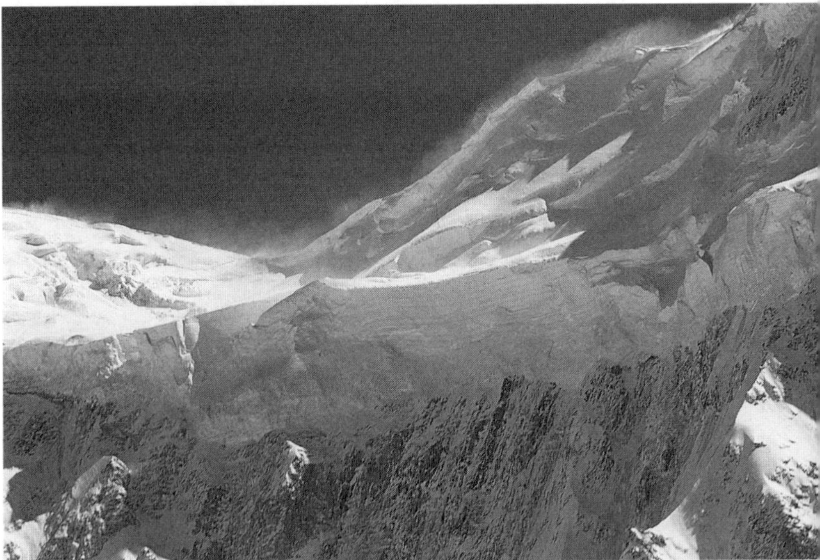

Die Séracs unter uns konnten wir von oben nicht sehen.

»Ich war dem Wahnsinn nahe. Es war in diesem Augenblick, als ich hinfiel und mein Geist sich über den Körper erhob. Ich sah mich von außen den Berg hinabrollen. Noch einmal hatte ich die Energie, zurückzugehen in meinen Körper, ich mußte den Bruder in Sicherheit bringen.«

Reinhold Messner, 2009

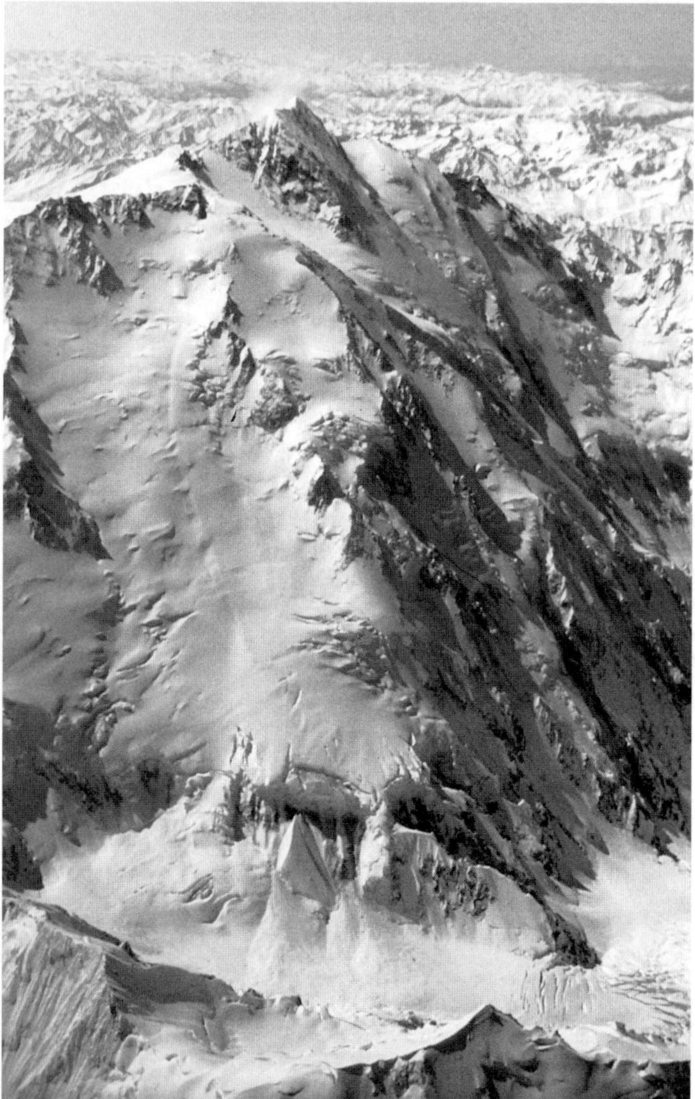

Nanga Parbat, von Norden gesehen. Nur ein Abstieg ohne Gegenanstieg war von Günther noch zu schaffen.

Reinhold geht zu Günther zurück. Völlig außer sich. Verzweifelt, zitternd läuft er über den Schneehang, stolpert und überschlägt sich einige Male.

Dabei habe ich mir mit einem Steigeisen ein Loch in die Hand gerissen. Wie ein Bündel rollte ich selbst hinter mir her.

Verstört läuft er an Günther vorbei und hinaus in die Sonne, die den linken Hang streift.

Eine heftige innere Erregung hatte mich gepackt. Ich hatte für einen Augenblick die Sinne verloren. Wild jagten Gedanken durch meinen ganzen Körper.

Reinhold stützt seine Brust auf den Pickel und brüllt.

Ich höre es heute noch, weiß aber nicht mehr, warum.

Günther geht zu ihm hin.

Günther: Jetzt bist du verrückt.

Die Betonung läßt schließen, daß er jetzt weiß, daß vorher er verrückt war.

Damit erwachte ich aus diesem furchtbaren Traum. Es war das einzige Mal, daß ich die Herrschaft über mich verloren hatte. Nun galt es, etwas zu tun. Wir mußten handeln.

Günther: Kommen sie nicht?

Reinhold: Sie gehen drüben weiter.

Günther: Wohin?

Reinhold: Zum Gipfel.

Günther: Was machen wir jetzt?

Reinhold: Wir können nicht wieder von vorne anfangen zu rufen, zu warten.

Günther: Wir können nur da absteigen.

Er deutet hinunter gegen die Diamirflanke.

Reinhold: Das ist fast unmöglich.

Günther: Was sonst?

Es gab keine Aussicht mehr auf Hilfe von den Kameraden. Unterstützung von Felix und Peter war frühestens für den nächsten Vormittag zu erwarten. Sie waren auf dem Weg zum Gipfel und konnten diesen erst gegen Abend erreichen. In der Merklrinne konnte ich niemand mehr sehen. Der Abstieg in die Merklrinne kam ohne Seil nicht in Frage. Allein hätte ich es über den Gipfel vielleicht geschafft. Für Günther aber hätte das ein zweites Biwak bedeutet, noch dazu allein.

Er wehrte ab, und ich durfte ihn jetzt nicht alleinlassen.

Günther: Hier ist es ganz leicht.

Reinhold: Und weiter unten? Was tun wir, wenn es weiter unten nicht geht?

Günther: Wir können nicht hier bleiben. Ich will absteigen.

Reinhold: Ich auch.

Günther: Wir hätten uns früher entschließen sollen.

In diesen Stunden der Verzweiflung dachte ich immer wieder an Sigi Löw.

Auch er war am Gipfel gewesen, 1962, zusammen mit Toni Kinshofer und Anderl Mannhardt. In 8000 m hatten sie ein Biwak überstanden, auch sie nur mit dem Allernötigsten ausgerüstet, im guten Glauben, am gleichen Tag wieder im höchsten Lager zurück zu sein. Sigi Löw bleibt zurück, in einer harmlosen, unschwierigen Schneerinne rutscht er aus, stürzt, bleibt bewußtlos liegen. Mannhardt steigt ab, um Hilfe zu holen. Kinshofer bleibt bei seinem bewußtlosen Kameraden zurück, verzweifelt, von Sinnestäuschungen umgeben. Gegen Abend stirbt Sigi Löw, Kinshofer steigt ab, er hat das Gefühl, durch Tabakplantagen zu wandern, obwohl er im obersten Teil der Diamirflanke klettert. Er ist am Ende seiner Kräfte. In den folgenden Tagen müssen Mannhard und Kinshofer ins Basislager gebracht werden, dann wer-

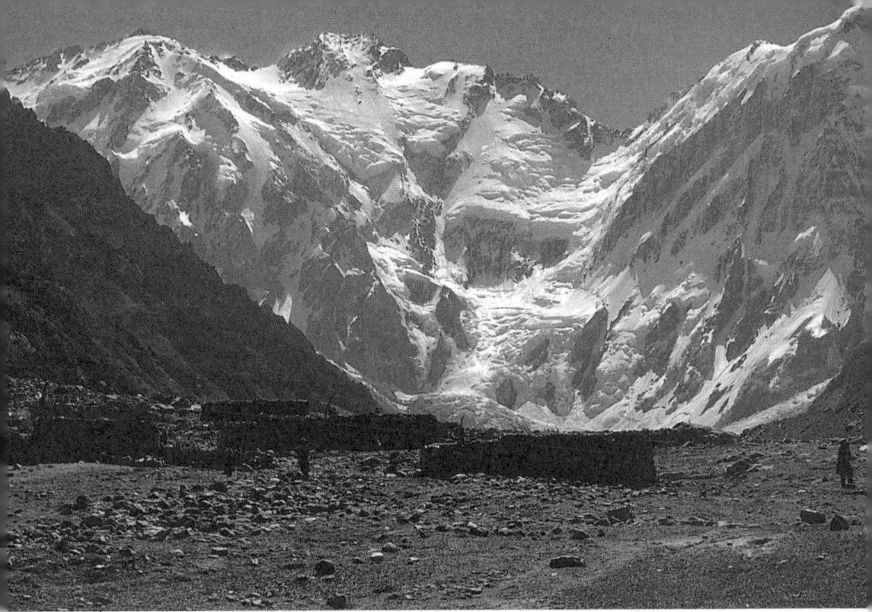

Buhl und die Kinshofer-Seilschaft stiegen links vom Gipfeltrapez ab, Günther und ich rechts davon.

den sie mit erfrorenen Füßen durch das Diamirtal hinausgetragen.

Ich dachte auch an Hermann Buhl.

Einen ganzen Tag lang oder länger ging er damals an der Grenze des Menschenmöglichen. In 8000 m verbringt er die Nacht, stehend, bei zwanzig Grad unter Null, steigt am Morgen weiter ab, bleibt immer wieder liegen, zwingt sich wieder auf die Füße, kriecht mehr, als er geht. Er hat den Gipfel als erster betreten, er kämpft sich über den Silbersattel zurück und trifft wie ein Traumwandler im obersten Lager ein. Seine beiden Freunde, Dr. Frauenberger und Ertl, bringen ihn ins Hauptlager zurück, er hatte sich die Zehen angefroren.

Einen Augenblick lang dachte ich an den Weg von Buhl. Nein, der wäre unmöglich gewesen, zu lang, zu gefährlich und ganz unten riesige Eisbrüche.

Der einzige Lichtblick an jenem dramatischen Vormittag war der Gedanke an den Versuch von Mummery. Die Route, die er 75 Jahre vor uns im Aufstieg versucht hatte, war nun unser einziger Ausweg für den Abstieg.

Mummery hatte die Hauptschwierigkeiten bereits hinter sich, eine Lawine hatte ihn nicht mitgerissen, und der Durchschlupf zwischen den beiden Eiswülsten ist immer offen. Vierzehn Tage lang ist er an der Riesenflanke auf- und abgestiegen, bis unter die Bazhinmulde ist er vorgedrungen, dann ist sein Gurkha-Hochträger höhenkrank geworden.

Wir konnten nur mehr absteigen oder oben sterben, an der Scharte zwischen den Riesenflanken.

Reinhold: Wenn wir das gewußt hätten.

Günther: Wir haben vergeblich gewartet.

Reinhold: Was hätten wir sonst tun sollen?

Günther: Hier absteigen. (Deutet nach unten.)

Reinhold: Denkst du, das wäre vernünftiger gewesen?

Günther: Klar, das Biwak hier hätten wir uns sparen können.

Reinhold: Wir haben auf die anderen gewartet.

Günther: Aber jetzt müssen wir schnell machen, wir können nicht ewig hier warten. (Nach einer Pause:) Ein zweites Biwak halte ich nicht aus.

Reinhold: Ja, wir müssen hier weg.

Günther: Das sagst du schon seit heute früh. Und immer warten wir ab. Jetzt müssen wir hinunter.

Reinhold: Aber wo?

Günther: Wir müssen uns entscheiden. Wir hätten gestern schon absteigen sollen.

15 Abstieg ins Ungewisse

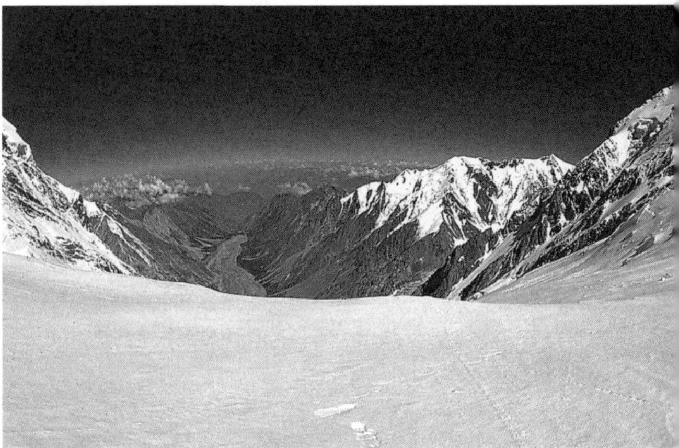

Flacher Schneehang wenig unterhalb der Merklscharte.

»Unser Abstieg funktionierte wie eine ständig unterbrochene Stafette. Ich ging ein Stück weit voraus, um einen Weg zu finden. Günther folgte auf Zuruf und wartete an meinem Standplatz wieder, bis ich die nächste Strecke erkundet hatte. Zuerst war das Gelände leicht, nach etwa 1000 Höhenmetern galt es, zwischen Spalten und Séracs durchzufinden. Da Günther nur noch abwärts vorankam, mußte ich ihm alle Gegenanstiege ersparen, was nach unten hin immer schwieriger wurde.«

Reinhold Messner, 2009

»Kuen hat mich wohl nicht richtig verstanden. Bei dieser Höhe, im Wind, über hundert Meter hinweg sind Mißverständnisse möglich, durchaus.«

Reinhold Messner, 1970

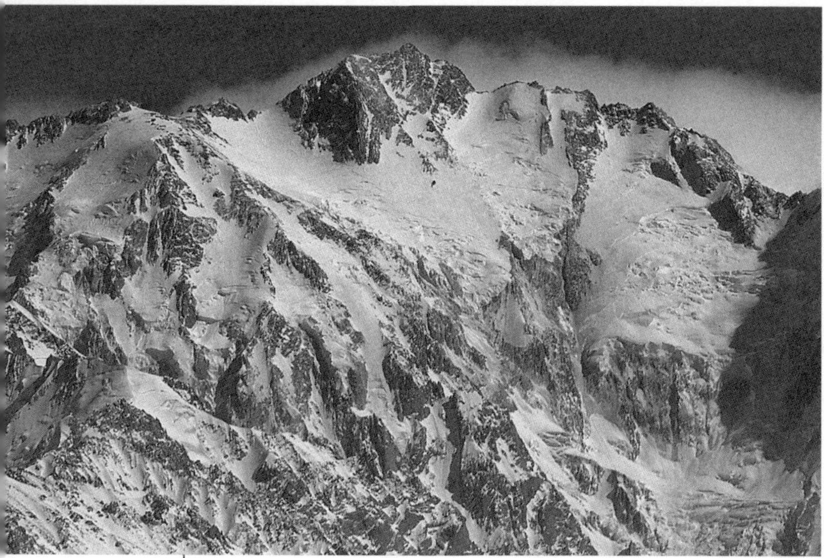

Die nach unten hin steiler abbrechende Diamirflanke.

»Es war unmöglich, die Entfernung zur Merklscharte zu überwinden. Der Grat war gegen meinen Standort überwächtet. In 7900 Meter Höhe eine solche Stelle zu überwinden bedeutet Selbstmord. Wer hier stürzt, findet Tausende Meter keinen Halt mehr.«

Felix Kuen

»Eines war mir beim Rufkontakt klargeworden: Die Strecke zu uns war auch für Kuen nicht kletterbar.«

Reinhold Messner, 2009

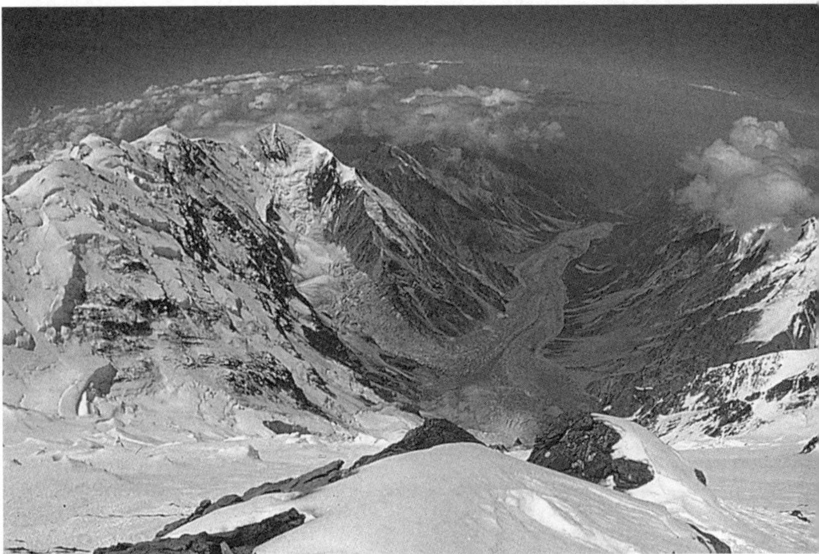

Blick in den Abgrund, ins Diamirtal.

»Die enttäuschte Hoffnung nach einem mörderischen Biwak Hilfe zu bekommen, ließ uns lange zögern. Nicht der Ehrgeiz trieb uns dann in der Diamirflanke an, nur der Selbsterhaltungstrieb. Weil uns niemand helfen konnte, versuchten wir uns selbst zu retten.«

Reinhold Messner, 1970

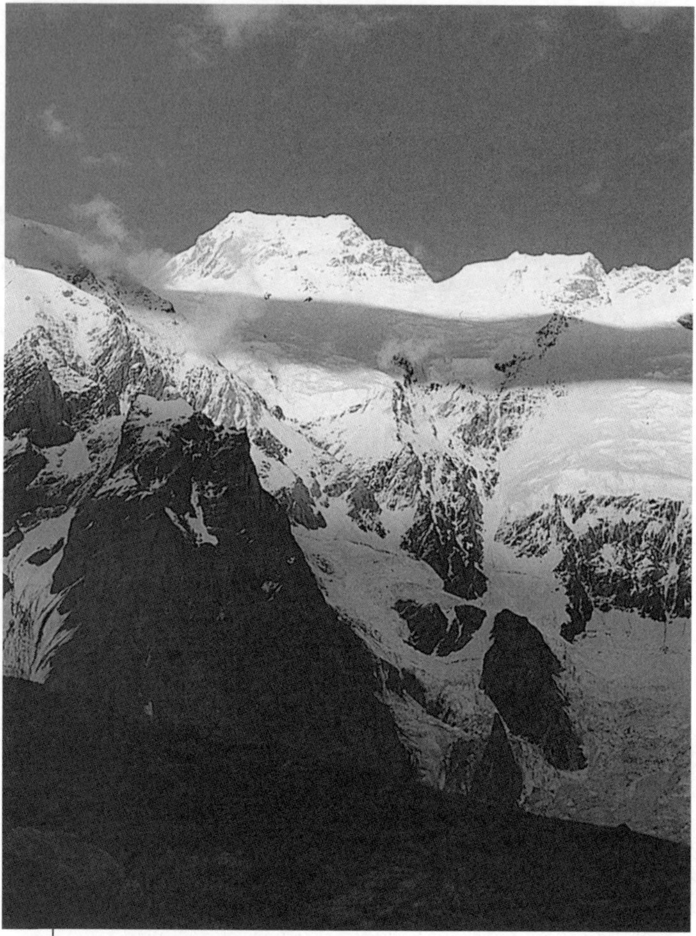

Die Diamir-Seite des Nanga Parbat.

»Zweifellos hätten Kuen und Scholz geholfen, wenn es die geringste Chance dazu gegeben hätte. Nachdem aber die beiden stärksten Bergsteiger im Team nicht zu uns hatten klettern können, bestand keine Hoffnung, daß es andere schaffen würden.«

Reinhold Messner, 2009

Wir hatten nur mehr einen Ausweg: die Diamir-Seite.
Im Winter hatten wir den Nanga Parbat genau studiert. Das war für uns selbstverständlich gewesen. Wir hatten mehrere Bücher darüber gelesen. Wir hatten den Nanga genau im Gedächtnis, und das war nun von großem Vorteil. Ich konnte die Bazhinmulde auf den ersten Blick erkennen. Das ist sehr wichtig, wenn man sonst keinen Ausweg mehr hat. Ein Bild von der Mummery-Route hatte ich im Kopf, wie ich tausend andere Wände und Linien im Kopf habe. Der Versuch war 1895 gewesen. Das müßte uns auch ohne technische Hilfsmittel gelingen. Ich war sicher, daß sich Günther weiter unten erholen würde, und ganz unten hofften wir Hirten zu treffen.
Ich hatte Angst vor diesem Abstieg ins Ungewisse. Wir waren zu erfahren, um nicht Angst zu haben. Nur weil es keinen anderen Ausweg mehr gab, wagten wir es.
Gegen elf Uhr machten wir uns auf zum Abstieg über die Diamirflanke. Es war für uns ein Entschluß auf Leben und Tod. Wir hatten kein Seil. Wir hatten keinen anderen Ausweg.
Einer unserer Kameraden hat diesen Abstieg später als leichtsinnig hingestellt, weil Günther nicht mehr zurückkam. Es ist nicht immer gesagt, daß der Verunglückte unvorsichtiger war als der Erfolgreiche oder der Gescheitere. Man müßte die genauen Umstände kennen, bevor man urteilt.

Reinhold schaut nochmals hinauf zum Gipfel, dann hinein in die Merklrinne. Kein Mensch. Er macht eine Gebärde der Hoffnungslosigkeit.

Reinhold: Es ist sinnlos, auf sie zu warten.

Beide beginnen über Schneehänge abwärts zu steigen. Mit dem Rücken zur Wand.

Wir sind nicht irgendwohin gegangen, nicht geradeaus, geradeaus wären wir nicht weit gekommen. Wir mußten den besten Weg, den einzig möglichen finden. Ich wußte gut, daß ich Günther ohne Seil nicht helfen konnte.

Reinhold (ängstlich): Meinst du, wir kommen da unten an den Felsen vorbei?

Günther: Ich denke schon.

Reinhold: Das ist nicht sicher.

Günther: Nein, nichts ist sicher.

Beide steigen weiter ab.

Man kann einen solchen Abstieg nicht wählen, wie man einen Beruf wählt. Ein Gefühl des Unabwendbaren konnte ich nicht unterdrücken. Nur als ich ging, wurde es besser.

Günther und Reinhold im Abstieg. Sie gehen den Gipfelfelsen entlang. Der Schnee ist weich. Gleichmäßig spurt Reinhold voraus und sucht nach dem besten Weg. Dann wartet er wieder auf Günther, der langsam folgt.

Unter uns entlud sich ein wildes Gewitter. Einmal links, einmal rechts von uns.

Es beginnt zu graupeln, dann sogar zu hageln. Es blitzt und donnert, Wolken brauen unten im Diamirkessel, Nebel ziehen herauf. Man sieht nicht, wo es weitergeht, man sieht den Abgrund nicht, der irgendwo beginnen muß.

Plötzlich reißt der Nebel auf, wie ein dunkles Loch gähnt unten die Tiefe. Mehr als zweitausend Meter bricht die Wand steil ins Diamirtal ab.

Das war einer der aufregendsten Augenblicke meines Lebens. Ich konnte nicht mehr warten, ich mußte schauen, schauen wie es weitergeht.

Reinhold steigt wieder voraus ab, um beim Aufreißen der Nebelschicht den Weiterweg studieren zu können.

Hoffentlich war der Durchschlupf offen.

Reinhold wartet. Günther ist weit über ihm, im Nebel kaum noch zu erkennen. Er steigt langsam abwärts. Jeder Schritt, jeder Griff muß sitzen. Ein Fehler würde genügen, ein einziger Fehler. Jede Bewegung ist überlegt, vielleicht im Unterbewußtsein schon vorausgedacht.

Dann ist Günther da.

Reinhold: Geht's?

Günther: Wie geht es weiter?

Reinhold: Es wird schon gehen.

Er schaut ihn an.

Reinhold: Hast du Hunger?

Günther: Nein.

Reinhold: Du mußt etwas essen.

Günther: Ich habe Durst.

Reinhold: Willst du Multibionta?

Das sind Brausetabletten.

Günther: Hast du Wasser?

Reinhold: Ja, iß inzwischen ein bißchen Kraftnahrung, ich habe noch einige Stücke in der Tasche.

Er gibt ihm davon.

Günther: Danke.

Reinhold sucht in seinen Taschen, findet zwei Multibionta-Dosen im Anorak. Er leert eine Dose, gibt die übrigen Tabletten in die andere Dose und steckt sie wieder ein. In die leere Dose stopft er eine Tablette und Schnee. Er hält sie mit bloßen Fingern und haucht hinein.

Günther: Hast du schon getrunken?

Reinhold haucht weiter, die Vitamintablette löst sich langsam auf.

Nach zehn Minuten hatte ich Wasser, einen Schluck vielleicht oder zwei.

Günther trinkt mit geschlossenen Augen.

Es hat ihm sehr gut getan.

Die beiden steigen weiter ab.

Wir fanden den Durchschlupf zwischen den beiden großen Sérac-Zonen, kamen in Blankeis, stiegen weiter ab, auf die Felsrippe unter uns zuhaltend.

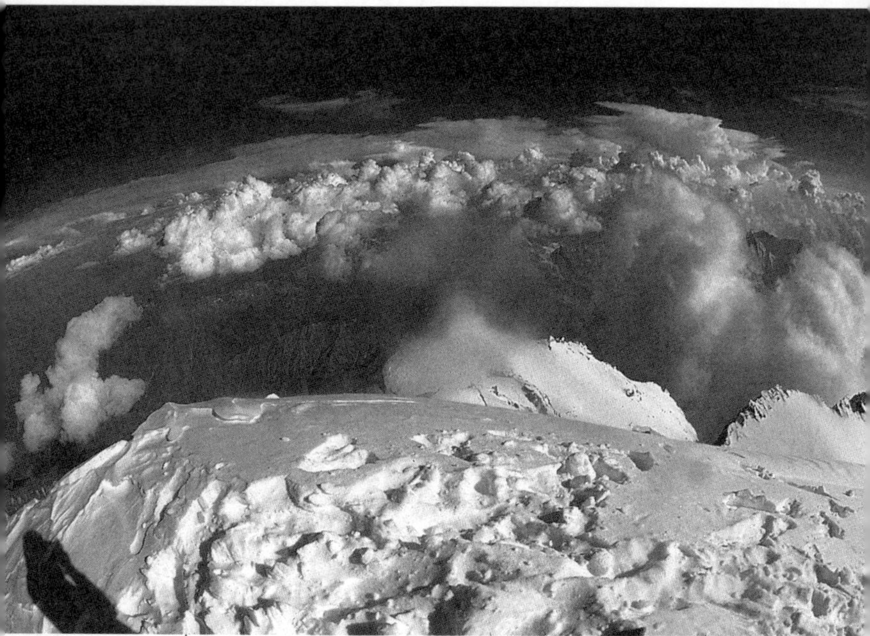

Felix Kuen und Peter Scholz hatten inzwischen den Gipfel erreicht. Zu spät, um vor der Dunkelheit nach uns zu suchen. Sie biwakierten knapp neben dem Südgipfel, ohne Einblick in die Merklscharte.

16 Die Schlüsselstelle

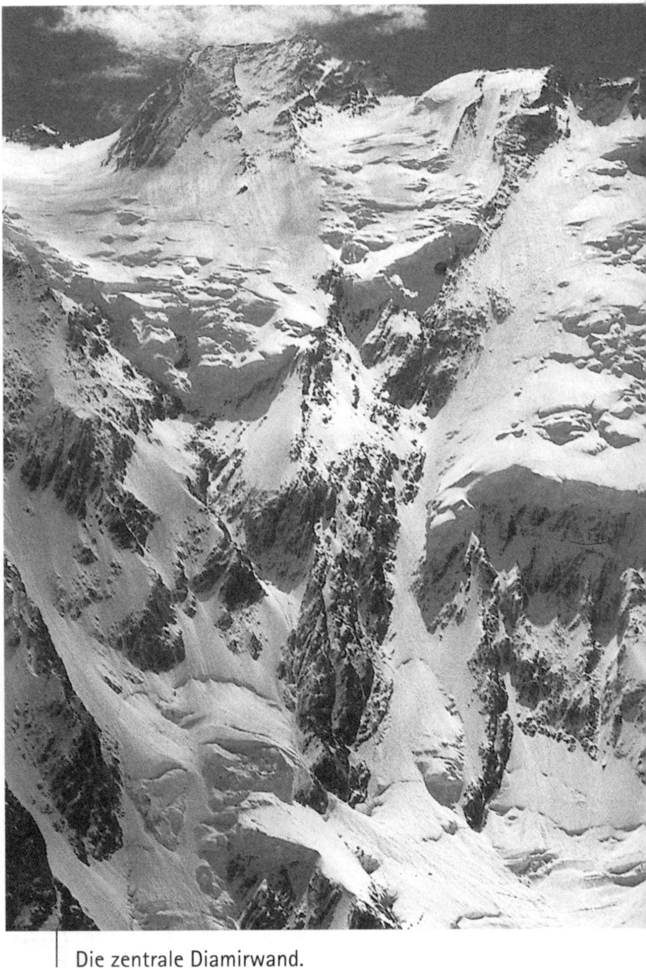

Die zentrale Diamirwand.

»Er hatte doch drei Stunden um Hilfe gerufen!«

Max Engelhardt von Kienlin,
in: www.nanga-parbat.com/guenther.html, 2002

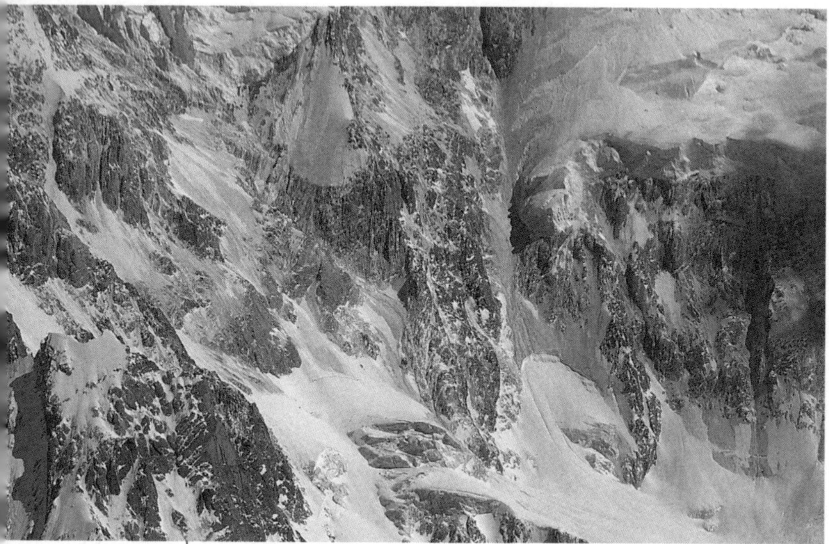

Die oberste Mummeryrippe (Bildmitte) in der Diamirwand.

»Wie, wenn Günther oben noch lebend verblieb und Reinhold alleine nach Diamir abstieg? Kann man sich für diese makaber erscheinende Version in Reinhold hineinversetzen? Er sah sich zunächst vor zwei Unmöglichkeiten. Günther konnte in seinem Zustand von dieser Stelle ohne Seil weder in die Steilwand zurück noch war ihm der wahnwitzige Abstieg durch die Diamir-Flanke zuzumuten.«

Max Engelhardt von Kienlin,
in: www.nanga-parbat.com/guenther.html, 2002

»Wir hatten in der Merklscharte viel Kraft und Zeit verloren.«

Reinhold Messner, 2009

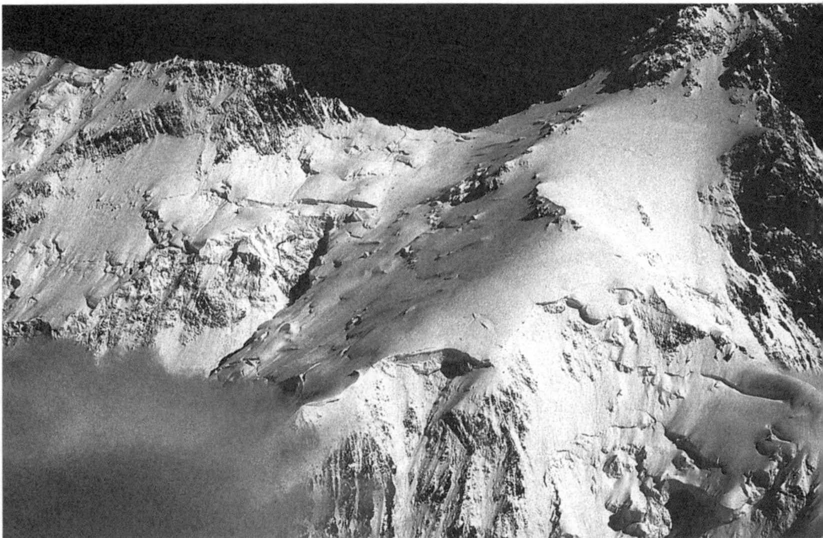

Flanke links unserer Aufstiegsroute an der Rupalseite unterm Westsattel.

»Herrligkoffer mußte annehmen, Günther und ich würden, wenn überhaupt, über den Westsattel zwischen Mazenokamm und Westgrat herunterkommen. Folglich ließ er die Hänge dort mit dem Fernglas absuchen. Aber nichts. Weil unser Abstieg den anderen als wahnwitzig erscheinen mußte – wenn auch für uns die einzige Möglichkeit –, wurde später alles Denkbare in ihn hineingeheimnißt. Bis heute. Wer will sich schon eingestehen, daß man sich mit seinen Prognosen geirrt hat?«

Reinhold Messner, 2009

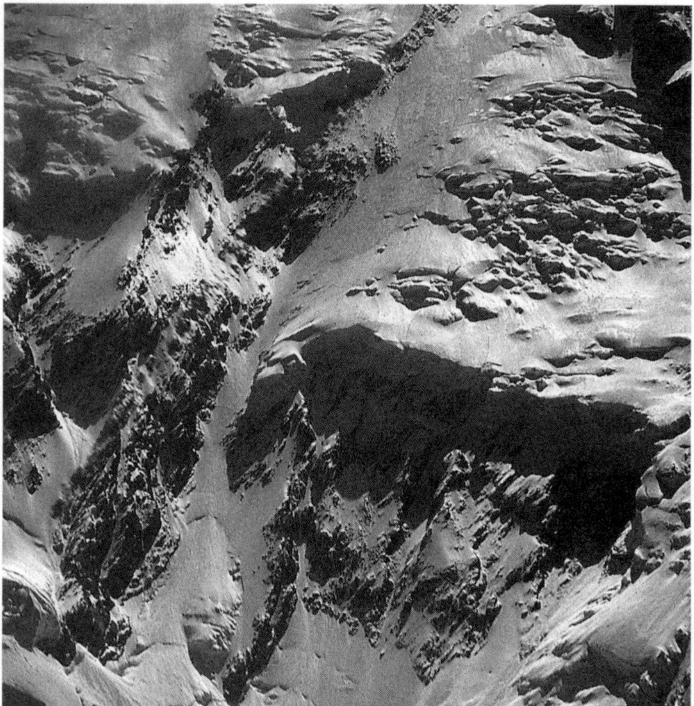

Die Séracs in der zentralen Diamirwand sind das Problem.

»Nur weil wir weder Fotos noch konkrete Pläne hatten, den Nanga Parbat zu überschreiten, hielten wir uns beim Abstieg vage an die Mummeryroute. Sie war bei weitem nicht die beste Option. Rechts davon wäre ich mit Günther besser zurechtgekommen.«

Reinhold Messner, 2009

Man sieht zwei riesige Sérac-Abbrüche mitten an steiler Wand. Sie hängen über, sind mehr als fünfzig Meter hoch. Dazwischen eine blanke Eiswand mit einigen senkrechten Stufen. Wie verloren zwei kleine schwarze Punkte zwischen den Eiswülsten. Sie bewegen sich abwärts, immer im Zickzack, den Sperrstellen ausweichend.

Wieder aus der Nähe: Günther und Reinhold stehen beieinander.

Reinhold: Warte da, bis ich rufe.

Er steigt ab, verschwindet unter einem Abbruch, taucht weiter links wieder auf. Er steigt schräg nach links ab, umgeht eine Spalte, bleibt stehen. Er winkt. Günther kommt nach.

Nur so konnte ich ihm zusätzliche Aufstiege ersparen. Der Weg war nicht immer leicht zu finden. Oft mußte ich ein Stück zurück.

Die Frontalzacken der Steigeisen im blanken Eis. Sie dringen nur einige Millimeter in die harte, glasige Fläche ein. Dazu hört man den Schlag, wenn die Haue des Pickels ins Eis gestoßen wird.

Günther und Reinhold im Abstieg an blanker Eiswand, sie ist vielleicht fünfzig Grad geneigt.

Plötzlich war ein dritter da, er kletterte regelmäßig ein bißchen rechts von mir ... etwas darüber ... einige Schritte von mir entfernt ... gerade nicht mehr in meinem Blickfeld. Ich war sicher, daß einer da war. Ich fühlte ihn da sein. Irgendwelche Geräusche schienen es zu beweisen. Er sprach nicht. Er war nur da. Er blieb stehen, wenn ich stehenblieb. Er muß mich gesehen haben. Es schien sich eine Art Mensch rechts von mir anzudeuten.

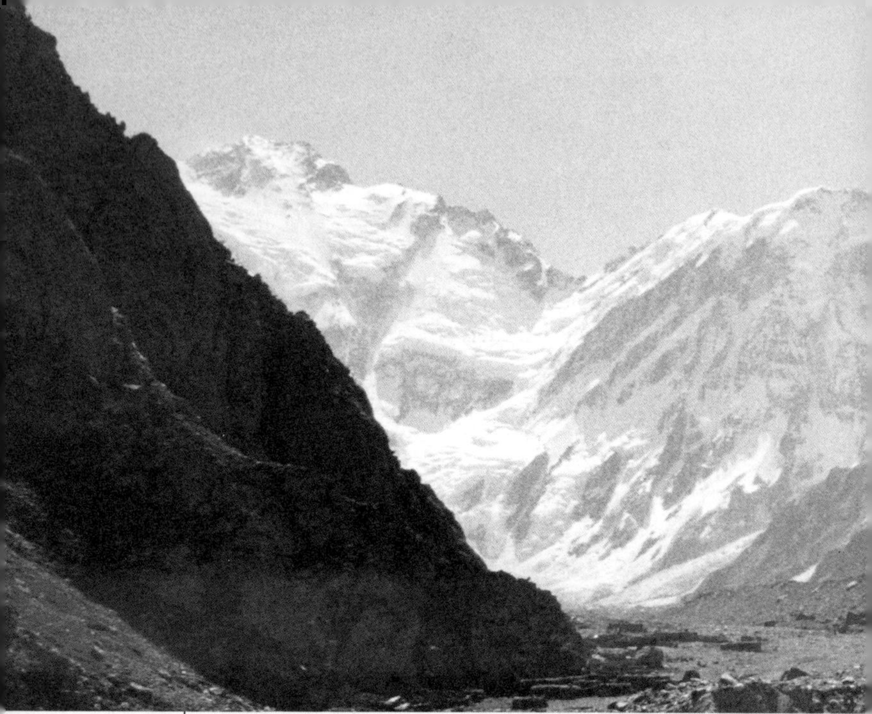

Vom Nanga Parbat zieht der Mazenokamm viele Kilometer weit nach Westen.

Nein, sagte ich mir, nein. Ich wußte, daß wir beide allein waren, daß der dritte nicht da war, daß es eine Täuschung war. Und doch war er immer wieder da, stand in regelmäßigen Abständen neben mir, kletterte neben mir.

Wieder die riesigen Eiswülste. Tiefblick ins Diamirtal. Das Gewitter ist vorbei. Einzelne Nebel am Mazenokamm.

Am Abend erreichten wir die ersten Felsen. Einzelne Inseln zwischen blankem Eis. Wir kletterten weiter ab. Die Handschuhe zog ich dabei öfter aus.

Reinhold unter einer Felsinsel im blanken Eis. Er wartet auf Günther. Auch dieser hat die Handschuhe ausgezogen, um sicherer klettern zu können.

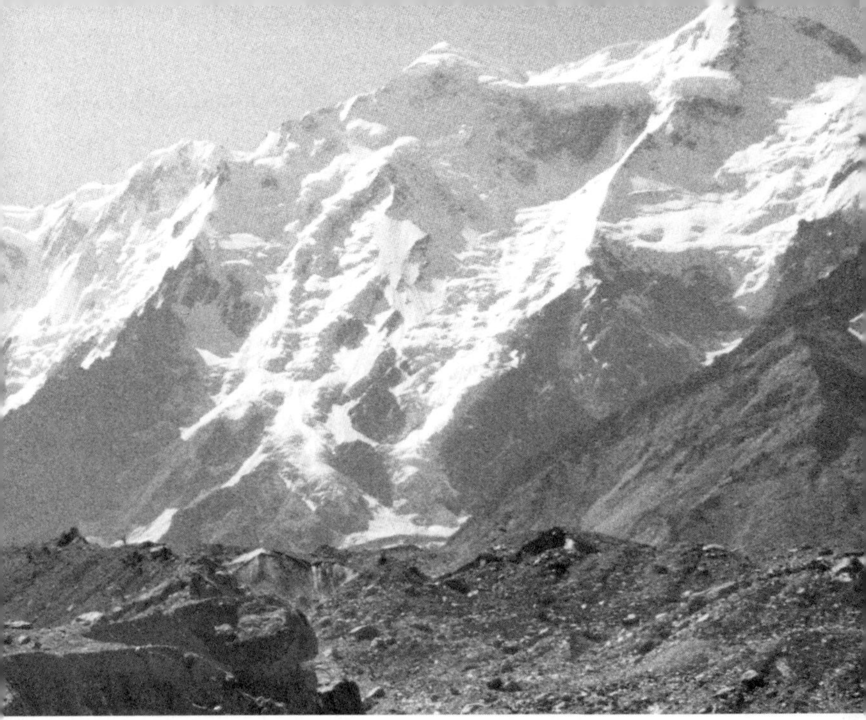

Das einzige, was ich tun konnte, war, den besten Weg suchen und immer wieder auf ihn warten.
Beide stehen nebeneinander.
Reinhold: Wo hast du den rechten Handschuh?
Günther: Du mußt ihn haben.
Reinhold: Wieso?
Günther: Du bringst ihn nach, hast du gesagt.
Reinhold: Ich bin doch vor dir abgestiegen.
Günther: Dann habe ich ihn irgendwo verloren.
Reinhold: Wo?
Günther: Ich weiß nicht.
Wahrscheinlich hatte er ihn irgendwo vergessen.

Reinhold gibt ihm einen seiner rechten Handschuhe. Günther zieht ihn an.

Ich hatte noch zwei Paar, das reichte.

Günther und Reinhold an blanker Eiswand. Jeder im Abstieg, jeder mit sich beschäftigt.

Ein Stück unter den Eiswülsten wurde es dunkel.

Man sieht zwei Gestalten über eine blanke Eiswand absteigen.

Ich hielt auf den Felspfeiler zu, den ich weiter unten eindeutig erkennen konnte.

Günther: Hier können wir doch bleiben.

Reinhold: Jetzt, morgen nicht mehr.

Günther: Ich bin müde. Wir müssen rasten.

Reinhold: Wir können nicht.

Günther: Warum nicht?

Reinhold: Hier ist es zu gefährlich.

Günther: Warum?

Reinhold: Wegen der Wülste über uns.

Günther: Ach ja.

Reinhold: Also gehen wir weiter.

Es ist schon Nacht. Trotzdem kann man sehen.

Unsere Augen hatten sich an das Dunkel gewöhnt.

Während die Gestalten abwärts steigen, Schritt für Schritt, einige hundert Meter, hört man öfter ein Krachen in den Eiswülsten. Ab und zu fällt ein Stück Eis.

17 Zweites Biwak

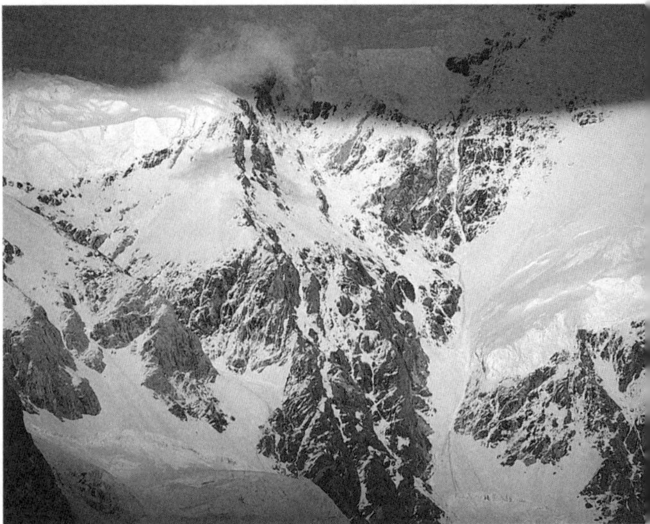

Nur der Felspfeiler (Mummeryrippe, Bildmitte) ist einigermaßen lawinensicher.

»Von oben kommend, konnte ich mich an den Felsen der Mummeryrippe orientieren, nachdem wir zwischen den beiden großen Séracs durchgefunden hatten. Unter uns aber sah die Welt chaotisch aus: Abgründe, Séracs, Gletscherspalten und ganz unten ein dunkles Tal, gefüllt mit Geröll. Würden wir es bis dorthin schaffen, wären wir gerettet, dachte ich.«

Reinhold Messner, 2009

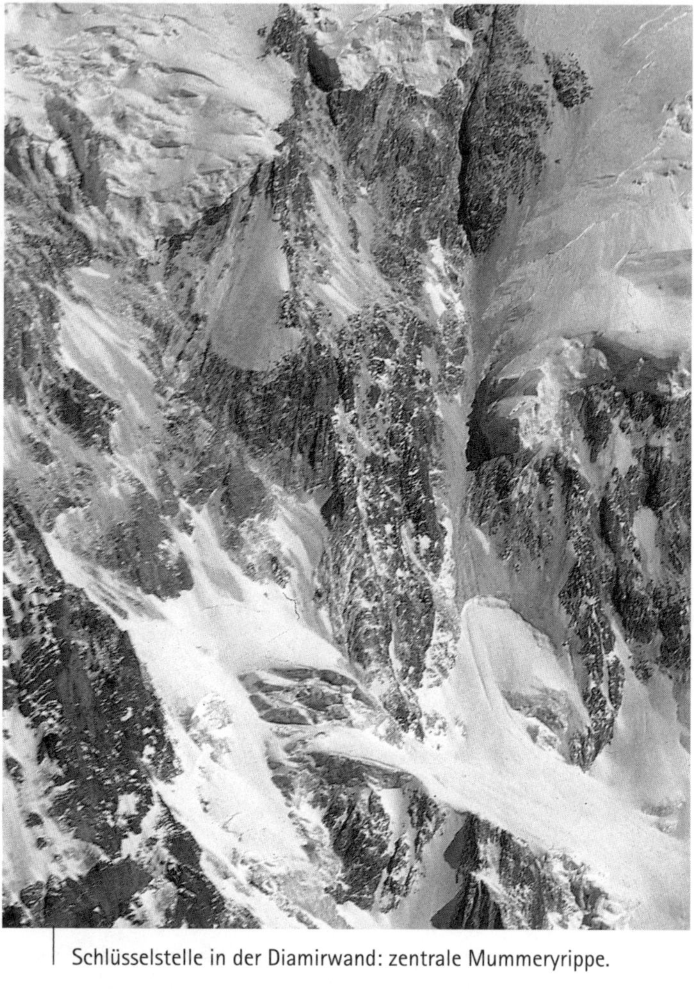

Schlüsselstelle in der Diamirwand: zentrale Mummeryrippe.

»Der Felsgrat zum Gipfel würde die alleräußerste Kraftanstrengung des Kletteres erfordern.«

Albert Frederick Mummery,
in: Paul Bauer: Das Ringen um den Nanga Parbat. 1953. Hundert Jahre bergsteigerische Geschichte, Süddeutscher Verlag, München 1955, S. 16

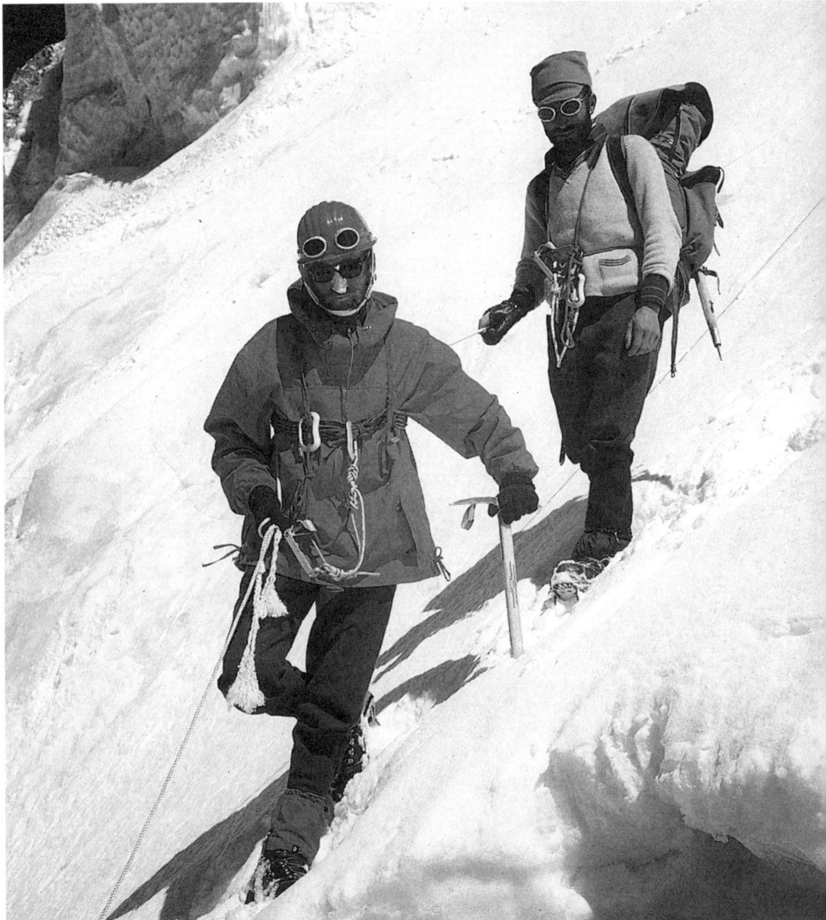

Absteigende in der unteren Rupalwand.

»Die Rupalwand ist im unteren Teil relativ leicht zu begehen. Sie wird nach oben hin steiler und weist in den letzten 1000 Höhenmetern extremes Gelände auf. Umgekehrt die Diamirwand: Gefahren und Schwierigkeiten nehmen nach unten hin zu.«

Reinhold Messner, 2009

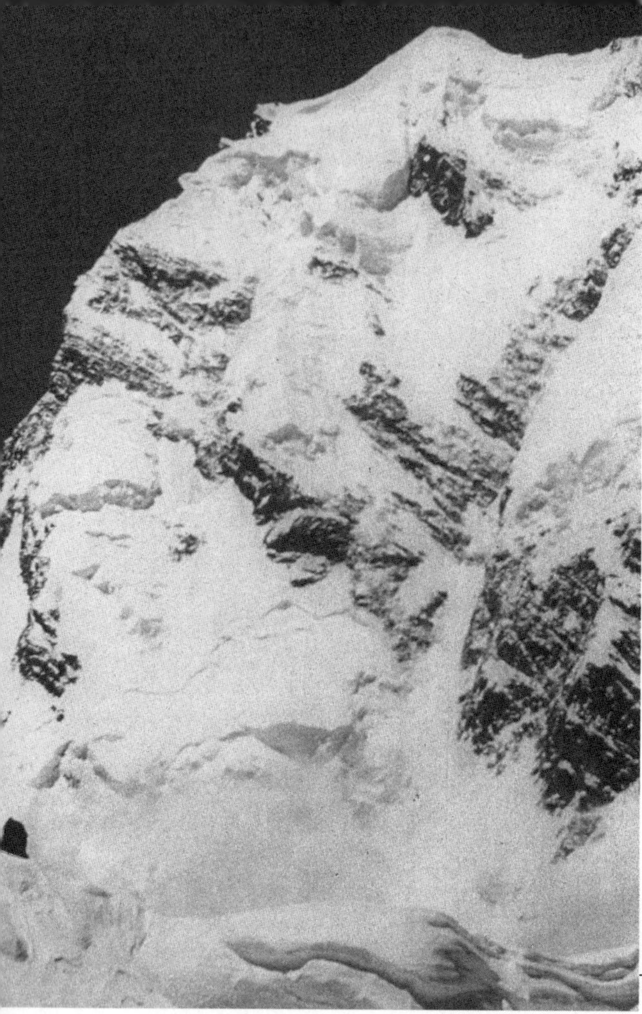

Der Gipfel des Nanga Parbat von Osten mit Abbruchkante nach Süden.

»Mit den Gipfelsiegern Kuen und Scholz stieg die Mannschaft, die ihnen Rückendeckung gegeben hatte, nach und nach zurück ins Basislager. Die Messners galten als verschollen. Waren sie tot? Irgendwo hoch oben am Berg erfroren, gestorben. Saler und Mändl wollten es nicht wahrhaben. Sie blieben im Lager IV, um uns zu helfen, sollten wir trotz allem noch auftauchen.«

Reinhold Messner, 2009

Um Mitternacht erst begannen wir mit dem Biwak, mitten an der obersten Mummeryrippe.

Eine kleine Plattform, alles ist ruhig, die beiden sitzen nebeneinander. Man hört nur das Klopfen der Füße am Fels.

Lagerfeuer im Basislager.

Ich dachte auch an daheim.

Einer steht auf, die Steigeisen knirschen im Schotter.

Reinhold: Ich geh' Wasser holen.

Man hört ein Rinnsal irgendwo rechts von der Rippe.

Es war eine Täuschung: Ich stellte fest, daß alles gefroren war. Ich ging zurück und hörte nochmals Wasser rinnen. Wieder eine Täuschung.

Nacht. Trotzdem ist es hell von den Sternen.

Das Licht wird plötzlich stärker. In ganz kurzer Zeit kann man wieder deutlich Einzelheiten erkennen. Der Mond muß im Hintergrund aufgegangen sein. Später sieht man die eine Hälfte, er ist abnehmend. Er wirft ein silbriges Licht auf die Flanke.

Reinhold: Geh'n wir weiter.

Ich war entschlossen abzusteigen. Ich wartete bloß auf eine Antwort von Günther. Ich war entschlossen.

Es dauert eine Weile, bis Günther sich aufrichtet, umständlich seinen Pickel sucht, ihn aufhebt, alles langsam. Günther: Geh'n wir.

Er war plötzlich wach, nicht mehr halbtot vor Müdigkeit, Durst und Hunger. Auch machte er keinen verwirrten Eindruck mehr.

Günther und Reinhold steigen über einen Felspfeiler abwärts. Sie klettern. Blöcke am Pfeiler, Eis, einer rutscht mit einem Steigeisen ab, der andere schaut auf, nichts passiert, es war nur am Felsen. Der Abstieg im Mondlicht hat etwas Gespenstisches, die Sicherheit ist trotzdem noch da; sie erreichen wieder eine Plattform, warten aufeinander, schauen nach unten, nach links, nach rechts, vornübergebeugt, mit einer Hand am Fels, so als ob sie fragen würden, wo geht es am besten; dann schauen sie sich an. Um Worte zu sparen in dieser kalten Nacht, deutet einer nach links, nur so mit dem Pickel und mit dem Gesicht weist er hinunter in eine steile Rinne, und der andere nickt. Dann, ohne ein Wort zu verlieren, klettert einer los; der andere schaut, steigt nach, ruft etwas hinunter, es kommt eine Antwort. Ja, es ist brüchig, besser noch warten, aufpassen. Günther wieder auf der Plattform: fröstelnd, bärtig, die Kapuze über die Mütze gezogen, die Brille um den Hals gehängt. Das Eisbeil, das er in der Hand hält, wirkt dazu eher zu neu; die Füße sind müde, vor allem aber sein Gesicht: abgekämpft, müde und doch noch gespannt. Endlich kommt von unten eine Stimme.

Reinhold: Nachkommen!

Da niemand antwortet, ruft er nochmals, lauter.

Reinhold: Günther – nachkommen!

Günther schaut hinunter in die Rinne, ob Reinhold ausgewichen ist, die Rinne ist leer. Nur rechts in einer Nische steht Reinhold und schaut herauf.

Ich habe gewartet, bis er bei mir war. Dann kletterte ich weiter ab.

Felsstufen.

Es scheint nicht einfach zu sein, dritter Schwierigkeitsgrad vielleicht.

Ich kletterte leicht, sicher, wie im Traum.

Reinhold: Irgendwo bin ich diese Stelle schon einmal geklettert.

Günther: Du täuschst dich.

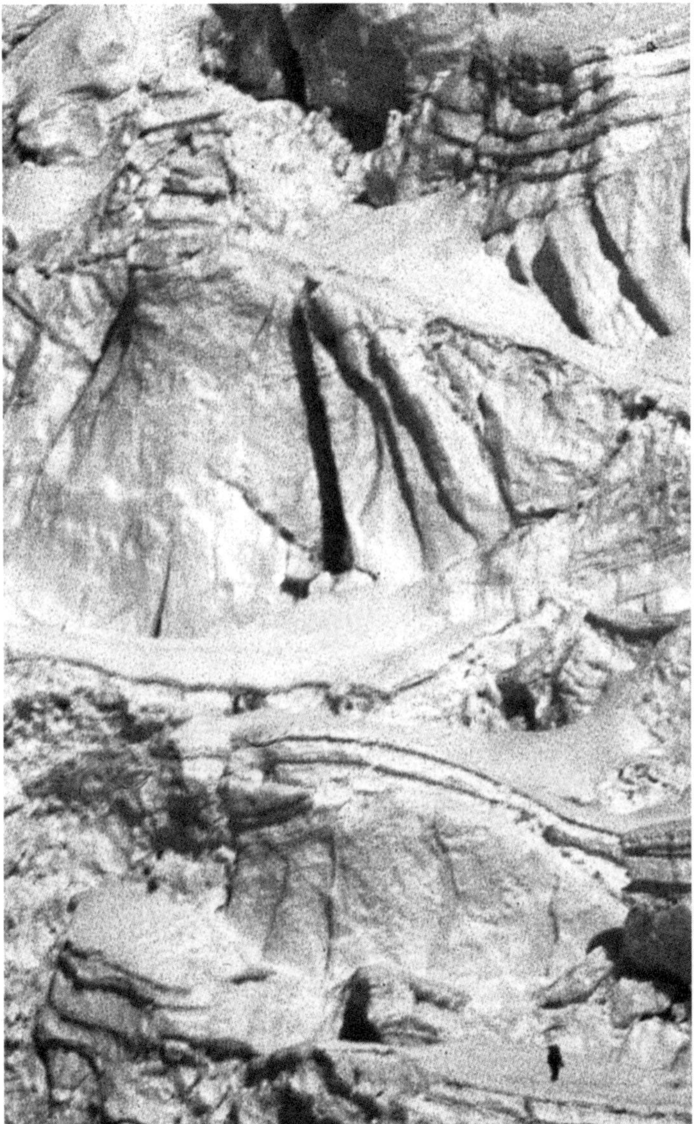

Verloren zwischen Séracs.

Reinhold: Genau diese Stelle, ich kenne jeden Griff. Günther: Das ist unmöglich.

Reinhold: Genauso habe ich es damals auch gemacht.

Günther: Ich sag dir, daß wir noch nie hier waren.

Reinhold: Dann war es woanders, ich weiß nicht wo, an einem anderen Berg vielleicht, irgendwo bin ich diese Stelle schon einmal geklettert.

Günther: Du täuschst dich.

Ich wundere mich heute, wie ich mich so habe täuschen können.

18 Der Abstieg gelingt

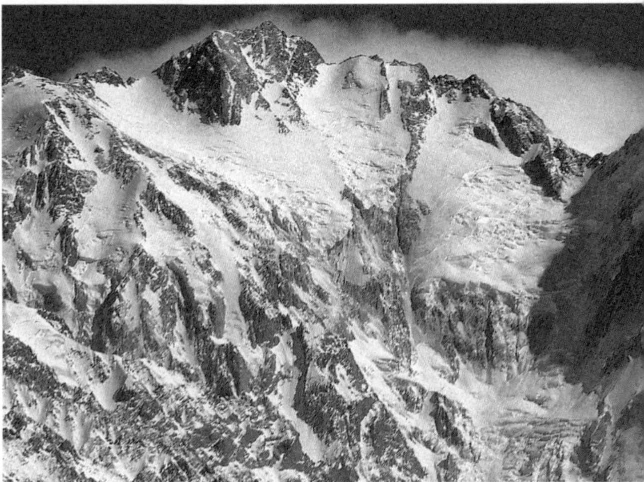

Die Diamirflanke.

»Richtig ist, daß der Abstieg der Brüder Messner über die der Expeditionsroute entgegengesetzte, völlig ungesicherte Diamirflanke mir weniger wahrscheinlich erschienen ist als der Abstieg vom Gipfelaufbau über den Westgrat zum Westsattel und von da über die weitgehend bei früheren Expeditionen bereits erkundete Kinshofer-Route ins Rupaltal.«

Karl Maria Herrligkoffer

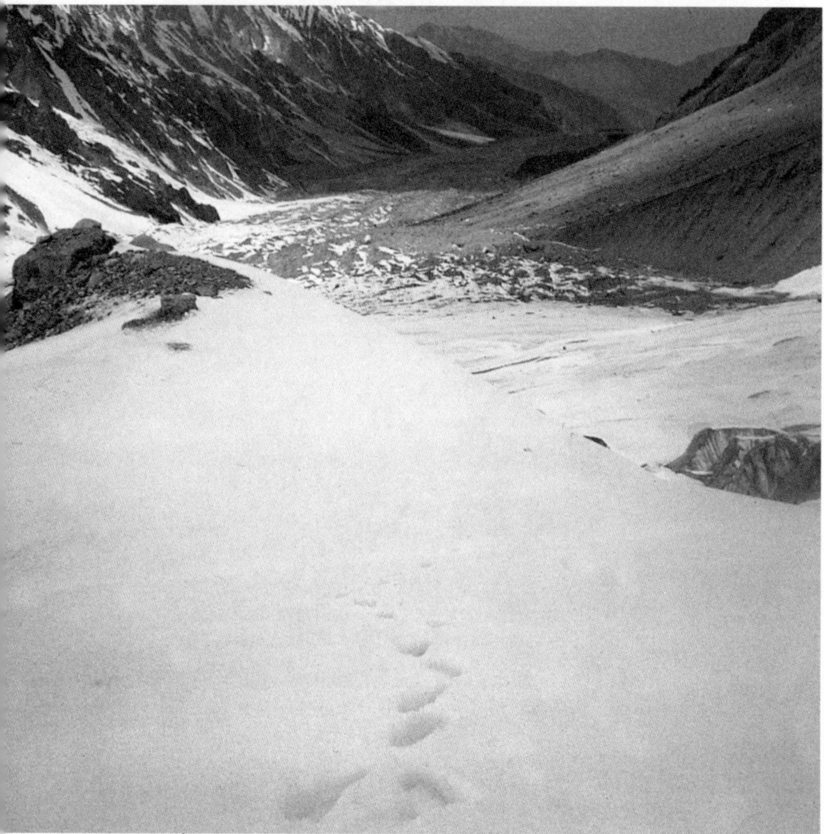

Am Wandfuß der Diamirflanke.

»[…] ob es Chronisten und Journalisten bisweilen nicht besser zu Gesicht stände, einfach nur Fakten darzustellen und die Beurteilung dem Leser zu überlassen, als durch ungeschickte Wortwahl zu werten und einseitig Partei zu ergreifen.«

Jochen Hemmleb,
in: »Dünne Luft«, Leserbrief, ALPIN Nr. 9/2003. S. 98

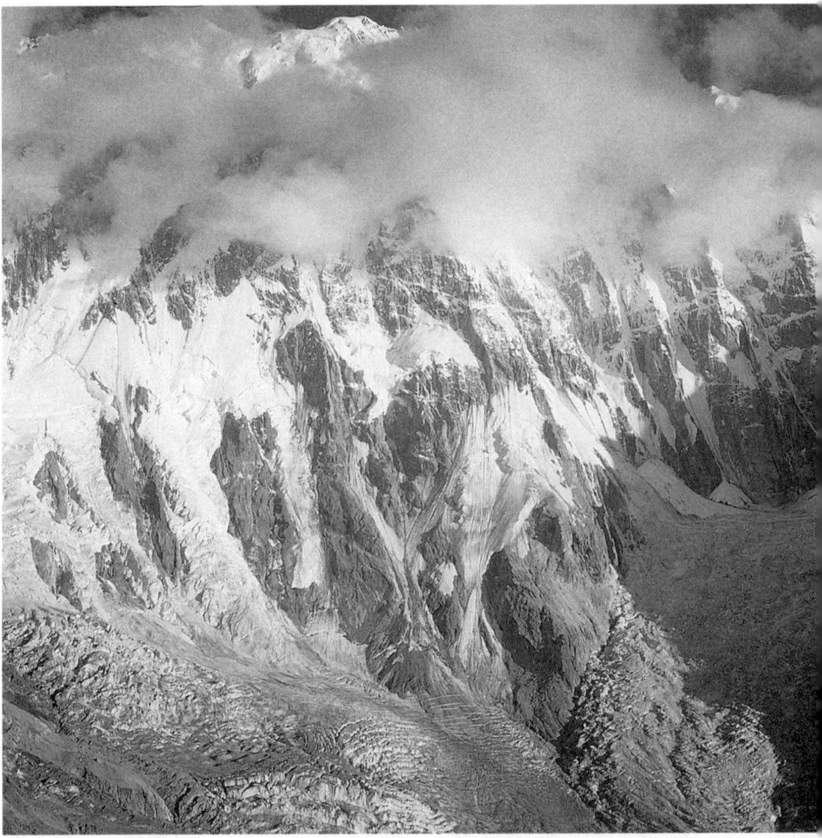

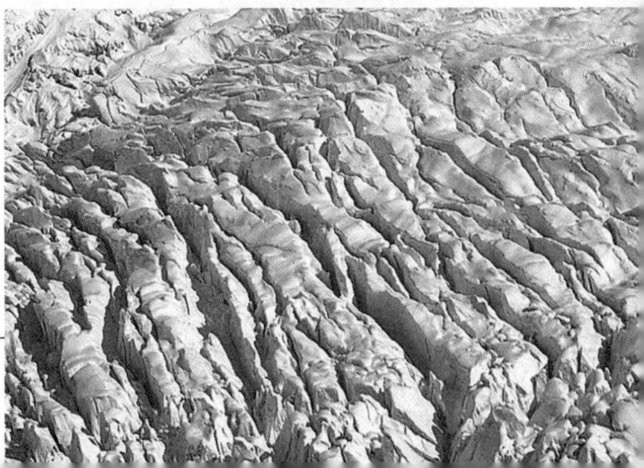

Gletscherzungen am Fuße der Mazenowand (oben) und unter der Diamirflanke (rechts).

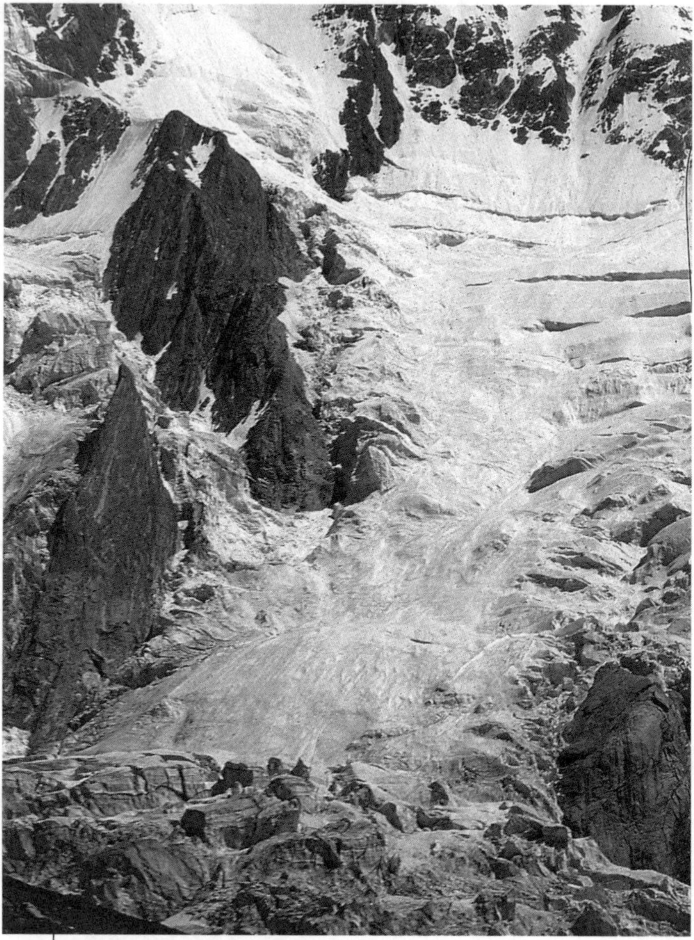

Im letzten Drittel des Abstiegs ist der Weg schwer
zu finden und extrem lawinengefährdet.

»Von den Brüdern Messner noch immer keine Nachricht.
Die Chancen zum Durchkommen werden auf 50 Prozent taxiert.«

Felix Kuen,
in: Der Bergsteiger, Nr. 11/1970

Die Rinne am unteren Ende der oberen Mummeryrippe ist nicht mehr steil. Die Hauptschwierigkeiten sind überwunden.

Es galt nur noch, auf den Gletscherboden hinunterzukommen, bevor die Sonne in die Wand fiel.

Günther und Reinhold gehen über harte Firnhänge abwärts. Alle Spalten liegen hier offen da. Günther – in der blauen Windjacke – macht einen frischeren Eindruck als tags zuvor.

Reinhold: Jetzt sind wir bald unten.

Günther: Du ... weißt du ... wir haben eine Erstbegehung gemacht.

Nebeneinander gehen sie über harten Firn abwärts. Die Steigeisen greifen gut.

Günther: Eine Erstbegehung auch im Abstieg. Überschreitung des Nanga Parbat ... das wird mir erst jetzt klar ... weißt du ... erst jetzt wird mir das klar, da wir heraußen sind.

Wir hätten die Überschreitung geplant, hörte ich später.

Wie hätten wir den Abstieg sonst finden können, sagen die Neider. Ich wußte früher nicht, daß für viele Bergsteiger die Lösung so leicht ist.

Es gibt nur ihren Weg zum und vom Gipfel.

Die beiden von hinten. Sie gehen zwischen Eisabbrüchen abwärts. Einer links, der andere rechts von einem Abbruch, jeder dort, wo es ihm besser erscheint. Reinhold wartet und schaut hinauf. Günther kommt.

Reinhold: Wir müssen uns jetzt beeilen. Bevor die Sonne da ist, müssen wir ganz unten sein.

Günther: Geh'n wir da unten zwischen den Brüchen durch?

Reinhold: Ja, dort geht es am schnellsten, dort kommen wir am leichtesten ins Grüne.

Beide steigen weiter ab.

Reinhold (ruft zurück): An der ersten Quelle warten wir aufeinander.

Günther, seinen Pickel in der Hand, der Schnee ist hart gefroren, die Steigeisen nicht mehr ganz fest.

Ruhe der ersten Morgenstunden, es geht immer noch zwischen Eisabbrüchen abwärts.

Schon Mummery war hier ohne Seil gegangen. Dr. Lutz Chicken sagte mir, daß auch sie damals, 1939, bei der Erkundungsexpedition, dort ohne Seil abgestiegen sind. Die großen Schwierigkeiten waren vorbei.

Reinhold steht unten auf einem großen Plateau. Die Spalten liegen alle offen da. Links zieht ein langer, glatter Lawinenkegel unter dem Mazenokamm hinaus.

Ganz intuitiv erfaßte ich, daß es über diesen Lawinenkegel weniger anstrengend wäre als über den toten Gletscher zwischen den beiden Brüchen.

Reinhold biegt nach links und steigt über den harten Schnee abwärts.

Ich dachte nichts dabei. Hier war es angenehm zu gehen. Drüben lagen die vielen Steine, über die man hätte stolpern müssen.

Reinhold schaut nochmals zurück.

Günther kam nicht nach.

Man kann nicht über den Rücken zurücksehen. Er muß am Plateau sein. Zwischen den beiden liegt ein Hügel, der die Sicht nimmt.

Günther wird schon kommen, dachte ich.

Die Sonne kommt. Sie streift die Hänge des Mazenokamms. Die ersten Lawinen donnern die Wände herab. Der Gletscher beginnt zu fließen. Überall kleine Rinnsale. Reinhold hackt eine kleine Grube ins Eis, legt sich hin und trinkt ... unersättlich.

Es war der vierte Tag, den ich ohne Wasser war.

Immer wieder kniet er hin und trinkt. Zwischendurch schaut er zurück. Günther kommt nicht.

Er mußte drüben gegangen sein, drüben zwischen den Brüchen über den toten Gletscher. Ich machte mir weiter keine Sorgen. Auch er würde irgendwo sitzen und trinken.

Reinhold geht weiter abwärts. Das viele Wasser hat ihn müde gemacht. Seine Schritte sind schleifend und kurz. Öfter bleibt er nun stehen und schaut zurück. Günther kommt immer noch nicht.

Er muß drüben gegangen sein, dachte ich, sicher sitzt er schon an der Quelle und wartet auf mich, drüben ist es kürzer. Ich wollte mich beeilen.

Reinhold am Rand des Gletschers. Große Spalten, dazwischen Tümpel und Steine. Er sucht nach dem besten Weg bis zur Randmoräne. Steine rollen unter seinen Füßen ab und platschen ins Wasser. An einem Gletscherbach legt er wieder den Pickel weg, um zu trinken. Dann setzt er sich auf einen Stein. Er ist sehr müde.

Ich hörte Stimmen. Stimmen, die meinen Namen riefen, Stimmen, die zu mir sprachen.

Viele Stimmen durcheinander. Auch die der Mutter. Sie rauschen wie ein Bach, wie Wasser, wie ein Rinnsal. Sie flüstern, murmeln, sagen seinen Namen. Sie sprechen Sätze. Man versteht nur Fetzen. Sie sprechen alle durcheinander: Reinhold! Er schaut sich um. Steht auf, verwundert.

Günther war nicht da. Also mußte er doch oben gegangen sein.

Mühsam bückt sich Reinhold nach dem Pickel, nimmt ihn auf und schleppt sich weiter. Am toten Gletscher, knapp vor der Randmoräne, warten einige Leute. Weiter links ein Pferd. Sie kommen näher. Nur das Pferd bleibt stehen.

Eine andere Expedition, dachte ich zuerst.

Die Leute lehnen an großen Steinen. Oben an der Randmoräne weiden Rinder. Reinhold stolpert über den toten Gletscher Richtung Randmoräne.

Das Pferd war eine Spalte, die Leute Steine, die Rinder Blöcke im Schnee.

Der Aufstieg über den steilen Hang macht Reinhold zu schaffen. Er steht immer wieder, hält sich an Grasbüscheln fest.

Wenn ich meinen Beinen befahl zu gehen, gehorchten sie mir nicht, wenigstens nicht immer.

Reinhold am Hang über der Randmoräne.

Ich suchte die Quelle, an der Günther warten mußte.

Ein grüner Kessel, in der Mitte einige Steinklötze, ein idealer Lagerplatz.

Dort fand ich auch einige Konservendosen und nahm an, daß es der Basislagerplatz früherer Diamir-Expeditionen war.

Reinhold schaut herum, geht noch ein Stück, findet eine Quelle, trinkt, schaut wieder unruhig herum.

Reinhold: Günther!

Keine Antwort.

Er geht zu einem Steinklotz mitten in der Wiese, zieht sich aus.

Es war sehr heiß.

Barfuß geht er zur Quelle zurück, trinkt wieder.

Günther mußte jeden Augenblick da sein.

Reinhold steckt die Füße ins kalte Wasser, er wäscht sich.

Das tat wohl.

Er schaut hinüber zum Gletscher.

Nach einer Stunde war Günther immer noch nicht da.

Reinhold ruft. Vergeblich. Er zieht die Schuhe wieder an, ein Hemd, die Lodenhose, alles andere läßt er am Steinklotz liegen. Er geht taleinwärts, schaut an allen Quellen, an allen Gletscherbächen.

Irgendwo mußte Günther doch sitzen.

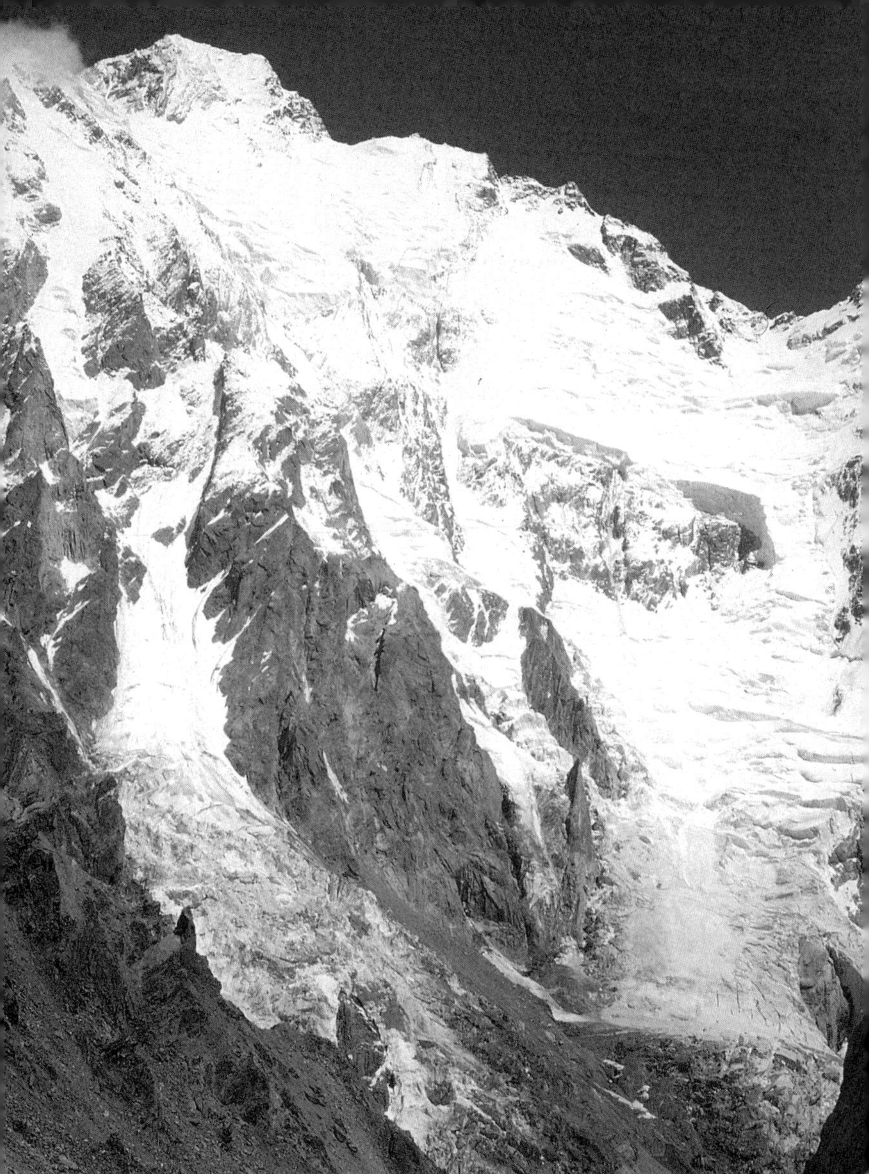

Die Messner-Route durch die Diamirflanke: von ganz oben (Gipfel und Merklscharte) bis zum ersten Wasser (ganz rechts unten).

Am Diamagletscher dreht er um und geht wieder zum Stein zurück.

Günther war noch nicht da.

Reinhold geht talauswärts. Eine gute halbe Stunde.

Auch dort war er nicht.

Das Gesicht von Reinhold: Ratlosigkeit. Er hetzt zurück zum Lagerplatz, nimmt den Pickel und geht dorthin zurück, wo er vom Gletscher gekommen ist.

Hätte man mir Stunden vorher befohlen, nochmals aufzusteigen, so hätte ich es nicht tun können. Nun aber war alle Müdigkeit vorbei, die Anstrengung vergessen. Ich mußte meinen Bruder finden. Er konnte nicht einfach verschwunden sein, ich mußte zurück, ich mußte ihn finden.

Der Schnee ist inzwischen aufgeweicht. Die Sonne strahlt vom Himmel und vom Gletscher. Reinhold plagt sich durch den tiefen Sulzschnee aufwärts. Oft steckt er bis zu den Knien im wäßrigen Schnee, die Hosen sind naß. Das Wasser rinnt von oben in die Schuhe.

Das alles störte mich nicht. Ich hatte nur einen Gedanken: Günther!

Langsam müht er sich über den Lawinenkegel zurück auf das Plateau, wo er Günther zuletzt gesehen hat.

Spur war keine mehr zu finden, auch die meine nicht. Der Schnee war hart gewesen, als wir den Hang heruntergegangen sind.

Reinhold steigt weiter auf, schaut in jede Mulde.

Ich suchte nach Löchern und fand keine. Ich rief und bekam keine Antwort.

Reinhold wie verloren am Gletscher. Verwirrt sucht er.

Die Sonne war schon eine Weile untergegangen, als ich mich entschloß, über den Weg zwischen den Gletschern abzusteigen. Diesen müßte Günther gegangen sein.

19 Die Eislawine

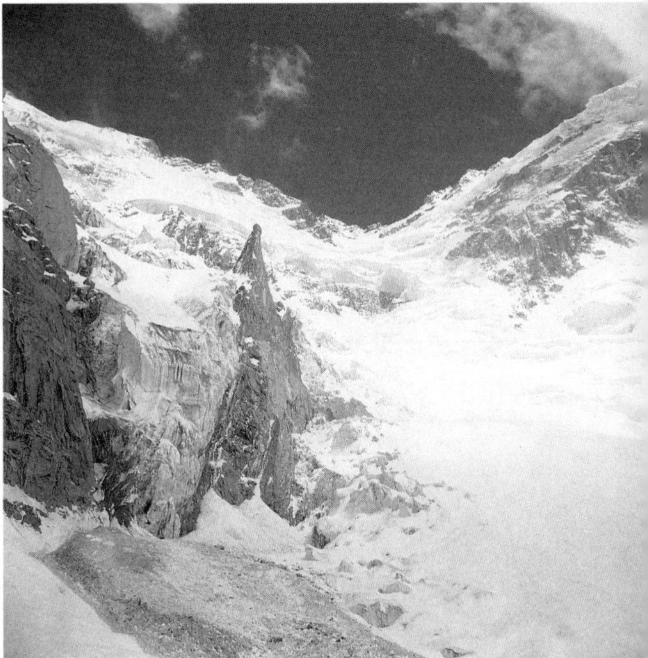

Eislawinenkegel am Fuß der Diamirwand.

»Um zwischen Wandfuß und Toteisgletscher einen Weg für Günther zu finden, ging ich ein gutes Stück voraus und ließ mich zu lange von der Hoffnung tragen, er käme bald nach. Als ich unter unendlichen Mühen zurückging, fand ich dort, wo er durchgekommen sein mußte, einen Lawinenkegel. Von meinem Bruder keine Spur.«

Reinhold Messner, 1970

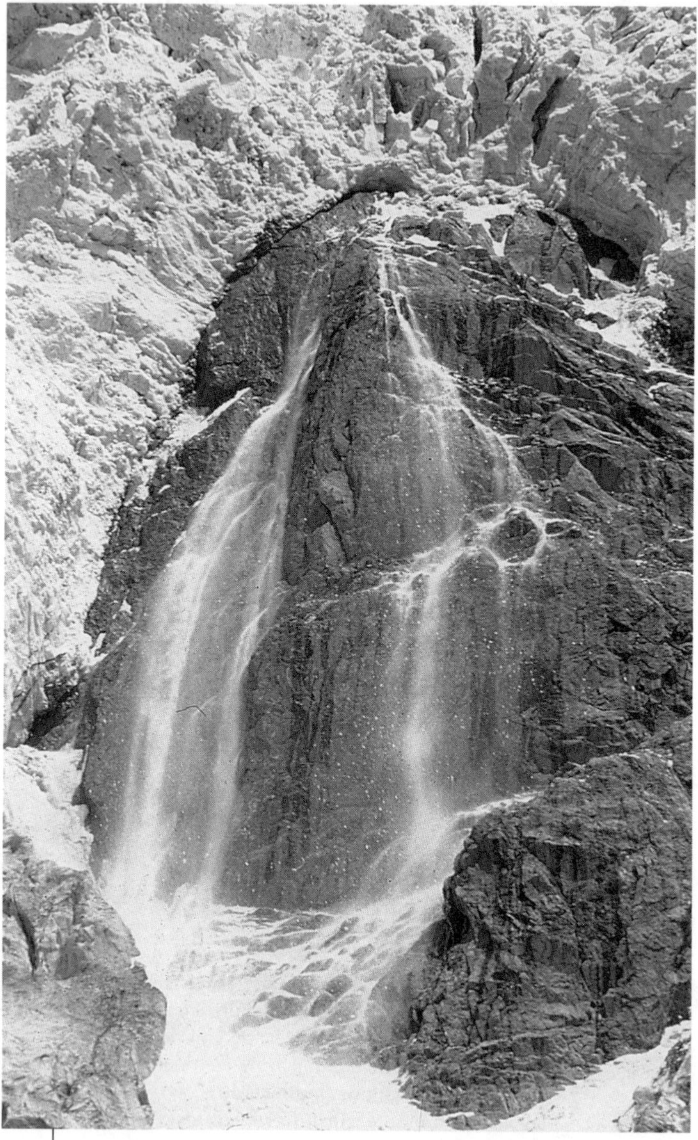

Eislawine am Fuß der Diamirflanke.

»Die Fehler machen immer wir. Sicher, ich habe aus meiner Haltung als Grenzgänger kein Hehl gemacht und all die Vereinsmeier empört, die den Berg und das Bergsteigen absichern möchten, um ihren Mitgliedern ihre Dienstleistungen angedeihen zu lassen. Es ehrt meine Schiedsrichter, die ja nicht angreifbar sind, wenn sie die Sicherheit am Berg in den Mittelpunkt ihrer Diskussion stellen. Dabei aber wird leider oft vergessen, daß die Natur weder berechenbar noch beherrschbar ist. Ich bin mir am Berg also mein eigener Schiedsrichter und weiß, daß ich angreifbar bleibe, weil nichts meine Fehler verbergen kann.«

Reinhold Messner, 2009

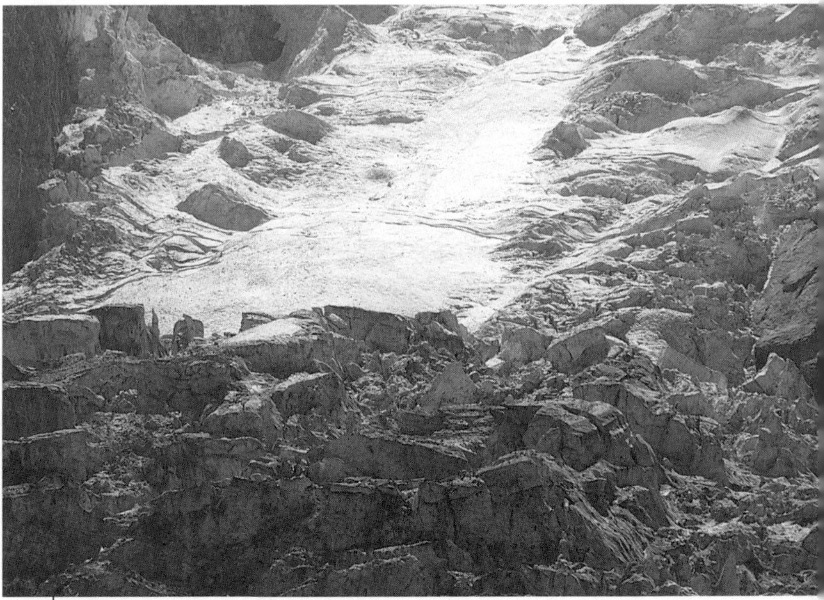

Über den aufgetürmten Eisbruch am Wandfuß kann von unten niemand in den Gletscherkessel sehen, wo Günther verschollen blieb.

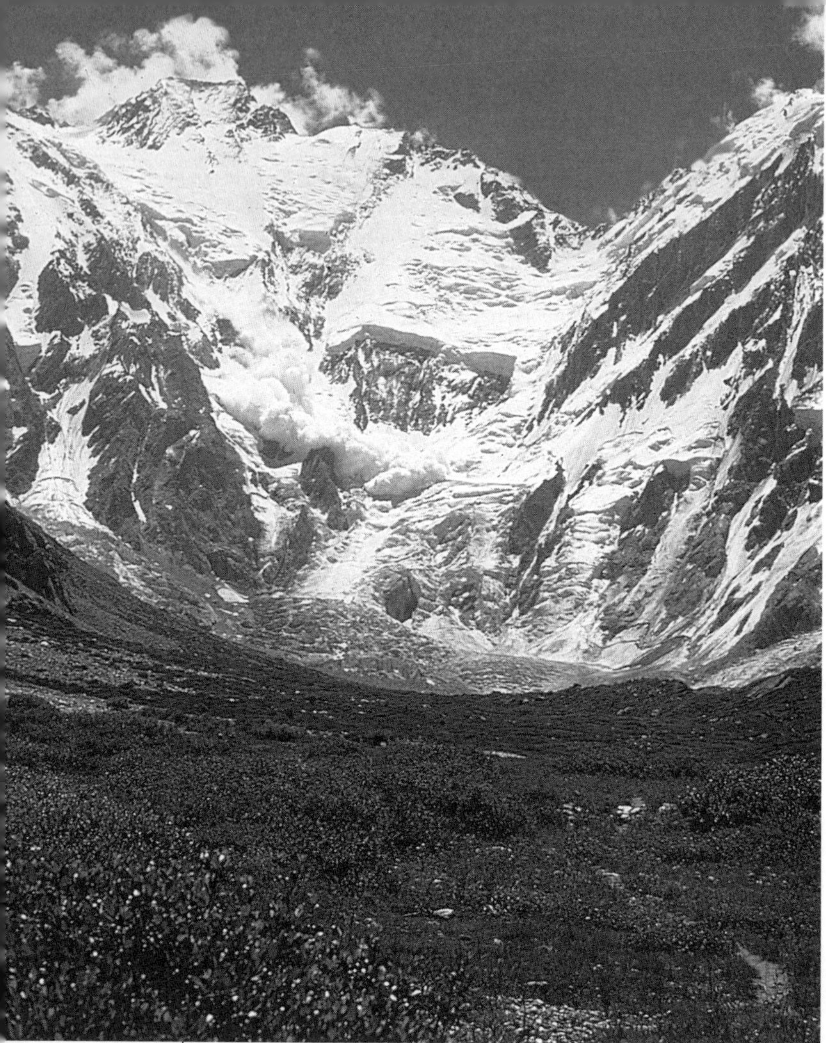

Eislawine in der Diamirflanke.

»Nicht aus der Wandmitte wie im Bild, sondern aus den Eiswülsten links der untersten Mummeryrippe brach das Eis, das Günther begrub. Von weiter oben nicht einsehbar.«

Reinhold Messner, 2009

Reinhold im Abstieg. Er sieht plötzlich eine große Eislawine, unterm letzten Eisarm an der Diamirwand. Er erschrickt.

Ich konnte es nicht glauben. Es konnte nicht wahr sein, daß Günther genau in jenen wenigen Sekunden dort vorbeigegangen war.

Es ist inzwischen Nacht geworden. Reinhold geht ein Tal abwärts, zwischen dem Diamir- und dem Diamagletscher.

Ich wollte ihn dort noch suchen.

Er kommt ganz nahe an die Wand heran, sucht die Spalten ab.

Im Rauschen des Windes glaubte ich oft Schritte zu vernehmen oder Günthers Stimme. Ich mußte ihn finden. Die großen Eisbalkone über mir hatte ich ganz vergessen.

Eisige Stille. Steine am Boden. Am Ende vom Gletscher sieht man eine dunkle Wand, die Randmoräne. Links Eisbrüche, rechts Eisbrüche.

Geh'n wir zwischen den Brüchen durch. Das war sein letzter Satz gewesen.

Reinhold unter der Randmoräne. Er geht den toten Gletscher wieder aufwärts.

Er geht: Aber was er sieht, ist die Mutter daheim, die Mutter in der Küche, sie steht und schaut ihn an. Unfaßbar. Es kann nicht sein, darf nicht sein.

Oft sind wir zu zweit weggegangen, auf lange und schwierige Touren. Immer sind wir zu zweit wiedergekommen. Es durfte nicht wahr sein, ich konnte nicht allein heimkommen.

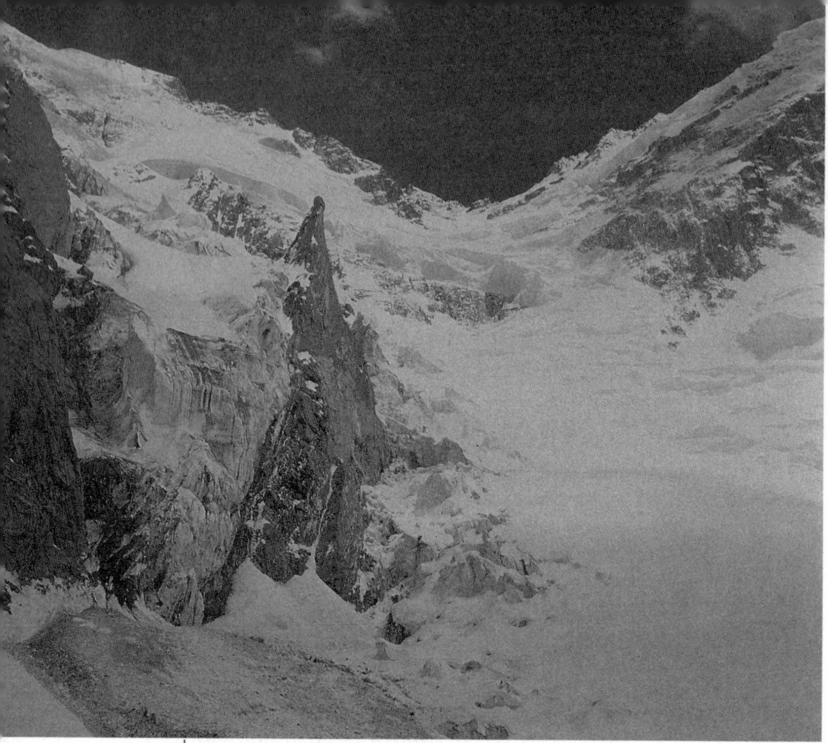

Eislawine am Wandfuß.

Mitten in der Nacht eine Gestalt im Aufstieg, ziellos, planlos – auf der Suche. Man hört sie rufen.

Dabei sagte ich mir, daß es keinen Sinn hat zu rufen. Ich konnte ihm nicht mehr helfen, so wie er in der Gefahrenzone jede Minute dazu bereitstand, mir zu helfen.

Er wölbt seine bloßen Hände wie einen Lautsprecher um den Mund, um weiter gehört zu werden.

Ich, der ich nicht rufen wollte, rief.

Stille, unheimliche Stille. Reinhold steht, scheint zu überlegen.

Ich habe mich in dieser Nacht nie nach dem Warum meiner entsetzlichen Lage gefragt. Ich konnte nicht denken.

Wieder an der Eislawine.

Ich bin mehr durch Zufall auf sie gestoßen als mit Absicht.

Reinhold sucht, wälzt Blöcke weg.

Ich hatte im Winter vorher davon geträumt, daß ich allein vom Nanga Parbat zurückkomme ins Basislager, daß das Basislager leer war. Ich habe nie Träumen eine Bedeutung zugemessen, und schließlich hatte ich vorher die Bücher vom Nanga Parbat gelesen. Heute frage ich mich manchmal, ob es das allein war.

Nacht – Rufe aus der Ferne: Günther! – Günther!

Stille. – Der Sternenhimmel.

Wieder dieselbe Stimme: Günther! – Heiser: Günther!!

Man erkennt eine Gestalt, die sich langsam vorwärtsplagt. Wie ein Schatten nur.

Reinhold: Günther! – Günther!

Er steht wieder. Schaut.

Reinhold: Günther!

Ganze Tage schienen mir zwischen den Rufen zu vergehen.

Er geht weiter, kommt zu Spalten, geht wieder zurück, bleibt stehen. Man hört das Krachen eines Steines, der in eine Spalte rutscht. Wieder an der Lawine. Eistrümmer. Man hört, wie einige Eisschollen über die anderen herunterfallen. Es klirrt. Schuhe stoßen Eisstücke beiseite. Hände, die einen Eisklotz halten. Eine Gestalt, die einige Schritte weiterstolpert, stehenbleibt. Man hört wieder Rufe: Günther!

Ich war mit meinen Rufen ganz allein.

Reinhold sitzt schlafend auf einem Eisklotz. Plötzlich bewegt er den Kopf. Richtet sich mühsam auf und ruft: Günther!

So ging es eine ganze Nacht lang. Rufen, schlafen, frieren, rufen ... und keine Antwort. Erst am Vormittag ging ich abwärts, ich wußte nicht mehr, wohin.

Es ist Morgen. Reinhold sitzt auf einem Eisklotz und schläft.

Als ich erwachte, war ich völlig leer.

Man sieht die Trümmer der Eislawine.

Sonst sah ich nichts.

Reinhold macht ein paar Schritte. Das Eis klirrt.

Ich war völlig taub, hatte alles vergessen, war außerstande zu weinen. Ich hatte nur mehr einen kleinen Überrest von Gehirn, um begreifen zu können.

Groß das Gesicht von Reinhold: Ratlosigkeit.

Reinhold: Günther –

Stille. Ein Pickel am Eis. Die Sonne streift die Gipfel des Mazenokamms. Das Wetter ist gut. Die Eislawine. Ganz draußen im Tal sieht man den ersten leisen Dunstschleier.

Reinhold: Günther! –

Er hat fast keine Stimme mehr.

Reinhold am Gletscher. Er kommt die Eislawine herunter, nimmt den Pickel und geht. Von weit weg: der Gletscher. Außer einem schwarzen Punkt auf der großen, weißen Fläche nichts, keine Bewegung. Die Sonne scheint.

Aber nicht für mich.

Reinhold im Abstieg: Er geht, er findet den Weg zwischen zwei Gletscherbrüchen, ganz automatisch. Näher jetzt: den Pickel in der Hand, wie ein Stück Holz. Die Augen zusammengekniffen, die Haut hängt von der Nase.

Als die Sonne wieder in die Diamir-Seite schien, ging
ich abwärts, einfach abwärts, keine Ahnung wohin.
Apathisch, alles vergessen, nie am Nanga Parbat gewesen,
nein, nie, und nie den Günther gegeben und auch keinen
Peter, nie jemand gegeben, nur mich, alles gleich, und wer
war ich?

Reinhold geht über Geröll. Rückblick auf den Gletscher: kein Mensch. Er steigt die Moräne hinauf, setzt sich oben hin.

Die Beine hatten keinen Grund mehr zu halten.

Er spricht wieder mit sich selbst. Seine Stimme ist heiser.

Heiser von den Rufen, die nun nicht einmal mehr bis zum

Gletscher drangen. Immer noch heiser von den Worten, die ich in der Nacht zu ihm sprach.

Reinhold sitzt immer noch auf dem Rand der Moräne.

Langsam ging mir der Begriff Tod auf.

Er geht wieder talwärts.

Ich wollte zurück zu den Kleidern.

Ab und zu bleibt er stehen und ruft. Dann sieht man, wie er horcht.

Es hat nirgends eine andere Stimme gegeben als die meine.

Reinhold am Stein von früher. Die Kleider liegen noch da. Er zieht sein Hemd aus und wirft es dazu. Dann die Schuhe. Die Strümpfe sind naß. Er bückt sich und zieht sie aus. Plötzlich fährt er hoch, erschrocken. Die Zehen sind blau. Er wirft die Hose auf den Boden.

In der Sonne auf dem Steinklotz trocknete ich meine Kleider. Sie rochen nach Schweiß.

Reinholds Gesicht: gleichgültig.

Die Füße waren angefroren. Was konnte ich dagegen machen.

Er geht barfuß zur Quelle.

Noch war das Gehen nicht schlimm.

Er badet seine Füße.

Die Erfrierungen waren nicht so schwer wie die meiner Kameraden Sepp Mayerl und Egon Wurm ein Jahr vorher in den Anden. Die wird man schon wieder hinkriegen, dachte ich.

Reinhold trinkt aus der hohlen Hand.

Später schlief ich einige Stunden. Als ich erwachte, stand die Sonne schon hoch.

Er geht zurück zum Stein. In den Taschen sucht er etwas. Er findet nichts.

Bald müßten sie kommen, dachte ich, die vom Basislager. Als es Abend wurde, war ich immer noch allein.

Im Basislager. Man ist besorgt.

Der Steinklotz von vorher, zwei Meter im Kubik vielleicht, seine Oberseite ist schräg. Bunt durcheinander liegen Kleidungsstücke auf der schrägen Fläche: ein blauer Anorak, eine Lodenhose, rote Gamaschen, eine gelbe Überhose. Einige kopfgroße Steine beschweren alles, so daß es vom Wind nicht fortgetragen werden kann.

Reinhold kommt von der Quelle, geht zum Stein, nimmt ein Stück nach dem andern und legt sie alle auf den Boden neben den Stein. Er richtet sich ein Lager zurecht. Dabei redet er mit sich selbst, dann wieder scheint er jemanden um etwas zu bitten. Man versteht kein Wort. Es wird Nacht.

Ich hatte mich hingelegt. Der Hunger, die erfrorenen Zehen, die Kälte, alles war mir gleichgültig. Nur die Eltern müßten es wissen, dachte ich, und alle anderen daheim. Ich hatte nicht Lust wegzugehen, allein weiterzugehen, allein wiederzukommen.

Irgendwo im Dunkeln hört man eine Eislawine niedergehen.

Geschlafen habe ich wenig in dieser Nacht. Ich konnte einfach nicht begreifen, daß damit alles aus war. Unter ganz harten und für uns beide neuen Bedingungen erlebten wir zusammen vierzig Tage an den Wänden des Nanga Parbat. Wie nie zuvor spürte ich in jener Nacht das Verwandte in uns, den Gleichklang. Alte Gewohnheiten hatten mich vorher daran gehindert.

Langsam wird es hell: Reinhold liegt eng zusammengerollt neben dem Stein. Er trägt eine weiße Mütze, und man kann nur einen kleinen Teil seines Gesichts sehen.

Ich schaute die Grashalme an, die vor meinen Augen zitterten. Als es noch kälter wurde, setzte ich mich auf.

Reinhold sitzt auf den Kleidern; die Knie eingezogen, die Arme um diese geschlungen. Er tut nichts, er sitzt da wie versteinert und schaut hinauf zu den Gipfeln westlich des Mazenokamms. Der erste Glanz des Tages scheint sich dort oben zu fangen. Die Schneekuppen leuchten, und langsam, langsam muß irgendwo die Sonne steigen.

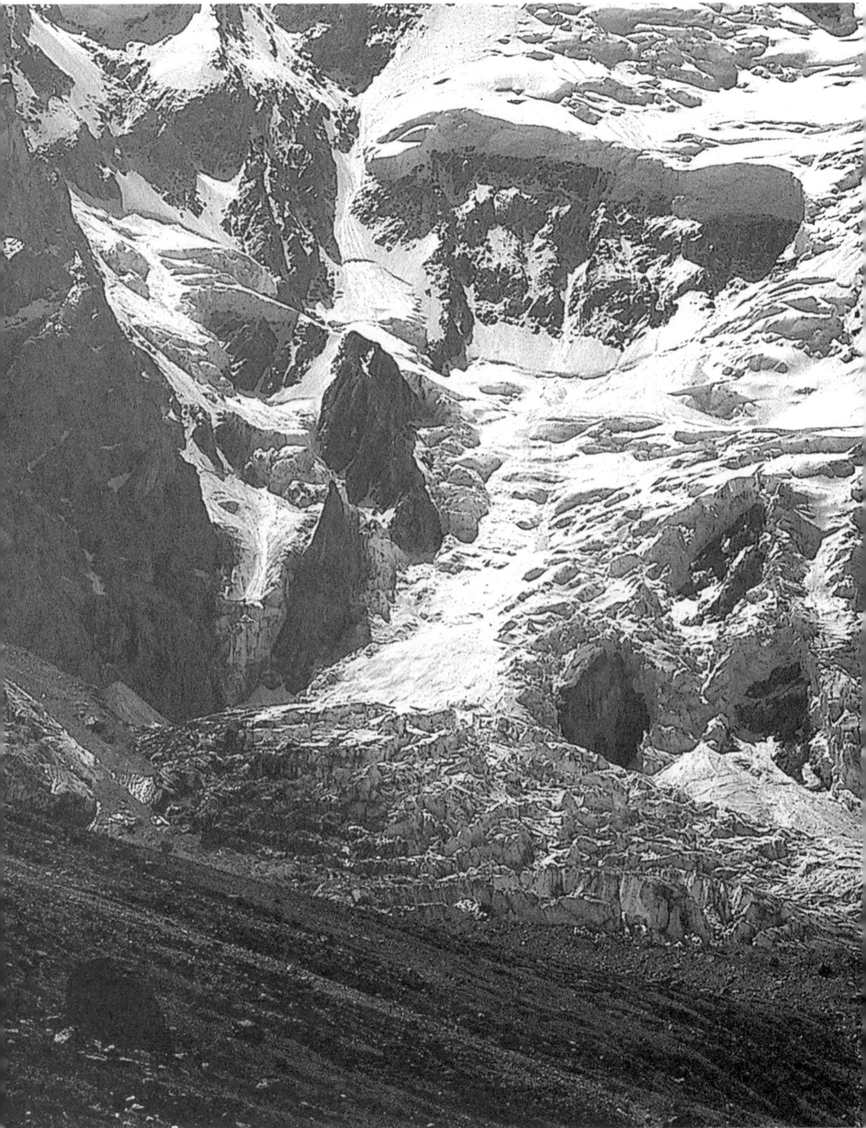

Rückblick vom Lagerplatz zum Wandfuß.

Die Luft stand fast still, das Licht schob sich zwischen die hohen Berge, der Morgen lag über mir. Ich war trauriger als am Tag zuvor, verlassener als ein Alleingeher am Gipfel des Nanga Parbat.

Von Zeit zu Zeit fällt ein Stein in eine Gletscherspalte. Reinhold steht auf, geht um den Block herum, bleibt stehen und schaut hinauf in die Diamirflanke. Noch ist sie im Schatten.

Mir kam alles unwirklich vor.

Reinhold: Günther!

Die Stimme ist heiser, müde und verzweifelt.

Reinhold: Günther!

Günther, immer wieder rief es eine Stimme, ohne daß ich es wollte.

Groß das Gesicht von Reinhold: verzweifelt. Er steht noch immer am Stein, schaut, geht einige Schritte, ziellos.

Als die Sonne auch die Diamir-Seite traf, war ich entschlossen, etwas zu tun.

Reinhold geht zur Liegestätte, nimmt den Anorak, breitet ihn am Boden aus, legt alle anderen Kleidungsstücke hinein und knotet jeweils einen Ärmel mit der gegenüberliegenden Ecke zusammen. Er schiebt den Pickel durch, hebt ihn mit dem Bündel auf die Schulter, schaut sich noch einmal um und geht. Nach wenigen Schritten bleibt er stehen.

Und was, wenn später doch ein Hubschrauber käme.

Reinhold geht zurück zum Block, wühlt eine Gamasche aus dem Bündel hervor, nimmt zwei Steine und befestigt die rote Gamasche am Felsklotz, wie eine Fahne.

Das war das einzige Zeichen, das ich für einen Suchtrupp hinterlassen konnte. Bleistift hatte ich keinen dabei.

20 Rückweg durch das Diamirtal

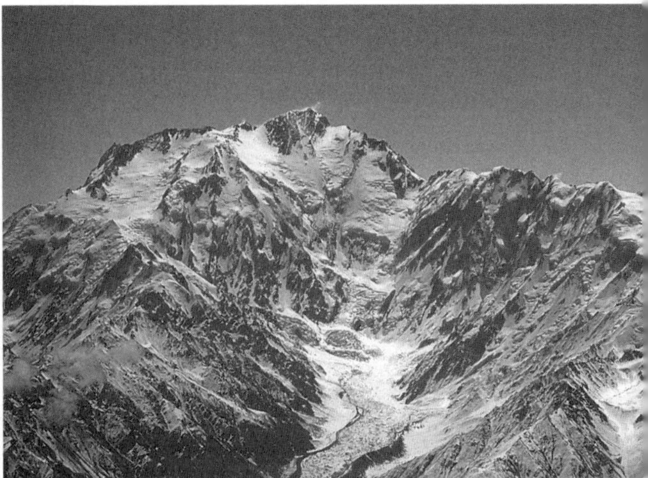

Das oberste Diamirtal mit dem Nanga Parbat.

»Wir haben im Hochlager doch von Deiner geäußerten Absicht, nach Westen abzusteigen, zu einem Zeitpunkt erfahren, als nach Deiner Beschreibung Günther schon tot war und Du im Grünen.«

Hans Saler, Brief an Reinhold Messner

»Saler hat recht. Jeder Suchtrupp wäre für Günther zu spät gekommen. Allerdings konnte das im Basislager niemand wissen.«

Reinhold Messner, 2009

»Wir riskierten da oben ohne Zögern damals den drohenden Monsuneinbruch, der schon vielen zum tödlichen Verhängnis geworden war. Auch hatten wir die Überlebensresevern aufgebraucht. Trotzdem rüsteten wir uns noch in der Nacht, stiegen nochmals in die Merklrinne auf und riefen uns die Seele aus dem Leib. Sodann schlug das Wetter um, Sturm, Schneefall, schlechte Sicht. Gert fiel in senkrechter Wand ungesichert in eine Spalte, was er nur mit großem Glück überlebte.«

Hans Saler,
Brief an Reinhold Messner

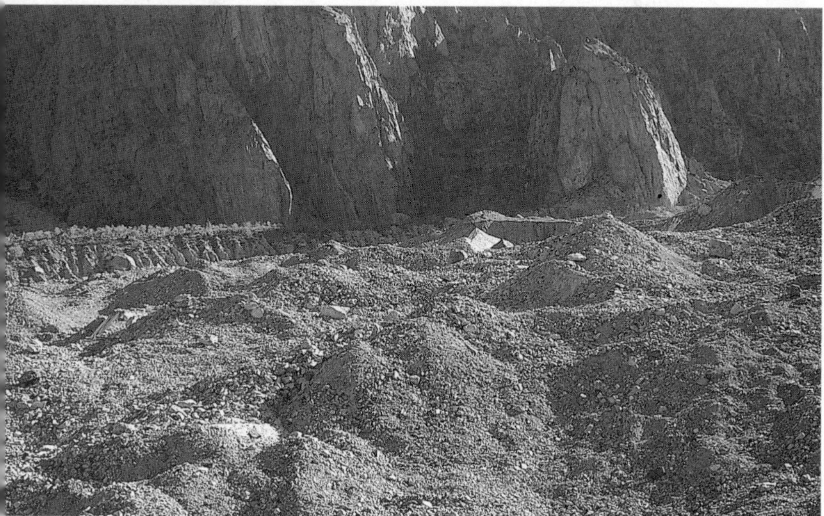

Diamirgletscher an der Stelle, an der ihn Reinhold Messner querte.

»Jene Kameraden, die ausgepumpt dorthin zurückgekehrt waren, drängten sehr wohl darauf, einen Suchtrupp zusammenzustellen. Jeder war bereit. Aber die Umstände ließen das nicht zu.«

Hans Saler,
Brief an Reinhold Messner

»Die Solidarität der Kameraden war damals groß. In meinem Verlorensein hoffte ich deshalb auf irgendeine Hilfe. Wenn sie ausblieb, dann nur, weil niemand unseren ›Irrwitz‹ für überlebbar gehalten hat.«

Reinhold Messner, 2009

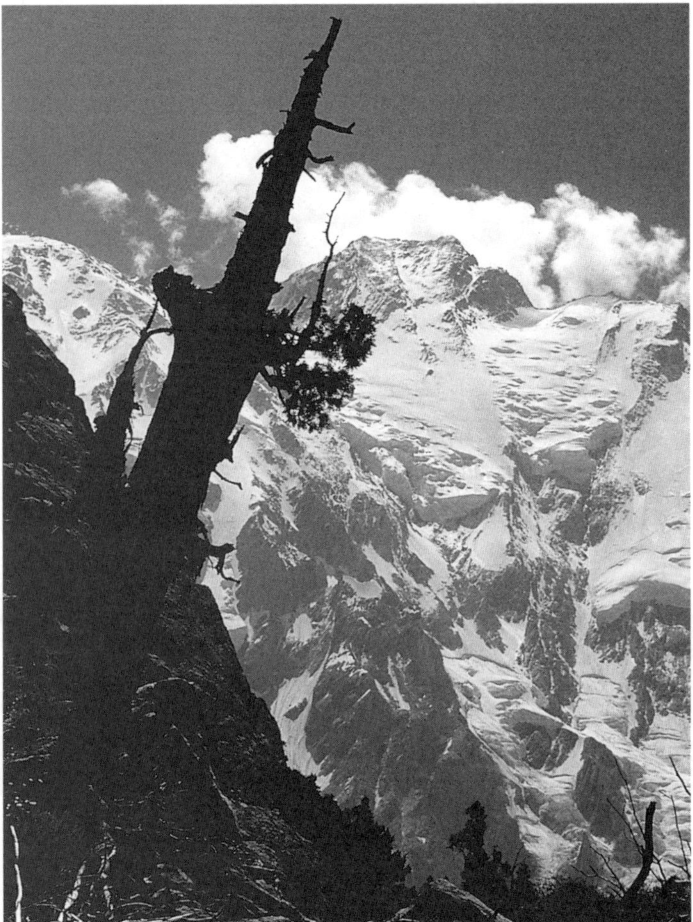

Ein letzter Blick in die Diamirwand.

»Wer in gottesnahen Bezirken der Bergeinsamkeit ein gefährliches Dasein wagt, den regiert ein Lebenshochgefühl, das seinem Kritiker ewig verwehrt und ewig unbegreifbar bleiben muß. Dieses Hochgefühl steigert sich natürlich mit dem Ernst jeder Bergfahrt, so daß, wer das Schwerste wagt, auch triumphale Gipfel der Lebensfreude betritt.«

Walter Pause

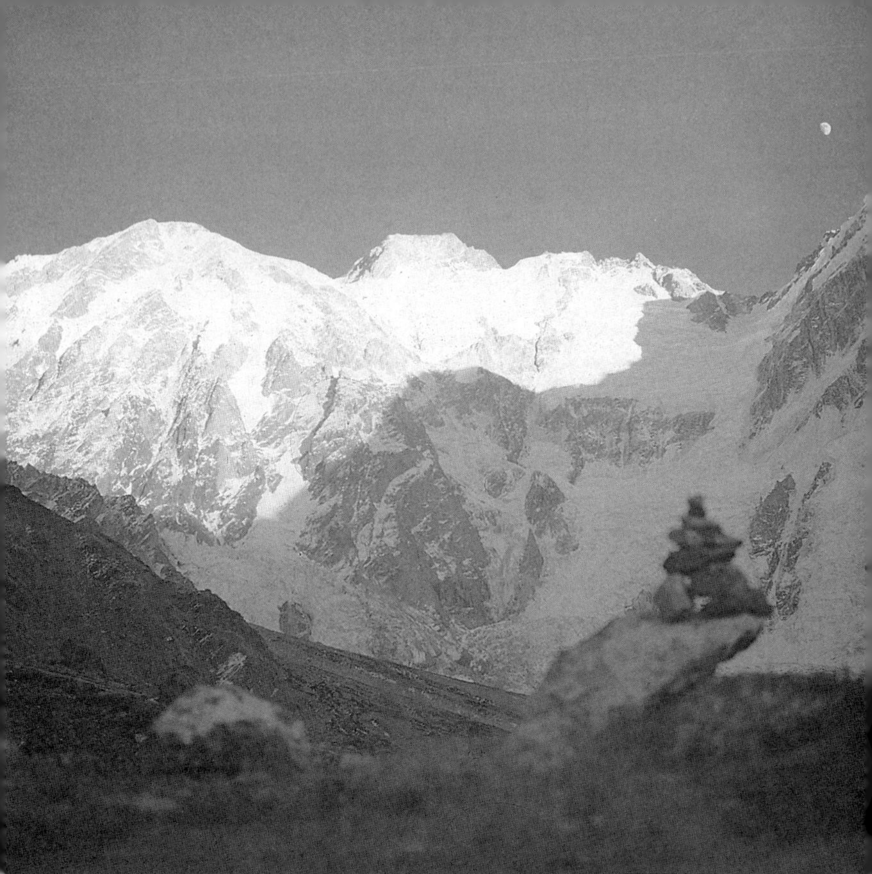

Steinmann am Lagerplatz zur Markierung.

»Auf dem weiteren Weg ins Tal, sterbensmüde, sehnte und halluzinierte ich Helfer herbei. Immer wieder. Ich mußte den Verlust meines Bruders bald teilen können. Für mich allein war alles so schwer zu ertragen.«

Reinhold Messner, 2009

Reinhold nimmt das Bündel wieder auf, wirft einen letzten Blick auf die Gamasche, dann verläßt er den Platz.

Vogelsicht auf das oberste Diamirtal. Ein toter Gletscher, rechts davon ein grüner Streifen. Steile Hänge an beiden Seiten. Man hört ab und zu einen Stein, der in eine Spalte rutscht. Mitten durch ein Sträucherdickicht unweit der rechten Randmoräne ein weißer Strich, knapp daneben ein Mann, der sich zum trockenen Bachbett durchschiebt und darin stehen bleibt, als ob er auf jemand warten würde. Näher: der Mann, Reinhold. Er schaut eine Weile zurück, als suche er etwas, und ruft nochmals, bevor er über das steinige Bachbett weitergeht. Man kann nichts verstehen, weil zur gleichen Zeit auf der anderen Seite eine große Lawine abgeht. Die Beine stolpern das Bachbett auswärts. Von hinten: ein schwankender Mann, ein blaues Bündel am Rücken.

Meine Füße brannten, die Kehle war schleimig. Hoffentlich kommt mir jemand entgegen, dachte ich.

Man hört einen Bach. Die großen, schwarzen Schuhe in einer Pfütze. Sie schieben sich durchs Wasser.

Ich wollte nicht trinken, niedersitzen war gefährlich, ich wollte nicht, daß die anderen mich verfehlten.

Ein Stein, groß wie ein Hocker, im Bachbett. Daneben ein klarer Tümpel. Die Schuhe kommen, bleiben stehen. Nach einer Weile fällt das Bündel auf den Boden. Reinhold setzt sich auf den Stein, zieht die Schuhe aus. Dabei verzieht er das Gesicht vor Schmerz. Die Zehen sind blau, die Füße stark geschwollen. Er steckt sie ins Wasser.

Das war falsch, ich wußte es selbst: einfach ins kalte Wasser stecken. Aber die Sohlen brannten so sehr.

Er trinkt aus der hohlen Hand.

Ich hatte Durst, immerzu Durst.

Er sucht in den Hosentaschen und steckt einige Krümel in den Mund.

Ich hatte auch Hunger.

Er ruft ganz laut.

Ich wollte nicht, daß die anderen mich verfehlten.

Seine Stimme ist heiser. Er spielt im Wasser, zieht dann die Schuhe an, steht auf, nimmt das Bündel über die Schulter. Er geht weiter.

Warum ich nicht einfach sitzen geblieben bin, weiß ich nicht.

Die schwankende Gestalt entfernt sich mehr und mehr. Verschwindet hinter einem Hügel.

Viel später kam ich zu einem verlassenen Weiler.

Einige Hütten am Fuß einer Felswand. Vor einigen Jahren muß ein Felssturz über sie niedergegangen sein. Die Dächer sind eingeschlagen, die Mauern eingestürzt, der Boden eingedrückt, voller Löcher; zwischen den Häusern liegen mannshohe Steinbrocken. Zwei oder drei Hütten nur sind unbeschädigt.

Reinhold vor den Hütten. Er steht. Er schaut. Er ruft. Niemand antwortet ihm.

Reinhold sucht verzweifelt nach Menschen, weil er auf sie angewiesen ist; er geht nicht weiter; er kann nicht glauben, daß die Häuser leer sind.

Die Versuchung, mich einfach hinzusetzen, war groß.

Reinhold stolpert weiter talauswärts. Vor einem großen Felspfeiler steigt er zum Gletscher ab.

Es gab keine andere Möglichkeit.

Man sieht einen steilen Moränenhang, über den Steine hinunterrollen. Immer mehr.

Nach einer halben Stunde war ich unten. Kurze Rast, dann ging ich über den Gletscher weiter.

Reinhold mit seinem blauen Bündel auf dem toten Gletscher. Ziellos geht er Mulde auf, Mulde ab, stützt sich auf den größeren Blöcken, rutscht aus, krabbelt wieder hoch, nimmt das Bündel und geht weiter. Immer wieder bleibt er stehen und schaut.

Ich wußte nicht, auf welcher Seite vom Gletscher
ich weitergehen mußte. Ich wollte die anderen nicht
verfehlen.

Über der linken Randmoräne kann man eine Hochfläche erkennen. Auch Bäume stehen dort.

Ich mußte Menschen finden.

Reinhold in der Mitte des Gletschers. Er steht.

Ich hatte Zweifel wie noch nie.

Reinhold schaut nach links und nach rechts.

Zweifel um den Weiterweg.

Reinhold unter dem linken Moränenhang. Unschlüssig.

Ich wollte nicht umsonst hinaufsteigen.

Reinhold geht ein Stück den Hang hinauf und bleibt stehen.

Lieber wäre ich abwärts gegangen, immerzu abwärts.

Man sieht ein wildes, unbewohntes Tal. Er steigt weiter den Hang hinauf, hält sich an Grasbüscheln und Sträuchern fest, bleibt immer wieder stehen.

Ich war sehr müde.

Ruckweise bewegen sich die Schuhe, einer rutscht aus. Reinhold schwankt, kann sich an einem Busch festhalten. Von weit weg: Reinhold am Hang. Er geht noch, ganz langsam.

Ich konnte nicht einfach niedersitzen. Ich mußte
hinaufkommen.

Er quert jetzt den Hang, steigend. Mit den schweren Schuhen scharrt er Tritte in den harten Moränenschotter. Steine rollen den Hang hinunter. Noch hat er es nicht aufgegeben. Wieder rollt ein Stein den Hang hinunter. Reinhold ist fast oben. Er verschwindet etwas später hinter der Randmoräne.

Plötzlich war mir schwindlig.

Der Fluß, kaffeebraun, das Gletschertor, die Diamirflanke. Es ist Nachmittag.

Reinhold liegt in einer Mulde, oben an der Randmoräne. Er ist bewußtlos.

Einige Stunden muß ich dort gelegen haben.

Die Mulde am Waldrand. Reinhold liegt da, als ob er schlafen würde. Man hört den Gletscherbach. Die Sonne steht am Horizont. Es muß später Nachmittag sein.

Weiter! ... Plötzlich wachte ich auf und wußte, daß ich weitergehen mußte.

Das Bündel am Boden, hohes Gras, der Pickel liegt daneben. Wie benommen steht Reinhold auf, nimmt seine Sachen und macht sich auf den Weg. Zuerst verfolgt er die obere Kante der Randmoräne, dann verschwindet er im Dickicht.

Die im Basislager taten mir leid. Sie wußten immer noch nicht, was mit uns los war.

Reinhold im Dickicht. Er schiebt Äste beiseite, tritt Ranken nieder, schiebt sich zwischen den Stämmen durch.

Plötzlich sah ich eine Lichtung. Ich hatte wieder ein bißchen Hoffnung.

Reinhold arbeitet sich bis zur Lichtung durch und tritt auf eine freie Weidefläche. Eine leicht geneigte Almwiese. In der Mitte liegt ein großer Steinklotz. Daneben steht eine Hütte. Weiter unten weiden Kühe. Ein Mann steht dort.

Wie gebannt blieb ich am Waldrand stehen. Ich hatte so lange auf diesen Augenblick gewartet, daß er mir nun unwirklich vorkam.

Man sieht Reinhold am Waldrand stehen. Er ruft.

Der Mann von vorher geht in den Wald hinein. Reinhold ruft lauter. Der Mann kommt nicht zurück.

Einen Augenblick lang glaubte ich, mich wieder getäuscht zu haben. Aber die Kühe waren noch da. Es waren keine Halluzinationen, und plötzlich wußte ich, daß da Leute sind.

21 Die ersten Menschen

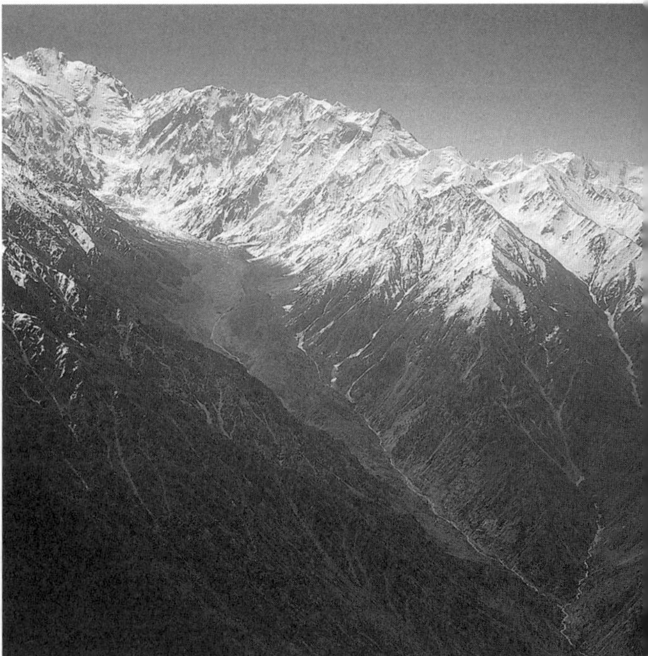

Das Diamirtal in seiner ganzen Länge.
Unten das Bunartal.

»Inzwischen waren Kuen und Scholz im Basislager zurück. Ihnen waren die Gipfelbesteigung und der Abstieg ohne Zwischenfälle gelungen. Ihr Bericht über mein Zurufen irritierte den Expeditionsleiter, seine Folgerung – die Messners müssen oben verstorben sein – ist nachvollziehbar.«

Reinhold Messner, 2009

»Reinhold ging am 27. Juni um 3.00 Uhr vom Lager V weg.
Um 4.00 Uhr sollten Gerhard und Günther die erste Hälfte der Merklrinne versichern.«

Felix Kuen

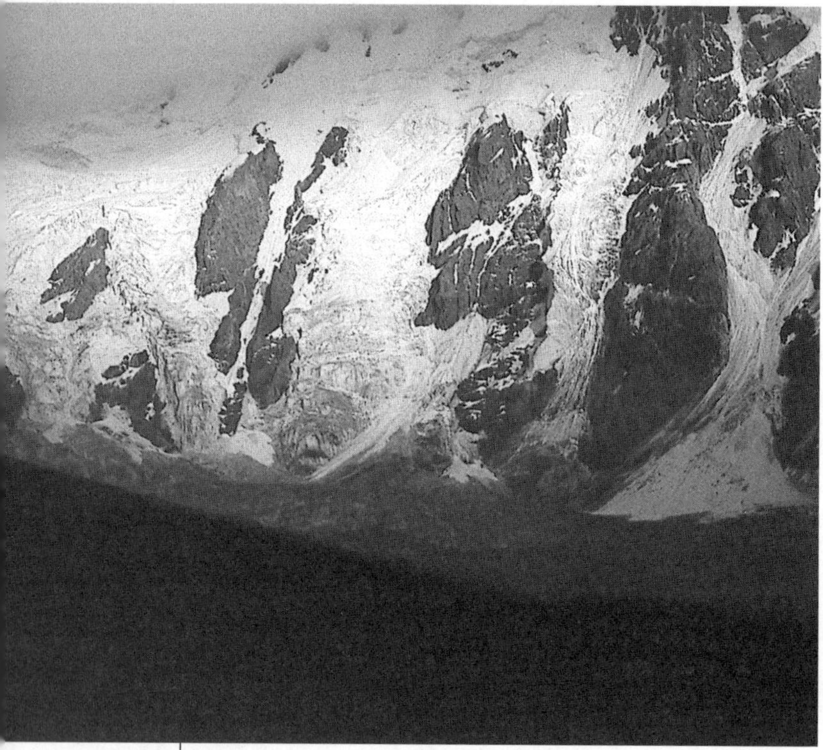

Wichtiger als alles andere jetzt: Menschen.

»Nach fünf Tagen ohne Nahrung, ohne Schutz, zuletzt ohne Gegenüber, brach ich bewußtlos zusammen.«

Reinhold Messner, 2009

»Während im Basislager die Rückreise organisiert wurde, war ich endlich wieder unter Menschen.«

Reinhold Messner, 2009

»Es waren Frauen, die mich im Diamirtal am Leben hielten. Die Männer halfen mir erst zuletzt.«

Reinhold Messner, 2009

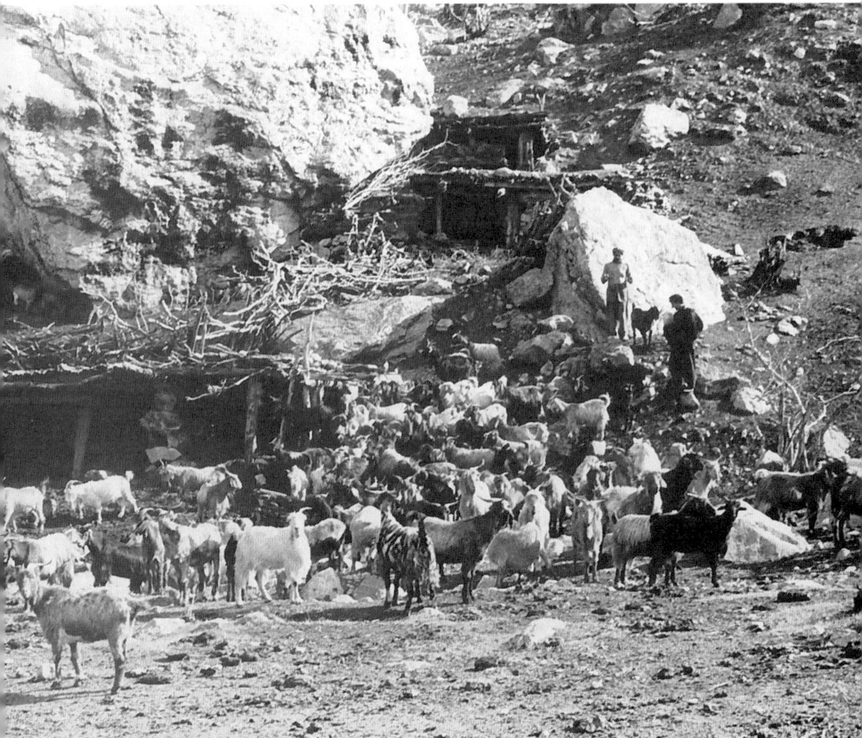

Erste Hütten, erste Tiere, erste Menschen.

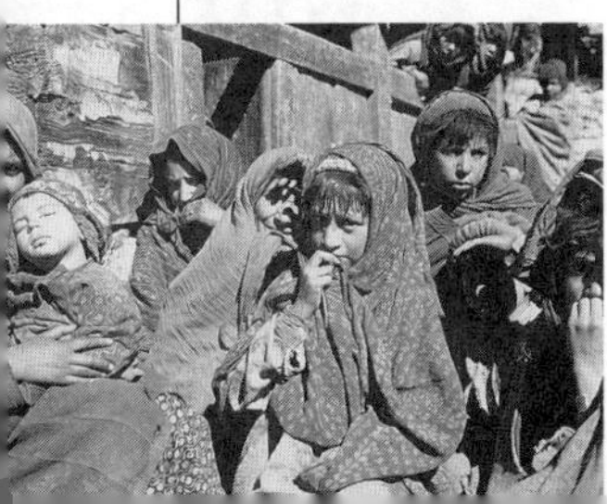

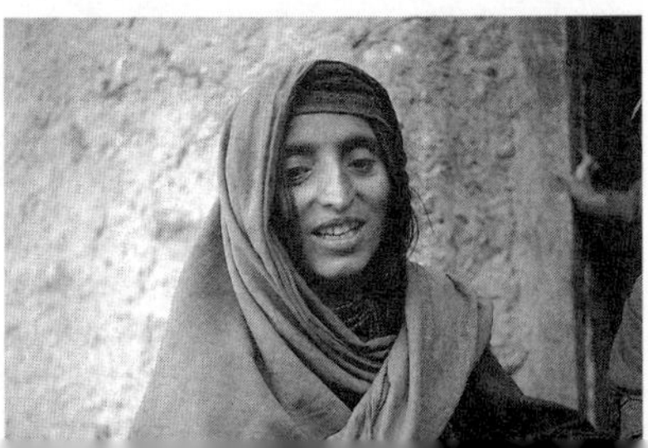

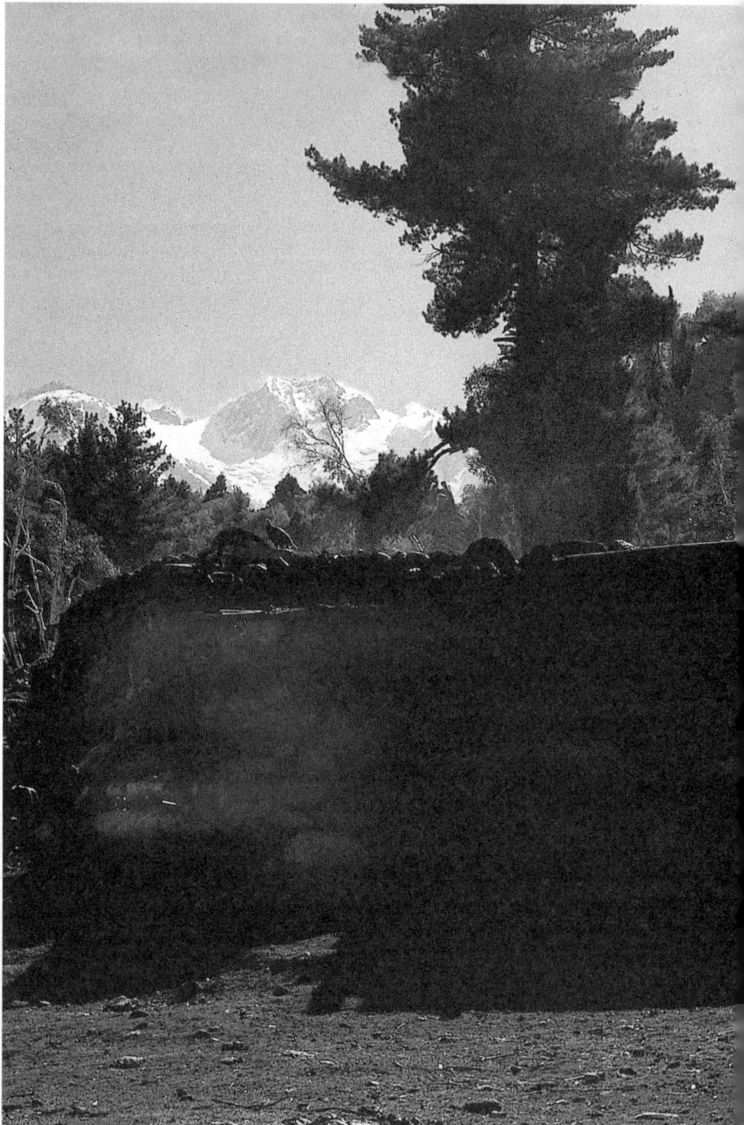

Blick von Nagaton zum Gipfel des Nanga Parbat.

Reinhold kommt die Almwiese herunter, bleibt an der Hütte am Steinklotz stehen und ruft wieder. Keine Antwort. Er wirft einen Stein auf das Dach. Ohne Erfolg. Unsicher geht er weiter. Dort, wo vorher der Mann gestanden hatte, bleibt er stehen. Man hört regelmäßige Schläge. Irgendwo hackt jemand Holz.

Ich ging dorthin, sah drei Männer beim Holzfällen.

Reinhold: Sindabad!

Sie antworten nicht.

Reinhold: Salem aleikum!

Die drei schauen ihn verwundert an.

Alle drei: Salem.

Reinhold nähert sich ihnen und versucht englisch mit ihnen zu reden. Sie verstehen kein Wort. Ihre Mienen verraten es. Reinhold setzt sich neben einem gefällten Baum nieder. Zwei hocken sich zu ihm und einer bleibt stehen. Er schüttelt fortwährend den Kopf.

Reinhold: Nanga Parbat ... Tap ... Nanga Parbat hier. Er nimmt einen Stein und legt ihn auf den Boden. Mit dem Finger zeigt er seinen Aufstiegsweg und den Abstieg ins Diamirtal. Alle drei schauen ihn unverständig an. Der Stehende zeigt »eins« mit dem Daumen. Er will fragen, ob Reinhold allein ist.

Wie sollte ich ihnen sagen, daß wir zu zweit waren, daß Günther dabei war.

Zwei zeigt Reinhold und schließt die Augen.

Sie verstanden und blickten zu Boden.

Reinhold versucht weitere Einzelheiten zu erklären, in Zeichensprache, mit Zeichnungen auf der Erde.

Nach und nach wurde ihnen vieles klar. Ich sah es in

ihren Augen. Nach einer Stunde hatten sie verstanden, daß ich auch Hunger hatte.

Sie geben ihm ein Stück Brot.

Es war die erste Nahrung seit drei Tagen.

Später brechen sie auf. Sie geben Reinhold ein Zeichen mitzukommen. Über einen schmalen Steig gehen sie abwärts. Reinhold humpelt ihnen nach. Er kann kaum Schritt halten, obwohl die drei nachsichtig sind und öfter auf ihn warten. Sie überqueren den Bach und kommen zu einem Hof. Einige Hütten stehen zwischen dicken Bäumen, und viele kleine Ziegen laufen auf einer Wiese herum, ebenso viele Kinder. Ein Esel steht mitten im Hof und brüllt.

Ich kam mir geborgen vor zwischen den vielen Leuten. Nur der Gedanke, daß noch niemand hier vorbeigekommen war und daß die daheim nichts wußten, beunruhigte mich.

Die Holzfäller sprechen mit anderen Männern und zeigen immer wieder mit dem Finger auf Reinhold, der hilflos zwischen den Kindern steht.

Man bringt ihn bis unter einen dicken Baum vor den Hütten. Einer breitet ein Tuch dort aus. Reinhold setzt sich nieder, rückt sein Bündel als Kopfpolster zurecht, zieht die Schuhe aus und stellt sie neben sich.

Inzwischen hocken viele Kinder um ihn herum. Burschen schauen zu. Es werden immer mehr. Einige Frauen und Mädchen stehen in den Türöffnungen. Einer bringt Milch. Reinhold trinkt den Becher in einem Zug leer.

Die Milch war sauer.

Reinhold: Good, thank you, very good.

Niemand kann ihn verstehen. Sie geben ihm ein Stück Chapati. Er kaut daran. Er versucht, ihnen seine Lage zu schildern. In Zeichensprache.

Sie brauchten lange, um zu verstehen, woher ich kam.

Ungläubig schütteln einige den Kopf. Immer wieder hört man das Wort »Nanga Parbat« aus dem Haufen.

Reinhold: Tap – Base Camp.

Einer nickt, als ob er verstanden hätte. Reinhold deutet über die Berge und führt mit Zeige- und Mittelfinger einen Gehenden vor.

Reinhold: Din?

Din heißt Tag, das wußte ich von unseren Trägern.

Wie viele Tage, will er fragen und zeigt mit den Fingern eins, zwei, drei, vier ... Er schaut sie fragend an. Neugierige Gesichter, kein Nicken. Reinhold stellt einen Stein auf den Boden. Er zeigt mit dem Finger drauf.

Reinhold: Nanga Parbat.

Allgemeines Nicken.

Er zeichnet einen kleinen Kreis in den Staub am Boden neben den Stein.

Reinhold: Tap – Base Camp.

Allgemeines Nicken.

Er zeichnet einen zweiten Kreis.

Reinhold: Diamir.

Allgemeines Nicken.

Er verbindet die beiden Punkte in einem Bogen rechts um den Stein und schaut fragend in ihre Gesichter.

Ich kam mir vor wie in der Schule.

Zwei zeigt einer mit der Hand. Zwei Tage soll das heißen. Ein anderer schüttelt den Kopf und zeigt auf Reinholds Füße.

Zwei Tage, aber mit diesen Füßen, wollte er sagen, ist es unmöglich. Dann gehe ich besser nach Bunar, dachte ich.

Einer zeigt auf Reinholds Uhr.

Ich war stolz, ihnen meine Uhr zeigen zu können.

Ganz groß die Uhr. Am 29. ist sie stehengeblieben.

Dann muß heute der erste sein, und die anderen müßten längst da sein, dachte ich.

Reinhold zieht die Uhr auf. Mit der linken Hand. Er läßt den Wecker rasseln. Alle staunen. Ein Bub stößt ihn am Ellbogen. Er möchte die Uhr haben. Reinhold gibt sie einem alten

Mann, und dieser vertieft sich in den Anblick des Wunderwerkes. Er spielt mit ihr wie ein Kind mit einer elektrischen Eisenbahn. Er will sie kaufen. Reinhold schüttelt den Kopf.

Ich werde sie noch brauchen, dachte ich, um den Jeep zu bezahlen nach Gilgit.

Er zieht die Uhr wieder an, legt sich hin. Es ist inzwischen Nacht geworden. Man macht ein kleines Feuer. Gesprochen wird nicht viel. Als er schläft, verschwinden sie, einer nach dem andern, in den Hütten. Es bleibt ein Häufchen Glut.

Lange Zeit muß ich sehr gut geschlafen haben.

Es ist Nacht. Reinhold schläft unter dem Baum. Alles ist still. Man sieht bloße Füße. Sie gehen ganz langsam, als ob der Mann, zu dem sie gehören, schleichen würde. Die Füße bleiben nahe bei Reinhold stehen. Man sieht eine gebückte Gestalt. Sie fingert an Reinholds Arm, der frei am Boden liegt, herum. Finger versuchen die Uhr abzunehmen. Plötzlich nimmt Reinhold die Hand weg. Der Mann läuft davon. Reinhold zieht die Uhr aus und steckt sie in die Tasche.

Ich hätte sie am Abend nicht zeigen sollen.

Einzelne Äste am schwarzen Himmel. Man hat das Gefühl, daß Sterne an ihnen hängen, sonst sind die Äste kahl. Wie erschrocken greifen sie in die Nacht. Der Orion ist zum Teil schon verdeckt. Reinhold schaut hinauf. Er liegt sonst ganz ruhig.

Die Ereignisse der vergangenen Tage tanzten durch mein Bewußtsein.

Die Sterne drehen sich zwischen den Ästen.

Ich konnte nicht mehr schlafen und drehte mich mit den Sternen.

Die Äste gehören zu mehreren Bäumen, die um ihn stehen. Man sieht die Stämme. Drei sind es.

Immerzu dachte ich: Er müßte neben mir liegen.

Man merkt es an seinem Gesicht, daß er friert. Der Wind ist nun kühl.

Er rüttelte Zusammenhänge in mir wach.

Allmählich wird es heller. Der letzte Stern.

Ich habe den Bruder verloren. Ich wußte es nicht immer, aber immer wieder.

Reinholds Gesicht. Die Augen sind geschlossen. Der Mund halb offen. Er schläft.

Als ich wieder erwachte, standen viele Leute um mich herum. Ich wußte nicht recht, was sie wollten.

Es ist Morgen. Schuhe, einige Kleidungsstücke, ein Pickel am Boden. – Reinhold richtet sich auf, scheint nach etwas zu suchen, findet es nicht. Er sitzt und betrachtet eine Zeitlang die Füße. Die Füße aus der Nähe: Die Zehen sind ganz blau. – Er zieht die Innenschuhe an, die Außenschuhe …

Auch die Strümpfe hat man mir in der Nacht genommen.

Er packt einen Pullover, die Angoraunterwäsche, eine Mütze in den Anorak und gibt das Bündel einem der Burschen. Dieser versteht sofort.

Er sollte mich begleiten.

Er kriegt ein Paar Handschuhe und die Stirnlampe dafür und zeigt sich zufrieden. Reinhold richtet sich am Baum auf, geht einige Schritte tappend über den Weg. Er verliert das Gleichgewicht und fällt beinahe hin. Am Arm des Trägers klammert er sich fest. Einen Augenblick lang schwanken sie beide. Der Träger stützt ihn am Arm. Sie gehen nebeneinander. Reinhold vorsichtig auftretend, ab und zu humpelt er. Der Träger ist immer einen Schritt voraus. Sie bleiben stehen.

Mein Pickel, plötzlich bemerkte ich, daß ich keinen Pickel mehr hatte.

Reinhold schimpft laut zu den anderen. Er tut so, als ob er hacke. Nach einiger Zeit bringt jemand den Pickel. Während er sich anzog, hatten sie ihn weggenommen. Die beiden gehen weiter, überqueren einen Bach, und man sieht sie auf der anderen Seite im Wald verschwinden.

Wir waren auf dem Weg nach Diamir. Es muß der 2. Juli gewesen sein.

Ein steiler Weg. Der junge Mann von vorher trägt die blaue Windjacke und den Pickel. Er wartet immer wieder, bis Reinhold nachkommt. Zwei Buben laufen an Reinhold vorbei. Jeder trägt ein Bündel Holz auf dem Rücken. Sie bleiben stehen und setzen sich hin. Der kleinere ist kaum acht Jahre alt und trägt weit mehr als zehn Kilo. Auch der Träger setzt sich zu den beiden Brüdern unter den Baum. Reinhold tastet sich langsam den Weg herab und läßt sich umständlich nieder. Der Träger wehrt ab. Er weiß, wie schwer es für Reinhold ist, wieder auf die Beine zu kommen.

Reinhold sitzt da. Die anderen plaudern miteinander. – Einige Frauen kommen den Weg herauf. Sie tragen weite Beinkleider, die am Knöchel zusammengebunden sind. Sie gehen in einem kleinen Bogen um Reinhold herum. Eine trägt eine Wasserkanne.

Wie sagt man, daß man Durst hat?

Reinhold tut so, als ob er trinken würde. Die Buben haben verstanden und reden mit den Frauen. Diese zögern. Nach einiger Zeit schieben sie ein Mädchen mit der Wasserkanne vor. Mit ausgestrecktem Arm reicht sie die Kanne. Das Wasser in der Kanne ist schmutzig, es hat eine milchige Farbe.

Solches Wasser soll man nicht trinken.

Reinhold trinkt. Lange. Er nickt wie zum Dank und gibt die Kanne zurück. Die Frauen setzen den Weg fort. Immer wieder schauen sie zurück. Sie lachen.

Mir war nicht nach Lachen zumute.

Weiter unten sieht man ein Dorf. Ein Dutzend Hütten vielleicht. Einige Äcker und Wiesen. Sie sind in Terrassen angelegt. Ein Steig, der ins Dorf hineinführt, und einer, der wieder hinausführt. Reinhold bleibt stehen und schaut.

Reinhold: Diamir?

Er zeigt mit dem Stock zu den Häusern. Der Träger nickt.

Eine Stunde später kamen wir ins Dorf. Es war noch früher Vormittag.

22 In Diamir

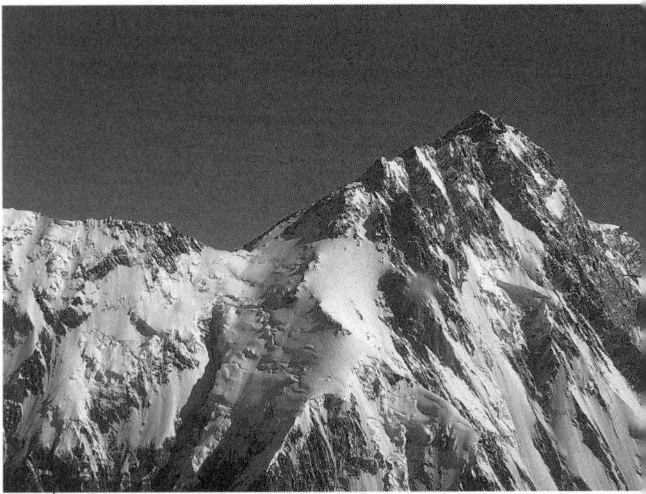

Der »Sieg« über die Rupalwand gilt erst zurück im Basislager.

»Die Freude während dieses Ganges ist in Worten nicht auszudrücken. Um 16 Uhr komme ich im Basislager an, wo mich der Leiter, der Captain, die Träger und alle Anwesenden umarmen.«

Felix Kuen,
in: Der Bergsteiger, Nr. 11/1970

»Nun ging mir eine neue Welt auf. Ich näherte mich den Gebirgen, die sich nach und nach entwickelten.«

Johann Wolfgang von Goethe

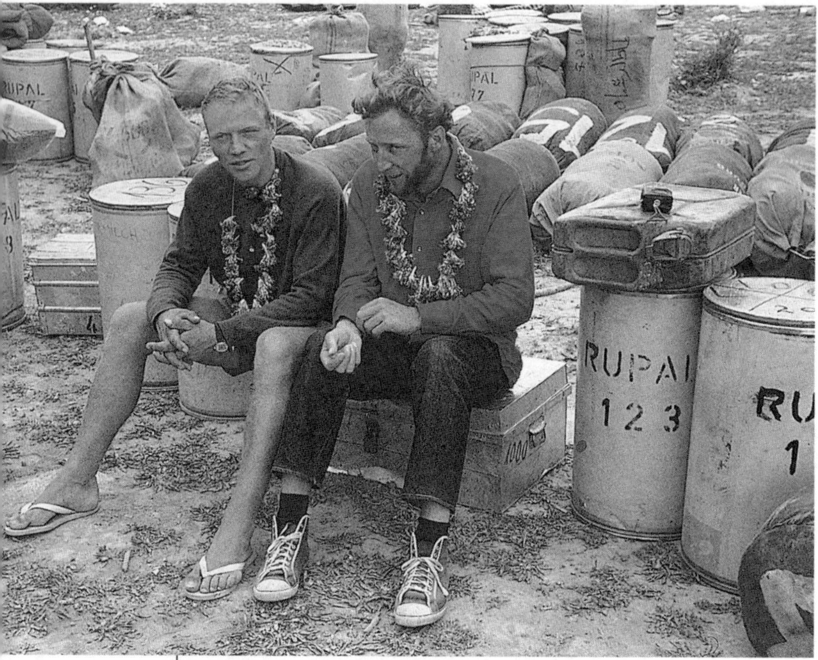

Peter Scholz und Felix Kuen zurück im Basislager.

»Herrligkoffer hatte die Seilschaften Kuen/Heim, Scholz/Saler gleich am Anfang der Expedition auseinanderdividiert. Damit hatte er mehr Kontrolle über die einzelnen Bergsteiger. Das Gipfelteam Kuen/Scholz war für Herrligkoffer kein zufälliges gewesen (Österreicher plus Deutscher am Gipfel!). Ab jetzt nützte der Expeditionsleiter Rivalität, Animositäten, Ehrgeiz der Teilnehmer subtil aus, um die Geschichte vom Hergang der Expedition zu seinen Gunsten zu manipulieren.«

Reinhold Messner, 2009

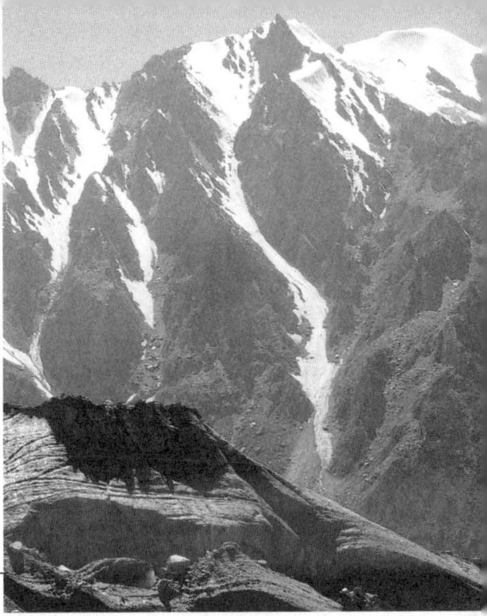

Oberes *(rechts)* und unteres Diamirtal *(unten)*. Darunter die gefährliche Diamirschlucht.

»Man muss die Tatsachen kennen, bevor man sie verdrehen kann.«

Mark Twain

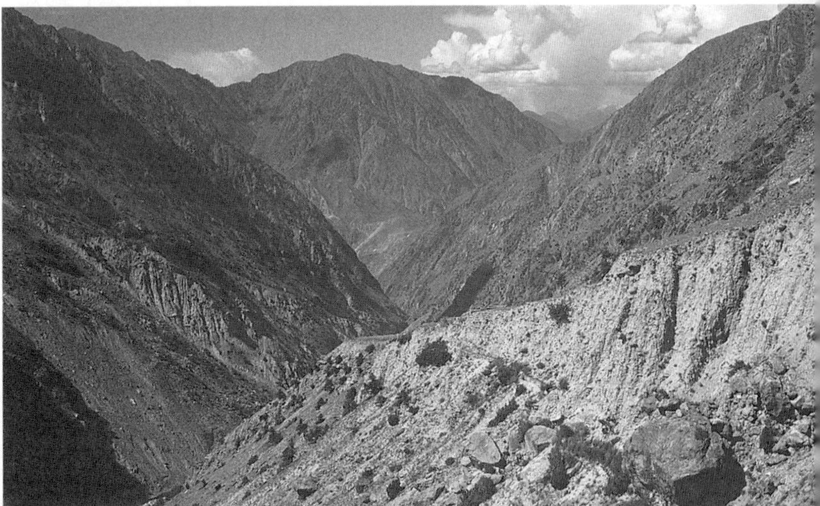

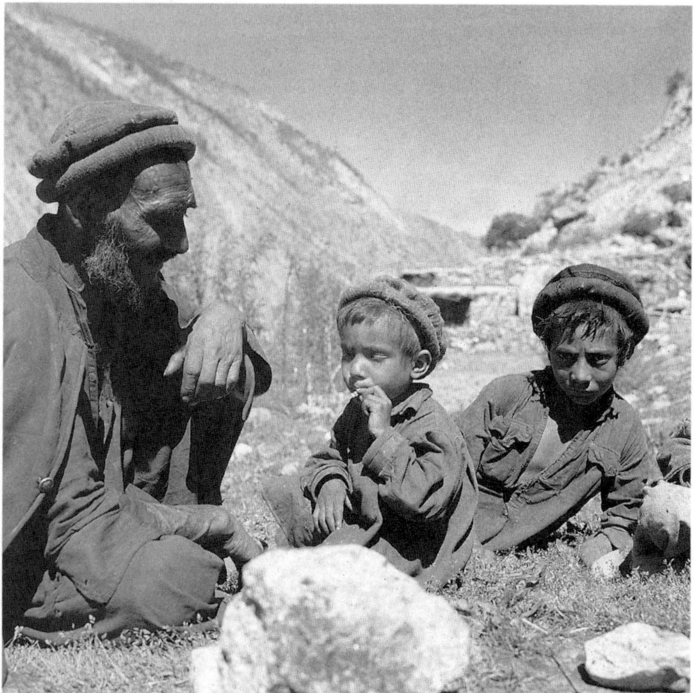

In Diamir (auch Ser) im mittleren Tal.

»Wegen meinen Erfrierungen inzwischen gehunfähig, war ich den Einheimischen völlig ausgeliefert. Auch hatte ich kein Geld, um Essen oder Trägerdienste zu bezahlen.«

Reinhold Messner, 1970

Einige Hütten. Vier Mauern aus Stein, die Tür in Holz, Fenster haben sie keine. Das Dach ist flach. Mitten durch das Dorf führt der Weg. Es ist kein Weg, es ist ein Steig. Ein überdeckter Brunnen. Das Wasser ist klar. Reinhold geht hinein und trinkt. Er läßt sich an einer Ecke des Brunnens nieder, zieht die Schuhe aus und hält die Füße ins Wasser. Sie sind stark geschwollen, die Zehen dunkelblau. Ein alter Mann sieht zu. Er schüttelt verständnislos den Kopf.

Bald standen Kinder, Burschen und Männer um mich herum. Alle schauten mich an.

Reinhold will wissen, ob hier jemand vorbeigekommen ist. Einer so wie er. Oder mehrere.

Einer aus Diamir: Sahib?

Reinhold nickt. – Die anderen schauen sich an. Einige schütteln den Kopf.

Es brauchte lange, bis sie verstanden.

Dann machen sie ihm klar, daß kein »weißer Herr« hier vorbeigekommen ist. Vor Jahren der letzte.

Ich war verwundert, daß keiner von unserer Expedition da war, und fürchtete schon, unser Leader könnte uns vergessen haben.

Die Sonne ist aufgegangen. Einer der Burschen mahlt etwas zwischen zwei Steinen. Es sieht aus wie Bohnen. Das Pulver streut er auf Reinholds Zehen.

Später haben sie furchtbar gebrannt.

Reinhold will in den Schatten. Für kurze Zeit nur. Sein Träger spricht mit einem alten Mann. Groß das Gesicht dieses Mannes: Die Züge sind weich, der weiße Bart ist schütter.

Er war der Gebetsrufer.

Er erlaubt es.

Ich wußte nicht, was.

Zwei Burschen helfen Reinhold auf die Beine und begleiten ihn zum Eingang des Gebetshauses. Es ist zehn Schritte vom Brunnen entfernt.

Ich mußte die Schuhe ausziehen, bevor ich hineingehen durfte. Drinnen war es kühl. Ich legte mich einfach auf den Boden.

Ein dunkler Raum. Vier mal vier Meter vielleicht. Kaum mehr als zwei Meter hoch. Am Boden liegt langes, getrocknetes Gras, ein hellgrüner Teppich. Reinhold liegt ausgestreckt am Boden, ohne Schuhe, und scheint zu schlafen. Ganz hinten ist ein Loch in der Mauer. Man sieht einige Blätter in der Sonne.

Die Tür geht auf. Reinhold erschrickt. Es ist jemand eingetreten. Der Mann ist barfuß, er hat ein helles Kleid an, sein Bart ist grau. Reinhold liegt bewegungslos in seiner Ecke. Der andere steht in der Mitte des Raumes. Er redet halblaut vor sich hin, erhebt die Hände, breitet sie aus. Er geht in die Hocke, legt sich auf den Boden.

Plötzlich verstand ich, warum das Gras.

Der alte Mann: Allah …

Mehr verstand ich nicht.

Er steht wieder, richtet die Augen gegen die Decke, hebt die Arme. Seine Worte spricht er langsam und deutlich.

Ich war verwundert, wie ähnlich dieses Gebet dem unserer Priester ist.

Er beachtet den Fremden am Boden nicht, verläßt das Gebetshaus, die Tür ist wieder geschlossen.

Wenig später ging die Tür wieder auf.

Zwei Männer kommen herein. Einer trägt ein Gewehr. Der ältere der beiden setzt sich in die Ecke, dem Fremden gegenüber. Er ist groß und dick. Sein schwarzer Schnurrbart gibt ihm einen teuflischen Ausdruck. Der andere sitzt nun neben Reinhold, das Gewehr auf den Knien. Reinhold liegt da, greift nach seinem Pickel, der neben ihm liegt. Er ist noch da. Ängstlich schaut er zum Mann auf, der neben ihm sitzt.

Er kam mir bekannt vor.

Er ist jung, fünfundzwanzig vielleicht, sein Gesicht ist schmal und blasser als die anderen Gesichter hier.

Reinhold: You policeman?

Der Mann mit dem Gewehr schüttelt den Kopf.

Ich hatte plötzlich Angst.

Die beiden sagen nichts. Der neben Reinhold lächelt gefährlich. Er spielt mit seinem Gewehr. Einen Patronengürtel hat er von der linken Schulter quer über die Brust gehängt.

Mir fielen wieder die Leute ein, die hier in der Gegend einfach verschwunden sind. Forscher, Touristen, meistens waren es Europäer – umgebracht, wer weiß, wie.

Reinhold steht auf und tastet sich hinaus. Er muß sich an der Mauer stützen.

Ich konnte kaum noch gehen.

Auf dem Weg in Diamir. Reinhold sitzt am Wegrand. Burschen und Kinder stehen und hocken um ihn herum. Er redet mit ihnen. In Zeichensprache. Er macht ihnen klar, daß er jemand braucht, der ihm hilft. Einige scheinen zu begreifen. Einer nimmt die gelbe Überhose aus Perlon.

Reinhold: Eggs?

Sie schauen ihn verwundert an. Anscheinend hat keiner verstanden.

Reinhold: Gogodee, Gogodee.

Er zeigt mit Daumen und Zeigefinger die Form eines Eies.

Der mit der Überhose schaut ihn fragend an.

Fünf zeigt Reinhold mit der Hand und tut so, als ob er essen würde. Man hat verstanden und nickt.

Reinhold: Eggs, Chapatis and tea.

Der mit der Überhose läuft weg.

Reinhold versucht wieder, Träger für sich zu werben. Er bietet ihnen alles an, was er entbehren kann. Sie verstehen nicht. Er macht drei kleine Haufen.

Reinhold (halblaut, für sich): Mehr habe ich nicht.

Einer zeigt auf sein Hemd. Es ist sein einziges. Alles andere hat er ihnen angeboten. Die Burschen besprechen etwas miteinander. Sie scheinen nicht einverstanden.

Ein kleiner Bub bringt eine Art Pfanne. Ein anderer bringt Holz. Er legt es auf den Weg. Der mit der Überhose bringt einen brennenden Span und macht Feuer.

Reinhold macht klar, daß er auch Butter braucht und Salz. Man stellt die schwere flache Pfanne, die drei Füße hat, über das Feuer, gibt Butter hinein, und Reinhold schlägt die Eier in die Pfanne, die ihm der Bursche mit der Überhose reicht. Eins nach dem anderen. Daneben zerkleinert einer Salz auf einem Stein und streut es auf die Eier. Einer bringt Chapatis und einen Becher voll heißen Tee. Sogar einen Löffel bringen sie. Er stammt von einer früheren Diamir-Expedition.

Es hat mir geschmeckt wie noch nie.

Immer, wenn wieder jemand kommt, der einen hilfsbereiten Eindruck macht, versucht es Reinhold mit den drei Haufen. Einer muß ihm doch helfen. Doch jedesmal ist es zuwenig.

Nach einer Stunde wurde ich der Eintönigkeit dieses Spiels überdrüssig.

Die Burschen gehen einer nach dem anderen. Keiner will ihm helfen.

Ich habe oft mit fremden Menschen zu tun gehabt. Mit Leuten, deren Sprache ich nicht verstand und deren Sitten ich nicht kannte. Ich habe mit ihnen verhandelt und mit ihnen gegessen. Hilfsbereit waren sie und gastfreundlich, und ich habe an das Gute im Menschen geglaubt. Ich lebte in der Welt der Kinder, selbst noch ein Kind. Nun war ich auf sie angewiesen, auf ihr Brot, auf ihre Hilfe. Zum erstenmal in meinem Leben war ich unbehütet, fremden Menschen ausgeliefert, hilflos. Nicht einmal laufen konnte ich mehr. Und sie wußten das, und sie ließen mich spüren, daß sie es wußten. Zum erstenmal habe ich fremde Leute ganz aus der Nähe erlebt. Das hat mein Vertrauen in die Menschen nicht bestärkt.

Zwei Burschen hocken noch bei Reinhold und einige Kinder. Sie deuten an, daß sie helfen wollen. Nur für alles, was er hat. Reinhold nickt. Als sie aber sein einziges Hemd fordern, kann er sich nicht mehr beherrschen.

Reinhold: The shoes.

Er deutet auf die Füße. Sie bringen ihm die Innenschuhe. Er schaut herum, als ob er etwas suche. Sie stehen unentschlossen vor ihm. Da brüllt Reinhold plötzlich los, daß sie zusammenzucken.

Reinhold: Die Schuhe will ich! Wo habt ihr die Schuhe! The shoes!

Einer geht hinter das Gebetshaus und bringt die schweren Schuhe.

Reinhold: Na endlich.

Er zieht die Schuhe an, bindet sich den Anorak um, sein Gesichtsausdruck hat etwas von einem gejagten Tier, das, in die Enge getrieben, den Jäger angeht.

Ich war entschlossen, alleine weiterzugehen. So absurd es mir erschien, viele Meilen vom nächsten Dorf und eine gefährliche Schlucht dazwischen, in Todesgefahr, aber ich war entschlossen.

Er richtet sich am Brunnenhaus auf, läßt los, und steht.

Das hatte ich nicht erwartet. Ich hatte gedacht, ich würde umfallen.

Die Filzinnenschuhe schenkt er einem der Kinder, das neben ihm steht und ihn entgeistert anschaut. Die Steigeisen wirft er in die nächste Wiese.

Reinhold: Die brauche ich jetzt nicht mehr.

In der linken Hand den Pickel, in der rechten einen Stock, so schwankt er durchs Dorf. Baufällige Hütten. Schmutzige Kinder schauen ihm nach. Eine Frau steht in der Tür. Faul liegen die Hühner neben dem Weg und laufen einige Schritte zur Seite, als er kommt. Zwei Trockenmauern. Dazwischen der

Steig. Einige Äcker neben den Hütten: Mais, Kartoffeln und irgendein Getreide.

Kleine, steife Schritte, ruckartig, ab und zu gibt ein Knie nach. Wenn der Schuh an einen Stein stößt, kommt der ganze Körper ins Wanken.

Der Weg geht jetzt einen steilen Hang entlang. Reinhold bleibt stehen, dreht sich um. Man sieht das Dorf.

Mir war, als ob ich schon einmal hier vorbeigekommen wäre.

Er geht weiter, mitten durch die Felder. Am Ende der Wiesen bleibt er stehen. Man sieht eine kahle, felsige Schlucht, ganz unten tobt ein Fluß.

Zwei Männer bewässern ein Maisfeld.

Einen kannte ich schon, vom Dorf her wahrscheinlich.

Das Maisfeld ist so groß wie ein Wohnzimmer. Die beiden Bauern leiten das Wasser in kleinen Gräben über die Erde.

So haben wir als Kinder oft gespielt.

Reinhold fragt nach dem Weiterweg. Der, den er kennt, zeigt hinunter zum Fluß und schüttelt den Kopf, als wolle er sagen: mit diesen Füßen!

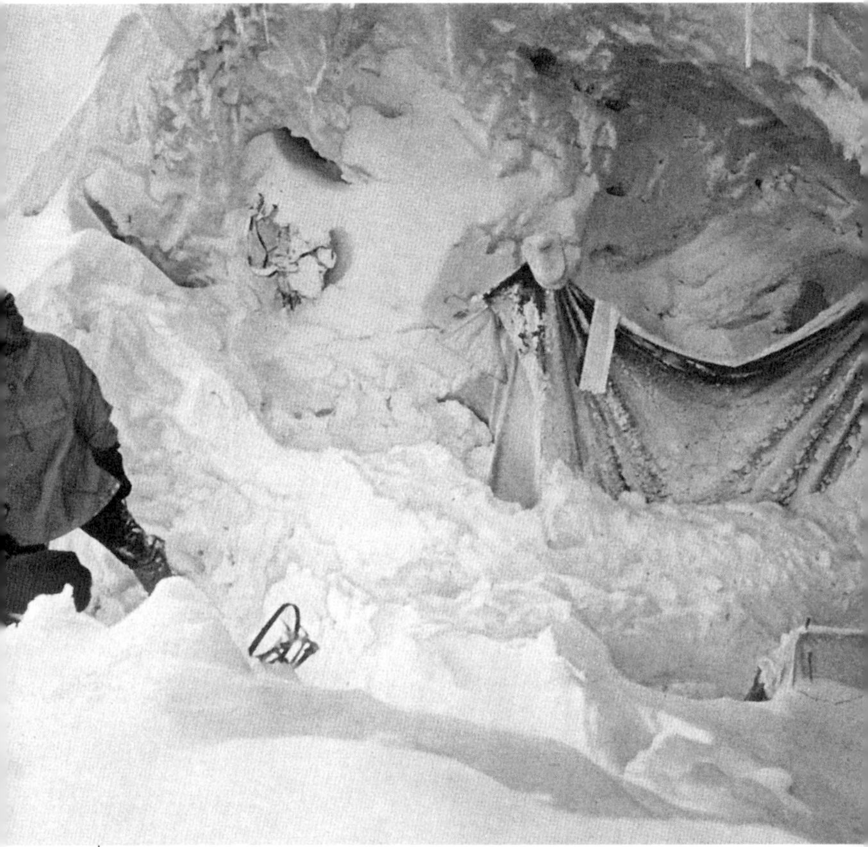

Sturm, Schnee, Kälte ... Mehrere Tage sind die Brüder Messner allein – eingeschneit im Lager III auf 6000 m Höhe.

Die Expedition 1970 in Bildern

Die erste Auflage der »Roten Rakete« 1971 war als Dokument gedacht und bescheiden bebildert (3 × 8 Seiten schwarzweiß; 4 Seiten Farbe). Da der Expeditionsleiter Karl Maria Herrligkoffer die Filme der Messner-Brüder im Basislager an sich genommen hatte und Günthers Kamera mit ihm verlorenging, blieb nur die Bebilderung mit Archivmaterial aus den Anfängen der Nanga-Parbat-Erschließung und einigen wenigen Fotos der Expeditionskameraden. Hier wurden die Bilder aus der Originalauflage zu einem Bildteil zusammengefasst und die einzelnen Kapitel mit weiteren Fotos ergänzt.

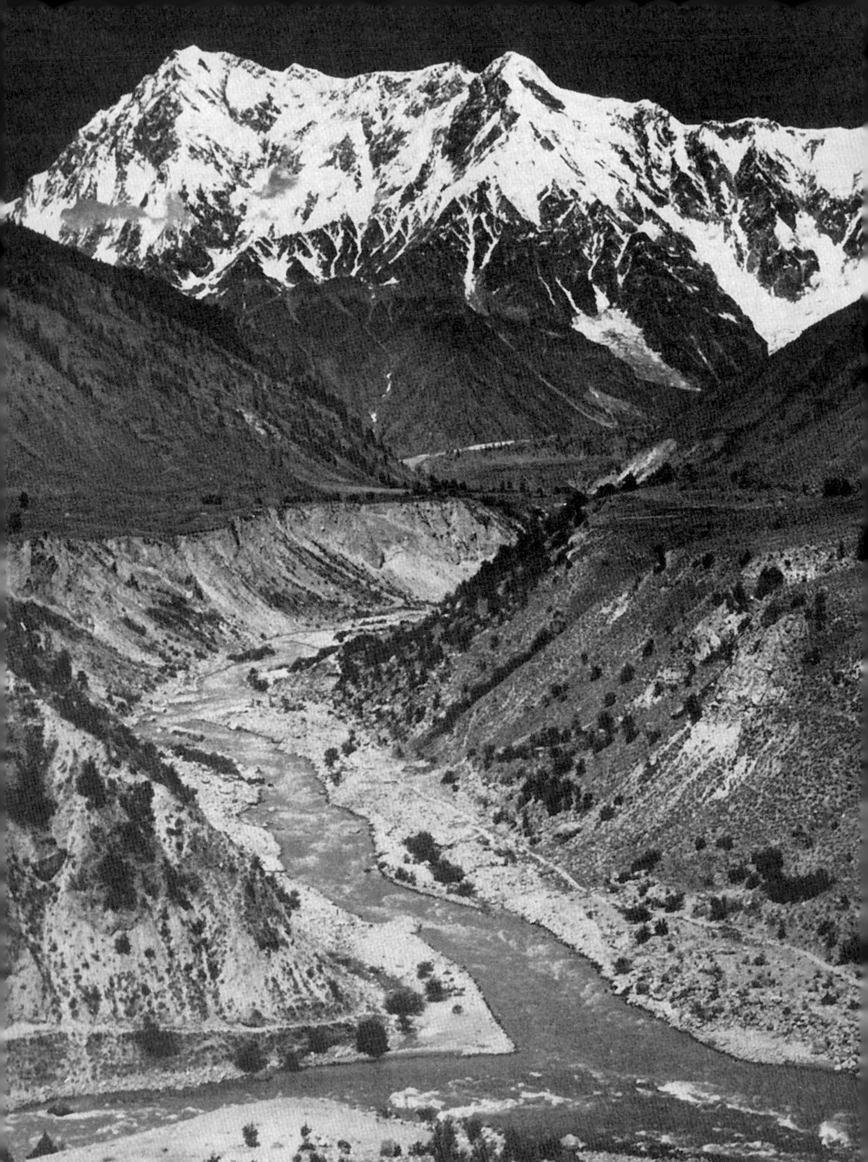

Der Nanga Parbat mit dem Rupaltal, durch das der Berg erstmals erkundet wurde und 1970 der Anmarsch zum Basislager erfolgte. In der Bildmitte der Rakhiot Peak, rechts davon die Chongra Peaks. *Foto: DHS*

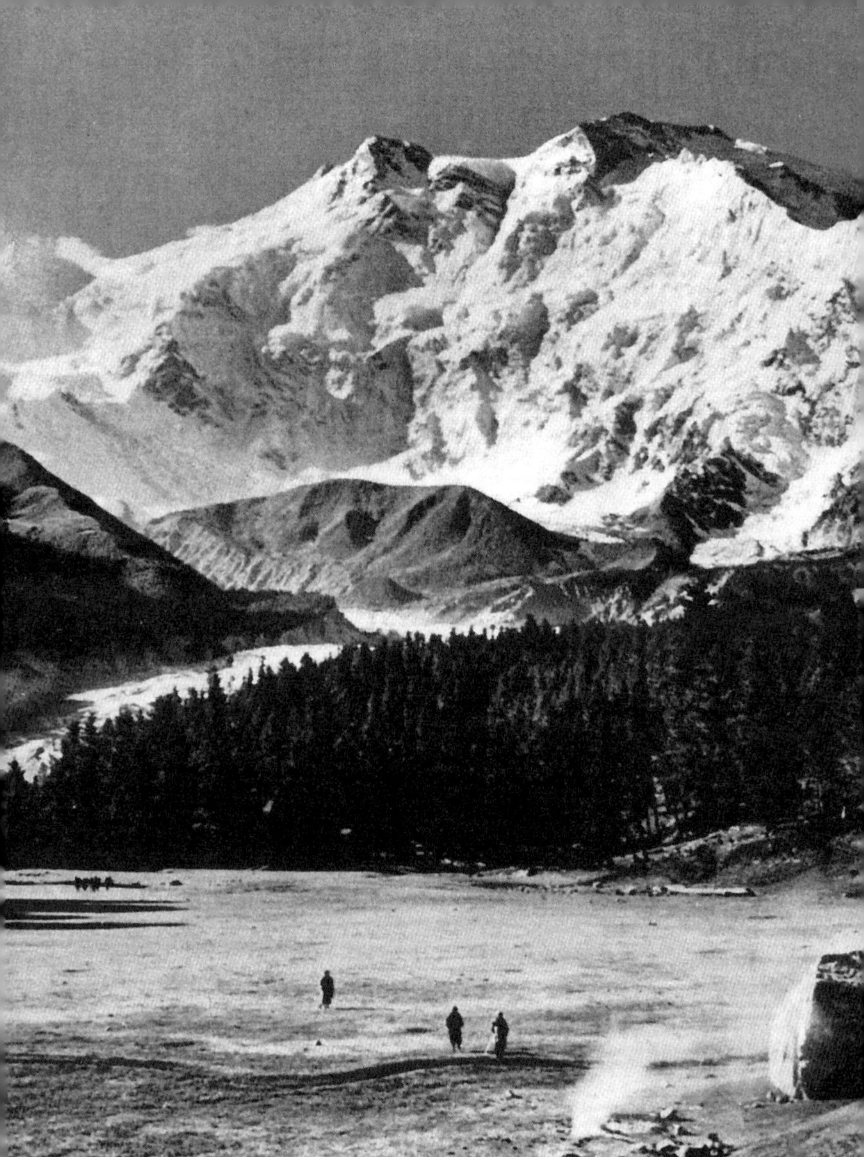

Die Nordseite des Nanga Parbat – die sogenannte Rakhiot-Seite –, von der Märchenwiese aus gesehen. Deutlich zu erkennen die beiden Silberzacken (Mitte, oben). Links vom Gipfel das Silberplateau.
Foto: DHS

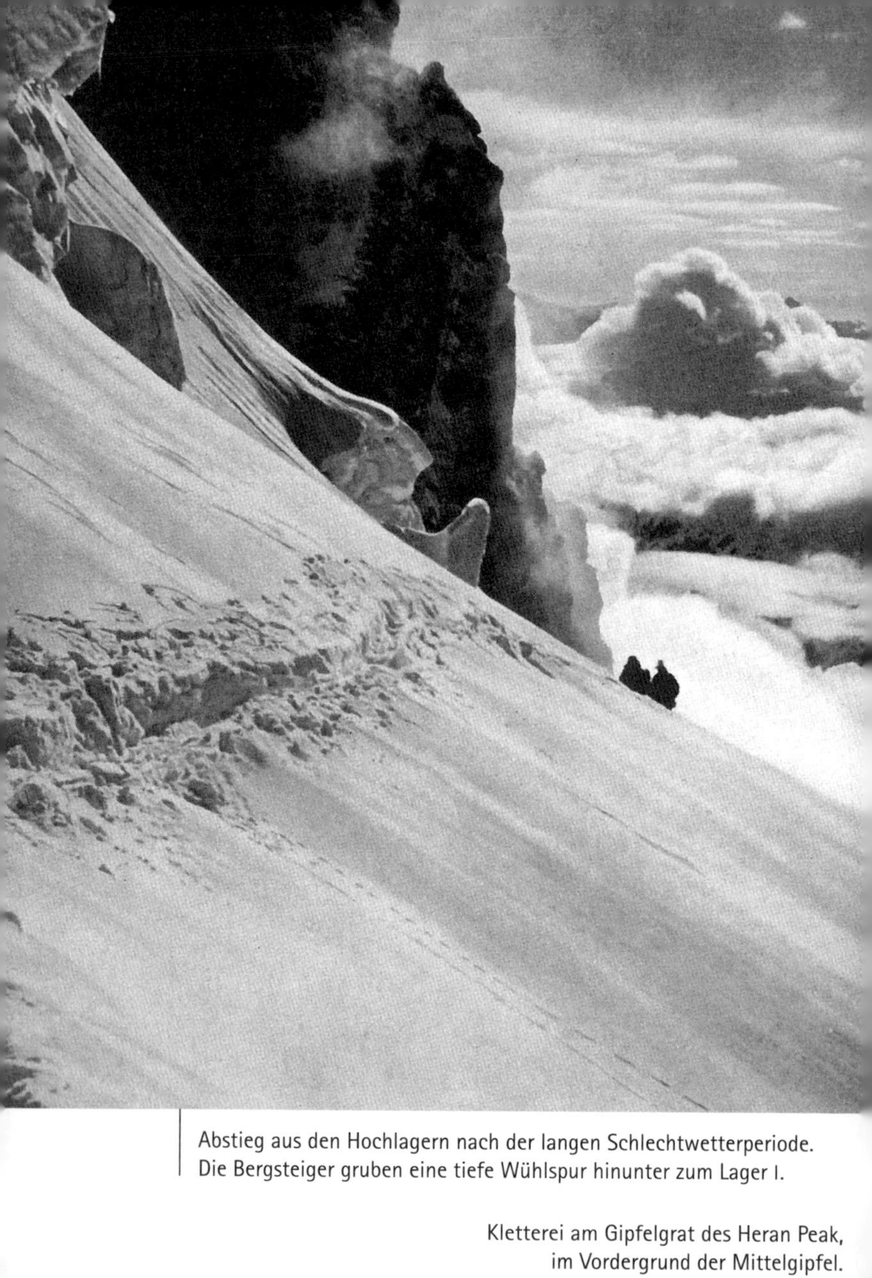

Abstieg aus den Hochlagern nach der langen Schlechtwetterperiode.
Die Bergsteiger gruben eine tiefe Wühlspur hinunter zum Lager I.

Kletterei am Gipfelgrat des Heran Peak,
im Vordergrund der Mittelgipfel.

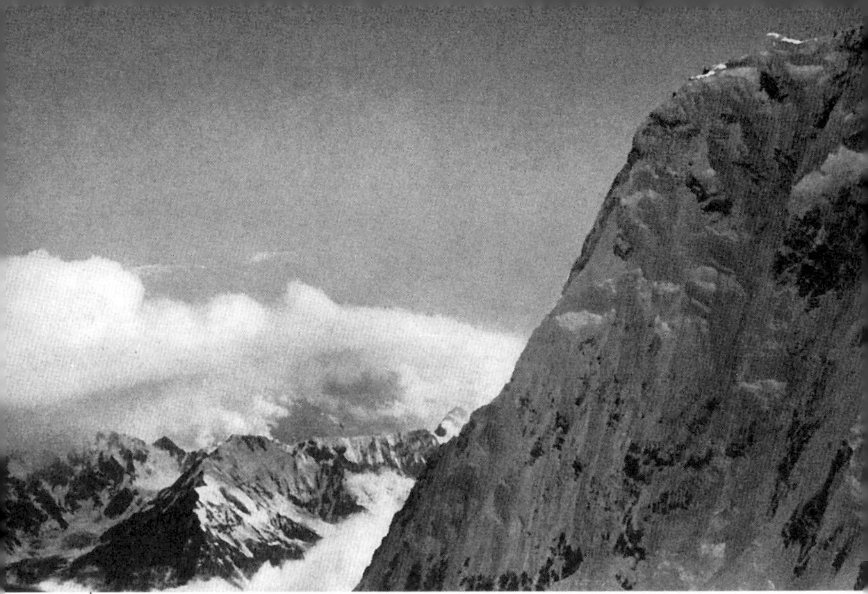

In der Mitte der Heran Peak, der von den Brüdern Messner erstmals bestiegen wurde. Rechts im Vordergrund der Nanga Parbat mit seiner gewaltigen Südostwand. *Foto: DHS*

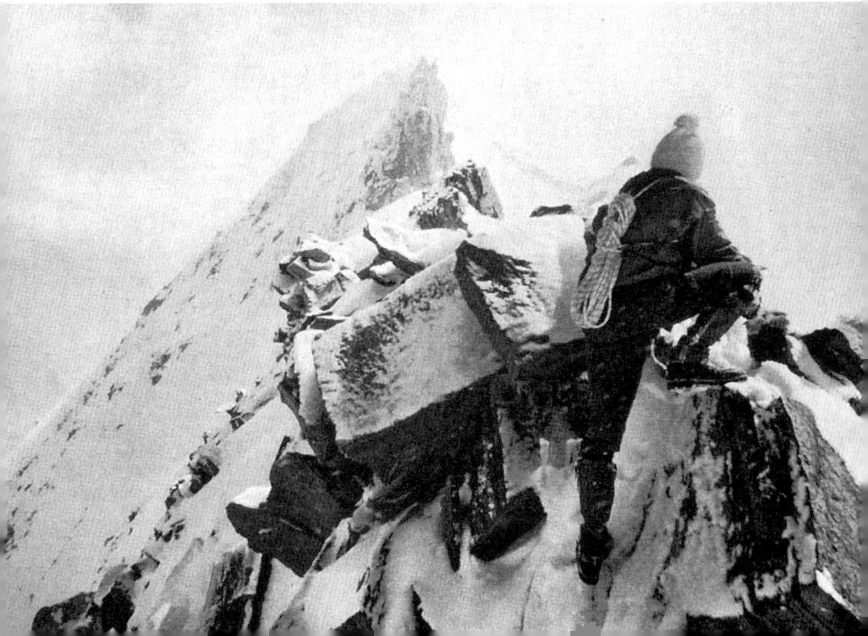

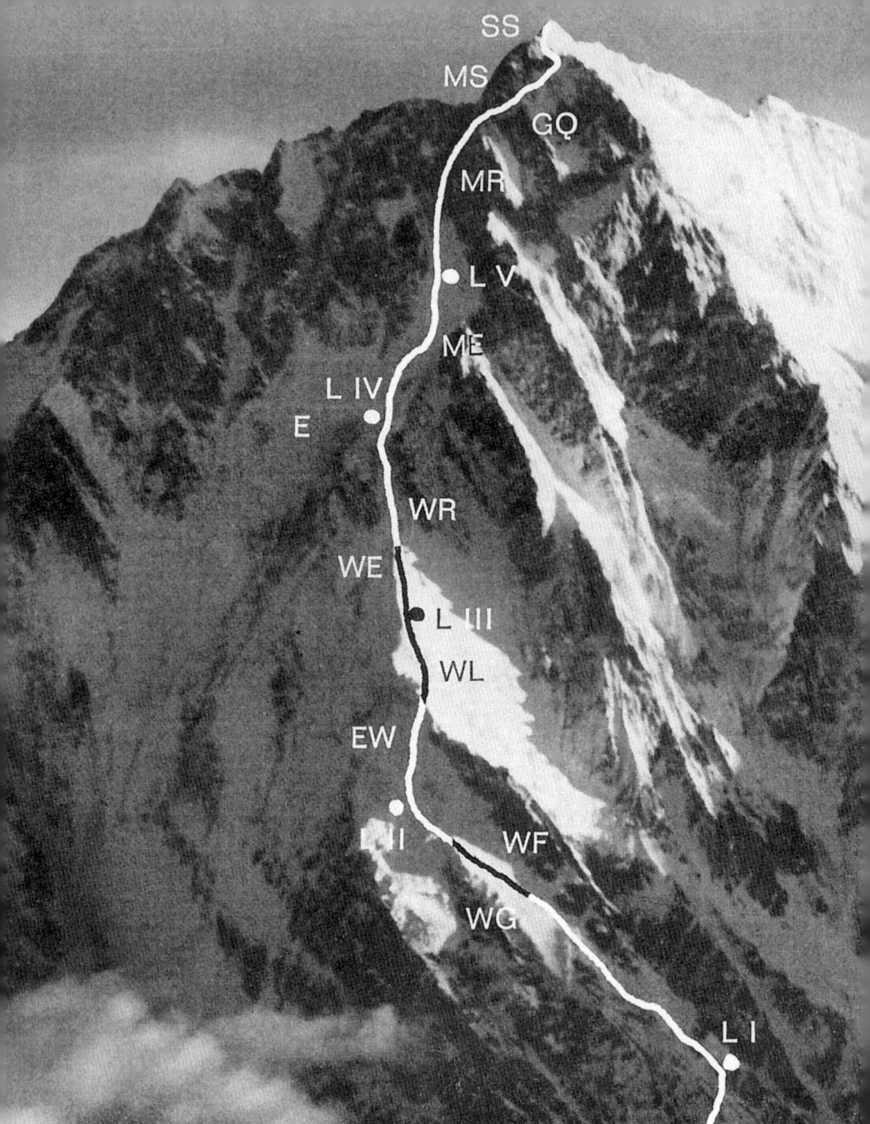

Die Rupalwand. L I bis L V = Lager, WG = Wielandgletscher, WF = Wielandfelsen, EW = Eiswand, WL = Windenlager, WE = Welzenbacheisfeld, WR = Weizenbachrinne, E = Eiswulst, ME = Merkleisfeld, MR = Merklrinne, GQ = Große Querung, MS = Merklscharte, SS = Südschulter. *Foto: DHS*

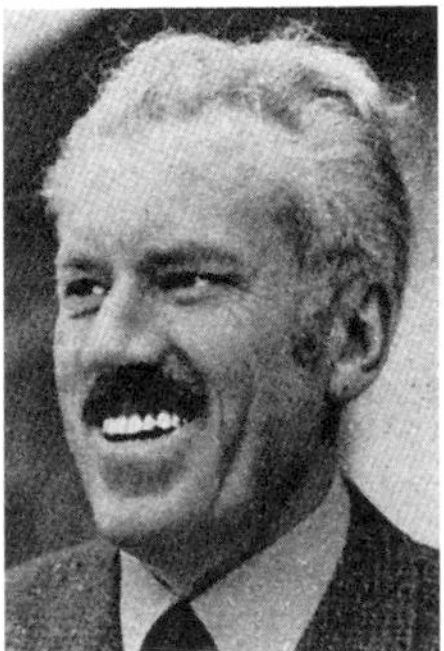

»Leader«,
Dr. Herrligkoffer

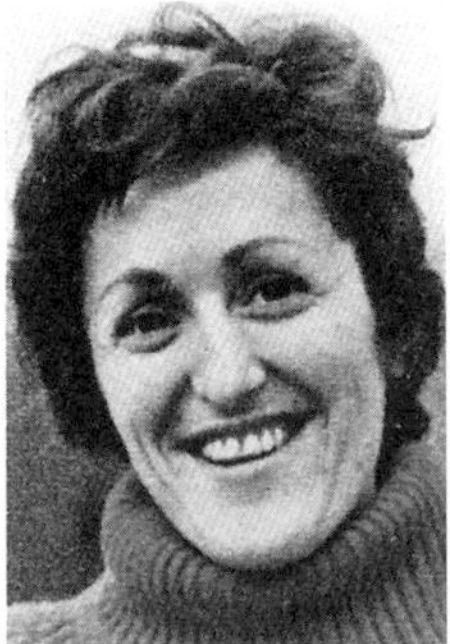

Alice von Hobe
(Alex)

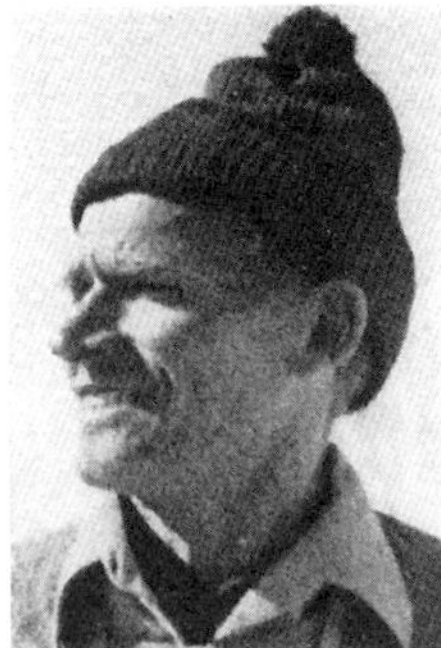

Michl Anderl

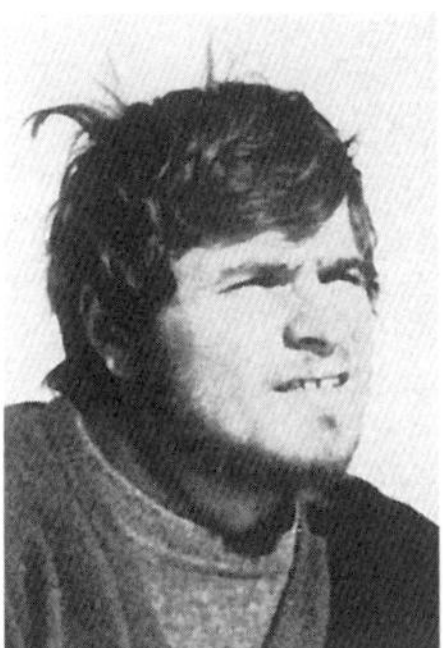

Gerhard Baur

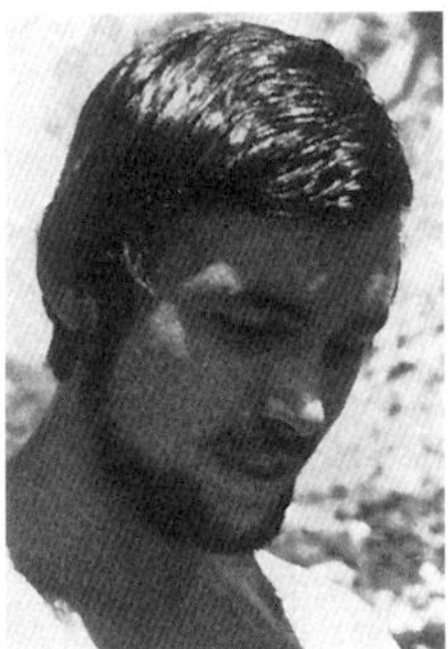

Wolf Bitterling

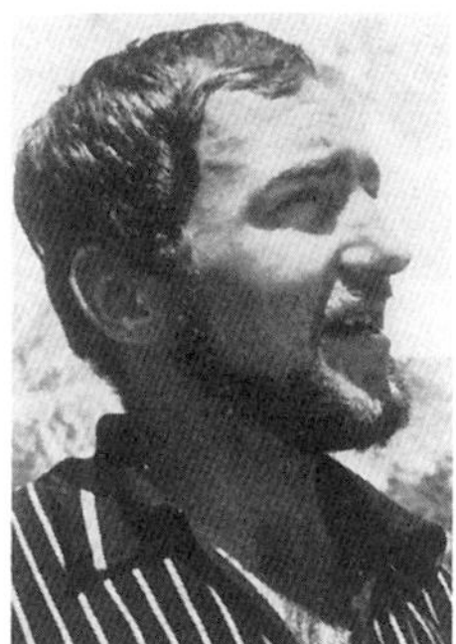

Werner Haim

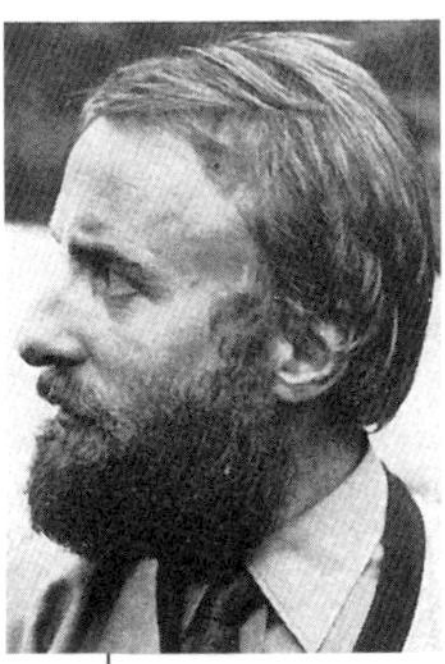

Max von Kienlin

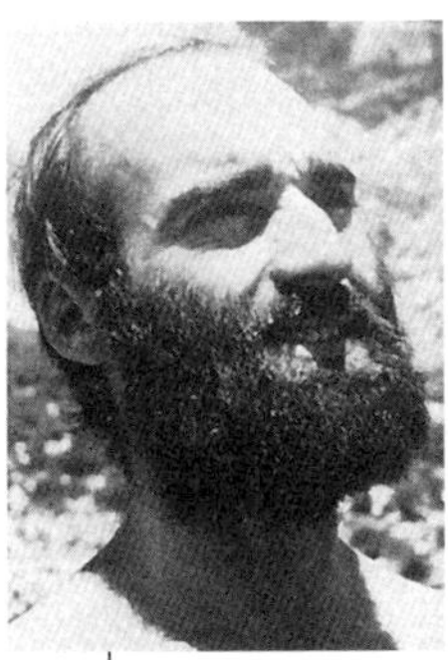

Günter Kroh

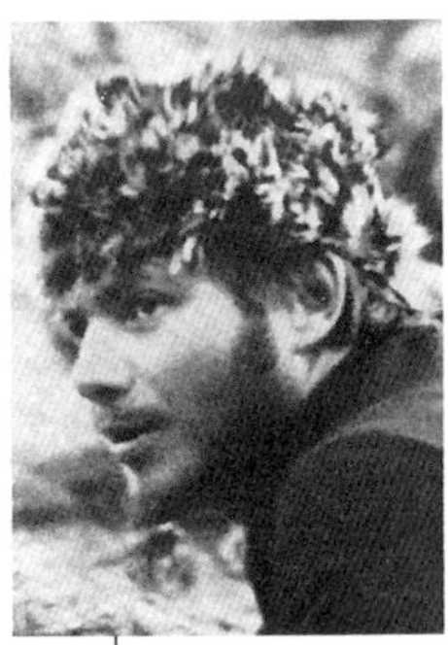

Dr. Hermann
Kühn

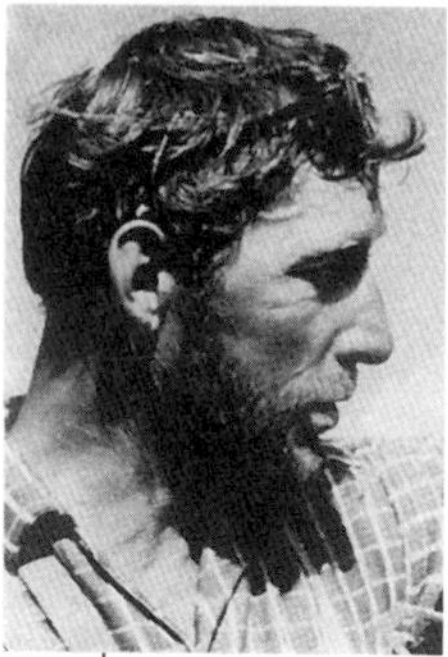

Felix Kuen

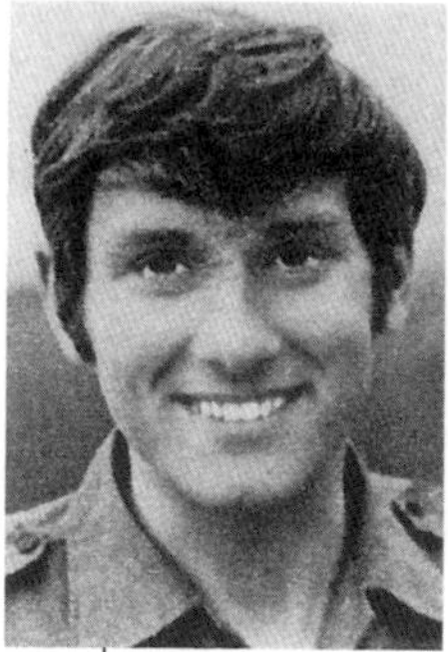

Gert Mändl

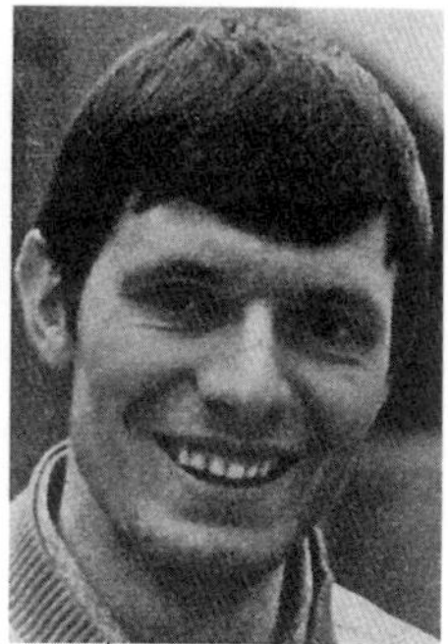

Günther Messner

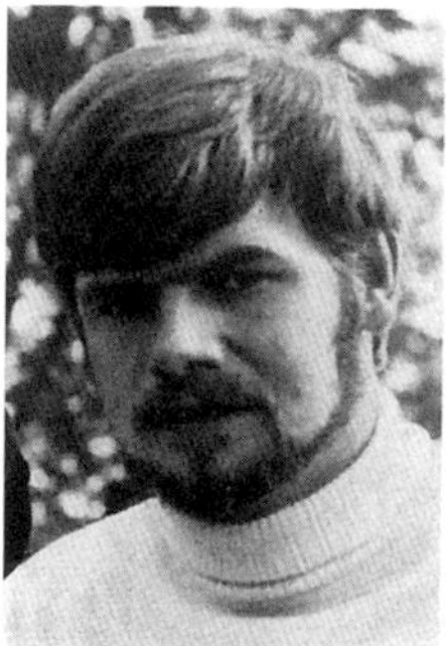

Reinhold Messner

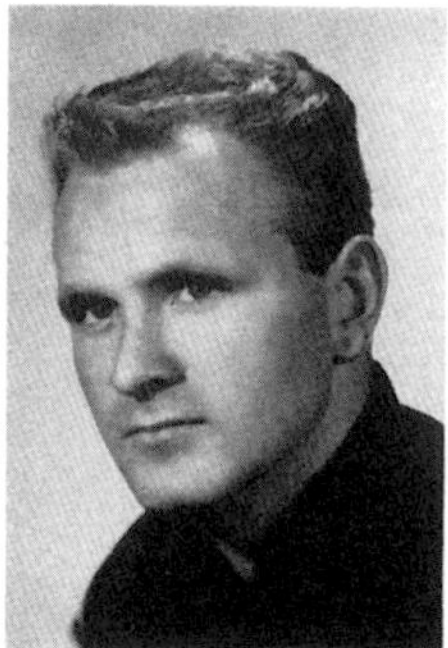

Elmar Raab

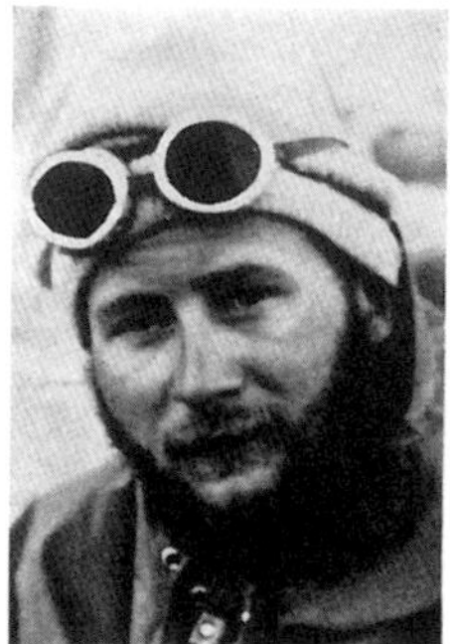

Hans Saler

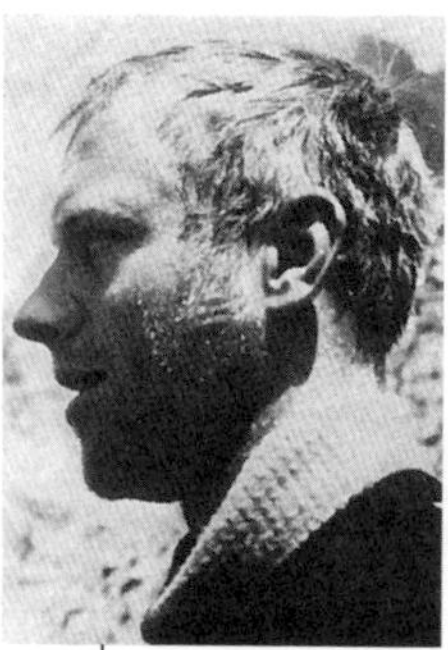

Peter Scholz

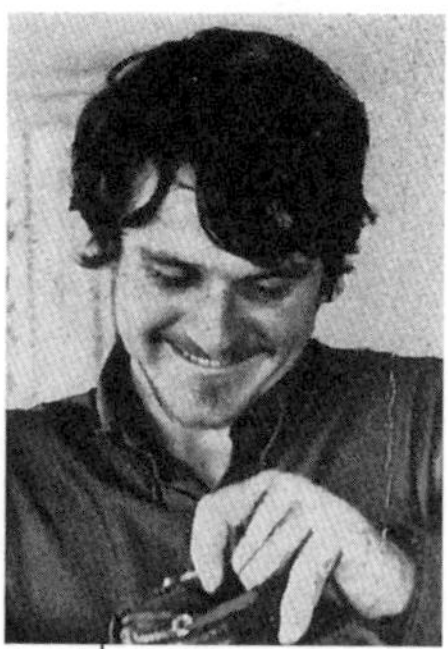

Peter Vogler

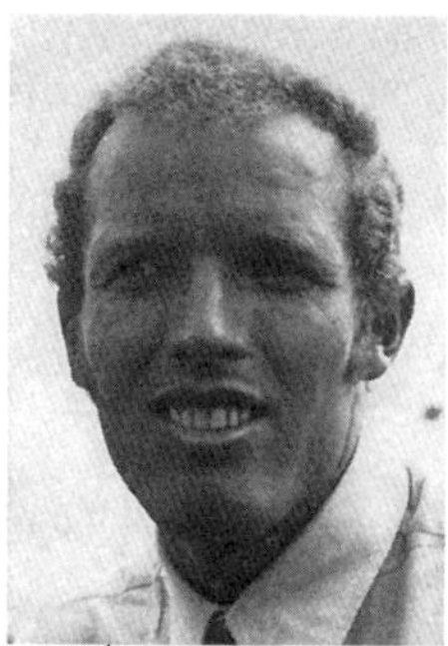

Jürgen Winkler

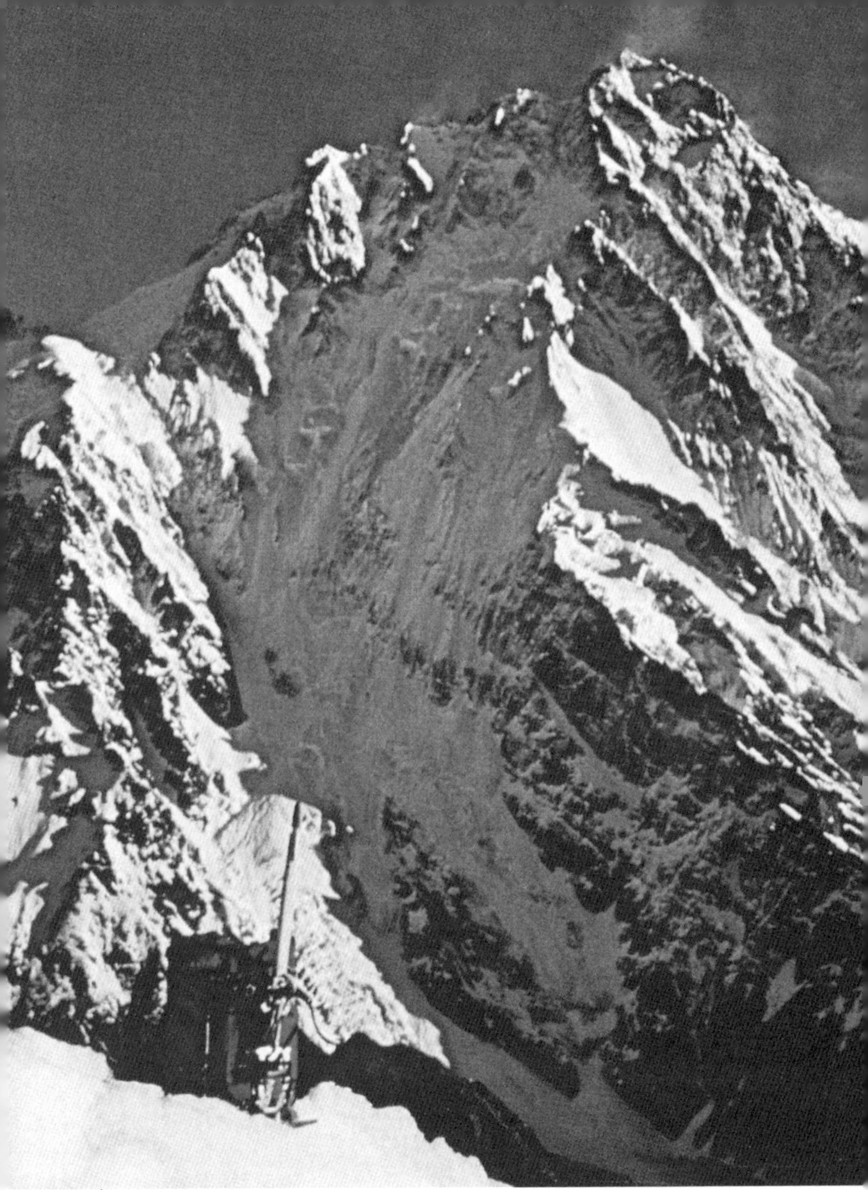

Die Rupalwand ist mit ihren 4500 Metern die wohl höchste Eis- und Felswand der Welt. »Der Versuch ihrer Durchsteigung wäre wohl Selbstmord«, schrieb Hermann Buhl.

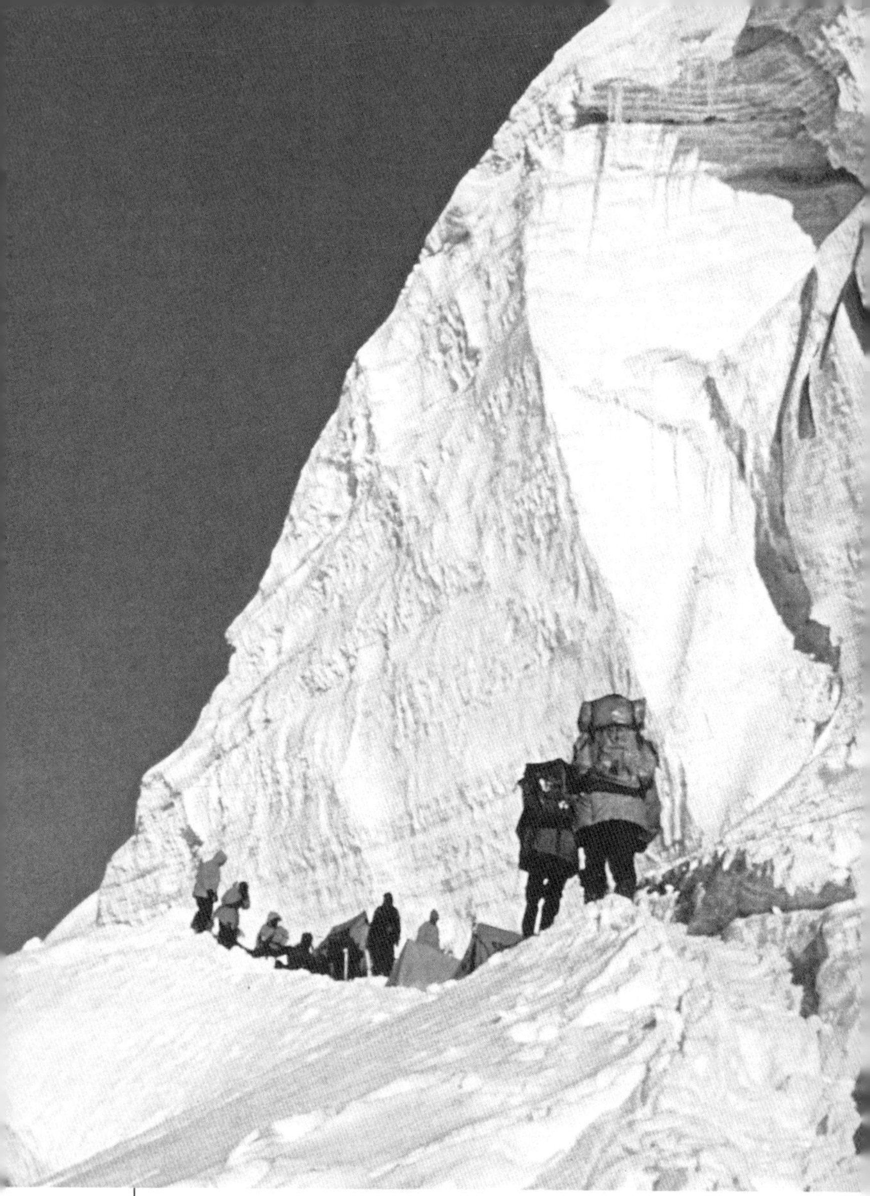

Eine Trägerkolonne im Aufstieg zu Lager II, das unter einer senkrechten, dreieckigen Eiswand stand. Diese Eiswand teilte wie ein Schneepflug die von oben kommenden Lawinen.

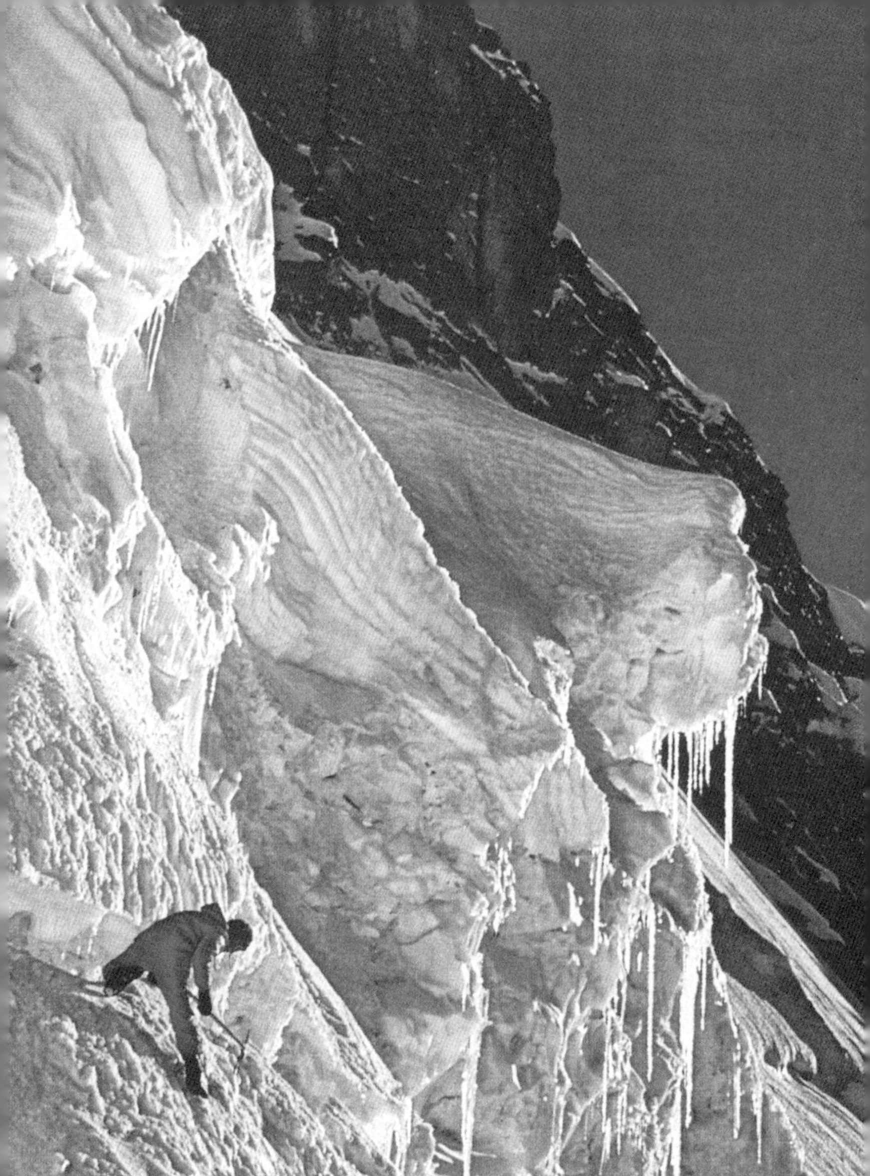

Aufstieg zwischen Lager II und III. In dieser Teilstrecke wurde ein Lastenaufzug angebracht. So mußte diese schwierige Kletterstrecke nicht mit den schweren Rucksäcken überwunden werden.

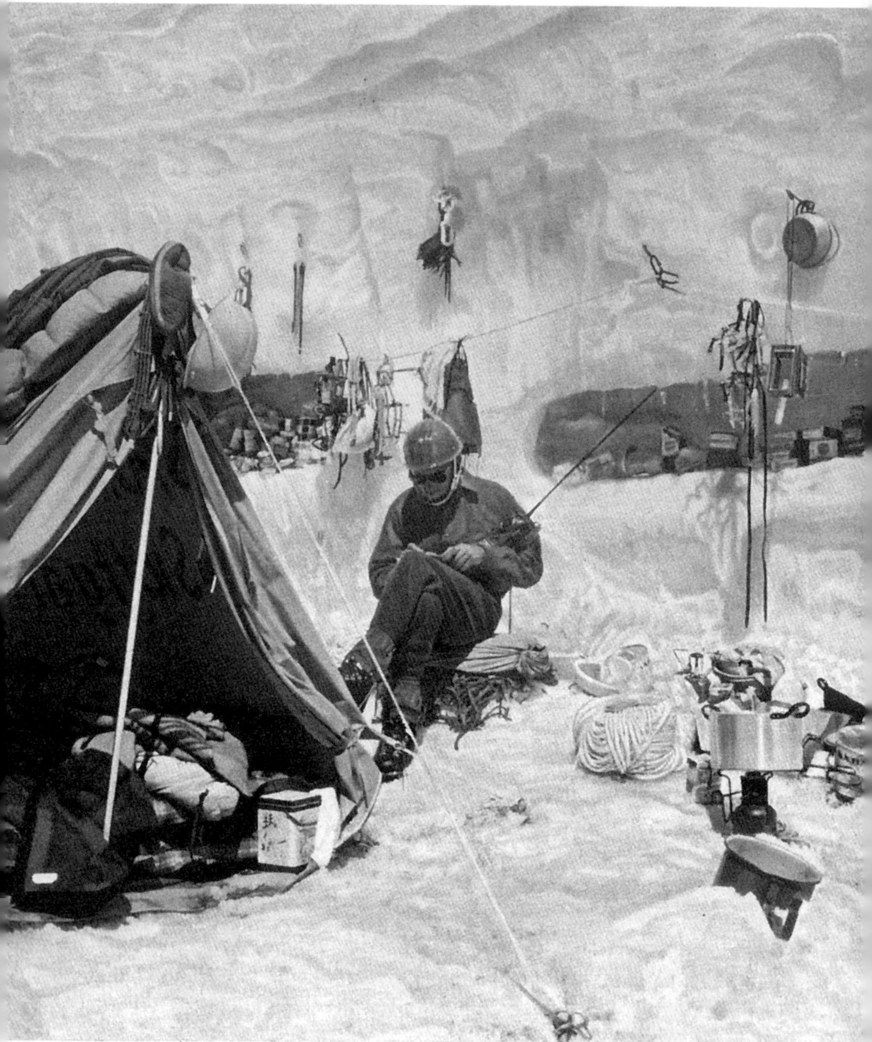

Max von Kienlin beim Funkgespräch in Lager II. Das Gespräch um die rote Rakete am 26. Juni wurde von ihm im Lager II und von Hermann Kühn im Lager III mitgehört.

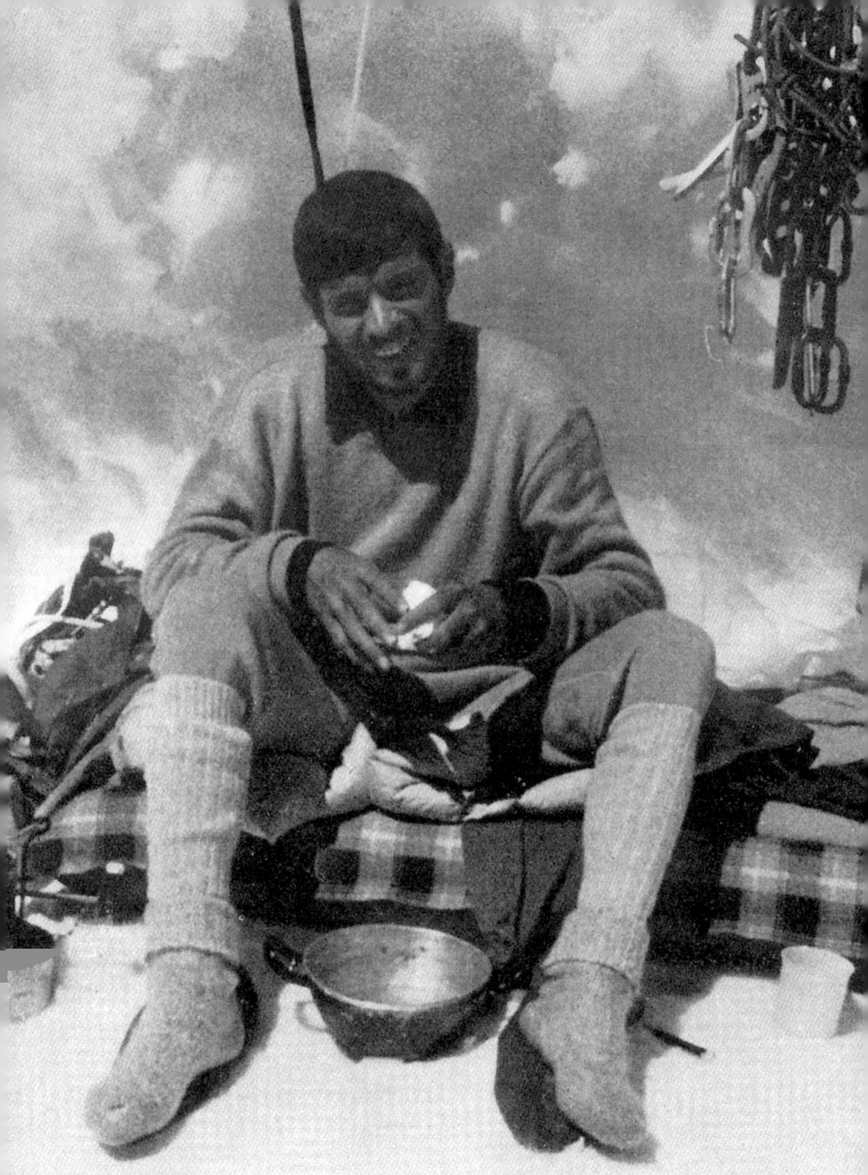

Günther beim Frühstück in Lager III. Die Messner-Brüder spielten in der Rupalwand freiwillig Pioniere. Sie stiegen bis auf 200 Höhenmeter alles vor.

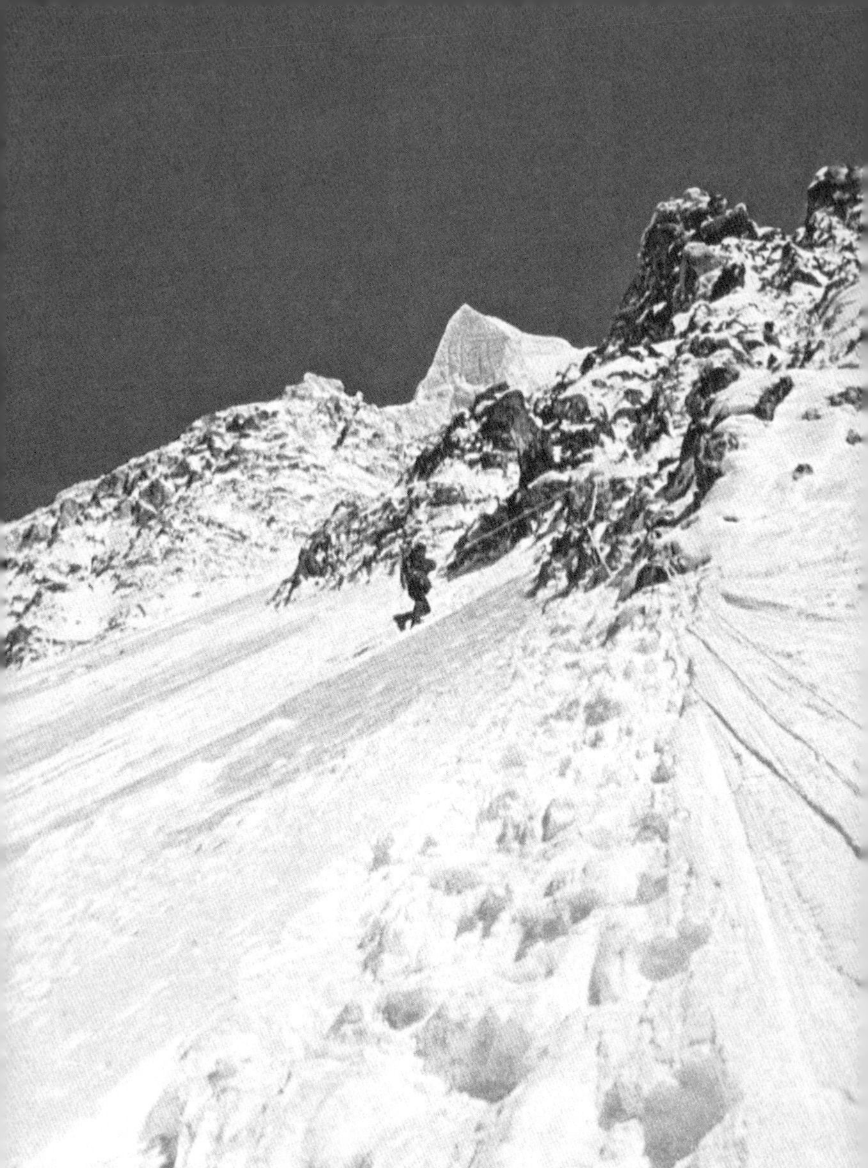

Eiskletterei zwischen Lager III und Lager IV. Die Schwierigkeiten sind hier teilweise mit denen der Matterhorn-Nordwand zu vergleichen: steiles, blankes Eis, abwärts geschichteter Fels.

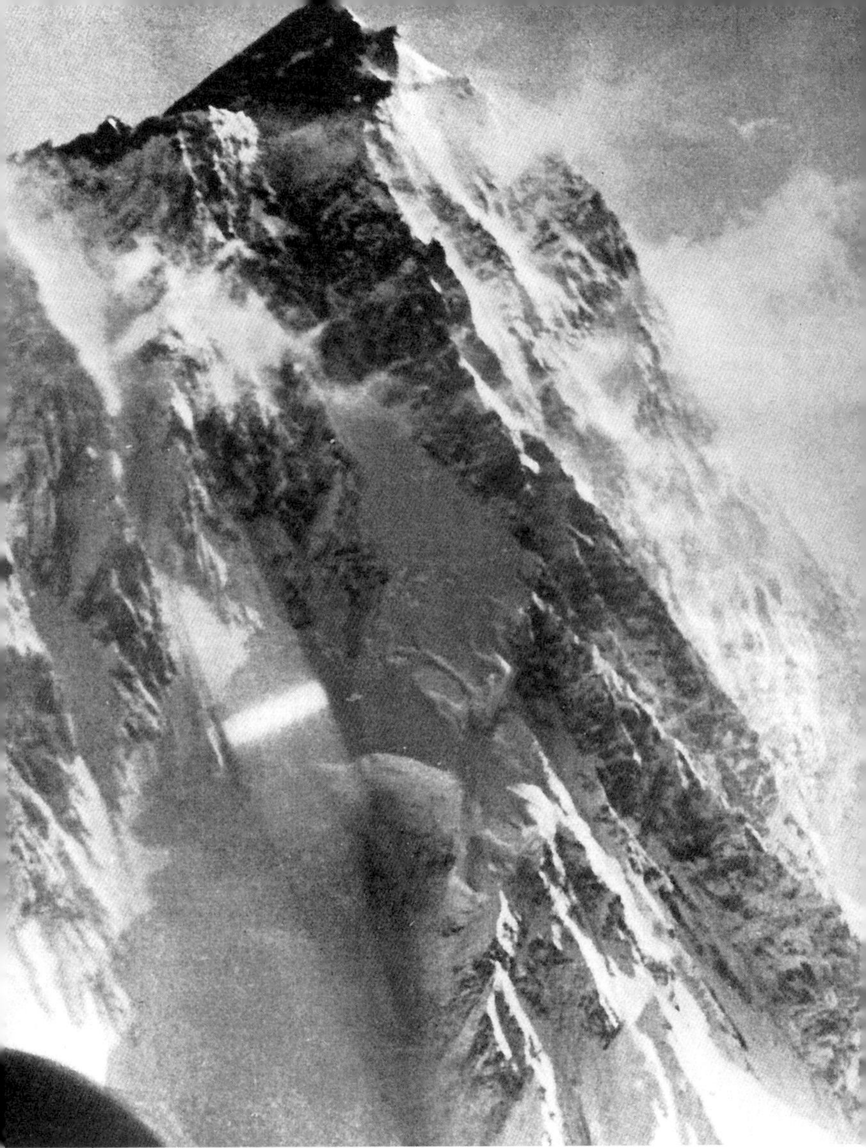

Der oberste Teil der Rupalwand. Zwischen den Sérac-Abbrüchen stand Lager IV in ca. 6600 Meter Meereshöhe, Lager V in der Höhe der Nebel am Ende des (im Schatten liegenden) Merkleisfelds. Darüber die gefürchtete Merklrinne. *Foto: DHS*

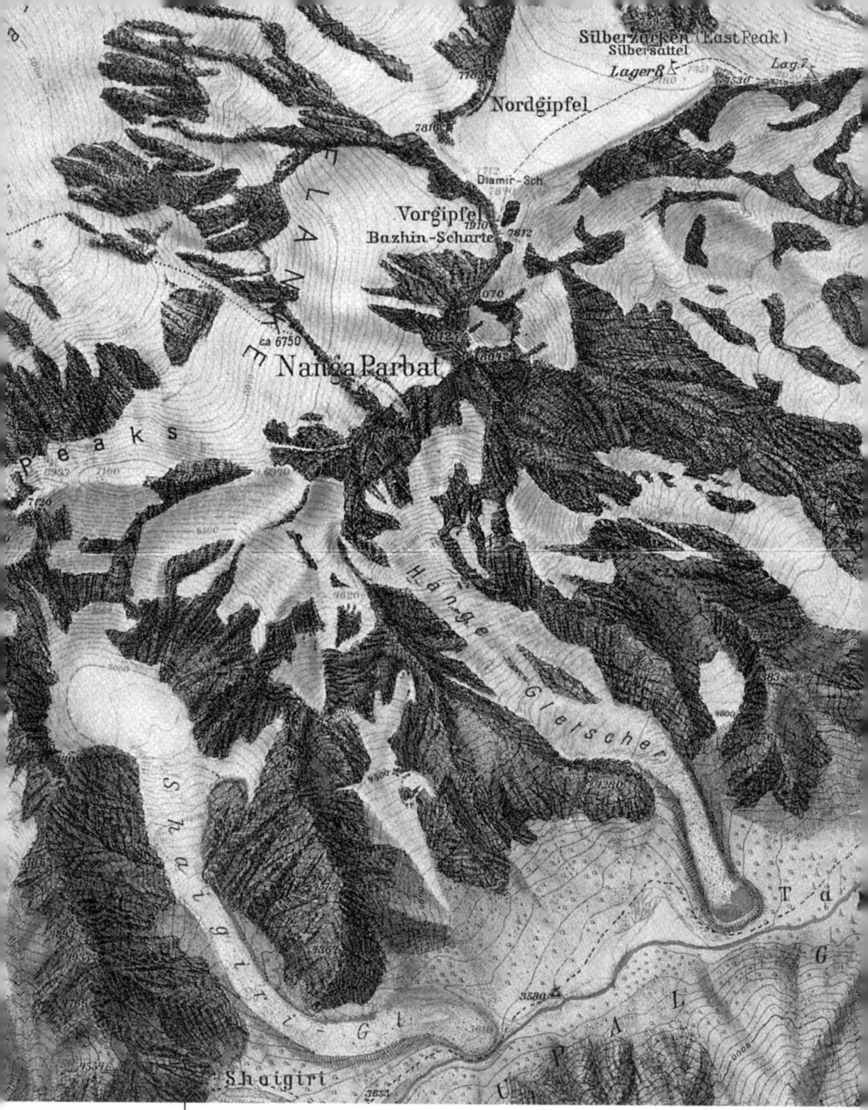

Ausschnitt aus der Karte der Nanga-Parbat-Gruppe von R. Finsterwalder (1937). Im oberen Drittel links ist die Mummeryrippe zu sehen, über die Mummerys Aufstiegsroute von 1895 eingezeichnet ist. Im unteren Drittel rechts die Tap-Alpe, von der sich die Rupalwand zur Südschulter hinaufzieht (···· Mummerys Versuch 1895, --- Buhl-Route 1953).

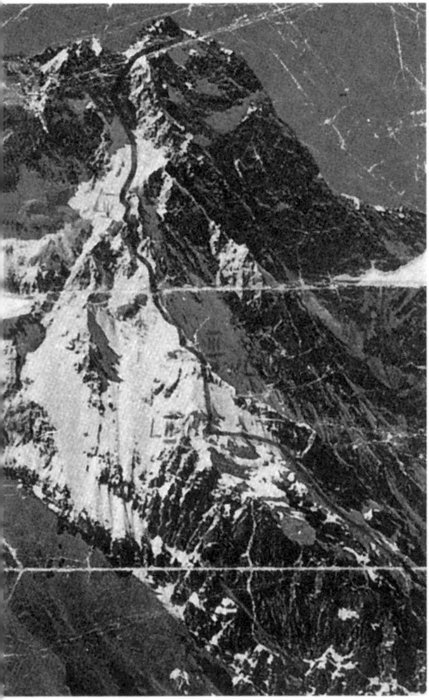

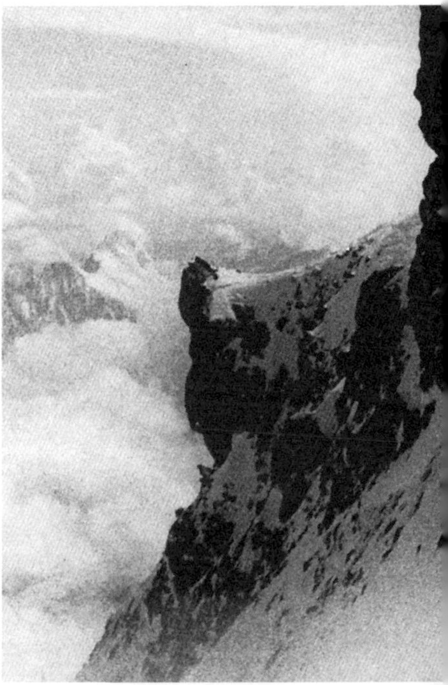

Oben links: Die einzige Abbildung der Gipfelregion, die Reinhold Messner 1970 beim Gipfelgang zur Verfügung stand.
Oben rechts: Ausstieg aus der Rupalwand knapp unter 8000 Metern.
Unten links: Querung vom Merkleisfeld in die Merklrinne.
Unten rechts: Aufstieg zur Südschulter. Letztes Bild von Günther.

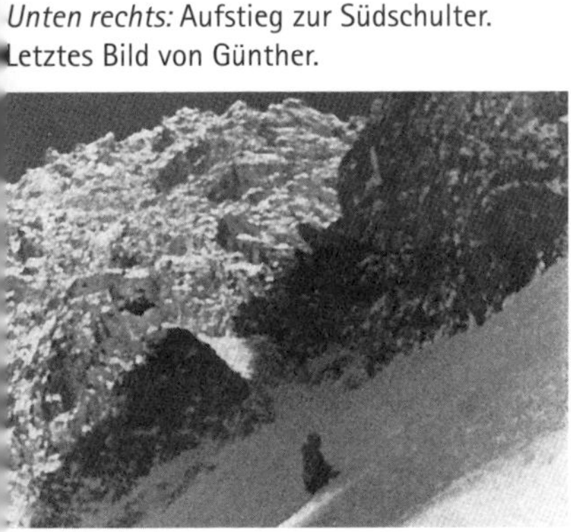

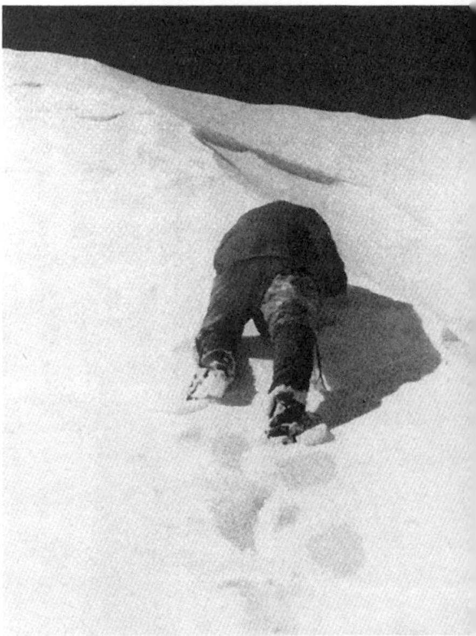

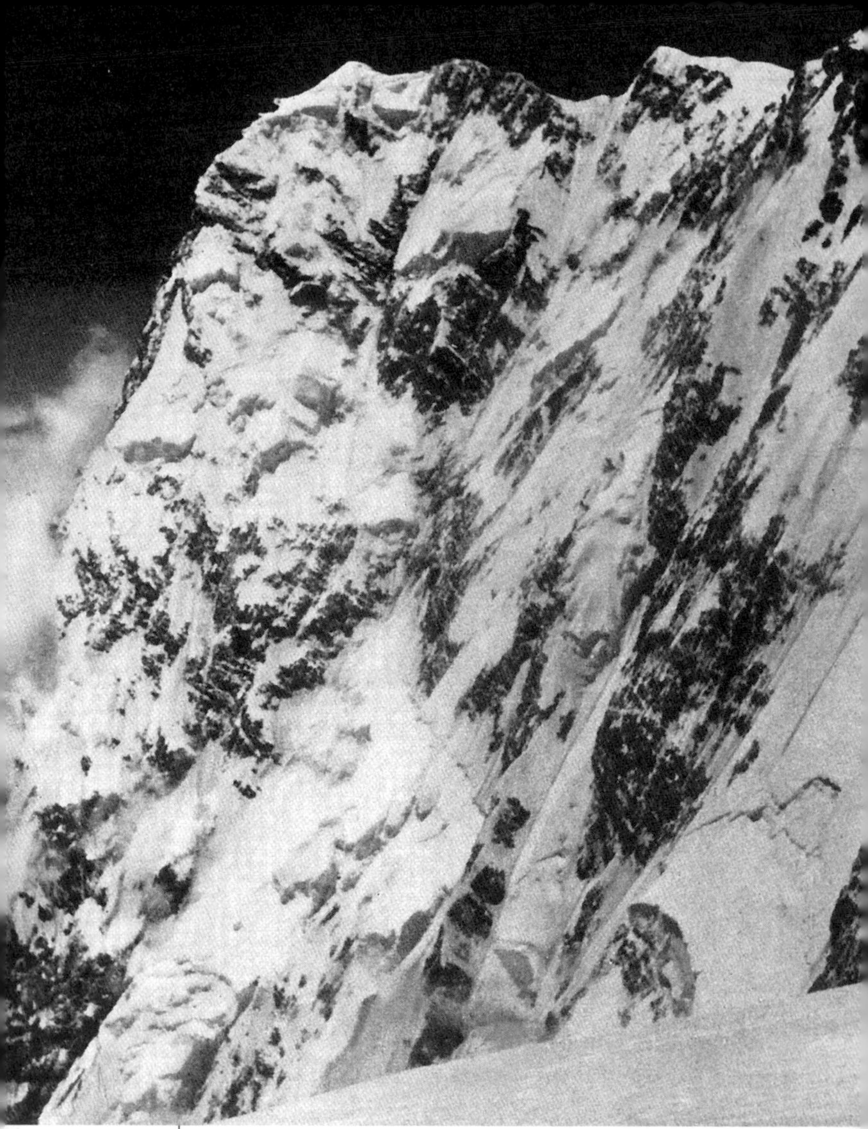

Die Südostwand des Nanga Parbat. Links im Profil der Südostpfeiler. Die Route über die Rupalflanke verläuft gleich hinter diesem Pfeiler und mündet an der Südschulter, die knapp unter dem Gipfel auszumachen ist. Der Weg von der Südschulter zum Gipfel ist ein leichter und flacher Schneegrat. *Foto: DHS*

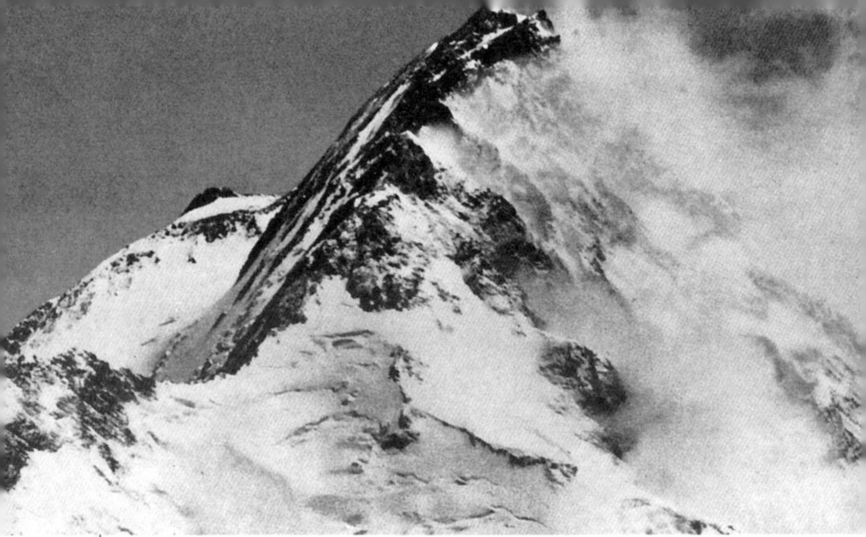

Südwestgrat zwischen Rupal- und Diamirwand. Rechts bricht die Steilwand 4500 Meter ins Rupaltal ab. Links die gut 3000 Meter hohe Diamirwand, die in der ersten Hälfte leichtes Gelände aufweist (unteres Bild). Nachdem ein Abstieg über die schwierige Rupal-Seite ohne Seil nicht in Frage kam und Hilfe von den Kameraden nicht mehr zu erwarten war, entschlossen sich Günther und Reinhold zum Abstieg über die unbekannte Diamir-Seite, die ihr einziger Ausweg aus der Todeszone blieb. *Fotos: DHS*

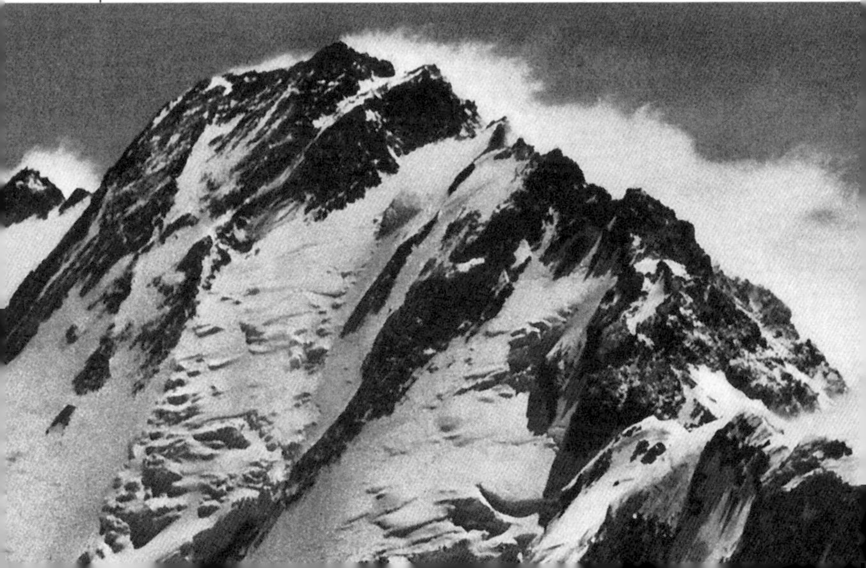

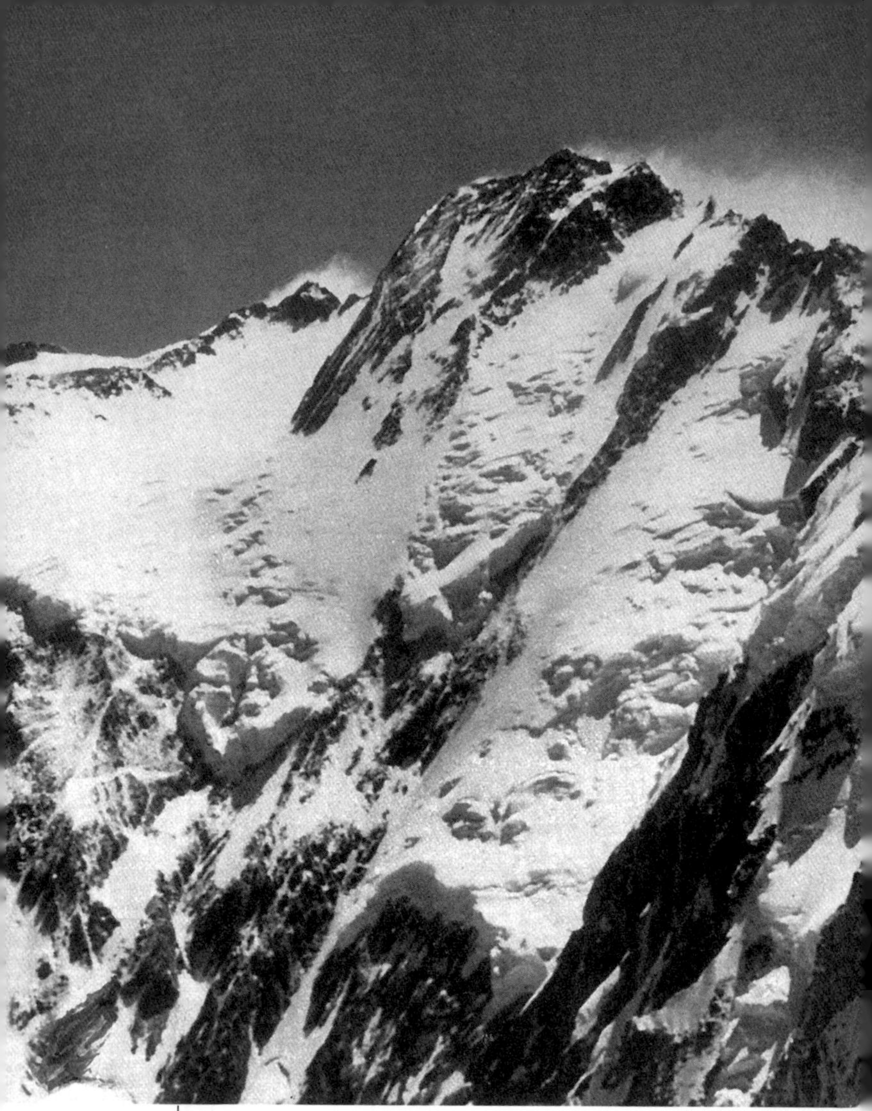

Der obere Teil der Diamir-Seite. Das Problem war neben der Schwäche Günthers die Unübersichtlichkeit des Geländes. Da den Brüdern kein Foto der Diamirwand und keine Nanga-Parbat-Karte zur Verfügung stand, war der Abstieg ein ständiges Suchen und Irren. Von oben kommend, war unter ihnen nur dunkler Abgrund. Dazu kam die permanente Lawinengefahr. *Foto: DHS*

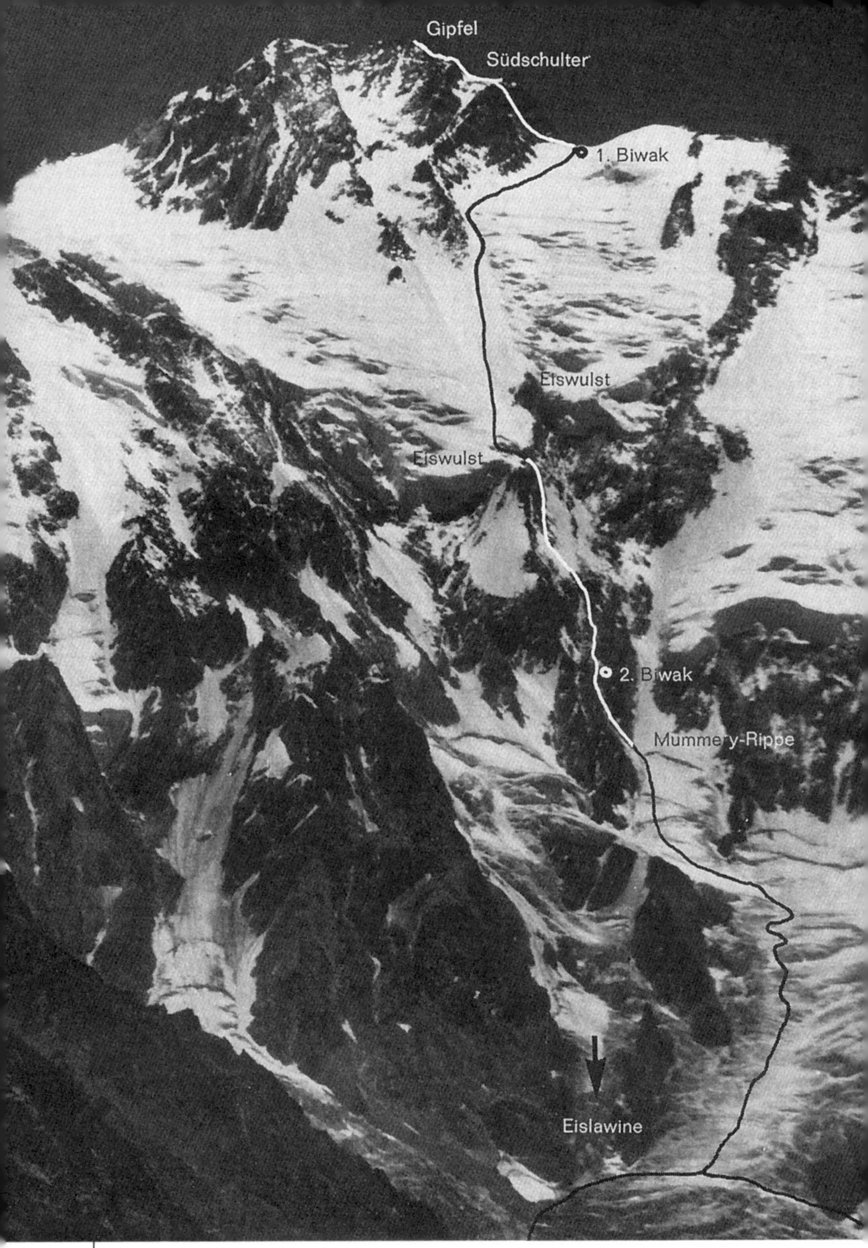

Die Abstiegsroute der Messner-Brüder über die 3000 Meter hohe Diamir-Seite mit den Biwakplätzen. *Foto: DHS*

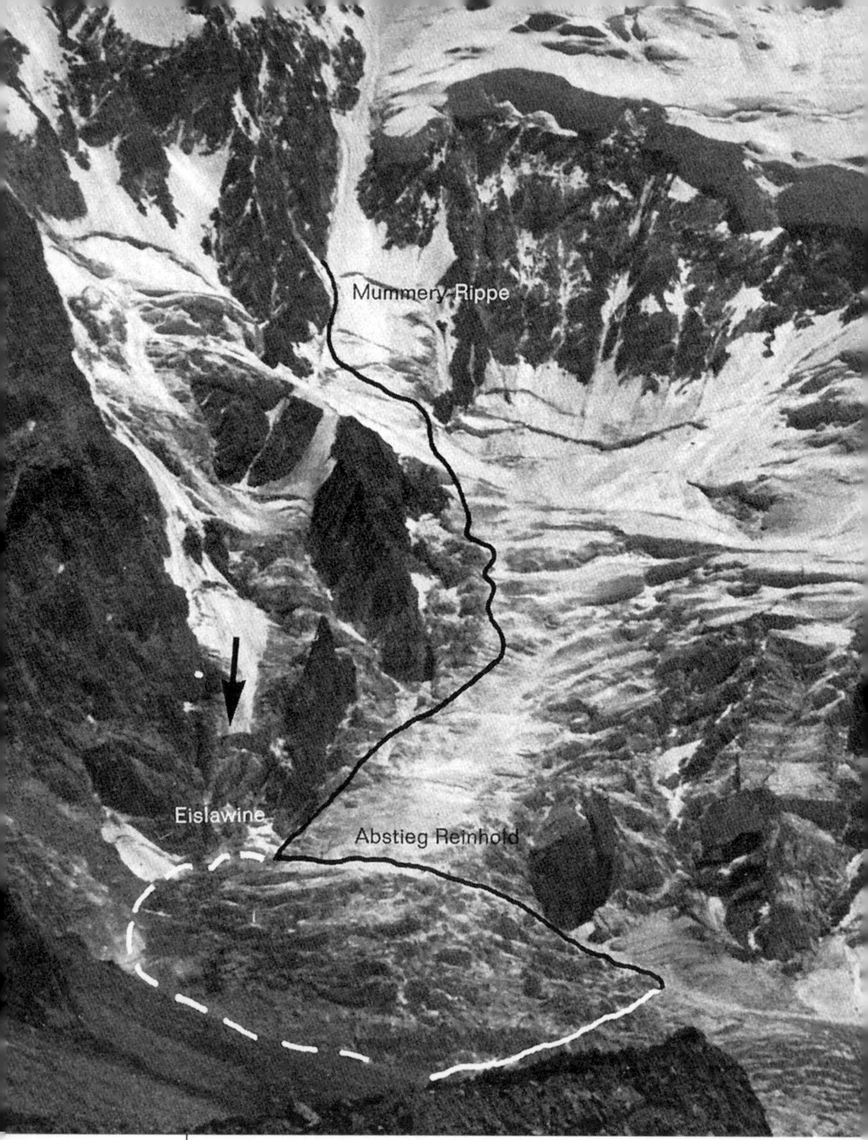

Der untere Teil der Diamirwand. Nach Verlassen der Mummeryrippe stiegen die Brüder Messner über unschwieriges Gelände ab bis zum Gletscherboden. Reinhold hielt sich links (im Sinn des Abstiegs), Günther vermutlich rechts. Er wurde von einer Eislawine begraben. *Foto: DHS*

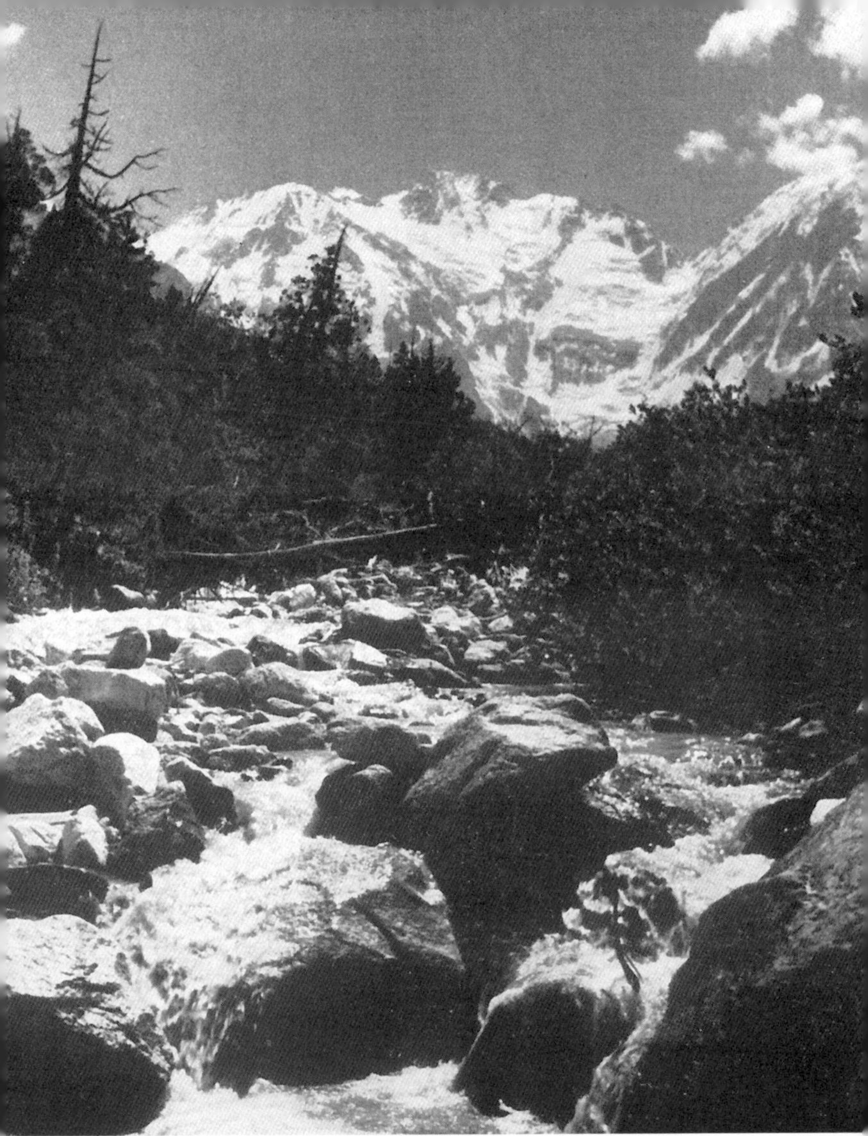

Durch das menschenleere wilde obere Diamirtal schleppte sich Reinhold tagelang abwärts: kein Steig, kein Mensch, keine Brücke, seit Tagen ohne Nahrung. Ab und zu badete er die erfrorenen Füße in einem Gletscherbach. *Foto: DHS*

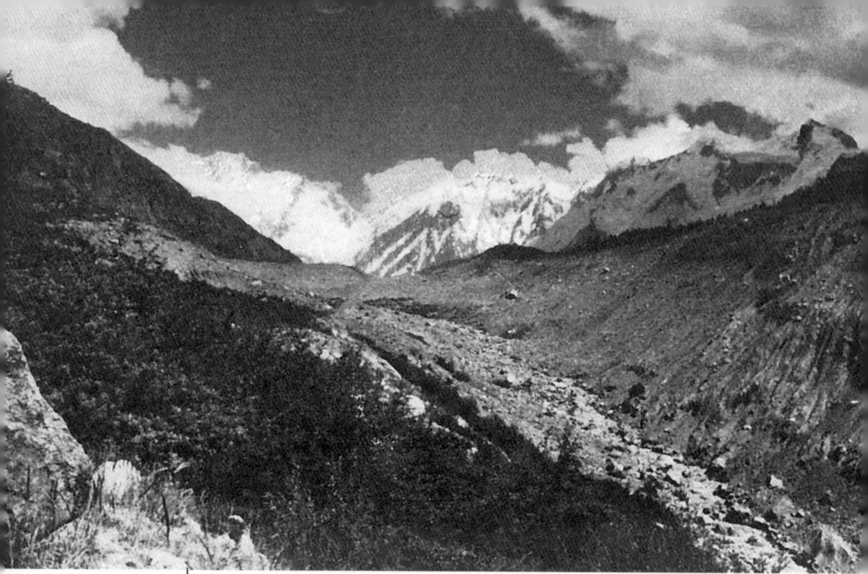

Im oberen Diamirtal: links im Hintergrund der Gipfelaufbau des Nanga Parbat *(oben)*, ein Blick hinunter nach Diamir, das erste Dorf auf der Terrasse am Hang *(unten)*. In der Talsohle liegt die Diamirschlucht. *Fotos: DHS*

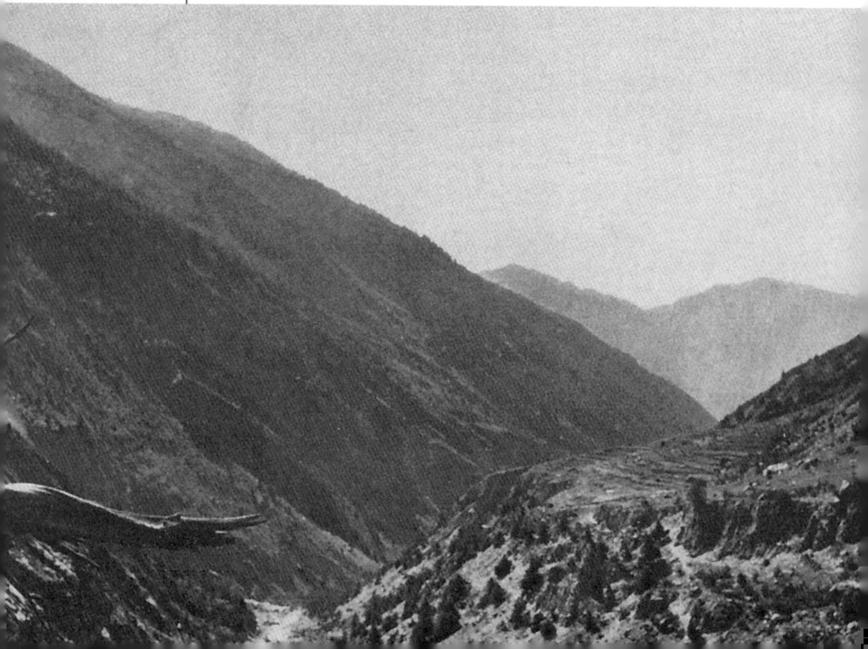

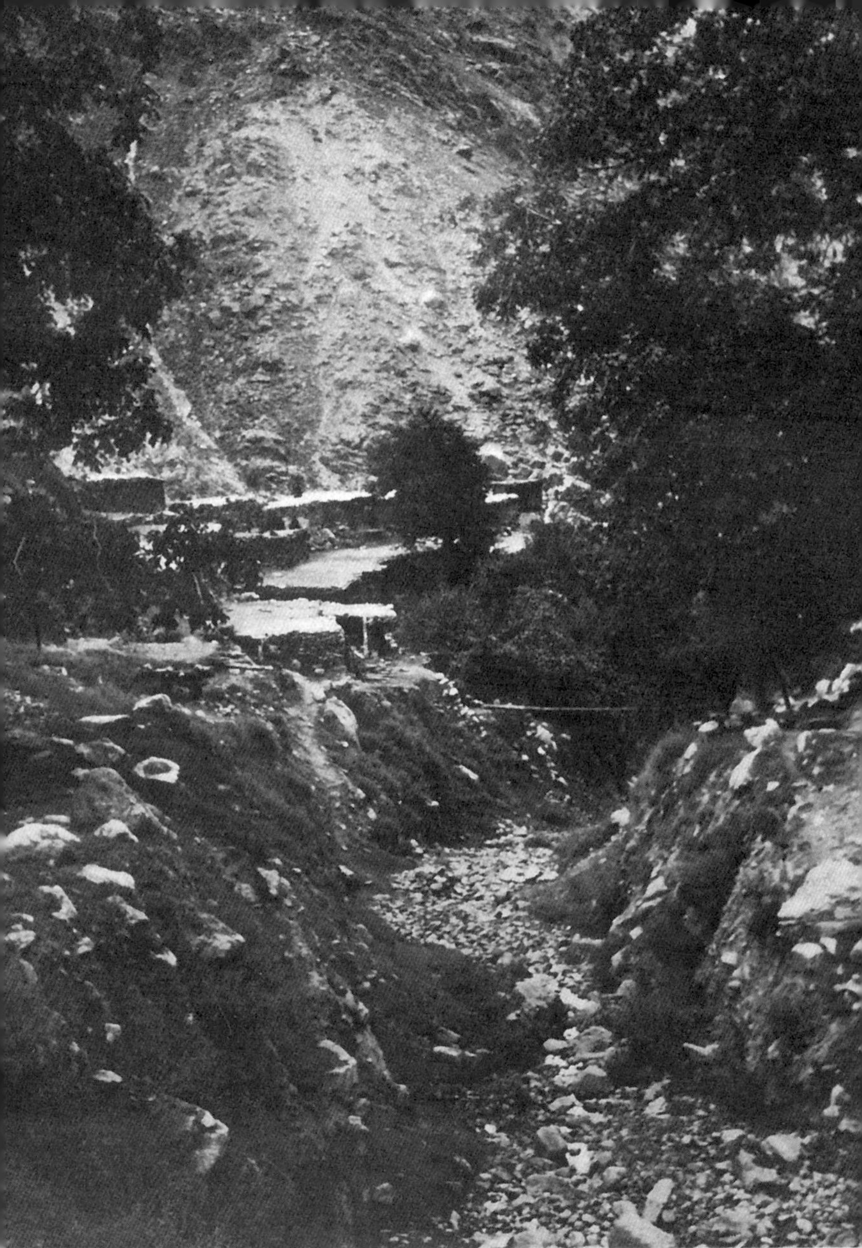

Einige Hütten im Diamirtal. *Foto: DHS*

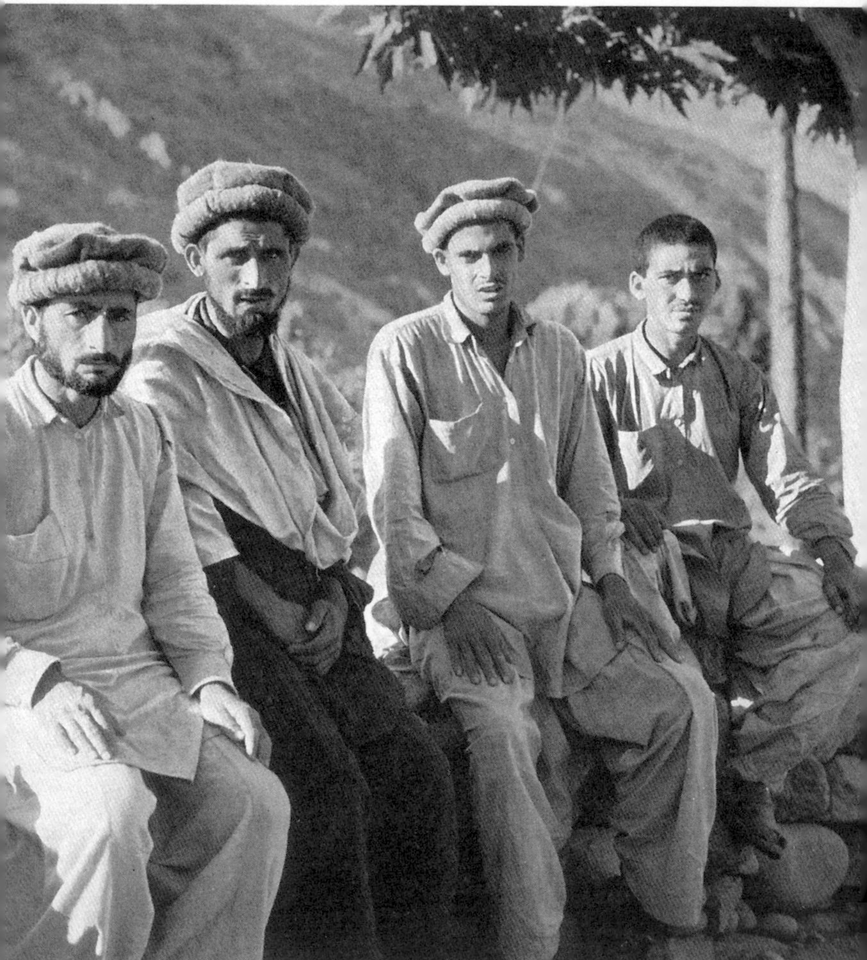

Die vier Burschen aus dem Diamirtal, die Reinhold unter äußersten Anstrengungen durch die Diamirschlucht geführt und streckenweise getragen haben. Ohne ihre Hilfe hätte er das Industal und damit die Expedition, die inzwischen auf der Heimreise war, nicht mehr erreicht. Ohne Proviant, ohne Paß, ohne Geld war es schier unmöglich, sich bis in die Zivilisation zurückzuschleppen.

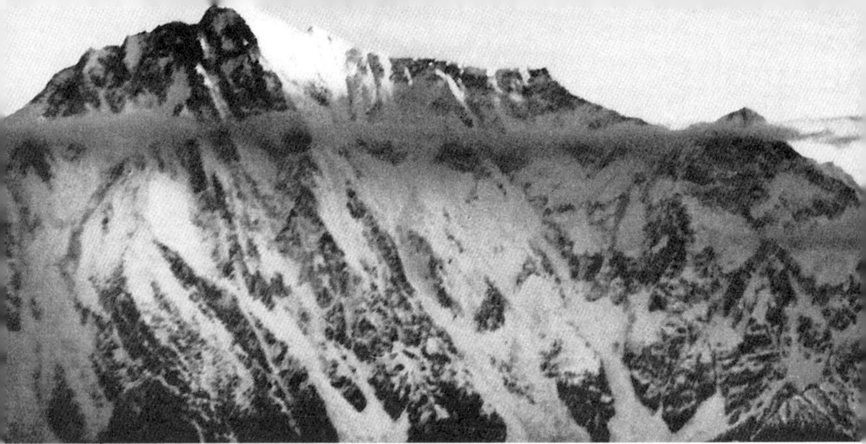

Die Rupalwand in ihrer ganzen Breite. Rechts der Rakhiot Peak, einer der Silberzacken und weiter der lange Grat, über den 1953 Hermann Buhls beispielloser Alleingang führte. *Foto: DHS*

Die Diamirwand. Die Erstbegehung der Rupalwand mit anschließendem Abstieg über die Diamir-Seite war eine Notlösung und alles andere als eine geplante Überschreitung. *Foto: DHS*

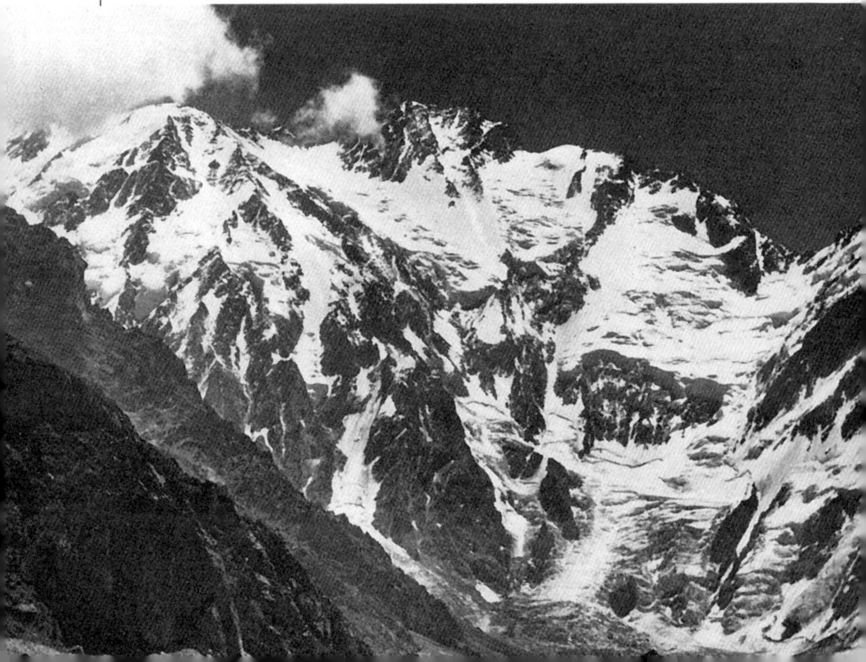

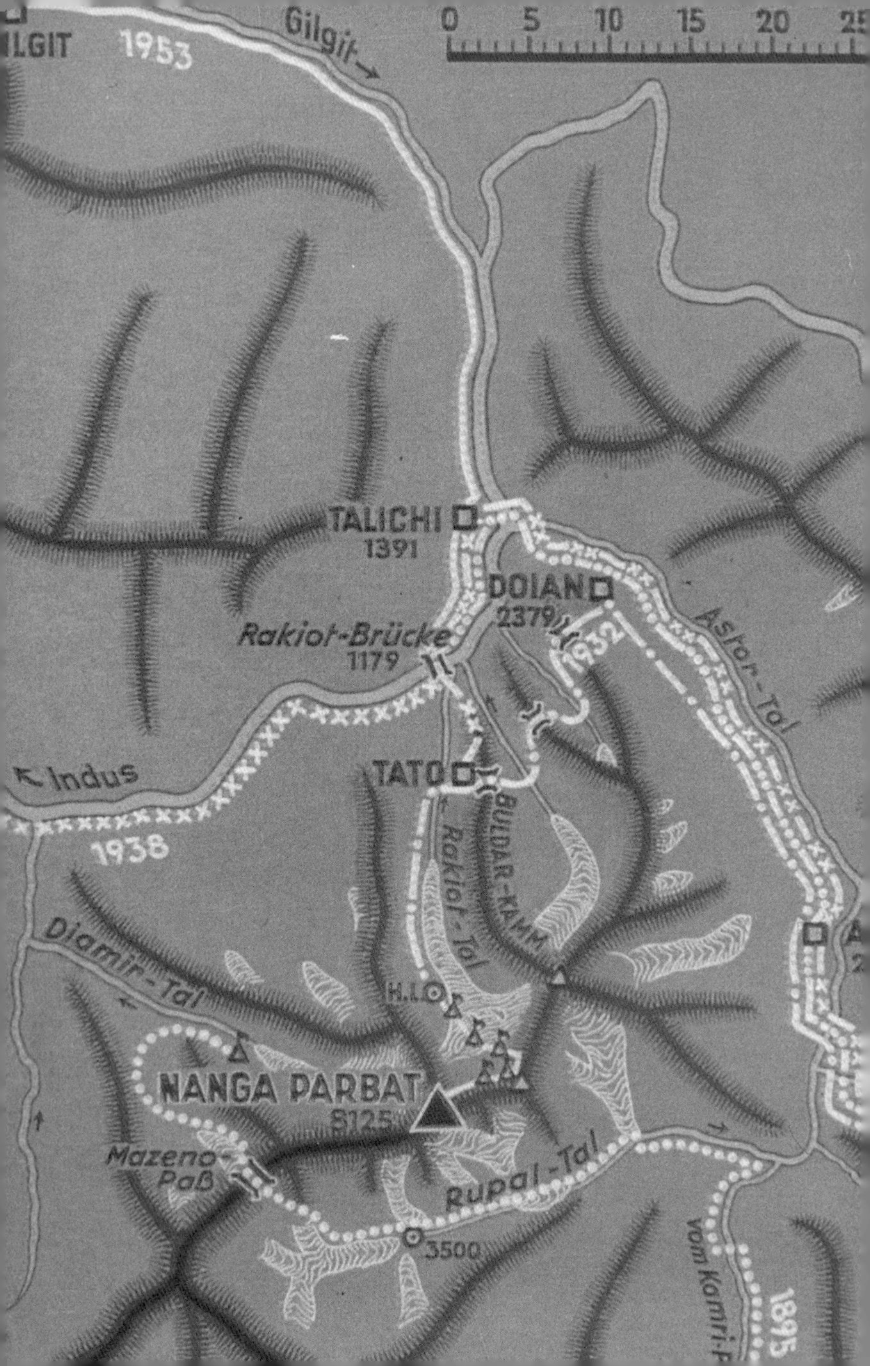

ILGIT
1953
Gilgit
0 5 10 15 20 25
TALICHI
1391
DOIAN
2379
Rakiot-Brücke
1179
1932
Astor-Tal
Indus
TATO
BULDAR-KAMM
Rakiot-Tal
1938
Diamir-Tal
H.L.
NANGA PARBAT
8125
Mazeno-Paß
Rupal-Tal
3500
vom Kamri-P
1895

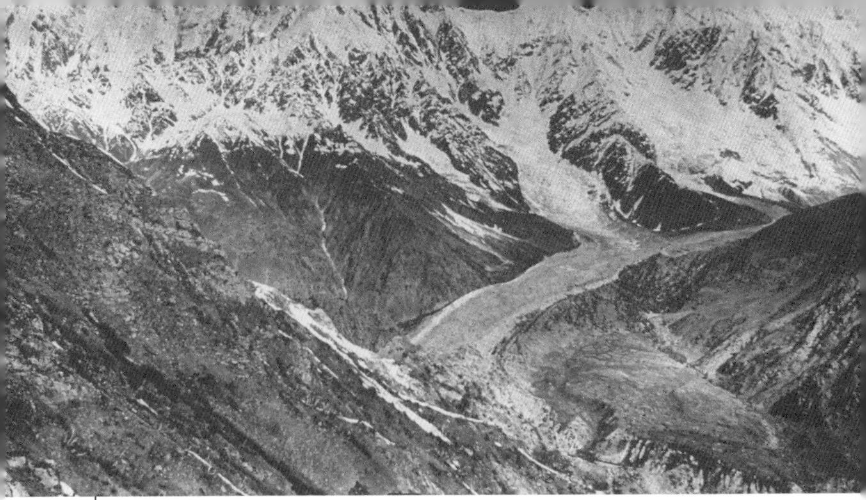

Während Reinhold über das Diamir- und Bunartal zum Indus unterwegs war, fuhr die heimkehrende Mannschaft, die das Basislager verlassen hatte, durch das Astortal (unten) Richtung Indus. Knapp vor Gilgit (Flugplatz) traf die Expedition auf den Verschollenen.

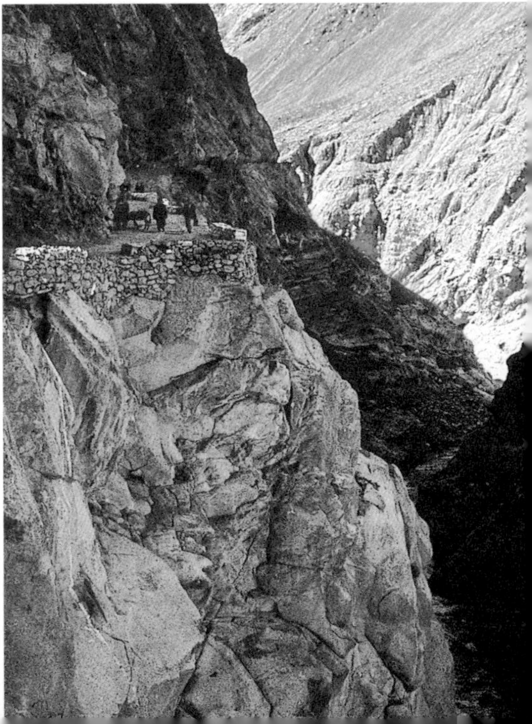

'sichtskarte mit
arschwegen.
–

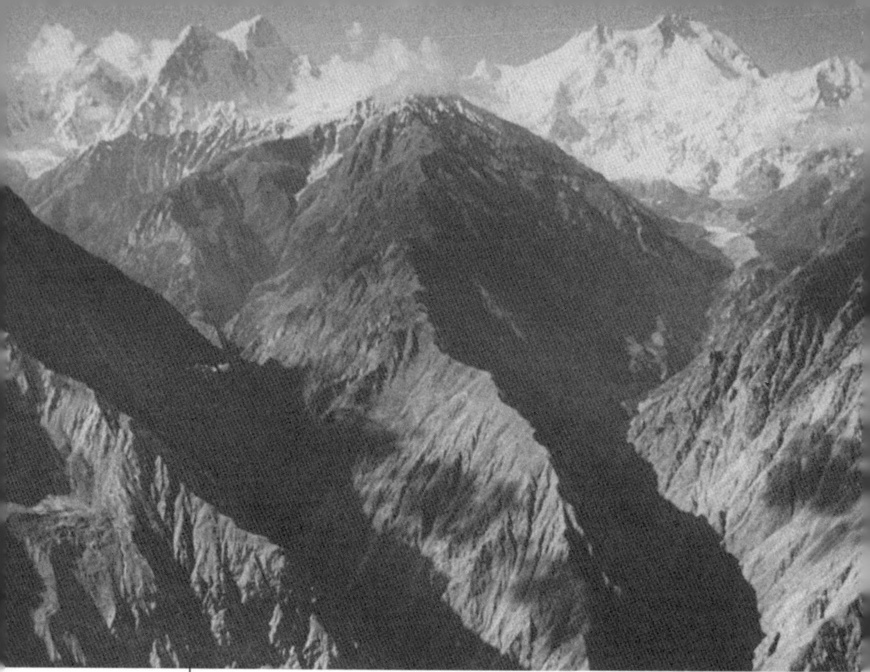

7000 Höhenmeter unter dem Nanga-Parbat-Gipfel (oben die Nordseite) liegt das Industal (unten). Ein Jeep brachte Reinhold nach Gilgit.

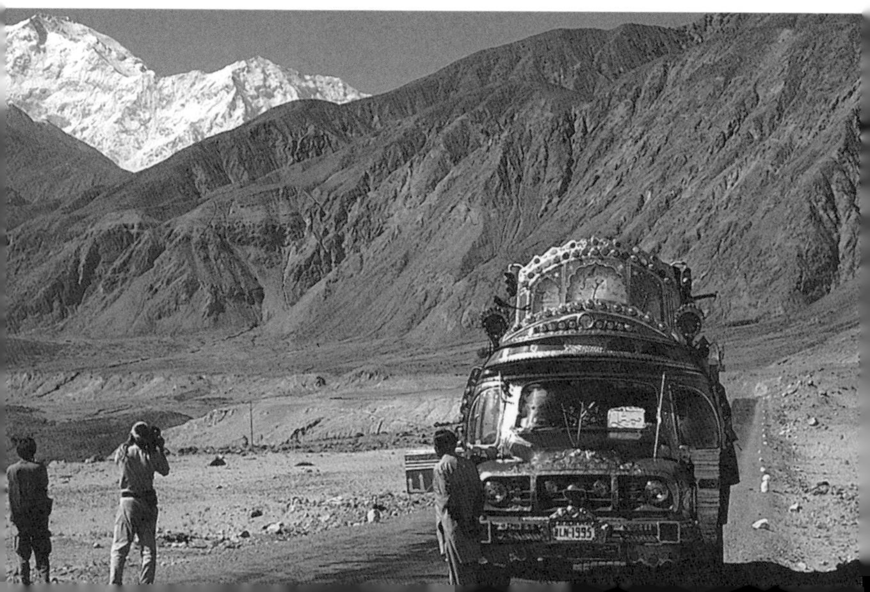

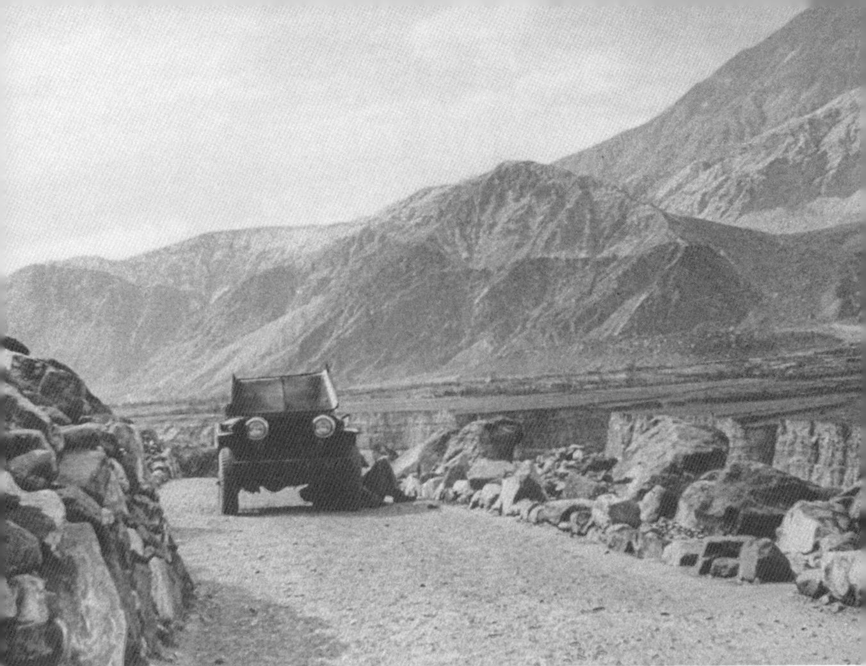

Das Zusammentreffen Herrligkoffers mit Reinhold Messner war Zufall. Eine Steinlawine hatte die Straße nach Gilgit blockiert. Begleitoffizier und Leader hatten die Messners als verschollen gemeldet.

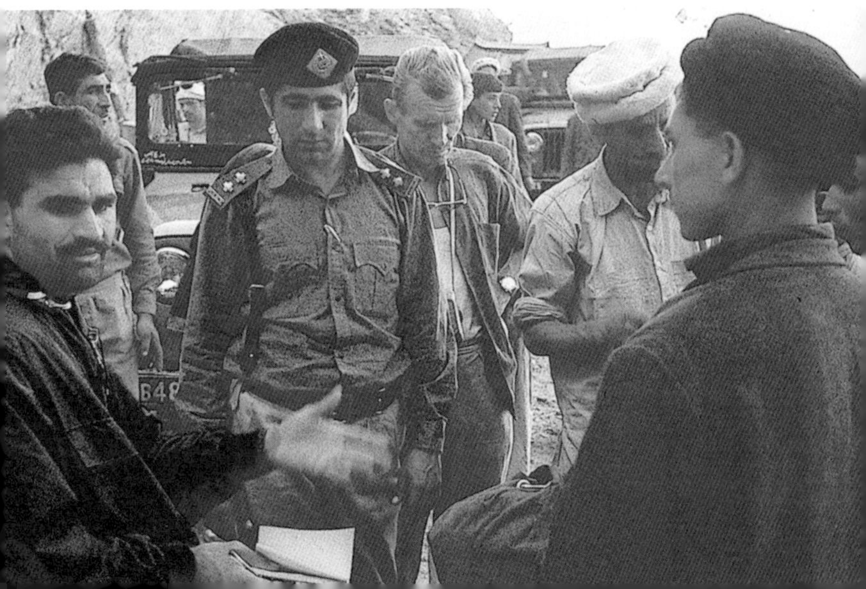

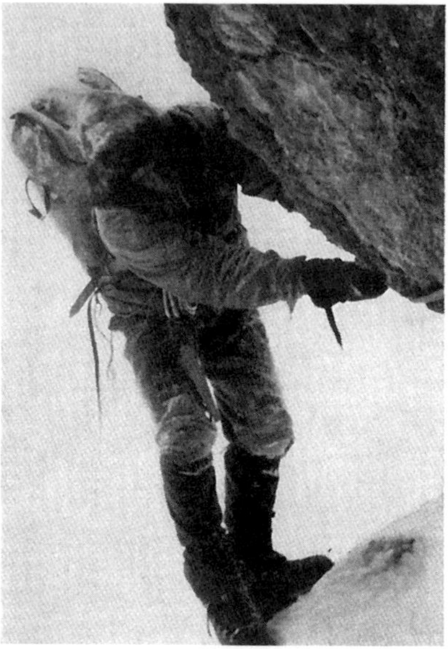

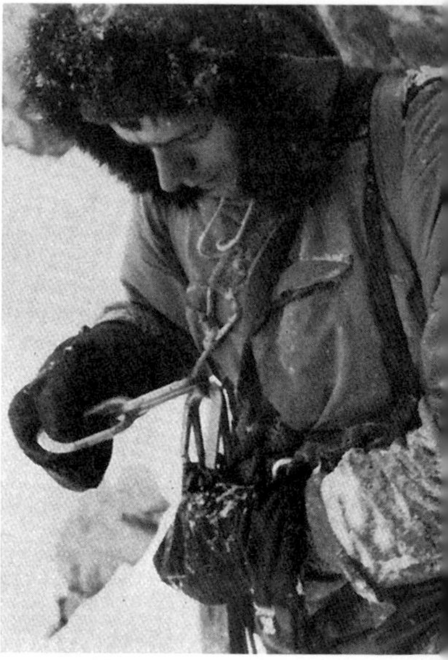

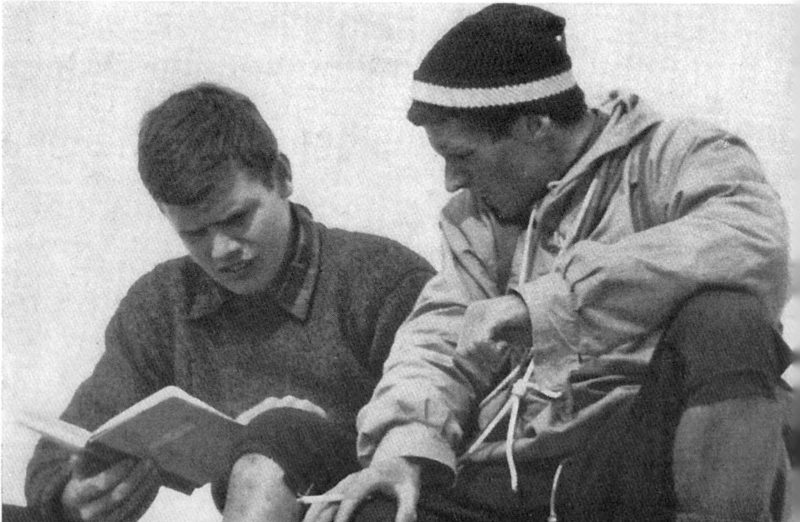

Oben: Günther Messner am Berg.
Unten: Günther zusammen mit seinem Bruder Reinhold (links).

23 Mörder oder Retter?

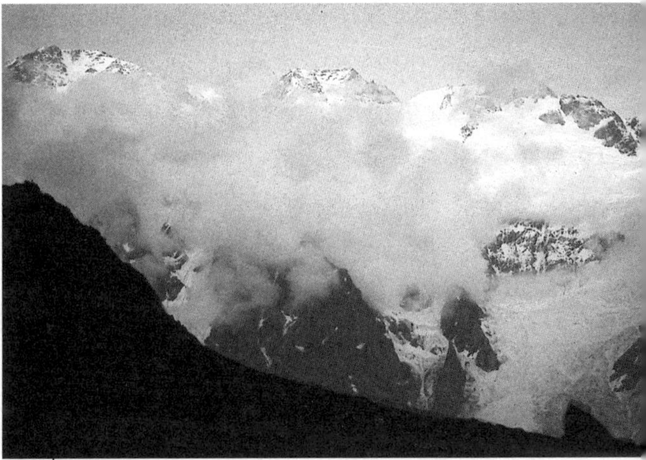

In die Diamirwand hätte 1970 niemand Hilfe bringen können. In die Rupalwand hatten Günther und ich aber nicht absteigen können.

»Unrichtig ist die Behauptung, daß Hans Saler entgegen meiner Order noch zwei Tage im Hochlager IV ausgeharrt habe. Falsch ist auch die Behauptung, es sei ›alles abzubauen‹ gewesen und bereits eine Fußverstauchung hätte, laut Saler, zur Katastrophe führen können. Richtig ist, daß ich mit Saler und Mändl auf deren Wunsch einen Aufenthalt im Lager IV bis 30. Juni vereinbart hatte und daß diese dann in Begleitung von Hochträgern ins Hauptlager zurückkehrten.«

Karl Maria Herrligkoffer

»Ich habe gehört, daß Reinhold Messner gesagt hat, er werde bei drohendem Schlechtwetter, das durch eine rote Rakete angekündigt werden sollte, den Alleinversuch zum Gipfel unternehmen, das heißt so weit gehen wie möglich.«

Gerhard Baur

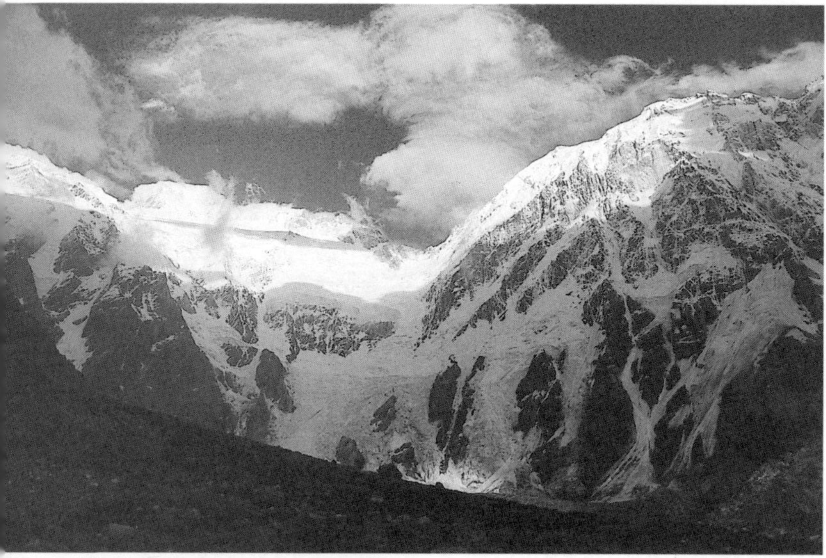

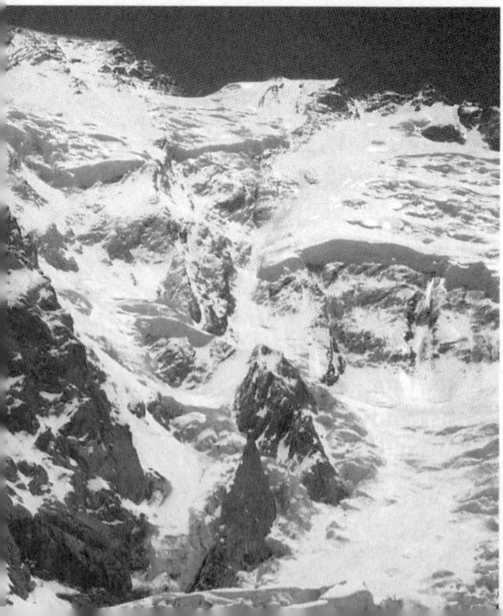

Die Diamirwand bei gutem *(links)* und wechselndem Wetter *(oben)*.

»Bei schlechtem Wetter hätten wir in der Diamirflanke die Orientierung rasch verloren. Zum Glück blieb das Wetter relativ gut.«

Reinhold Messner, 2009

»Die Kameraden wollten und konnten nicht glauben, daß ich mit Günther hinten, nach Diamir, abgestiegen war. Bis ich wieder auftauchte.«

Reinhold Messner, 2009

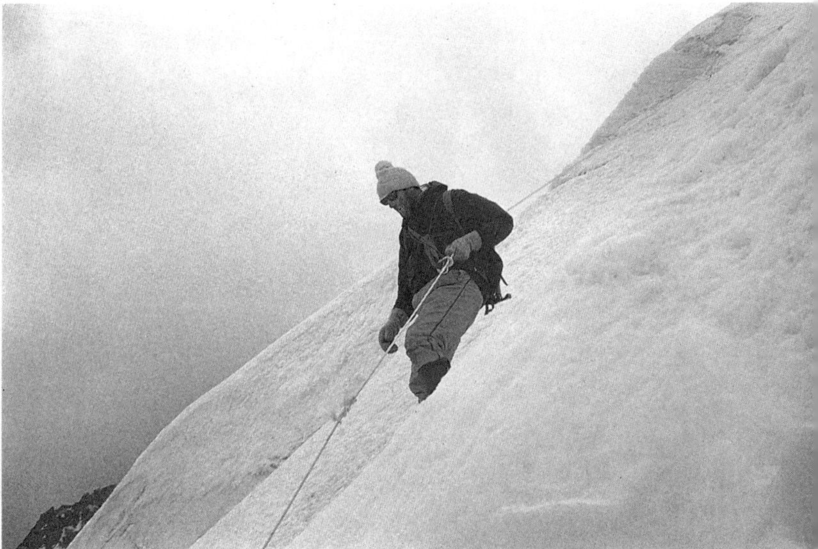

Der Abstieg aus der Rupalwand vollzog sich in Stufen.

»Die oberen Lager wurden nicht völlig abgebaut, sondern sind mit je einem Zelt, Sauerstoffgerät und Lebensmitteln stehengeblieben. Richtig ist schließlich, daß ich mit den aus den Hochlagern nach und nach absteigenden Mannschaften in ständiger Teleport- und Sichtverbindung stand, so daß selbst bei einer Fußverstauchung alsbald Hilfe zur Stelle gewesen wäre.«

Karl Maria Herrligkoffer

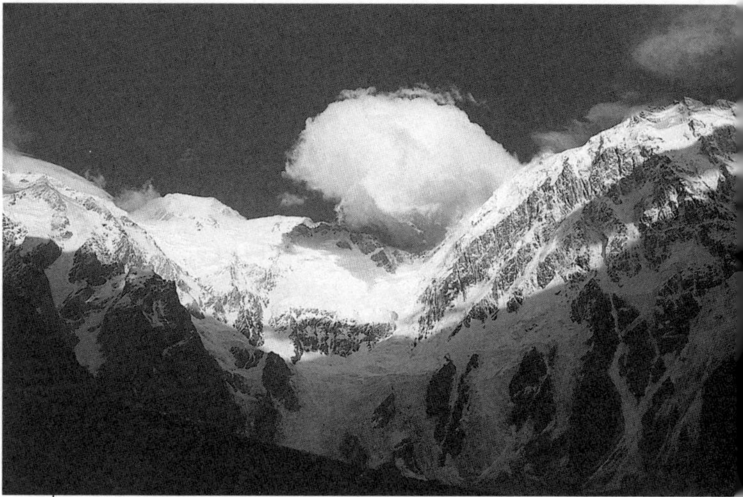

Lawinen, Schlechtwetter und Frost machten am Berg angst.

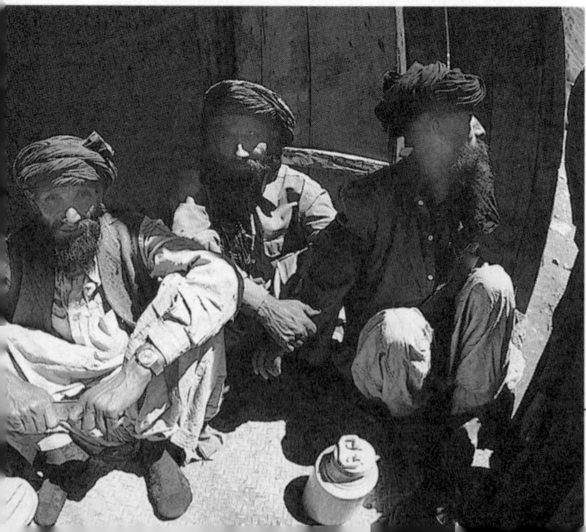

»Zuletzt haben mir jene, die ich am meisten fürchtete, das Leben gerettet. So kam ich zurück und konnte erzählen, wie es wirklich gewesen war.«

Reinhold Messner, 2009

Männer im Tal.

Unschlüssig steht Reinhold am Ende des Dorfes. Nochmals schaut er zurück. Man sieht zwei Burschen nachkommen. Einer trägt ein Gewehr. Der andere ist einer von vorher. Die beiden versuchen ihm klarzumachen, daß sie ihn begleiten wollen. Der mit dem Gewehr ist der vom Gebetshaus.

Das Gewehr! Ich hatte Angst, weil ich kaum noch gehen konnte.

Reinhold setzt sich hin. Die beiden Burschen setzen sich neben ihn. Sie haben anscheinend nichts zu versäumen.

In dieser Schlucht hätte mich kein Mensch gehört, auch hätte man mich nie mehr gefunden.

Reinhold will, daß die beiden zurückgehen, zurück ins Dorf. Sie wollen ihn tragen, zeigen sie. Aber ohne das Gewehr, erklärt Reinhold mit seinen Händen. Sie geben es ihm. Er schaut es an, dreht es in seinen Händen. Englischer Herkunft, zwanzig Jahre alt vielleicht. Es ist nicht geladen. Reinhold zeigt, ob sie ihn erschießen wollen. Beide schütteln den Kopf.

Nach einer Weile ging ich trotzdem weiter. Was sollte ich sonst tun?

Alle drei stehen auf und steigen einen schmalen Steig hinunter zum Fluß.

Ich machte mich aufs Schlimmste gefaßt.

Reinhold wird immer langsamer. Die Füße schmerzen mehr und mehr.

Als ich überhaupt nicht mehr konnte, bat ich sie, mich zu tragen.

Der ohne Gewehr trägt Reinhold auf dem Rücken. Er läuft. Mit bloßen Füßen. Eine Brücke: zwei Stämme und einige Steinplatten darauf. Darunter ein reißender Fluß. Einer steht schon drüben. Reinhold geht über die Brücke, Schritt für Schritt. Das braune Wasser. Reinhold schwankt einen Augenblick. Der mit dem Gewehr gibt alles dem andern. Er geht in die Knie, Reinhold hält sich an den Schultern fest. Man sieht sie von weit weg. Der mit Reinhold am Rücken läuft vorweg. Der andere trägt das Gewehr und am Rücken einen weißen Sack.

So trugen sie mich abwechselnd. Aufwärts ging ich zu Fuß. Wenn wir Schatten fanden, rasteten wir.

Man sieht wieder Felder. Ein einzelner Hof. Der Steig geht über Mauern, durch Maisfelder und Wiesen. Die Sonne zeigt Mittag an.

Es war sehr heiß.

Am Haus bleiben sie stehen. Der Bauer kommt. Reinhold legt sich auf eine Pritsche, die vor der Türe steht. Die anderen reden miteinander.

Ich verstand kein Wort.

Ein Bursche bringt heißen Tee. Reinhold schlürft ihn. Die beiden anderen trinken Milch. Lange beobachtet der Bursche den Liegenden. Dann setzt er sich zu ihm und massiert seine Beine. Er beginnt ganz oben, knetet, streicht, drückt. Man sieht wieder die Felder. Ein grüner Fleck inmitten dieser wilden kahlen Schlucht. Reinhold sitzt nun auf der Pritsche. Wir müssen weiter, deutet er, weiter, das Tal hinaus, nach Diamirai. Einer der beiden anderen hat verstanden.

Erster Träger: Eg din.

Er zeigt auf Reinholds Füße und daß sie das Tragen nicht mehr schaffen.

Die im Basislager taten mir leid. Keine Nachricht von uns seit mehr als vier Tagen. Ich mußte weiter, heute noch. Ein Tag mehr, das ist zuviel.

Reinhold schickt einen seiner Träger nach Diamirai. Er soll ihm von dort mit Leuten entgegenkommen. Dann bittet er den Burschen vom Bauernhof, ihn zu begleiten und auf flachen Stellen zu tragen. Man bricht auf. Einer läuft voraus.

Vom Gegenhang aus: ein schmaler Steig mitten durch die

Felsen der linken Schluchtwand. Drei Punkte bewegen sich talauswärts, ganz langsam. Die Sonne sticht senkrecht vom Himmel. Näher: eine mehr als hundert Meter hohe Felswand. Unten der Fluß. Ganz oben gehen sie. Sie klettern. Groß die Schuhe von Reinhold. Sie tasten sich von Tritt zu Tritt. Die Burschen waren barfuß.

Ich mußte diese Leute bewundern.

Diamirai. Auf einem Platz stehen einige Männer. Sie sind eben von der Arbeit gekommen und brechen nun auf, um dem kranken Sahib zu helfen.

Der Weg läuft über ein Felsband. Die drei sitzen auf einer Platte und rasten. Reinhold hat den Kopf auf die Knie gelegt. Er scheint zu schlafen. Die anderen beiden rösten die Nadeln eines Strauches, für Tabak vielleicht. – Ein Bursche kommt an ihnen vorbei. Er kommt von Diamirai und geht Richtung Diamir.

Reinhold: Sahib?

Ob er seine Kameraden irgendwo gesehen hat, will er fragen und zeigt hinaus gegen Diamirai. Der andere schüttelt den Kopf.

Wir können uns nicht verfehlt haben.

Langsam schleppt sich Reinhold eine steile Rinne aufwärts. Einer geht vor ihm. Einer hinter ihm. Einmal reicht ihm der erste die Hand, dann stützt ihn der zweite.

Jedesmal nahm ich an, es würde der letzte Aufstieg sein,
und jedesmal kam ein neuer.

Im Gänsemarsch steigt eine Gruppe von Burschen und Männern einen schmalen steilen Steig aufwärts. Auch einige Kinder sind dabei. Plötzlich bleiben sie stehen. Man sieht weit oben zwei Burschen herunterlaufen. Der erste trägt Reinhold auf dem Rücken. Der zweite hat das Gewehr und den Sack. Die beiden gehen an den anderen vorbei, reden einige Worte. Alle gehen abwärts. Unter einem Stein im Schatten rastet man. Ein

Wassergraben führt daneben vorbei. Das Wasser ist kaffeebraun. Einer nach dem anderen trinkt. Ein Bub hält das Hemd vor den Mund und zieht das Wasser durch.

Reinhold tastet sich auf Händen und Füßen zum Graben. Die anderen helfen ihm dabei. Er kniet und trinkt lang.

Ich spürte Sand zwischen den Zähnen.

Das Gesicht dreckig, der Mund vom Wasser umspült, die Haare verklebt.

Reinhold deutet an, daß er weiterwill.

Es war meine Pflicht, so schnell wie möglich die anderen zu verständigen.

Gespreizte Beine, sie schwanken einen Augenblick, dann gehen sie im Laufschritt bergab. Reinhold am Rücken eines schlanken Burschen. Die Füße des Burschen sind mit Fellen umwickelt. Jeder Tritt verrät eine unglaubliche Sicherheit. Steile Felswände. Mittendurch geht der Weg. Einer stützt den Träger. Kletterei im Schwierigkeitsgrad zwei.

Ich wollte absteigen, selbst klettern, ich hatte keine Lust, dort abzustürzen.

Der Bursche geht weiter, schüttelt den Kopf, als wolle er sagen: Da ist nichts dabei, das schaffe ich schon.

Die Träger gehen durch die erste Wiese. Einige Bäume.

Dann wurde die Schlucht breiter.

Sein Träger bleibt stehen. Durch die Blätter eines großen Baumes hindurch sieht man einige reife Aprikosen.

Er zeigt mit der Hand hinauf. Einige Burschen schleudern Steine zwischen die Äste. Sie heben die Aprikosen auf und bringen sie Reinhold. Er ißt sie.

Es war das erste frische Obst seit fast zwei Monaten.

Die Männer tragen Reinhold weiter. Reinhold hängt am Rücken und schaut die Felder an. Bewässerungsgräben ziehen am Hang entlang und über die Wiesen und Äcker hin.

Ich war verwundert, wie fortschrittlich diese Leute dort waren. Sie kommen vielleicht einmal in ihrem Leben, kaum öfter, ins Industal hinaus.

24 In Diamirai

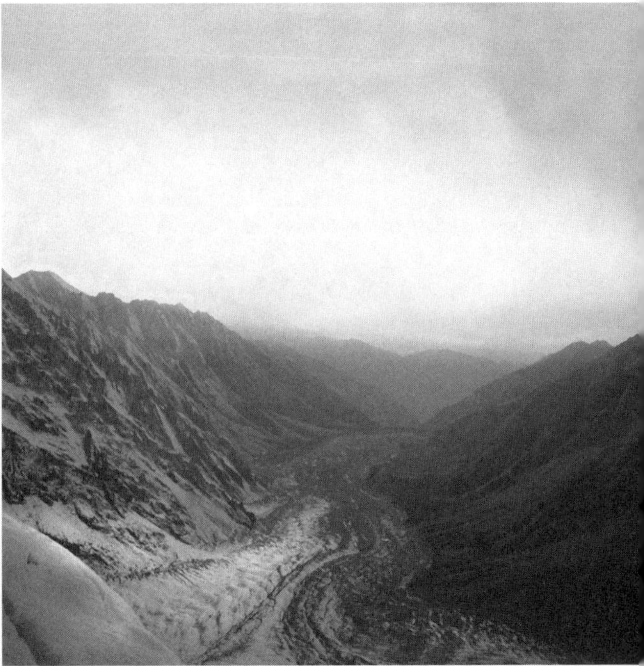

Das Diamirtal, vom Wandfuß aus gesehen.

»Auch in der schlimmsten Situation können wir uns aufrichten, wenn wir uns nicht aufgeben. Zuletzt war es neben dem Selbsterhaltungstrieb die Verpflichtung den Eltern gegenüber, am Leben zu bleiben, die mich nicht aufgeben ließ.«

Reinhold Messner, 2009

»Die Messners, R. und G., sind verschwunden. G. Baur beginnt um 20 Uhr den Abstieg, weil er eine arge Halsverkühlung hat.«

Felix Kuen

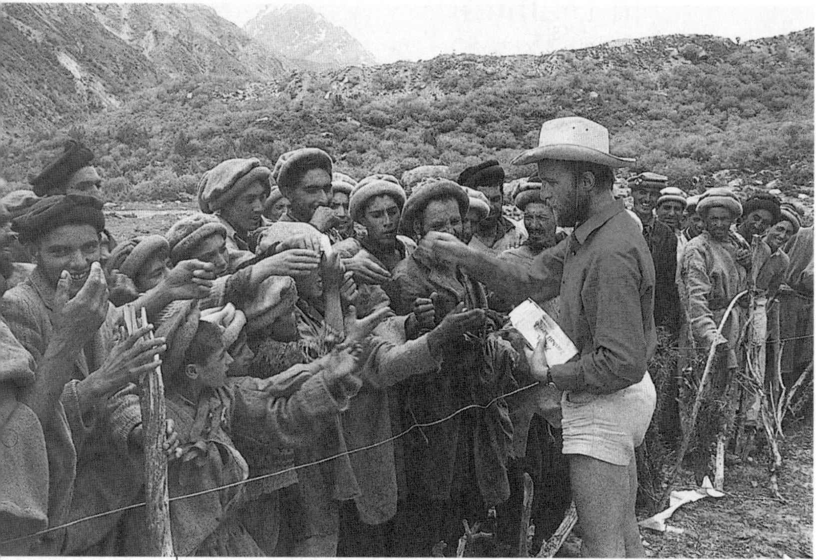

Max von Kienlin bei den Talträgern, die gekommen sind, um Lasten nach Tarshing zu schleppen.

»Der Abstieg vom Berg über eine unbekannte Route erschien doch undenkbar. Alle waren überzeugt, daß die Überschreitung des Nanga Parbat ohne Biwak- und Kletterausrüstung unmöglich ist. Auch wenn sie geplant gewesen sein sollte. [...]«

Reinhold Messner, 2002

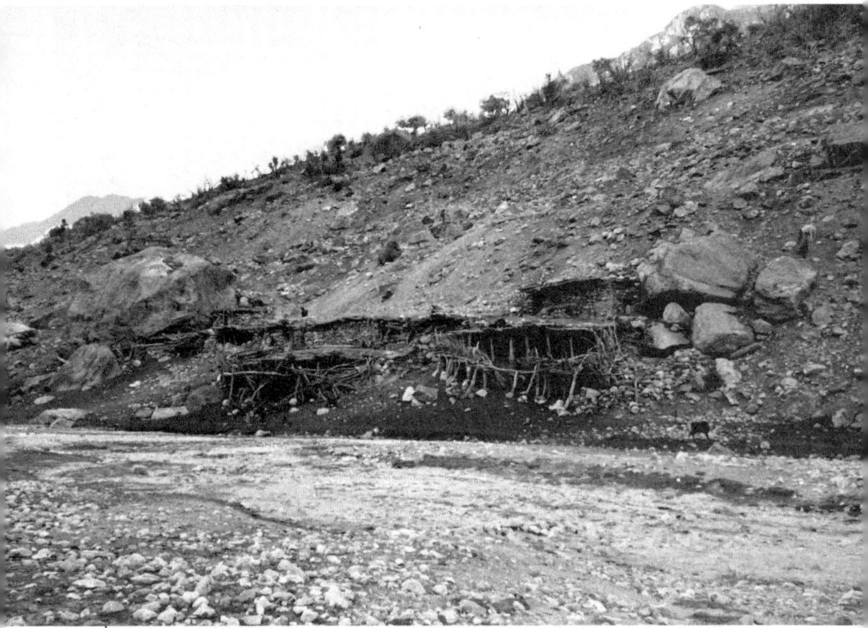

Sommerhütten im oberen Diamirtal.

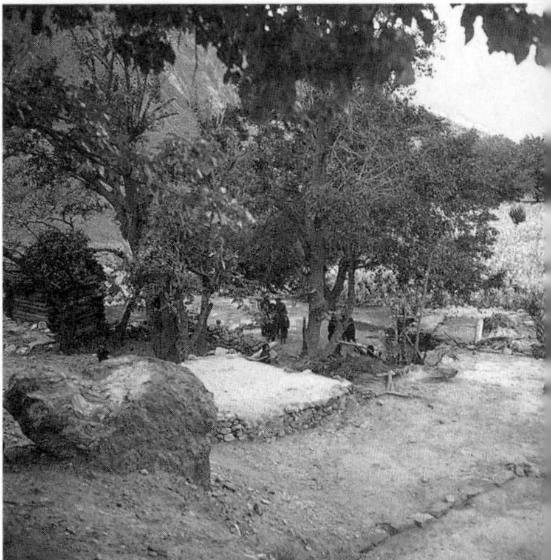

»Obwohl ich am Ende war – der Bruder tot, Erfrierungen, Muskelschwund, Ruhr zuletzt –, ich gab die Hoffnung heimzukommen nie auf. Auch deshalb bin ich noch am Leben.«

Reinhold Messner, 2009

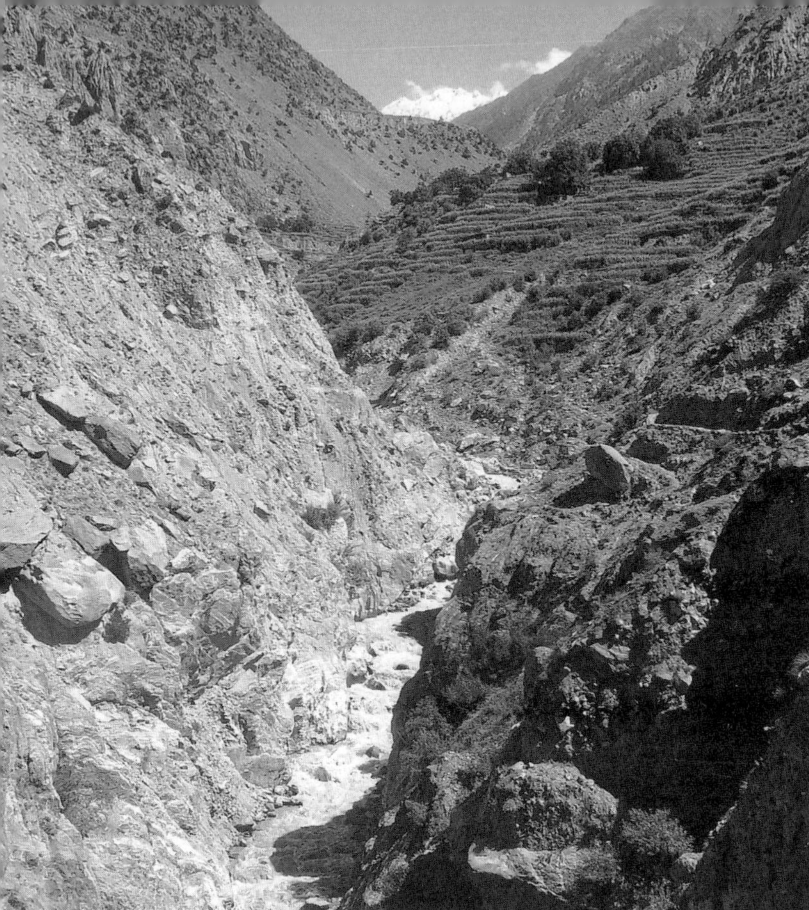

Am oberen Beginn der Diamirschlucht. Im Talhintergrund der Nanga-Parbat-Gipfel.

»Seit der Nachricht seiner Gipfelbesteigung wußte weder Kuen noch irgendjemand, wo Günther und ich sein konnten.«

Reinhold Messner, 2009

»Seitdem weiß man über beide nichts Genaues.«

Felix Kuen

Dorfplatz in Diamirai. Man bringt eine Pritsche für Reinhold. Kinder, Männer und Burschen stehen um ihn herum. Nach einiger Zeit bringen sie ihm Tee. Sie wollen wissen, woher er kommt. Reinhold nimmt wieder einen Stein und erklärt alles, wie bei den Holzfällern. Nur hat er diesmal mehr Übung. Er sagt nur einzelne Worte, zeigt die Plätze am Stein, und man versteht. Reinhold legt sich hin, um zu schlafen.

Es war sehr hart.

Die Pritsche. Vier Füße, ein Gestell, ein Gitter, aus dicken Lederriemen geflochten.

Ich kam mir vor wie ein Fakir. Ich war abgemagert bis auf die Knochen.

Reinhold legt sich neben die Bahre auf den Boden. Er plagt sich. Die Windjacke schiebt er unter den Kopf.

An Dreck hatte ich mich gewöhnt.

Im Basislager wird noch gepackt. Es hat den Anschein, als ob man morgen aufbrechen wolle.

Reinhold liegt im Freien am Boden und schläft. – Der Himmel ist bedeckt. In den Maulbeerbäumen musizieren die Zikaden.

Reinhold liegt am Boden. Man hilft ihm auf die Beine. Er versucht, einige Schritte zu gehen. Er fällt hin. Einer will ihn auf dem Rücken tragen. Reinhold wehrt ab.

Der ganze Körper schmerzte. Der Druck auf die Brust war schon am Tag vorher fast unerträglich gewesen. Mehr als zehn Stunden lag ich auf dem knochigen Rücken der Träger.

Sie lassen ihn stehen. Was nun?

Sie wollten sehen, ob ich wirklich nicht mehr in der Lage war, selbst zu gehen.

Er ist es nicht. Er setzt sich hin und gibt zu verstehen, daß sie eine Bahre machen sollen. Sie begreifen nicht, stehen unentschlossen herum. Reinhold läßt sich zwei Stangen bringen. Sie sind vielleicht zweieinhalb Meter lang, acht Zentimeter stark. Zwei kurze Stäbe dazu. Reinhold sitzt am Boden, legt die beiden Stangen nebeneinander hin, schön parallel, etwa vierzig Zentimeter voneinander entfernt. Die Stäbe legt er unten und oben quer darüber. Er zieht eine Reepschnur aus der Hosentasche und fixiert damit die Stangen.

Nägel hatten sie keine.

Man bringt Seile. Reinhold flicht damit ein Netz zwischen den Stangen. Die Bahre ist fertig.

Reinhold legt den Anorak auf eine Querlatte und richtet sich auf der Bahre zurecht, den Kopf auf dem Anorak. Vier Männer heben ihn mit der Bahre auf, zwei andere übernehmen sie. Alles wankt, Reinhold fällt beinahe herunter, er kann sich gerade noch festhalten. Man will ihn anbinden, er schüttelt den Kopf.

Ich war nicht mehr fähig zu gehen und hatte trotzdem Angst, meine Bewegungsfreiheit ganz zu verlieren.

Die Männer sind zufrieden. Sie haben der Bahre ursprünglich nicht getraut. Zu sechst machen sie sich nun auf den Weg. Zwei tragen und vier rasten, immer abwechselnd. – Äste von unten, der blaue Himmel.

Öfter, wenn sie mich unter Bäumen vorbeitrugen, strich mir Laub über das Gesicht.

Die Gruppe überquert einen Fluß.

Ich hörte es nur rauschen. Die Augen hatte ich geschlossen.

Die Gruppe marschiert das linke Flußufer abwärts.

Was wohl die anderen machen, dachte ich.

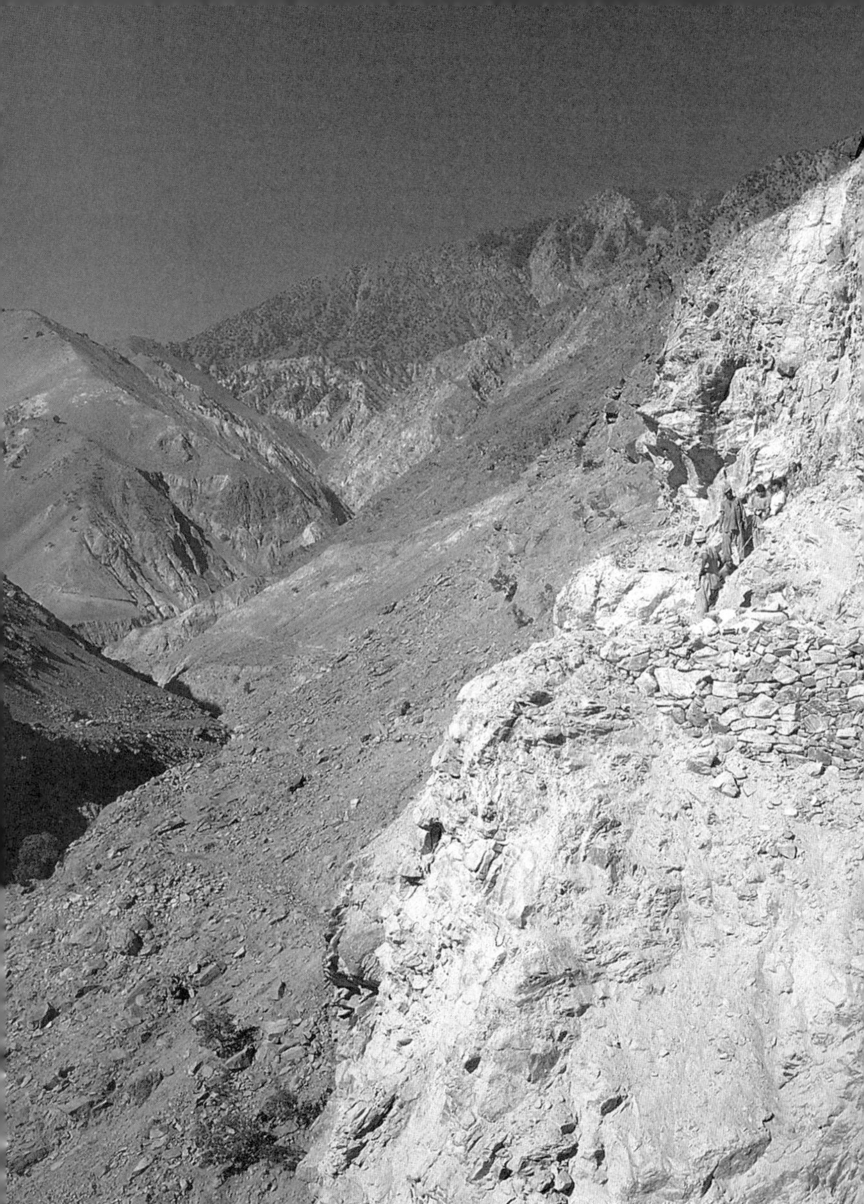

Blick von unten ins Bunartal.

Ein Jeep-Konvoi fährt das Astortal abwärts.

Das Basislager hatte man abgebrochen. Man war auf dem Heimweg, auf dem Weg nach Gilgit.

Ein ganz kahler Hang. Ganz unten der Bunar-Fluß. Quer über den Hang führt ein Weg. Wieder die Gruppe. Vorne die zwei mit der Bahre, dahinter die anderen. Der erste Träger: Das Hemd ist naß, der Schweiß tropft vom Gesicht, er geht nicht, er läuft ... Er bleibt stehen, wechselt einige Worte mit dem Hintermann. Man wartet. Zwei andere übernehmen die Bahre und setzen den Weg fort. Oben liegt Reinhold, apathisch, völlig abwesend. Die Sonne scheint ihm stark zuzusetzen. Er hat die Augen geschlossen.

Ich hatte jetzt volles Vertrauen in diese Burschen. Sie würden mich schon weiterbringen.

Eine steile Wand bricht unter ihnen ab.

Ich hatte Durst, Durst, Durst.

Ganz unten tobt der Fluß. – Die Sonne am Himmel ...

Um die Mittagsstunden kamen wir zur Bunarbrücke im Industal.

25 Im Industal

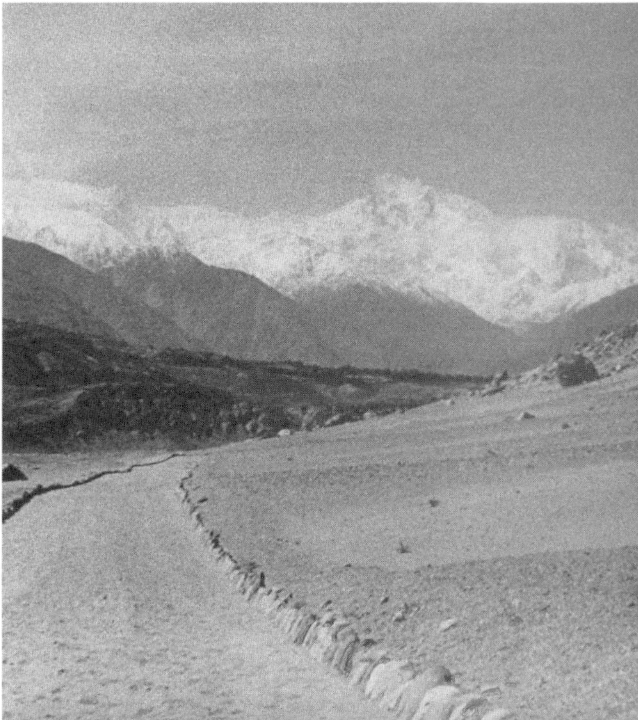

Industal, im Hintergrund der Nanga Parbat.

»Im Industal – zwischen Chilas und Gilgit – gab es 1970 eine schmale Schotterstraße, die durch Muren oder Steinschlag häufig unpassierbar wurde.«

Reinhold Messner, 2009

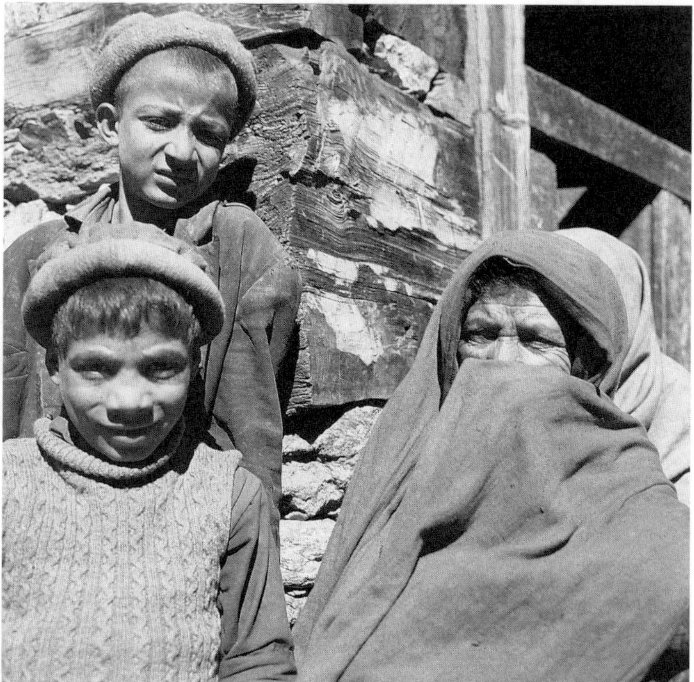

Einheimische im Diamirtal.

»Es geht nicht mehr an, daß er der einzige ist, der vor Ort angebliche Recherchen durchführt und von angeblichen pakistanischen Bergsteigern erzählt und angebliche Einheimische in seinem Sinne zitiert. Jetzt wollen wir das selbst sehen.«

Max Engelhardt von Kienlin,
in: Emil Bobi: »Knochenarbeit«, Profil, 6. Februar 2004, S. 42f.

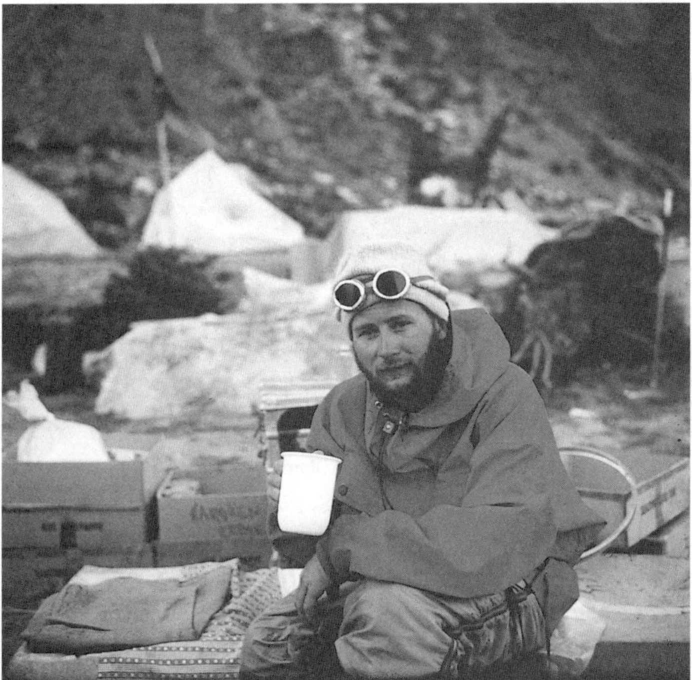

Hans Saler 1970 zurück im Basislager.

»Es gibt ein Prinzip, das als eine Schranke gegen jede Information dient, als Beweis gegen jedes Argument, und das niemals fehlschlagen kann, die Menschen in immerwährender Unwissenheit zu halten. Dieses Prinzip heißt: Verurteilung vor der Untersuchung.«

Herbert Spencer

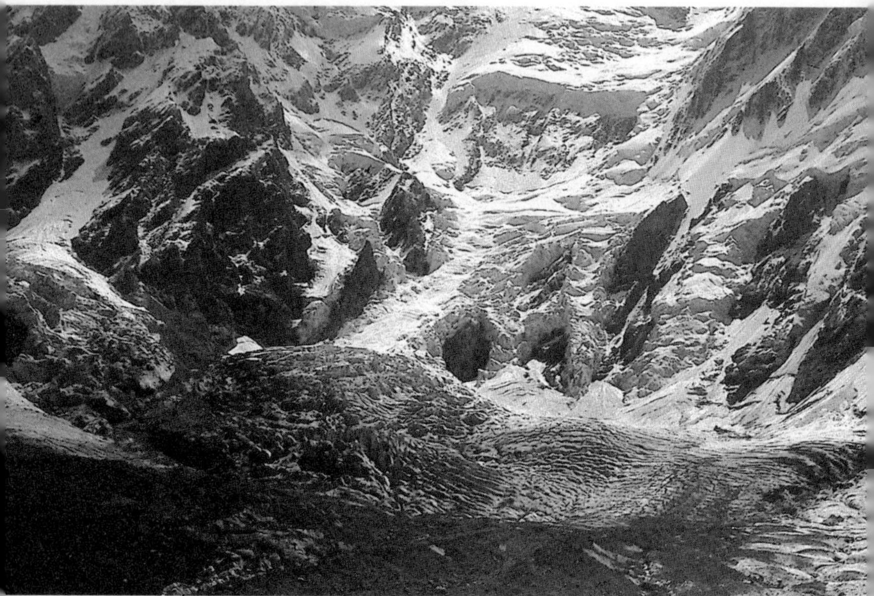

Der Lawinenkessel am Fuße der Diamirwand.

»Reinhold Messner ist wahrscheinlich der einzige, der sich am Nanga Parbat, in 8000 Meter Höhe, unter dem Zwang einer unvorhergesehenen Situation für den Abstieg über die Diamirflanke entscheiden konnte. Ob diese Entscheidung richtig war, wird auch der erfahrenste Expeditionsleiter nicht abschließend entscheiden können.«

Karl Maria Herrligkoffer,
in: Die Presse, 22./23. August 1970

»Ob es richtig oder falsch war, ins Diamirtal abzusteigen – der Selbsterhaltungstrieb und die Sorge um meinen Bruder zwangen mich zu diesem unserem letzten Ausweg. Wenn Saler, von Kienlin und Baur heute noch mit ihren Vermutungen hausieren, ohne stichhaltige Argumente vorzulegen, muß man die Leute reden lassen. Vermutlich haben sie sonst nichts zu tun.«

Reinhold Messner, 2009

Die Bunarbrücke. Darunter liegen einige Leute. Man versteht sein eigenes Wort nicht, so laut tobt der reißende Fluß.

Wenigstens kühl war es dort.

Reinhold liegt am Boden und schaut auf den Weg. Neben ihm steht eine Konservendose mit Wasser. Sie ist sicher schon mehrere Jahre alt, rostig, und das Wasser ist dreckig.

Trotzdem habe ich davon getrunken.

Die Bahre lehnt an einem Stein an der Straße. Ein Jeep fährt vorbei. Er fährt in die entgegengesetzte Richtung. Reinhold ist enttäuscht.

Ich konnte nicht denken, auch nicht sehen. Nie ging die Zeit so langsam. Ein Jeep dachte ich, ein Jeep, immerzu ein Jeep, wenn nur ein Jeep käme.

Der Fluß reißt Steine mit. Man hört es. Spritzer treffen Reinhold ins Gesicht.

Endlich springen die Träger auf. Ein Jeep kommt. Er fährt – man hört ihn – Richtung Gilgit. Es ist derselbe von vorher. Er hält. Zwei Militärs steigen aus. Man trägt Reinhold zurück auf die Straße.

Reinhold steht am Weg. Von einem der Burschen gestützt. Die beiden vom Jeep, anscheinend sind es Offiziere, schauen ihn an, als käme er von einem anderen Stern.

Offizier (nach einer Weile): Where are you coming from?

Reinhold: Nanga Parbat – Tap Alp – basecamp Rupal face. Er deutet mit der Hand einen Aufstieg an.

Über die Rupalflanke sind wir aufgestiegen, wollte ich sagen.

Der Offizier schüttelt den Kopf.

Reinhold: Top, descent on the Diamir side.

Wieder schüttelt der hohe Offizier den Kopf. Er zeigt, Reinhold möge einsteigen. Reinhold steigt ein. Der Chauffeur fährt los. Die Helfer winken.

Offizier: Pictures?

Er hat sich umgedreht und schaut den neuen Fahrgast fragend an. Reinhold zieht seine Minox-Kamera aus der Tasche und zeigt sie ihm. Der Offizier ist erstaunt. Er hat so etwas noch nicht gesehen. Reinhold hält das Gerät in der Hand, schaut durch, knipst.

Offizier: James Bond?

Er schaut Reinhold prüfend an.

Wofür man gehalten werden kann, wenn man halb tot irgendwo auftaucht. Für wenige Augenblicke hat er mich wirklich für einen Kriminellen gehalten.

Reinhold: No, no, climber. I am coming from the Nanga Parbat.

Er sitzt auf dem Hintersitz neben einem Soldaten. Dieser hält Abstand, er will mit dem Fremden nicht in Berührung kommen.

Ich muß wirklich unheimlich ausgesehen haben.

Landschaft fliegt draußen vorbei. Kahle Hänge, unten der Indus, Felswände an der Bergseite, ab und zu ein Dorf. Der Jeep biegt von der Straße ab und hält in einer Seitenstraße, vor einer Kaserne.

Der Offizier steigt aus und redet mit einigen Soldaten.

»This person« verstand ich einige Male, wobei sie immer einen Blick zu mir in den Jeep warfen. Nach wenigen Minuten fuhren wir weiter. Vorerst hatte ich keine Ahnung, wohin. Dann sah ich wieder einen Meilenstein mit der Aufschrift Gilgit.

Der Jeep an einer Kreuzung. Er hält, weil ein Lastwagen vorbeifährt. Der Wagen ist bunt bemalt wie die meisten pakistanischen Lastautos. In vielen kleinen Vierecken zeigt die Bemalung eine ganze Geschichte.

Nur im Vorbeifahren erkannte ich nicht, welche.

Der Jeep biegt in die Hauptstraße ein, verschwindet in einer Staubwolke und taucht erst wieder auf, als er vor dem Lastwagen fährt.

Als wir nach Stunden wieder anhielten, war ich froh, aussteigen zu können. Wir waren vor der Wohnung des Offiziers. Er ging in sein Haus. Mir bedeutete er, draußen zu warten. Jemand brachte mir einen Stuhl.

Reinhold sitzt auf einem Stuhl vor einer niederen pakistanischen Villa. Ein Herr, offensichtlich ein Diener, bringt ihm etwas zu trinken. Reinhold bedankt sich und fragt ihn, ob er sich waschen darf.

Ich habe mich im Spiegel nicht wiedererkannt. Nach meiner Waschung war auch der Offizier ein ganz anderer Mensch.

Er läßt Tee, Käse, Kartoffeln und Salat servieren. Seine beiden Töchter, zwei ausnehmend hübsche Mädchen, setzen sich zu dem Fremden und versuchen ein Gespräch anzufangen.

Dafür reichte mein Englisch leider nicht aus.

Der Offizier fotografiert. Sogar seine Frau ruft er herbei. Sie stellt sich zu den anderen. Reinhold bedankt sich bei ihr für die Gastfreundschaft.

Reinhold: Many thanks!

Sie lächelt nur – wohlwollend und hilfsbereit.

Einige Offiziersschüler kommen und bringen eine Landkarte. Sie bitten den Fremden, ihnen seinen Weg zu zeigen. Er zeigt ihn mit dem Finger.

Reinhold: Rupal – basecamp – Nanga Parbat – Diamir – Diamirai – Bunar: Jeep.

Sie schauen ihn verwundert an. So als ob er vom Mond käme oder von einem fremden Planeten.

Ich selbst hatte das große Glück noch nicht erfaßt, daß ich das alles überstanden habe. Erst diese fragenden Gesichter ließen es in mir aufdämmern. Es war ein Wunder.

Man will Autogramme haben. Reinhold kritzelt seinen Namen auf einige Zettel, so gut er mit seinen erfrorenen

Fingern kann. Die Schüler, sie tragen vollkommen weiße Kleider, helfen dem Fremden in den Jeep. Abschied, Dank.

Der Offizier spricht noch mit dem Chauffeur.

Ich verstand nur Hospital und Gilgit. Ich war aber beruhigt, weil man meine Bitte verstanden haben mußte.

Der Jeep fährt ab. Alle winken.

Ich war gerührt von so viel Hilfsbereitschaft.

Fahrer: Well, you say, you are coming from the Nanga Parbat.

Reinhold: Yes.

Fahrer: Strange.

Und etwas später:

But how it is possible, your basecamp is on the Tap Alp?

Ich konnte ihm nicht alles erklären, nur so beim Fahren. Englisch konnte ich zuwenig, und er mußte auf die Straße achten.

Vogelsicht auf einen fahrenden Jeep im Industal. Eine Staubwolke wirbelt hinter ihm her. Rechts der Fluß, die Hänge sind kahl, die Straße, eine Kurve nach der anderen.

Groß: Ein Rad. Es läuft, springt von Buckel zu Buckel, Steine spritzen.

Reinhold lehnt im Rücksitz. Er hält sich mit beiden Händen fest. Immer wieder wirft es ihn in die Höhe.

Die Rakhiotbrücke hatten wir schon passiert. Aufmerksam schaute ich auf die Angaben am Straßenrand, noch vierzig Meilen nach Gilgit.

Der Jeep fährt an einer Eselkolonne vorbei.

Noch zweiunddreißig Meilen nach Gilgit.

Der Fahrer dreht sich um und lächelt seinem Fahrgast zu.

Noch achtundzwanzig Meilen.

Ein alter Lastwagen steht am Straßenrand. Ein Mann schläft darunter.

Noch fünfundzwanzig.

Ein Polizist hält den Jeep auf, salutiert den Fahrer. Die beiden sprechen miteinander. Der Jeep fährt weiter.

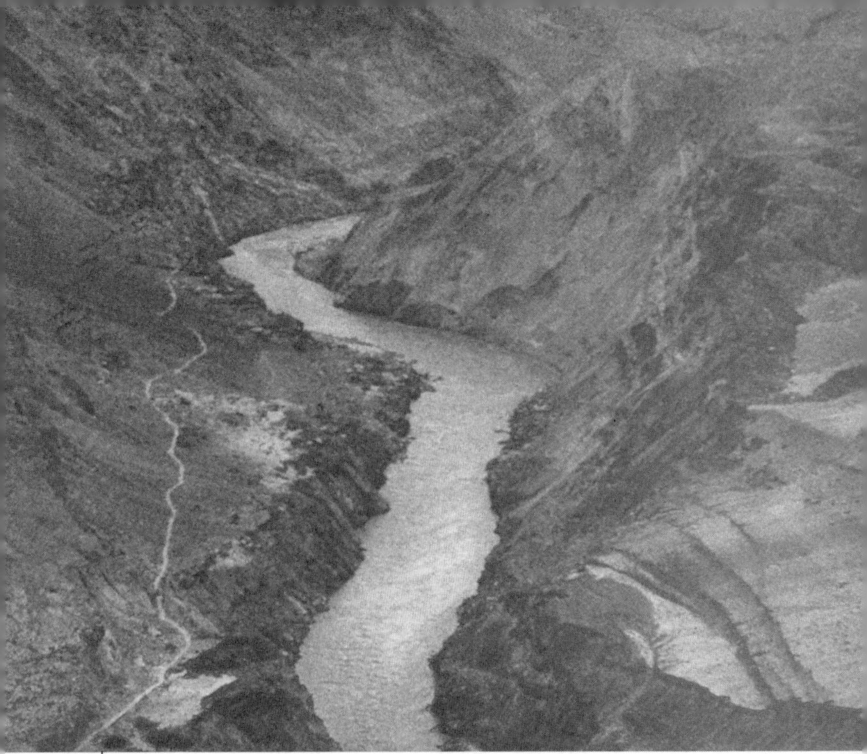

Industal im Norden von Pakistan, damals Sperrgebiet.

Noch zwanzig Meilen nach Gilgit.

Steil bricht es unter der Straße ab. Steil setzt darüber eine Felswand an.

Nach wenigen Kilometern kamen wir zu einem Felssturz. Große Brocken versperrten den Weiterweg.

Der Jeep hält. Große Felsbrocken liegen auf der Straße. Der Chauffeur steigt aus, geht zur Sperrstelle. Reinhold liegt auf dem Hintersitz. Der Chauffeur kommt zurück und gibt seinem Fahrgast zu trinken. Der Jeep wird gewendet und fährt nach einer Meile in eine Seitenstraße ab, bei einer Häusergruppe bleibt er stehen. Er will telefonieren, erklärt der Chauffeur. Krachen in der Nacht, Felsbrocken werden gesprengt, dann Stille. Reinhold liegt auf einer Pritsche vor einem der Häuser. Man hört das Rasseln der Preßluftbohrer.

Der Offizier hat befohlen, die Straße freizulegen, in derselben Nacht noch. Er wollte, daß ich rechtzeitig nach Gilgit ins Krankenhaus käme.

Wieder hört man eine Sprengung.

Man hat alles getan für mich, wohlwollend getan. Ich bin den Soldaten und Offizieren sehr dankbar dafür.

Einige Männer in Uniform stehen um Reinhold herum. Reinhold fragt, ob sie schon gehört hätten, daß zwei Teilnehmer von der Nanga-Parbat-Expedition vermißt sind.

Nein, keine Notiz.

Reinhold: Es müßte doch bekannt sein. Herrligkoffer wird wohl gemeldet haben, daß wir verschollen sind, seit Tagen schon.

Ich verstand nicht. Auch der Offizier wußte nicht, daß wir verschollen waren. Keine Notiz in der Zeitung.

Unser Leiter hatte damit gewartet, bis alle Hoffnungen geschwunden waren. Man kann doch keine Vermißtenanzeige in die Welt setzen, ohne daß ein Suchtrupp unterwegs ist.

26 Wiedersehen mit Herrligkoffer

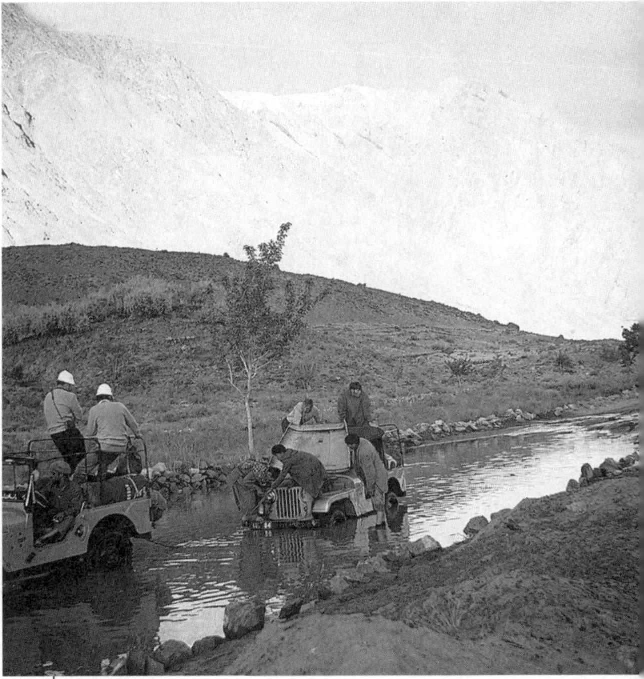

Im Industal.

»Seiner (Herrligkoffers) Verantwortung entzogen ist aber dann ein Expeditionsteilnehmer, wenn er die vorgesehene und gesicherte Route verläßt.«

Karl Maria Herrligkoffer,
in: Die Presse, 22./23 August 1970

»Nach ihrem Tod erklang ein neues Leitmotiv im Ringen um den Nanga Parbat: das der Treue und Kameradschaft.«

Paul Bauer, in: Das Ringen um den Nanga Parbat. 1856–1953. Hundert Jahre bergsteigerische Geschichte. Süddeutscher Verlag, München 1955, S. 227

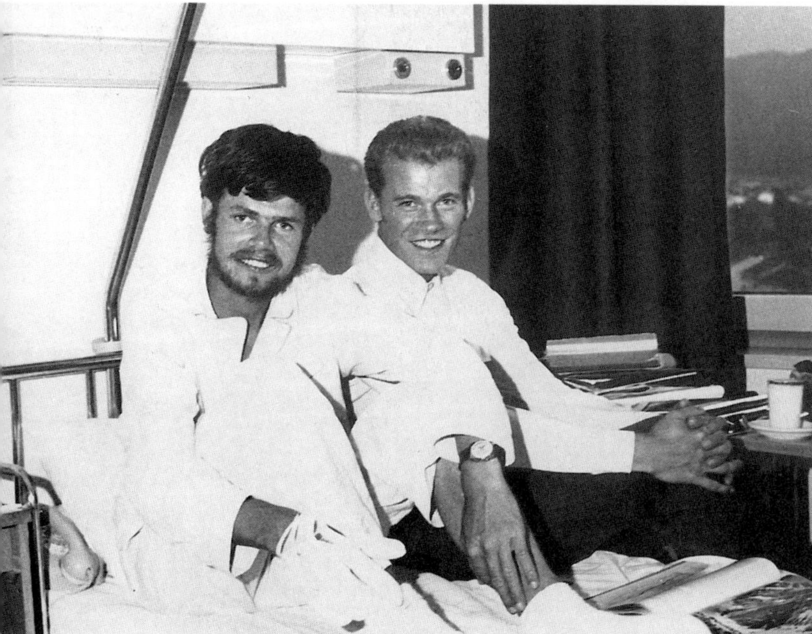

Reinhold Messner mit Walter Spitzenstätter 1970 in der Klinik von Innsbruck.

»Zweifelhaftes Wetter: blaue und rote Rakete zusammen. – Eigene Entscheidung der Besatzung von Lager V. Dazu sagt Reinhold Messner: Für diesen Fall würde ich wenigstens einen Vorstoß die Merklrinne hoch versuchen. – Darauf erwidere ich: ›Du sprichst mir aus der Seele.‹ Denn auch ich bin der Meinung, daß man jetzt, nach der Errichtung des Lagers V, alles versuchen sollte, was die Wetterverhältnisse zulassen.«

Karl Maria Herrligkoffer

»Ich kann mit Sicherheit ausschließen, daß eine Vereinbarung zwischen Dr. Herrligkoffer und Reinhold Messner getroffen wurde für den Fall des Abschusses einer roten Rakete der Gestalt, daß Reinhold Messner im Alleingang den Gipfel nehmen sollte. Von einer entsprechenden Weisung kann danach schon gar keine Rede sein.«

Felix Kuen

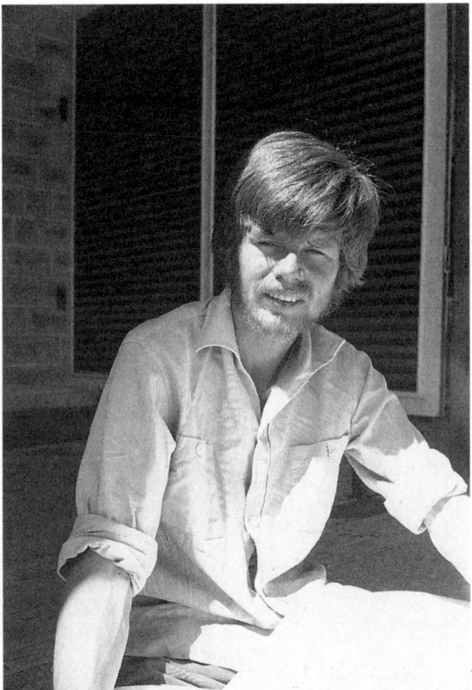

Reinhold Messner, Tage nach der Tragödie in Pakistan.

»Schlechter Wetterbericht: rote Rakete. – Stop – Abwarten im Lager V oder Rückzug. Die rote Rakete wird nicht besonders besprochen. Bei schlechtem Wetter – das bedeutet Schneefall und Höhensturm – wäre der Gipfel des Achttausenders aus 7350 Meter Höhe sowieso nicht zu erreichen, und ein Vorstoß käme schon im Bereich der Merklrinne wegen Lawinen- und Steinschlaggefahr einem Selbstmordversuch gleich.«

Karl Maria Herrligkoffer

»Es waren zuerst die von Karl Maria Herrligkoffer verdrehten Darstellungen des Expeditionsablaufes – um die rote Rakete, die Schwäche Günthers, die Arbeit beim Aufbau der Hochlager –, die irritierten. Nicht nur ich widersprach. Herrligkoffer aber fand Unterstützer in der Mannschaft, die bereit waren, ihren eigenen Tagebucheintragungen zu widersprechen. Für das Versprechen, bei der nächsten Herrligkoffer-Expedition mitmachen zu dürfen, oder das Lob, ›ein guter Kamerad‹ gewesen zu sein, wurde jetzt die Darstellung der Schlüsseltage 1970 am Nanga Parbat manipuliert. Die Frage, ob die Messners wirklich am Gipfel gewesen waren, stand bald im Raum. Die Handschuhe oben hätten ja auch von Hermann Buhl sein können, der Abstieg für einen Höhenkranken aus der Merklscharte unmöglich. Mein Abstieg ein ›Lausbubenstreich‹. Kein Zweifel, die ›guten Kameraden‹ haben alles getan, was in ihrer Macht stand. Nur, den Abstieg über die Diamir-Seite, von dem sie gewusst haben wollen, hatten sie offensichtlich nicht für möglich gehalten.«

Reinhold Messner, 2009

»Was im Namen der Kameradschaft am Nanga nicht alles legitimiert wurde: das Falschspiel von Bauer, das Schiedsgericht gegen zwei Überlebende von 1934; Intrigen gegen Herrligkoffer 1953 und von Herrligkoffer gegen Ertl und Buhl; die Rufmordkampange 1970 und 2003 gegen mich. Und wer sind die ›Kameraden‹, die immer einen Vorwand finden, ihre Kampagnen mit dem Wert der Kameradschaft zu rechtfertigen? Sie sind nicht auf Gemeinsamkeit, Stütze für die jeweils anderen aus, ihr Ziel ist die Vernichtung des anderen.«

Reinhold Messner, 2003

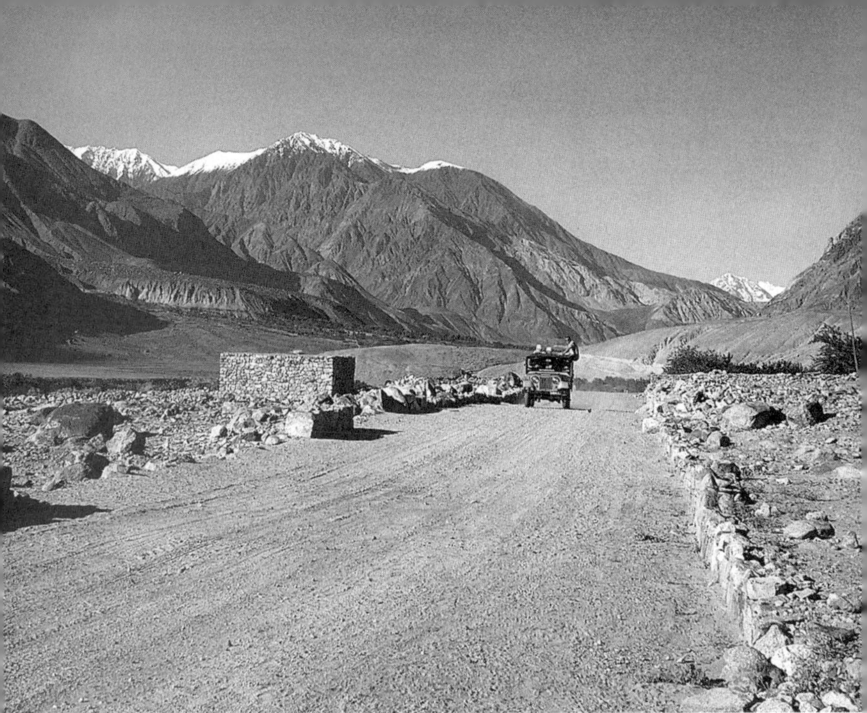

Im Industal.

Motorenlärm in der Nacht. Ein Jeep hält. Karl und Alex steigen aus. Ein Licht, einige Leute stehen um eine Pritsche herum. Reinhold auf der Pritsche. Ein Gesicht wie ein Gespenst, die Lippen aufgerissen, der Gaumen schmierig. Die Hose und das Hemd sind dreckig, die Füße stecken ohne Socken in den Innenschuhen.

Karl kommt, bleibt einen Augenblick an der Bahre stehen, geht näher hin, beugt sich über ihn, streichelt ihn.

Er war sehr nett zu mir – überhaupt ... ich war erstaunt, weil ich das von ihm nicht gewohnt war.

Karl: Es ist gut, daß du da bist.

Er ist gerührt, streichelt Reinholds Arm, krault in seinen Haaren. Alex zieht ihm die Innenschuhe aus. Die Füße, geschwollen rot. Die Zehen, schwarz.

Karl: Es ist gut, daß du da bist. –
Reinhold: Wir mußten …
– stockt und wird unterbrochen.
Karl: Ist schon gut. Das ist nun nicht so wichtig.
Reinhold: Eine Lawine muß Günther verschüttet haben, ganz unten.
Karl: Du mußt jetzt nur an dich denken.
Nimmt seine rechte Hand und schaut die Finger an. Die Spitzen sind schwarz.
Karl: Und die andere Hand?
Reinhold schüttelt den Kopf, wie nein.
Karl: Du mußt jetzt nur an dich denken.

Es war vier Tage her, daß Günther nicht mehr vor, neben oder hinter mir ging. Vier Tage lang habe ich verzweifelt auf die anderen gewartet, um mit ihnen reden zu können. Endlich waren sie da.

Niemand fragte: Wie ist es gewesen? Daß Günther nicht mehr kommt, sollte ich vergessen. Das wäre jetzt nicht mehr so wichtig. Ich soll nur an mich denken. Ich verstand nicht. Wenn der Bruder, der Tage vorher noch mit mir am Gipfel des Nanga Parbat stand, auf einmal nicht mehr da war, sollte ich es plötzlich vergessen. Das sollte nicht so wichtig sein. Ich verstand nicht.

Man legt Reinhold hinten auf den Jeep. Einige Träger sitzen neben ihm auf den Rucksäcken und Kisten. Alex und Karl steigen vorne ein. Das Licht geht an. Motorenlärm. Der Jeep fährt los.

In derselben Nacht noch erreichten wir Gilgit. Dort sah ich die anderen Kameraden wieder. Max war zu Tränen gerührt. Aber nicht alle waren froh, daß ich wieder da war. Das sagte mir mein Gefühl.

Zimmer in Gilgit – zwei Stimmen.
Max steht bei Reinhold am Bett, aufgeregt.
Max: Die rote Rakete, kannst du dich daran erinnern.

Reinhold setzt sich im Bett auf, sieht vor sich hin.

Reinhold: Das ist so lange her – deshalb bin ich doch losgegangen.

Max: Ja, eben – erinnerst du dich nicht mehr an das Funkgespräch, »du sprichst mir aus der Seele« und so.

Reinhold: Ich habe bis jetzt nicht mehr daran gedacht.

Max: Er hat die falsche Rakete geschossen!

Reinhold: Eine rote Rakete.

Max: Und der Wetterbericht, der Wetterbericht war gut.

Reinhold: Der Wetterbericht gut?

Max: Ja, er hat uns am Abend per Funk einen guten Wetterbericht durchgegeben. Er hätte eine blaue Rakete schießen müssen.

Reinhold: Das war so ausgemacht: Eine rote Rakete bei schlechten Wettermeldungen, eine blaue bei guten. Und du sagst, daß der Wetterbericht gut war. – Die Rakete war doch rot.

Max: Ja eben. Wir sind ganz erschrocken, als nach den guten Wettermeldungen die rote Rakete stieg. Hast du oben nicht gezweifelt?

Reinhold: Eine Sekunde lang habe ich gezweifelt.

Er denkt nach.

Ja, richtig, noch im Aufstieg zu Lager V.

Er spricht nun langsam und betont: Unsicher, eine Sekunde lang war ich unsicher. Aber es war doch so ausgemacht. Weißt du etwas davon?

Max: Na klar, ich habe das Gespräch doch mitgehört.

Reinhold: Und warum dann eine rote Rakete?

Max: Verwechselt, sagt er.

Reinhold: Verwechselt – (ungläubig) rot statt blau?

Max: Hast du es dir nicht gleich gedacht?

Ich habe mein Leben lang auf die anderen vertraut – skeptisch zwar, aber am Ende vertraut. Und da verlangt man, daß ich plötzlich zweifle an einer so wichtigen Nachricht.

Reinhold: Er wird doch nicht behaupten, daß eine rote Rakete aussieht wie eine blaue. Da wird doch wohl ein Unterschied sein?

Max: Ein blauer Streifen war herum, sagt er.

Reinhold: An der roten Rakete?

Max: Ja, erst als sie in der Luft war, sah er, daß sie rot war.

Reinhold: Warum hat er keine blauen nachgeschossen?

Max: Er habe keine gehabt.

Reinhold: Mittags beim Funken ging er doch selbst nachsehen. Er habe nur blaue und rote, hat er mir gesagt.

Max: Genauso war es. Hermann und ich haben es direkt am Teleport gehört, du, Felix, Günther, Peter und Gerhard im Lager IV, Werner, Gert und Hansi im Lager III. Mittags bestätigte er, daß er blaue Raketen hätte, und am Abend hatte er plötzlich keine mehr. Man macht nicht zwei Fehler in einer so entscheidenden Sache: zuerst eine falsche Rakete, dann keine zweite.

Wenige Tage später flogen wir nach Rawalpindi.

Reinhold sitzt am Fenster. Der Platz neben ihm ist frei. Er schaut hinaus. Im Profil: rote Nase, offene Lippen. Nebel. Ganz unten ein Fluß.

Es war der Indus.

Weit weg ein hoher Berg im Nebel. Es reißt auf. Reinholds Gesicht nimmt plötzlich einen starren Ausdruck an. Der Berg wird teilweise frei. Er ist sehr hoch, höher als alle anderen.

Es war der Nanga Parbat.

Die Westflanke des Nanga Parbat. Der Gipfel im Nebel. Das Diamirtal. Ein Steward geht durch den Mittelgang. Man redet, liest in der Zeitung, unterhält sich. Reinhold am Fenster. Sein Gesicht an der Scheibe: traurig.

Karl geht vor zu Reinhold. Der schaut ihn an: dankbar.

Karl: Da unten ist die Bunarbrücke.

Reinhold nickt. Eine Brücke über einen Nebenfluß des Indus. Der Fluß aufwärts, ein Knick nach links, ein kahles, schmales Tal. Weiter weg: der Nanga Parbat. Reinhold am Fenster. Er schaut, als ob er träumen würde. – Günthers Gesicht – die Eislawine – die Diamirflanke – zwei kleine Punkte zwischen den Séracs – der Gipfel. Günthers Gesicht: die Augen zusammengekniffen, ein zufriedenes Lächeln. – Die Eislawine – die rote Gamasche am Steinklotz – Diamir – einige Leute, die Bunarbrücke.

Solange ich einen Bruder hatte, genügte es mir zu wissen, daß er da war, irgendwo, daß ich auf ihn warten konnte. Aber jetzt, wo Günther plötzlich nicht mehr war, ertrug ich es nicht, daß er nicht neben mir saß.

Reinhold am Fenster. Er sieht sich in der Scheibe, erschrickt. Augen, die schauen und nichts sehen. – Günthers Gesicht, lächelnd, zufrieden, wie am Gipfel. – Die leere Scheibe. Nebel fliegen draußen vorbei. Man hört das gleichmäßige Geräusch der Motoren.

Der Nanga Parbat war nicht mehr zu sehen.

Reinhold sitzt allein am Fenster, eine Hand vor den Augen.

In Rawalpindi lag noch Post. Ein Brief für Günther war dabei. Ich machte ihn auf.

Ihr lieben Eishöhlenbewohner!

Zuerst unsere allerbesten Glückwünsche und Hochachtung zu diesem tollen Unternehmen – ob der Gipfel nun erreicht ist oder nicht –!!! Das ist mein interessantester Brief gewesen, lieber Günther, den ich je bekommen habe, und bekommen werde. (Alle Liebesbriefe mit eingeschlossen!) Am 8.6. in 6000 m geschrieben, am 17.6. abgestempelt – demnach mußtet Ihr doch noch umkehren?

Ich hätte mir nie träumen lassen, einmal einen Brief von einer Himalaja-Expedition zu bekommen – und dazu noch in 6000 m geschrieben! (Wie viele Handschuhe hast Du denn angezogen?) Ich bin ja ganz stolz, der Besitzer eines solchen Briefes zu sein, und war beim Lesen so aufgeregt wie Ihr dort oben! Unsere süße Antje mußte mit dem Füttern so lange warten, bis ich alles zweimal gelesen hatte! Kann man Euch

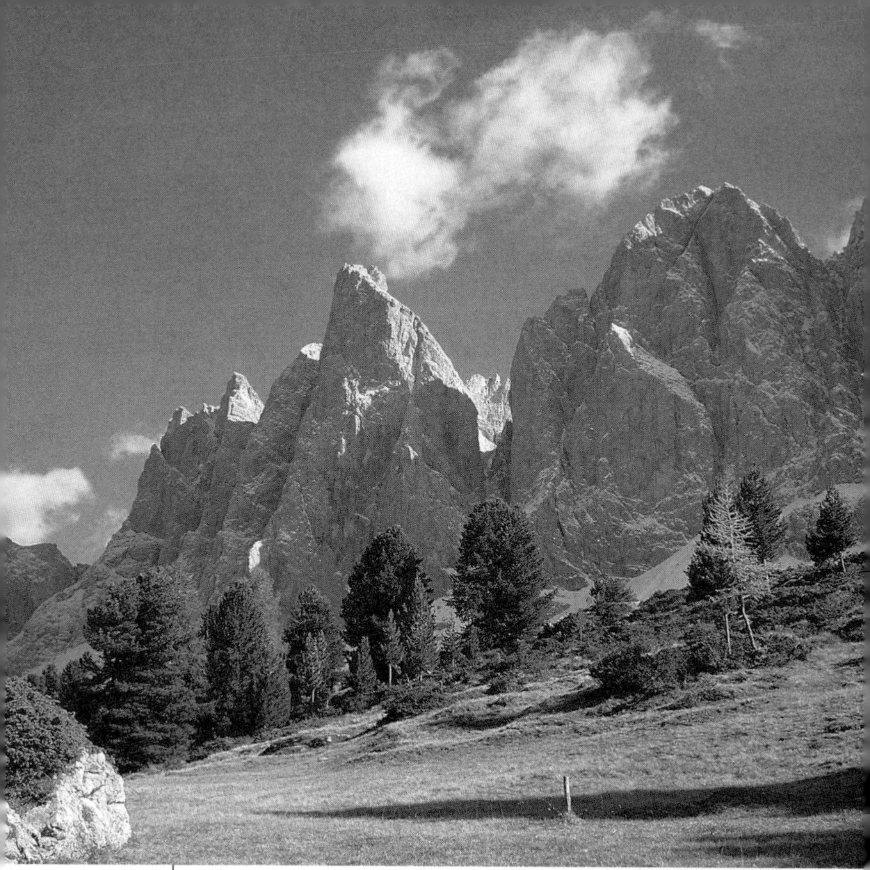

Die Geislerspitzen im hinteren Villnöss-Tal.

heuer in Villnöss »besichtigen«?! Oder grast ihr die ganzen Gipfel dort ab? Wenn Euch die Steilwand nicht gelingt – wem dann sonst?

Auf Euerm Rückflug landet Ihr bestimmt in Frankfurt – wehe wenn Ihr nicht telefoniert und uns besucht. Wir werden Euch gebührend empfangen. Nun alles, alles Gute noch zum weiteren Gelingen der Fahrt, nochmals herzlichen Dank für die schönen Karten und den Brief.

Wir freuen uns, Euch wiederzusehen und mehr von Eurem Erlebnis zu hören. Der »Alpinismus« bringt ja sicher auch ein Sonderheft heraus.

Toi-toi-toi, Berg Heil von Eurer Heidi

Der Brief war für uns beide geschrieben. Deshalb las ich ihn zweimal.

Drei Tage später Landung in Frankfurt.

Ich wollte unsere Freunde nicht allein besuchen. Zudem mußte ich in die Klinik nach Innsbruck.

Universitätsklinik, Zimmer 8, Stock 10, Gefäßabteilung: Infusionen, Briefe, Beileidstelegramme, Glückwünsche, Amputationen.

Vieles habe ich nicht richtig gelesen. Es war zuviel auf einmal.

Angriffe in der Zeitung. Man liest von Wahnsinn, Leichtsinn. Vorwürfe auch Günther gegenüber, der sich nicht mehr wehren kann. Er hat alles getan, sein Letztes gegeben, um die Expedition zum endgültigen Erfolg zu führen.

Ich war verzweifelt.

Die angefrorenen Finger.

Wie sollte ich sagen, daß vieles nicht wahr ist, was man liest in Millionen von Zeitungen.

Ein Brief von Freunden.

Er hat mich ein bißchen getröstet.

Lieber Reinhold!

Triumph und Schmerz, scheinbar gehören sie zusammen. Wenn es einen Mächtigen gibt, der die Geschicke der Menschen leitet, dann kann nur der, und nur aus seiner Sicht, beurteilen, ob Günther Gutes oder Schlechtes widerfuhr.

Trotz Trauer und Schmerz kann ich aber im Heimgang von Günther keine Tragik sehen. Letzten Endes ist es unwesentlich, ob ein Mensch 20 oder 80 Jahre wird. Gemessen an der

Ewigkeit sind beide Zahlen nichts. Wesentlich ist nur, wieviel ein Mensch Zeit seines Lebens an Wahrhaftigkeit, an Güte, an Freundschaft und Liebe ausstrahlt. Wir wollen ihn so in Erinnerung behalten, wie er war. Ein Kämpfer, ein Sieger, ein Freund, mutig und hell, den Glanz in den Augen, die Haare zerzaust vom Wind.

Du sollst wissen, daß wir mit Dir lachen und weinen. Wir teilen Deine Freude ebenso wie Deinen Schmerz. Ich glaube, es liegt im Sinne von Günther, wenn wir uns die Worte von Walther Flex zu eigen machen:

»Gebt euren Toten Heimrecht, ihr Lebendigen, daß wir unter euch weilen dürfen in dunklen und in hellen Stunden. Weint uns nicht nach, daß jeder Freund sich scheuen muß, von uns zu reden! Macht, daß die Freunde ein Herz fassen, von uns zu plaudern und zu lachen.« Im Namen Deiner Freunde

Luis

27 Die Tourenbücher von Günther

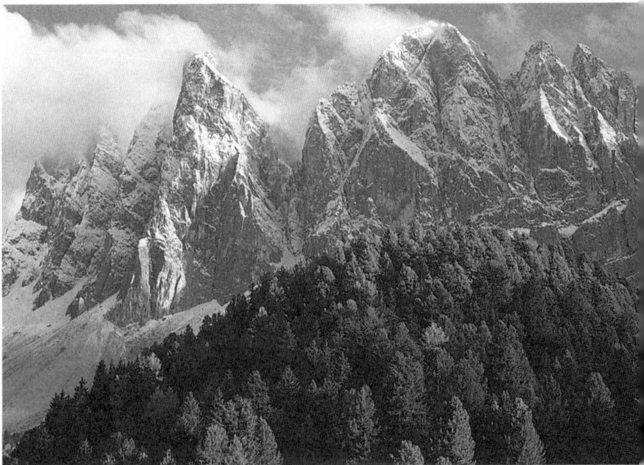

Die Geislerspitzen über der Gschnagenhardt-Alm.

»Nach der Expedition fragte ich mich oft, was Du Deinen Eltern und Geschwistern wohl erzählt haben mochtest. Ich war gelegentlich in Villnöss, habe es aber nie gewagt, Deine Eltern aufzusuchen. Welche Fragen hätten sie wohl gestellt? Ich hätte sie nicht belügen können.«

Hans Saler,
Brief an Reinhold Messner

»Zunächst ist von zwei Raketenfarben die Rede – von rot und grün. Rot soll schlechten, grün guten Wetterbericht bedeuten. Ich unterbreche kurz das Teleportgespräch. Michl Anderl und ich gehen ins Zelt, stellen aber fest, daß wir lediglich zwei Raketen mit roter und zwei mit blauer Banderole haben. Vermutlich sind die andersfarbigen Raketen in den Hochlagern.«

Karl Maria Herrligkoffer

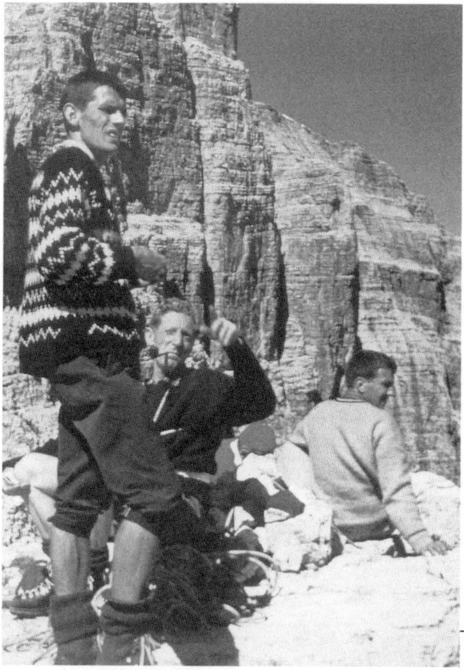

Günther Messner neben Catullo Detassis in den Brenta-Dolomiten.

»Nicht nur am Berg, auch in der Öffentlichkeit versagte Herrligkoffer. Nur weil er zuviel von Ruhm und Aufmerksamkeit für sich allein haben wollte. Seine ›treuen Bergkameraden‹, die er im ›tragischen Ringen um den Nanga Parbat‹ aus den Hochlagern zum Gipfel dirigiert haben wollte, um daheim einen ›Gemeinschaftserfolg‹ zu präsentieren, folgten ihm auch ein zweites Mal nicht.«

Jürgen Thorwald, 1953

»Felix Kuen konnte jedoch, wie Herrligkoffer selbst einräumte, dessen Antworten gar nicht mithören. In seinem 1972 erschienenen Buch ›Auf den Gipfeln der Welt‹ schreibt Kuen denn auch selber: ›Ich hörte Reinhold sprechen, Dr. Herrligkoffer aber nicht. Wenn das Wetter schlecht würde, dann wolle er, Reinhold, probieren, ob die Merklrinne durchsteigbar wäre. Dann hätten wir zumindest die Wand zur Gänze hinter uns. – ‚Ich werde es allein versuchen', sagte er leise. Er wolle abends wieder im Lager V sein. Wir glaubten fest, er meine nur die Merklrinne, das mußten wir schon deshalb annehmen, weil auf Grund der örtlichen Verhältnisse eine Rückkehr vom Gipfel ins Lager V noch am gleichen Tag total unmöglich erschien.‹«

Horst Höfler, 2003

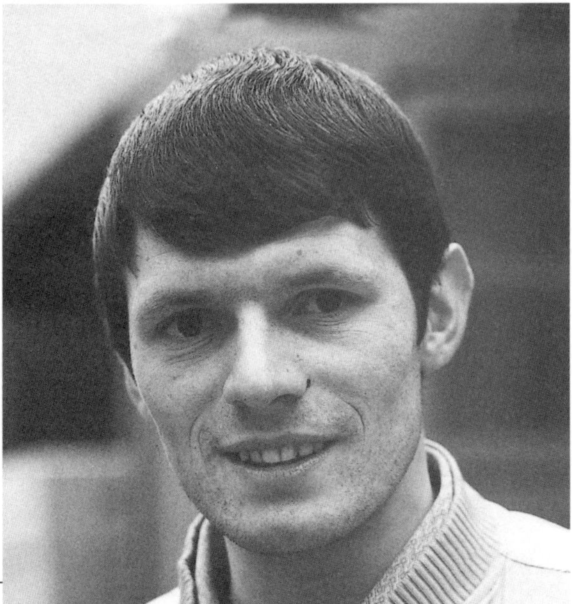

Günther
Messner

»Wenn ein Mensch des Brudermordes und der vorsätzlichen Fahrlässigkeit beschuldigt wird, ohne wirkliches Wissen über die Vorgänge, dann könnte man durchaus von einer Art Rufmord und Lüge sprechen.«

Sabine Schmid, E-Mail-Wechsel mit Achim Zons/
Süddeutsche Zeitung, 5. November 2005

»[…] Nicht der erst ist ein Mörder, der einen anderen totschlägt, sondern schon der, der ihn einen gefährlichen Lumpen nennt.«

Berliner Bischof Kurt Scharf zu Ostern 1968,
in: Stern, Nr. 50/2000. S. 34

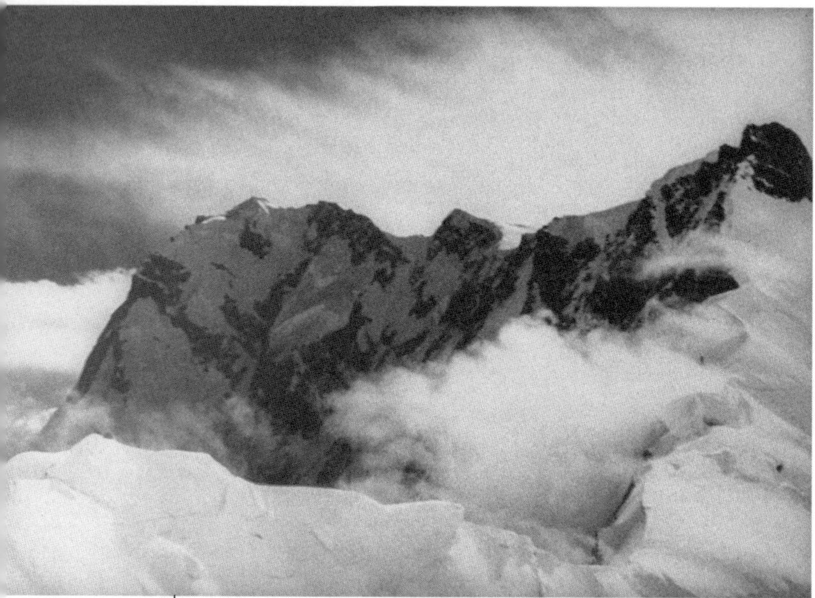

Nanga-Parbat-Gipfel von Osten, von wo Hermann Buhl ihn 1953 erreichte. Über die Steilwand links kletterte die Expedition 1970.

»Die Stilform mit dem Filmdrehbuch ist originell und geschickt. Auf diese Weise läßt sich das Problem umgehen, dauernd über sich selbst in der 1. Person schreiben zu müssen. Und die Abwechslung zwischen Dokumentation und persönlichen Kommentaren wirkt auflockernd und macht die Sache farbiger.«

Hermann Kühn, Brief an Reinhold Messner, 10. März 1971

Früher habe ich nicht oft darin geblättert. Jetzt lese ich immer wieder darin.

Meine ersten Skitouren 1956.

Er war damals kaum zehn Jahre alt.

Furchetta mit Vater.

Deutsche Bergsteiger haben uns damals ein Seil geschenkt. Vorher hatte nur Vater eines. Unser eigenes Seil – ein Hanfseil! – war unser Symbol.

Große Fermeda-Südwand.

Wir gingen beide noch zur Volksschule, als wir sie zum erstenmal selbständig kletterten.

1961 – Sass – Rigais-Nordwand – 800 m – IV – sehr schwierig zu finden, steinschlaggefährlich.

Seine erste ganz große Tour. Wir waren mächtig stolz, auch deshalb, weil sich unser Vater früher vergeblich an ihr versucht hatte.

Damals hatten wir unseren ersten Steinschlaghelm. Wir trugen ihn abwechselnd.

Jahre später ging er sie einmal allein, in knapp zwei Stunden.

Seine ersten Erstbegehungen.

Er machte sie noch vor dem Abitur.

Ortler-Nordwand. Direkt über den mittleren Hängegletscher. Erstbegehung einer sehr schwierigen Variante.

Im Eis war er immer schon sehr geschickt.

Pelmo-Nordwand bei einem fürchterlichen Wettersturz.

Um abzuseilen, war es zu spät.

Les-Courtes-Nordwand in knapp vier Stunden.

Seine erste Westalpenfahrt.

Triolet-Nordwand – Lachenal-Variante – vierte Begehung.

Daß wir nur drei Stunden gebraucht haben, ist sein Verdienst. Er hat den Rucksack getragen.

Badile-Nordostkante – Wettersturz – eine Seilschaft mitten am Grat. Was sollen sie machen? Sie warten, ein Alleingeher steigt vorbei, kommt zurück. Gemeinsam steigen sie ab.

Günther war inzwischen am Gipfel gewesen.

Langkofel-Nordkante – eineinviertel Stunden.

Der einzige, dem ich das zutraute, ist Günther.

Hunderte klassische Führen in den Dolomiten.

Ich wußte gar nicht, daß es so viele sind.

Agnèr, direkte Nordostwand – 1400 m – VI – eine der schönsten Linienführungen in den Dolomiten.

Wie sagt man, daß man stolz ist auf seinen Bruder.

Westliche-Zinne-Nordwestkante oder »Scoiattoli-Kante«, wie sie auch genannt wird.

Technische Führen waren sonst nicht nach seinem Geschmack, ich weiß, auch ich habe nicht viel davon gehalten.

Marmolada di Rocca – Südwand – Vinatzer.

Er ging sie sogar zweimal.

Eiger-Nordpfeiler, erste Begehung mit Toni Hiebeler, Fritz Maschke.

Günther war der Ausdauerndste. Oder er hatte den schwersten Rucksack.

Rückzug aus der Droites-Nordwand.

Er war vorsichtig.

Im Winter ging er lieber auf Skitour als zum Klettern.

Damit hatte ich nicht gerechnet.

Wer trägt dem Kameraden den Rucksack bis zum Einstieg?

Er hat es getan.

Wer hat an die fünfhundert Touren ohne Sturz hinter sich gebracht?

Wenige außer ihm.

Aiguille-d'Argentière-Nordostwand, Mittelpfeiler am Heiligkreuzkofel, Große Fermeda – direkte Nordwand, Cimadella-Madonna-Nordwand …

Erstbegehungen in Ost- und Westalpen.

Zweiter Sellaturm – direkte Nordwand.

Sie sucht ihresgleichen an Eleganz und Schönheit. »Das ist eine Erstbegehung« sagte er am Gipfel.

Dazwischen das Abitur.

Auch das ging glatt. Wer hätte es anders erwartet.

Spitz delle Roé di Ciampiedé-Südkante, Rocchetta-Nordwand und -Nordwestkante, Heiligkreuzkofel – Livanospfeiler, Kleine Zinne – Egger-Führe, Vertain-Nordwand über den Hängegletscher, Presanella-Nordwand-Eiswulst …

Alles sehr frühe Wiederholungen.

Gletscherhorn-Nordwand und Ebnefluh-Nordwand an einem Tag.

So etwas konnte man nur mit ihm machen.

Pelmo-Nordwand im Winter, Rückzug vom obersten Band. Wettersturz, wild.

Mehr steht nicht. Das war im letzten Dezember.

Die nächsten Seiten sind leer. Bilder, Briefe, Skizzen liegen lose zwischen den Seiten.

Als ob er nur unterbrochen worden wäre.

Fotos.

Von seinem Freund Ulli Kössler.

Ein Wandbild.

Peitler-Nordwand. Diese Führe war seine Idee gewesen.

Einige Zeilen – ein Entwurf.

Ich wußte gar nicht, daß er auch Gedichte schrieb!

Briefe.

Freundinnen. Die wollten schon immer einmal eine Tour mit ihm machen.

Das Tourenbuch steht wieder auf seinem Platz. Daneben einige Medaillen.

Er war ein sehr guter Langläufer.

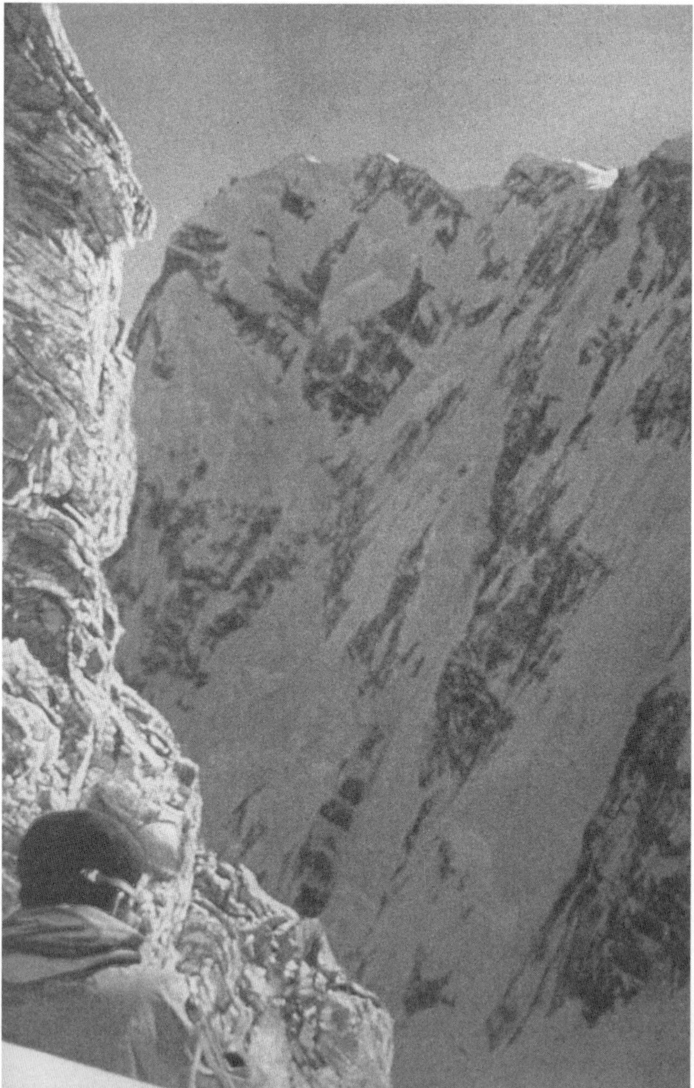

Blick vom Mohrenkopf zur Rupalwand. Damit waren Herrligkoffers Sehnsucht und unser Schicksal verknüpft.

In einer Schachtel silberne und goldene Läufer, Auszeichnungen.

Warum habe ich sie jahrelang nicht gesehen. Ich weiß nicht. Er hielt nicht viel davon.

Ein drittes Tourenbuch.

Er hatte es angefangen, bevor er wegfuhr.

Der Brief mit der Einladung Dr. Herrligkoffers.

»Bewährte Seilschaften für ein Unternehmen gewinnen ...« So hat er vor zwei Jahren geschrieben, aber in seinem Gipfelplan hat er uns auseinandergerissen.

Ein Bild von der Rupalwand.

Wenn man zusammen auf einem Gipfel gestanden hat, ist es seltsam, ihn allein zu betrachten. Er ist wie sein Gesicht, wie Hakenschlagen, wie seine Stimme.

Ein Brief vom Lager III: eingeschneit, Lawinen, Sturm.

Als einer der wenigen hatte er trotzdem nicht aufgegeben.

Die leeren Blätter im Tourenbuch.

Es ist für den Höhepunkt seiner Bergfahrten bestimmt, für die schönsten Tage seines Lebens.

Wieder Fotos: Günther im Lager III.

Wir hatten Zeit wie noch nie.

Günther im Basislager, er dreht Ochsenfleisch am Spieß.

Er war ein sehr guter Koch.

Günther am Gipfel des Heran Peak.

Sein erster Sechstausender.

Günther unter der Merklrinne.

Er war immer mit an der Spitze.

Günther am Ausstieg der Rupalwand.

Er hat mich im Spuren abgelöst.

Günther mit einem schweren Rucksack.

Er hat mehr als fünfzehn Kilo ins Lager IV getragen.

Wieder sein Tourenbuch.

Es ist noch auszufüllen.

Die kleine Fermeda.

Sie war unser erster gemeinsamer Gipfel.

Der Nanga Parbat.
Unser letzter.
Eine Zeichnung: Paluselli hatte sie gemacht, 1966. Günther war am Nachmittag auf den Cimone gestiegen und wieder zurück, über den Nordgrat. Sie sind Freunde geworden.
Auch er lebt nicht mehr bei uns.
Wieder ein Bild vom Nanga Parbat.
Die Zeit, die ich mit Günther dort verbracht habe, macht mir den Nanga Parbat heute so wichtig.
Wieder das Bild von Günther. Darunter steht: Günther! Was Du heute geleistet hast, das kann niemand wiederholen. Du bist ein Held oder ein Verrückter.
Wenn ich heute manchmal wieder von den Bergen träume, ist er immer bei mir.
2012: Das Dokudrama »Nanga Parbat« von Joseph Vilsmaier wird in der ARD ausgestrahlt.
Die Dimensionen der Rupalwand und Günthers Selbstbestimmtheit werden nachvollziehbar. Karl Markowitz brilliert in der Rolle Herrligkoffers.
Warum sind viele Dokumente zur Sigi-Löw-Gedächtnisexpedition im DAV-Archiv verschwunden oder manipuliert?
In Herrligkoffers Tagebuchnotizen fehlen die Eintragungen zu den Schlüsseltagen um den 27. Juni 1970. Im Dokumentarfilm dazu ist bis auf ein Bild von Günther unser Einsatz nicht enthalten.
Günther sitzt im Basislager und zeichnet. Wir ahnten nichts von den Machenschaften der »Kameraden«.
Kuens Tagebucheintragungen etwa widersprechen seinen späteren eidesstattlichen Erklärungen vor Gericht diametral.
Günthers Tagebuch vom Nanga Parbat.
Ein ebenso aufschlussreicher wie naiver Rückblick auf unsere letzten gemeinsamen Monate. Hätten wir ahnen können, wie viel Böswilligkeit in »guten Bergkameraden« steckt.
Günther am Gipfel.
Ohne ihn zurückzukommen ist meine Tragödie.